宁夏哲学社会科学规划项目（引才专项）20NXRCC11

宋元以来契约文书量词研究

黑学静 ◎ 著

光明日报出版社

图书在版编目（CIP）数据

宋元以来契约文书量词研究 / 黑学静著 . -- 北京：
光明日报出版社，2025.1. -- ISBN 978-7-5194-8406-4

Ⅰ. D923.64

中国国家版本馆 CIP 数据核字第 2025SJ2553 号

宋元以来契约文书量词研究
SONGYUAN YILAI QIYUE WENSHU LIANGCI YANJIU

著　者：黑学静			
责任编辑：郭玫君		责任校对：房　蓉　温美静	
封面设计：中联华文		责任印制：曹　净	

出版发行：光明日报出版社

地　　址：北京市西城区永安路 106 号，100050

电　　话：010-63169890（咨询），010-63131930（邮购）

传　　真：010-63131930

网　　址：http://book.gmw.cn

E - mail：gmrbcbs@gmw.cn

法律顾问：北京市兰台律师事务所龚柳方律师

印　　刷：三河市华东印刷有限公司

装　　订：三河市华东印刷有限公司

本书如有破损、缺页、装订错误，请与本社联系调换，电话：010-63131930

开　　本：170mm×240mm

字　　数：313 千字　　　　　　　　印　　张：20.5

版　　次：2025 年 1 月第 1 版　　　印　　次：2025 年 1 月第 1 次印刷

书　　号：ISBN 978-7-5194-8406-4

定　　价：98.00 元

凡 例

1. 本文所引契约文书例证，均标明了出处，但为行文方便，其出处均采用简称，如张传玺《中国历代契约会编考释》，简称为"会编考释"，具体引文见参考文献。其中有些例证来自私人收藏的契约文书，具体有陕西师范大学文学院黑维强教授和日本早稻田大学熊远报教授收藏的契约藏品。为核查方便，本书使用时进行了编号。

2. 本书所引契约文书例证，均用阿拉伯数字标注了页码，页码紧随文献出处。对于分辑、册的契约文献，用"/"依次标注出了辑数、册数及页码数。

3. 本书所引契约文书例证，均统一了标题，或重新拟定或对原题稍加修正，基本格式为朝代（公元纪年）、立契人、标的物、契约类型。

4. 本书援引多条契约文书例证时，主要依据例证的时间先后进行排序。

5. 本书所引例证，基本照原图版或原录文摘引，基本不做改动，例证中□表示缺字，缺字数量不确定时用 □□，〔 〕表示原文中本来的补录或修正内容，（ ）表示对原文中讹误之字改后的正字，……表示引用原文时做了删减。

6. 本书引例中纪年法年号有误，为体现原文照录的原则，本文一般不做改动，只在公元纪年处正常标示。如清朝顺治帝在位共13年，从顺治元年至顺治十三年，但有些契约仍有"顺治十四年"这样错误的年号纪年，这体现了普通民众消息闭塞，信息传递方式落后，改朝换代的通知布告传递到民间时，时间上往往严重滞后。

7. 本书所引契约文书中例证，其原文中有空格之处，空格处均以△代替。

8. 本书所引契约文书例证时，为简便起见，对于很多俗写字未一一校正，罗列在此，供读者查阅。括号内为俗替代字，括号外为正字，具体有：一（乙）（壹）、土（圡）、庄（庒）、得（淂）、佰（伯）、银（艮）、北（比）、缺（鈌）、园（蕳）等。

9. 文中没有标示出处和页码的方言例证来自《汉语方言大词典》，或为笔者收集的家乡方言（宁夏同心县方言），该方言属于兰银官话银吴片。没有标注出处和页码的传世文献典籍例证多来自《汉语大字典》、"北京大学中国语言学研究中心"语料库或"北京语言大学 BCC 语料库"。

目 录

CONTENTS

上篇 总论

下篇　分论

上篇　总论

绪　论

一、研究概况

（一）契约文书研究

契约文书是旧时人们进行买卖、典当、租佃、借贷、赔偿、雇佣、收养、婚约、遗嘱时所订立的文字协议，相当于今天的协议书或合同书。其历史可谓源远流长，最早可追溯到原始社会末期，有文字记载的大概始于西周中期，始名"质剂"；魏晋以后，随着纸张使用的日益普及，契约合同广为使用；唐以后，契约有了规范的式样；北宋太平兴国八年（983），国家制定了标准契约式样。虽然各朝各代均有契约被发现，但数量多寡差别巨大。就契约原件而言，朝代越早的数量越少，可谓愈久弥珍。居延汉代契约，是目前所见最早的契约原件，数量仅10余件，堪称珍品。数量稍多的是新疆的魏晋隋唐契约，多被收入罗振玉、王国维主编的《流沙坠简》（1934）、唐长孺主编的《吐鲁番出土文书》（1992）、柳洪亮主编的《新出吐鲁番文书及其研究》（1997）及荣新江等编的《新获吐鲁番出土文献》（2008）中。据张永莉统计，吐鲁番契约文书数量为321件，[①] 但大部分已残损。数量上与吐鲁番契约文书相当的是敦煌唐宋契约，主要见于沙知《敦煌契约文书辑校》（1998），有300余件。数量较多的是徽州宋元契约，该批文书于20世纪50年代在徽州屯溪被发现，时间从宋至民国，曾被称作"中国历史文化第五大发现"，与殷墟甲骨、汉晋简帛、敦煌文书及明清档案齐名。徽州文书内容包括交易文契、合同文书、承继文书、私家账簿、官府册籍、政令公文、诉讼文案、会簿会书、乡规民约、信函书札等。据刘伯山统计，已发现的徽州文书数量当不下于40万份，

---

① 张永莉．吐鲁番契约文书词语例释［D］．西安：陕西师范大学，2012：3.

而可资研究利用、目前还散落在民间、属于尚待发现的文书数量尚有10万份左右，两者相加就是50万份左右。[①] 其中契约文书占比最多，主要被收录在王钰欣的《徽州千年契约文书·宋元明编》（1991）、刘伯山的《徽州文书》（2005）、黄山学院的《中国徽州文书·民国编》（2010）和李琳琦的《安徽师范大学馆藏千年徽州契约文书集萃》（2014）中。数量最多的是各地清至民国的契约，其中大部分成果是清水江系列文书，"虽然清水江文书并非以其数量的众多而特别引人瞩目，但是在非常清晰的时间脉络、地域格局和人际网络下体现出来的系统性与完整性却极其突出"[②]。目前已整理出版契约文书的地区有甘肃、安徽、贵州、广东、广西、浙江、四川、福建、北京、天津、河北、内蒙古、陕西、上海、台湾以及山东等地，几近覆盖了全国。储小旵初步统计了徽州、贵州、浙江、福建、云南、台湾等地已公布出版的宋元以来契约文书影印件，数量已超过5万件；[③] 杨国桢曾推测"明清契约文书的总和，保守的估计，也当在1000万件以上"[④]。

　　对契约文书的研究，首先始于收集整理。自20世纪30年代起，吴震、吴家升、傅衣凌等老一辈学者相继对散佚的契约文书进行发掘、搜集和整理，出版后引起了越来越多国内外学者对这一宝藏式资料的关注，如张传玺、杨国桢、刘伯山、田涛、岸本美绪、寺田浩明等。由于契约文书中包含了丰富的政治、经济、法律和社会信息，所以自被发现以来，即成为历史学、经济学、社会学、文献学、民俗学、人类学、法学等众多学科重要的研究对象和弥足珍贵的第一手资料。正如陈娟英所说："用多学科的视野来考察民间契约文书，将有助于从各个不同的角度来加深这个时代的政治、法律制度的形成和运作实态以及社会、经济模式的演化变迁历程。研究社会史、家庭史的学者，可从契约文书中分析社会的基层结构和家庭的管理模式；研究法制史的学者，可从民间契约的书写格式、签订过程、执行状况、纠纷争讼等现象探

① 刘伯山.徽州传统文化遗存的开发路径与价值评估［J］.探索与争鸣，2010（12）：77.

② 张应强，王宗勋.清水江文书·序［M］.桂林：广西师范大学出版社，2007：4.

③ 储小旵，张丽.宋元以来契约文书俗字在大型字典编纂中的价值［J］.中国文字研究，2014，19（1）：135.

④ 杨国桢.明清土地契约文书研究［M］.北京：中国人民大学出版社，2009：3.

究中国官方法律与民间习惯法的各个不同层面。由于契约文书属于原始资料，实例个案居多，真实可信，具体入微，常常成为研究的基础和出发点。"①对契约文书全方位多视角的研究，成果丰硕，限于篇幅，本研究在此不一一赘述，具体可参看吴丽平《明清契约文书的搜集和整理综述》（青岛大学师范学院学报，2011年第3期）、赵彦昌《中国档案史研究史·第十二章》（世界图书出版公司，2012年）、刘洋《近三十年清代契约文书的刊布与研究综述》（中国史研究动态，2012年第4期）、闫晓婷《20世纪以来明清契约文书整理与研究综述》（《赤子》，2015年第3期）、吴佩林等《六十年来的明清契约文书整理与研究》（地方档案与文献研究·第二辑，2016年）及周小莉《21世纪以来中国古代契约文书整理述要》（《兰台世界》，2017年第12期）等的研究综述。

刘坚曾指出："契约文书之类除作经济史的研究资料之外，对于语言研究也是很有用的。这类材料虽然不是纯用白话写成，但写的人文化程度一般不高，常常露出白话的痕迹，而且这些文书往往有年代可考，所以对于我们的研究工作还不失为有用的材料。"②确实如此，契约文书作为一种手书文献，其中俗言俗语、俗词俗字异常丰饶，当然错讹之处亦甚繁多。这一状况导致契约文书难读难懂，所以校正、疏解契约文书中字词语句成为众多语言文字研究者关注的焦点。将民间文书作为语言材料最早始于对敦煌、吐鲁番文书的研究，王重民、王庆菽、向达、启功、姜亮夫、潘重规、蒋礼鸿、项楚、黄征、张涌泉等学者从文献整理、校注、考释等方面入手对敦煌文书进了全面研究，可谓先行先试，贡献卓著。正如伏俊琏所言："自从1925年刘复先生在《敦煌掇琐》中辑录了10余件契约文书后，敦煌契约文书的研究从未中断过。"③

近年来，众多语言文字工作者将研究的视角转向了各地明清及民国契约文书，其中黑维强、储小旵、唐智燕、张丽及他们所指导的博士、硕士研究生多以徽州文书、清水江文书及其他契约文书为研究对象，从语料的语言价

① 陈娟英.厦门契约文书的特色与史料价值述略［M］//陈娟英，张仲淳.厦门典藏契约文书.福州：福建美术出版社，2006：8.

② 刘坚，江蓝生，白维国，等.近代汉语虚词研究［M］.北京：语文出版社，1992：6-7.

③ 陈晓强.敦煌契约文书语言研究·序［M］.北京：人民出版社，2012：2.

值、语言特点、词汇诠释、俗字校正等方面入手，出版了多部著作、发表了系列研究论文。如黑维强《论古代契约文书的文献特点及词汇研究价值》（合肥师范学院学报，2011年第5期）、《徽州契约文书"力分"释义考辨》（合肥师范学院，2015年第2期）、《契约文书中的"分数"类词义考辨》（《中国文字研究》，2015年第2期）、《清朝甘肃河州契约文书词语释义》（延安大学学报，2015年第3期）、《辽金以来土地契约文书中"畛"之释义考辨》（《中国文字研究》，2017年第1期）、《清朝土默特契约文书词语释义举例》（安康学院学报，2017年第4期）等；储小旵《徽州契约文书校读释例》（《古籍研究》，2008年第2期）、《明清徽州契约文书疑难词语考释十则》（《中国农史》，2011年第4期）、《契约文书俗字考五则》（《汉语史学报》，2013年第1期）、《〈石仓契约〉字词考校八则》（浙江大学学报，2013年第2期）、《宋元以来契约文书俗字在大型字典编纂中的价值》（《中国文字研究》，2014年第1期）、《〈徽州文书〉契名考校四题》（皖西学院学报，2017年第4期）、《宋元以来契约文书俗字研究》（人民出版社，2021年）、《宋至民国契约文书词汇研究》（安徽教育出版社，2021年）；唐智燕《俗字研究与民间文献整理——以〈吉昌契约文书汇编〉为例》（《汉语史研究集刊》，2012年集刊）、《论近代民间不动产买卖契约文书的语言风格》（《当代修辞学》，2012年第2期）、《清代福建"赞""替"类契名解读》（《中国经济史研究》，2014年第3期）、《〈石仓契约〉（第三辑）俗字校读十则》（宁波大学学报，2017年第4期）。卢庆全《古代民间契约文书"典主"释义考索》（广州大学学报，2015年第5期）、《贵州民间文书"徝"类合文考》（励耘语言学刊，2016年第1期）；等等。并申请到了相关国家层面的基金项目，如黑维强的教育部人文社会科学基金项目"西汉至清代契约文书词汇历时演变研究"（项目号：12XJA740006）、国家社会科学基金项目"宋元以来民间手书文献俗字典编著及研究"（项目号：17BYY019）；储小旵的国家社会科学基金项目"宋元以来契约文书俗字研究"（项目号：11BYY060）、全国高校古籍整理工作委员会项目"徽州契约文书文字研究及整理"（教古字〔2011〕063号）；唐智燕的国家社科基金一般项目"近代民间契约文书方俗字词研究"（项目号：14BYY111）及卢庆全的国家社科基金一般项目"贵州契约文书俗字词汇研究"（项目号：17BYY137）、郭敬一的国家社科基金青年项目"浙江契约文书语言研究"（项目号：21CYY023）等。

（二）汉语量词研究

量词作为汉藏语系独有的一个词类，自1898年马建忠的《马氏文通》起，始受关注。1952年丁声树等人的《现代汉语语法讲话》第一次将量词确立为一个独立的词类，成为汉语词类中划类较晚的一类词，1956年的《"暂拟汉语教学语法系统"简述》正式给量词明确定名。因来源特殊，量词的定名之路可谓崎岖坎坷，经陈承泽（1922）、金兆梓（1922）、黎锦熙（1924）、吕叔湘（1942）、王力（1943）、高名凯（1948）等学者的努力，最终名落"量词"身。但因标准不统一，对其内部的分类一直聚讼不已，使量词成为词汇学研究的难点；因其可与数词、名词构成数量短语或"数量名"结构，在句法中起重要作用，也成为汉语语法研究的重点；因其较强的形象性和语义色彩，亦成为汉语修辞学研究的热点。作为近百年来汉语史学界关注的焦点，量词的研究成果日益丰硕。按研究内容或侧重点的不同，可概括为六方面：一是以某一时期的量词为研究对象的断代研究，代表成果如刘世儒《魏晋南北朝量词研究》（1965）、李若晖《殷代量词初探》（2000）、叶桂郴《明代汉语量词研究》（2008）、何杰《现代汉语量词研究》（修编版）（2008）、李建平《先秦两汉量词研究》（2010）、曹芳宇《唐五代量词研究》（2010）等。二是以某部著作或某类体裁中的量词为研究对象的专书研究，包括经史子集、小说故事、禅宗佛经、出土文献等，代表成果如何乐士《〈左传〉中的数量词》（1989）、洪艺芳《敦煌吐鲁番文书中之量词研究》（2000）、王贵元《战国竹简遣策的物量表示法与量词》（2002）、李宗澈《〈史记〉量词研究》（2004）、汪祎《中古佛典量词研究》（2008）、陈绂《〈颜氏家训〉量词研究》（2010）等。三是从对外汉语教学角度入手，以探讨量词的使用情况、搭配规则、学习难点、教学对策、偏误分析、习得翻译等为对象的教学研究，代表成果如陈绂《汉日量词的比较研究——谈对日汉语量词教学的特点与方法》（1999）、李计伟《量词"副"的义项分立与对外汉语教学》（2006）、张赪《类型学背景下的汉泰语量词语义系统对比和汉语量词教学》（2009）、董雅莉《汉语作为第二语言学习者量词习得情况考察》（2012）、张赪和王晓哲《汉语和东南亚语言个体量词系统对比及个体量词教学》（2014）等。四是以类型学为视角，将汉语与汉藏语系其他语言的量词进行异同对比的跨语言研究，或以量词的来源、类别、形态、功能等为对象的非汉藏语系单种语言研究，代表成果如游汝杰《论台语量词在汉语南方方言中的底层遗存》（1982）、李宇明《拷贝型量词及其在汉藏语系量词发展中的地位》（2000）、罗安源《从量词看苗汉两种语言的关系》（2002）、戴庆厦和蒋颖《从词源关系看藏缅语名量词演变的历史层次》（2005）、戴庆厦和蒋颖《论藏缅语的反响型名量词》（2005）、步连增《语言类型学视野下的汉语量词研究》（2011）、张赪《〈类型学视野的汉语名量词演变史〉出版》（2012）等。五是以探究汉语方言中的量词或有关量词结构的来源及演变过程的方言研究，代表成果如石汝杰、刘丹青《苏州方言量词的定指用法及其变调》（1985），汪化云《黄冈方言量词的单用》（1996），陈泽平、秋谷裕幸《福州话的通用量词"只""个"》（2008），张惠英《桂北平话和量词词缀》（2010），王双成《西宁方言量词"个"的特殊用法》（2015）等。六是个案研究，包括：①从微观角度对汉语中个别或某类量词的发展演变、语义特征、功能用法进行阐释。代表成果如石毓智《表物体形状的量词的认知基础》（2001），孟繁杰、李如龙《量词"张"的产生及其历史演变》（2010）、《量词"片"的语法化》（2011），宗守云《从"段"和"股"的泛化看量词泛化的一般途径》（2011），徐烈炯《"都"是全称量词吗？》（2014）等。②从宏观角度对量词的起源、功能、"数量名"结构演变与其他词类的搭配选择等进行探求。代表成果如邵敬敏《量词的语义分析及其与名词的双向选择》（1996），金福芬、陈国华《汉语量词的语法化》（2002），吴福祥、冯胜利、黄正德《汉语"数＋量＋名"格式的来源》（2006），宗守云《集合量词的认知研究》（2008），惠红军《汉语量词研究》（2009），王绍新《汉语史上名量词语法化问题》（2010）等。

　　以上仅是粗线条地对量词研究的一个基本梳理和概括，所举成果也是九牛一毛，一如宗守云所总结的那样，"综观汉语量词系统研究的历史我们可以知道，从主流看，汉语量词的系统研究在方法论上经历了三次大的变革：一是以列举为取向的量词类别研究，二是以关系为取向的量词选择研究，三是以解释为取向的量词认知研究"①。量词在研究的方法上确实经历了一次又一次

---

① 宗守云.汉语量词的认知研究［M］.北京：世界图书出版公司，2012：32.

由现象到本质、由初级到高级、由描写到解释、由基础到深化的变革。目前以认知为主导的理论方法及勃兴的语法化、类型学理论等正在成为研究量词的一种新趋势。

综上所述，量词的研究历史已跨越了一个多世纪，研究成果车载斗量，但仍有许多领域值得开拓，如对明清时期民间契约中的口语量词、方言量词等方面的研究成果还较少，一些量词突出的文献尚未得到应有的关注；已有的一些研究仍有许多问题值得从另外的角度继续探寻，如认知语言学理论对于部分量词的解释等。

（三）契约文书量词研究

契约文书作为民间社会经济文献，尽管内容五花八门，涉及地产、屋舍、器具、钱粮、人口、税赋等诸多问题，但文体形式相对固化，一般都会包括契约的类型，立契人姓名，交易的缘由，标的物的来源、属性、价格，交易双方的权利、义务及不履行协约的后果等。所以，无论古今、无论南北，契约在行文风格方面大体相似，在提及标的物时，都会使用量词作计量或称量单位，这一程序化的范式，使得每件契约都会在特定的位置出现量词，所以契约文书中量词颇为丰富。但对这一领域关注的研究者非常少，研究成果也是零零散散。这与契约文书的整体研究历史不太长，从语言文字角度进行研究的时间更短有一定的关系。

利用中国知网、《中国语言学论文索引》、《语言学论文索引》、百度云、读秀学术搜索等媒介和途径搜检后发现，目前民间文书量词研究论文不足30篇，具体为：廖名春《吐鲁番出土文书新兴量词考》（《敦煌研究》，1990年第2期），王新华《敦煌变文中量词使用的几个特例》（《中国语文》，1994年第4期），王松木《试论〈吐鲁番出土文书〉的量词及其所展现的物质文明》（《敦煌学·第二十二辑》，1999年），苏旸《敦煌契约中的量词》（江南大学学报，2003年第4期），胡继明《〈吐鲁番出土文书〉中的量词》（西南民族大学学报，2004年第12期），敏春芳和马有《敦煌吐鲁番文书中的衣物量词例释》（兰州大学学报，2005年第4期），敏春芳《敦煌社邑文书量词"事""笙"辨考》（敦煌学辑刊，2005年第2期）、《敦煌吐鲁番出土文书饮食量词训释》（《艺术百家》,2010年第4期),张重艳和胡妮《黑城出土汉文文书量词初探》(《西夏学》,2011年第1期),杨帆《英藏敦煌契约、社邑文书名量词研究》(西南大学,2012年),龙泽江、谭洪沛和吴小平《清水江文书所见清代贵州苗侗地区的田粮计量单位考》(《农业考古》,2012年第4期),张明《清水江流域苗侗民族传统糯禾特殊计量单位研究》(贵州大学学报,2012年第6期),韦岩实《乾嘉时期〈徽州文书〉量词研究》(广西师范大学,2013年),李燕娟、杨瑛和王山《清水江文书中单位量词语义的体验认知基础分析》(《重庆与世界·学术版》,2014年第2期),路志英《楼兰汉文简纸文书物量表示法与量词》(山西大学学报,2014年第6期),黑学静《认知语言学视角下古代契约文书土地形状量词研究》(北方民族大学学报,2015年第4期)、《汉语同形量词论析——以甲骨文、金文及民间契约文书为研究材料》(北方民族大学学报,2016年第3期),黄天艺《福建民间契约文书名量词研究》(湘潭大学,2016年),赵彦龙《西夏汉文榷场贸易档案中计量单位再研究》(宁夏师范学院学报,2016年第5期)、《西夏汉文契约档案中的计量单位及其用字研究》(《西夏研究》,2017年第1期),金胜《清水江文书名量词研究》(湘潭大学,2017年),张明、安尊华和杨春华《论清水江流域土地契约文书中的特殊字词》(贵州大学学报,2017年第1期),苟德义、朱思鱼《清代〈南部档案〉中的土地量词考释》(西华师范大学学报,2020年第4期),黑学静《契约文书土地计量单位一名多量现象研究》(洛阳师范学院学报,2021年第12期),白杨《元代黑水城汉文文献名量词研究》(山西大学,2021年),陈雨《认知视角下吐鲁番出土文献量词研究》(新疆师范大学,2022年),楼枫和汪凌峰《徽州文书量词研究综述》(《文化学刊》,2022年第7期),罗兰《〈南部档案〉诉讼文书中的量词研究》(西南科技大学,2023年)。学术专著2部:洪艺芳的《敦煌吐鲁番文书中之量词研究》(文津出版社,2000年)和《敦煌社会经济文书中之量词研究》(文津出版社,2004年)。

　　以上契约文书量词研究成果,其中10篇论文和2部著作皆以敦煌、吐鲁番契约为材料,时代主要集中在唐五代。就目前所见契约文书时代主要集中在明清及民国时期,且数量庞大、地域广泛。其余十几篇虽以这一时期的契约为研究内容,但因全是单篇文章,又在地域方面有所局限,多以徽州、贵州、福建地区为主，故涉及的量词数量有限，还有相当多的量词没有被提及。同时，上述文章中也存在很多讹误，如黄天艺在《福建民间契约文书名量词研究》中错将人名用字"胆"和名词短语"四至"中的"至"当成量词等，具体可参见第四章第三节。

随着大量契约文书源源不断地被发掘，对已刊布或出版契约文书中的量词进行全面、系统的研究不仅可补该领域研究之缺漏，还可拓宽契约文书语言文字研究的范围，更可根据已有成果或比勘其他契约材料，订正已发表文章中的讹误。基于上述原因，本研究将以契约文书为材料，对其中的量词进行研究。

（四）本研究的研究对象

本研究以契约文书中的量词为研究对象。目前学界虽然对量词内部小类划分仍有较多分歧，但对于大类基本达成一致，即量词可分为名量词和动量词，名量词中度量衡单位是单独一类。为了不牵扯更多有学术争议的问题，加之本研究只涉及名量词，故在量词分类方面按照相对宽泛的标准，参照王力、张显成等人的分类方法，将量词分为制度单位量词和自然单位量词两大类。制度单位量词内部再按照契约文书中出现的材料内容，又分为长度、地积、容量、重量、货币、成色比率类等6个小类。自然单位量词内部按量词所搭配名词的内容，又分为田地、房舍、坟墓、山园、综合等5个小类，其中对于称量对象芜杂的，则分别归入综合类。

制度单位量词自古就有，产生后便人为规定了其量值，该类量词对于名词计量或计数的功能更鲜明；而自然单位量词大都从名词、动词等虚化而来，对于名词的描述的功能更突出，故本研究将契约中出现的制度单位量词，也称为计量单位，把自然单位量词，均称作称量单位。这与刘世儒对量词的定名定义有所不同。刘先生根据南北朝出现的量词情况，将量词分为陪伴词、陪伴称量词及称量词三类。他将有定值的度量衡单位及无定值的借用量词都称作"称量词"，[①] 本研究在此借用刘先生的定名，用旧瓶装新酒，特此说明。

---

① 刘世儒.魏晋南北朝量词研究［M］.北京：中华书局，1965：6.

二、研究价值

陈寅恪曾说："一时代之学术，必有其新材料与新问题。"[①]作为见证历史，隐于民间的契约文书，其最大的贡献在于打破了典籍文献的局囿，使典籍之外的私人文书登上了学术研究的大雅之堂，并成为各学科尤其是语言文字学术研究极其宝贵的原始资料。伏俊琏曾提到，"敦煌出土的5—11世纪的抄本，其中有大量的民间文献，比如用于民众讲唱的变文俚曲、民间进行经济社会活动的契约社帖等，它们是当时活的语言的真实记录，保留了大量的口语词、俗语词以及当时的口语语法，对它们进行研究，一则可以为汉语史研究提供丰富的语料，二则可以了解当时人们的语言特征和生活习俗；既是丰富的古代汉语和近代汉语研究的资料，也是丰富的民俗文化学的材料。"[②]恰如伏先生所言，契约文书作为反映历代民间百姓经济社会生活的特定文献，因其较强的应用性、口语性和地域性而成为研究汉语不可多得的珍贵材料，其中丰富的语言文字现象值得探讨和研究，因此对契约文书中的量词进行全面、系统的研究具有较大空间及重要的现实价值。

（一）有益于口语量词的进一步研究

"中国古代传世的典籍文献记载，多重政治，轻经济；重典章制度，轻社会实态；重纲常伦理，轻社会生活；重王室精英，轻平民百姓。"[③]而契约文书使用的主体人群基本为民间百姓，这正好弥补了典籍材料的不足。作为同时性的俗文献材料，契约文书中的量词无疑成为研究口语量词最宝贵的资料，所以梳理契约文书量词，可促进汉语口语量词的进一步研究。如契约文书中有很多计量长度的单位，其中的"棍"是典型的口语词。

【棍】古代多被称为"梃"，《说文解字·竹部》："竿，竹梃也。"[④]"梃"即木棍之"棍"。"棍"在原始社会可作生产工具，也可在战争中作武器，后成为竞技中的器械，长度不一，有记载为一丈二尺的，也有认为是1.3~2.6米

---

① 陈垣.敦煌劫余录［M］.中研院史语所，1991：1.

② 陈晓强.敦煌契约文书语言研究［M］.北京：人民出版社，2012：序1.

③ 栾成显.明清契约文书的研究价值［J］.史学月刊，2005（12）：8.

④ 许慎.说文解字［M］.北京：中华书局，2015：92.

的。契约中作长度单位，用例如下：

（1）《清光绪十五年（1889）山西文水县孟氏同舅父转典地文约》："立转典地文约人马门孟氏，同舅父王佳李，今因手中不便，将自己典到村东北地一段，计地六亩五分，系东西畛，东西宽一十一棍二尺，东至圩绕、西至大道、南至典主、北至高阳、四至俱明。"（历代契证180）

（2）《民国六年（1917）山西文水县王绍禹典地约》："七年为满，东西阔十二棍一尺。"（历代契证184）

传世文献或书面语材料未见用"棍"作长度单位的例证，但据调查，山西文水地区旧时常用"棍"作长度单位，一般一棍为三尺或五尺。[①]"棍"应是由名词转喻为长度计量单位的。

【碗】本为一种饮食器具。后由盛饮食的器具转喻为一碗所盛之量的容量单位，如一碗饭、一碗水等。契约中用例如下：

（1）《明万历五年（1577）汪德元卖庄基赤契》："再批：每年租酒本身鸡一只、肉一碗，付酒随用在内。"（徽丛编1/511）

（2）《清光绪十一年（1885）神控书牒》："是以谨发狠心，取虔具雄鸡一只，洪油一碗，状纸一张，于孰虚空具告……"（广西183）

（3）《（年代不详）陈老有妻丧事费用》："……酒叁拾壹碗，合大洋肆元，棉花拾两，合大洋壹元半，棺木合大洋叁拾元，一共八十九元八角。"（云博馆3/412）

除以上用法外，清水江流域苗侗契约中常用"碗"作为粮食计量单位，可代替"合"。据龙泽江调查，"贵州黎平、锦屏、天柱一带乡村至今还普遍使用竹碗量米，实际是竹筒，但民间习惯称碗，不称筒。现在的竹碗基本都是按盛米0.5市斤制作的。但清代苗侗地区民间规定4碗为1升，应该比现在的竹碗略大。因为1市升米合库平1.95斤，则1碗合库平0.4875斤，合0.58市斤"，[②]相当于现今的6两。张明调查后亦得出同样的结论，"清水江流域苗侗民族有用'碗'作为粮食的基本计量单位的习惯，土地契约中就有关于'碗'

[①] 由陕西师范大学文学院刘艳老师告知，刘老师是山西文水人，在此致以谢意。

[②] 龙泽江，谭洪沛，吴小平.清水江文书所见清代贵州苗侗地区的田粮计量单位考[J].农业考古，2012（4）：14.

代替'合'的记载，如道光十六年十一月二十日龙和保、龙邦乔粮单，内容如下：'赤溪司杨。收到下敖寨龙和保、邦乔道光十六年分（份）炎烟米二升二碗。道光十六年十一月十七日，给凭存照。'"[①]用例如下：

（1）《清道光十四年（1834）龙伍刘三姓状词》："又五月廿二日复请乡老理论，另出分乙百文每却出米乙碗在。"（天柱12/269）

（2）《民国十九年（1930）龙景云断卖田字》："当日坪中议定断价米九升零式碗正，亲手收足，分文不欠，其有田边余地杂木等项一并在内。"（九南221）

（3）《民国二十五年（1936）龙景洲等断卖田字约》："……又坝各一坵，共计约谷肆石整，代新粮进谷捌碗，老粮照户口完纳。"（九南231）

（4）《公元1949年吴泰成卖田契》："当日凭中议定卖价四拾碗老斗，稻谷叁石伍斗正。"（天柱1/142）

（5）《公元1949年伍绍柏卖杉山地土幽冥字》："三面议定白米壹石（系三拾盌斗）。其米亲手领足，其山付与买主永远管业。"（天柱2/71）

上例（1）（2）（3）用"碗"来计米或谷，但例（4）用"碗老斗"，例（5）用"盌斗"，其中"盌"即"盌"的增形替代字，"盌"为"碗"的古字。如《南史·沈炯传》："茂陵玉盌，遂出人间。""碗老斗"和"碗斗"都是以碗计斗的，"今甘南藏族自治州舟曲县的斗则以碗计算，有40碗斗、50碗斗和60碗斗，碗的标准为能装0.83市斤小麦"[②]。对比苗侗的一碗约0.58市斤与藏区所用一碗约0.83市斤，两者在容量上有些区别。这不仅印证了中国度量衡名称繁多、规格不一、十分混乱的历史状况，还可通过契约文书中用例一窥口语量词的风貌。

（二）有益于方言量词的进一步研究

钱曾怡有言："某地方言以自身的历史发展所形成的特点区别于他地方言；各地方言以或此或彼的相同、相似的特点或彼此差异程度构成整个语言

---

① 张明，安尊华，杨春华.论清水江流域土地契约文书中的特殊字词［J］.贵州大学学报（社会科学版），2017，35（1）：22.

② 陈改玲，范忠雄.多元文化视阈下近代甘南藏区的度量衡［J］.甘肃社会科学，2013（5）：88.

内不同层次的方言的地理分布系统。"①契约文书分布广泛，具有较强的地域性，目前整理出版的契约涉及地域包括至少20个省市地区，东西南北全有覆盖。正如黑维强所说："契约文书具有的地域性，可为古今方言词汇研究提供有效材料。契约文书用词的口语性特点同时还蕴含着地域性特点。一般说，口语词既有通语中的词语，又有方言中的词语，那么，口语中的地域性词语就是方言词。"②可见，不同地域的语言受方言影响广泛，而产生出许多方言词。对于方言词，学界多是根据留存不多的方言著作和方言调查获得材料，它们在时代、地域及材料内容等方面都有其局限。契约文书作为同时文献，是不可多得的活语言材料，从契约中搜索方言词，可大大拓宽方言量词材料来源的范围及方言词使用的时间上限。如量词"嘴"就是个很好的例子。

【嘴】同"觜"。《集韵·纸韵》："觜，鸱旧头上角觜。或作嘴。"契约中作量词，用例如下：

（1）《清道光二十九年（1849）金得其卖熟山茶荪契》："立出卖熟山茶荪契人金得其，今将承祖买受三四度云字四保土名姜坞东边茶荪壹嘴，新立四至……"（徽州4/2/514）

（2）《清光绪二十三年（1897）李应士卖庄窠地约》："立出卖庄窠地文约人李应士，因为用钱紧急，今将自己所分到本身地一段，约有壹嘴，上至高畔为界、下至天沟为界、东至李姓地为界、西至地主为界，四至分明。"（黑维强藏米脂4618）

（3）《民国二十六年（1937）蔡士杰等卖地文约》："立出卖地文约人蔡士杰、士钧、士银、士勤、士耀，因为用洋，今将自己所有黄家沟前坪地两㭰，以内有卖主坟一坐，固有坟与卖主留半觜，土神爷圪罗以前留地壹步，以下随地为界。"（黑维强藏绥德4643）

例（3）中"㭰"为"觜"的异体字，"觜"又为"嘴"的异体字。那"嘴"究竟为何意？翻查《汉语大字典》《辞海》《汉语方言大词典》《汉语量词大词典》等几部大型工具书，均不见与文意相关的释义。后经调查，原来"嘴"

---

① 钱曾怡.汉语方言学方法论初探［J］.中国语文，1987（4）：186.
② 黑维强.论古代契约文书的文献特点及词汇研究价值［J］.合肥师范学院学报，2011，29（5）：9.

为方言量词，是陕北方言中常用来计量土地面积的一个词，现今仍在使用，一般十嘴为一垧，一垧为三到十亩不等。[①]但文献中没有任何记载，方言调查时也没有涉及，所以没有留下记录。契约中"嘴"不仅见于陕北契约，还见于徽州契约，明清时代都在用。通过契约文献，在方言类的字典辞书中可补充该词的词条，不仅有例证，还有时间的上限。随着更多契约文书的被公布，该词的用例会越加丰盈。

（三）有益于汉语量词史的深入研究

刘世儒曾说："汉语量词，历史悠久，材料浩繁，全面地进行研究，这显然不是一人一时所能办到的事。因此，我们应该尽先来做断代史的研究。只有把量词的各个历史横断面儿都研究好了，汉语的整套的系统的量词史才有可能建立起来，否则没有材料，游谈无根，要建立科学的汉语量词发展史那是永远不会办到的。"[②]挖掘契约文书中独有的量词，阐释它们的产生、发展、演变或消退的原因，也是量词历史研究中不可或缺的部分，不仅可使量词的研究更加充实完善，还可为编订《汉语量词大词典》、建立量词数据库提供丰富的资料和民间语料，通过对个别量词历时演变的分析考察，更可为量词史的研究提供丰富案例，促进汉语量词史的深入研究。现以"面"为例说明。

【面】《说文解字·面部》："面，颜前也。"[③]作量词，用于有面的扁平的物体，如大锣、桌椅。由名词义引申而来。用例如下：

（1）《清咸丰元年（1851）王兆魁承屋基田字》："立承屋基田字人王兆魁，今因愿承会二共田式处，又锣鼓壹副，金大叭一副，大锣壹面，又小锣一个，小鼓一个，愿退愿承，各无反悔等情。"（石仓3/7/218）

（2）《清光绪十七年（1891）濛房分关文书》："堂前棹櫈，香几棹壹面，八仙棹壹面，小苏椅四面，大杌子四面，灏荣两（两）家相共。"（婺源14/6780）

以上是"面"的常见用法，除此之外，在客话中，"面"用同"座"，可

---

① 由陕西师范大学黑维强教授告知，在此致以谢意。

② 刘世儒.魏晋南北朝量词研究［M］.北京：中华书局，1965：绪言3.

③ 许慎.说文解字［M］.北京：中华书局，2015：179.

计量山体。但契约中用"面"量山例，不限于客话区，还包括吴语的徽严片。
例如：

（3）《南汉大宝五年（962）扶风郡马二十四娘买地石券》："用钱玖
万玖阡（仟）玖佰玖拾玖贯玖佰玖拾玖文玖分玖毫玖厘，于地主武夷王
边，买得左名地界观蒲莒保马石北县宁咸街吾金云峰岭下坤向地一面。"
（粹编245）

（4）《清咸丰十一年（1861）毛李氏同男绝卖水田等契》："其田四至
上官堰壹道，水田壹坵，坡一面，上齐古路为界，左王右杨，下齐河心
为界。"（陕西14）

（5）《清同治三年（1864）东莞张家亨断卖荒山埔地契》："立断卖荒
山埔地契人系下流洞张家亨，先年承祖父遗下荒山一面，坐落土名沙勘，
上至山顶，下连埔地，大小八丘，左右以建顶分水为界。"（清广东23）

契约中除山外，"面"还量塘田、房屋、稻厂等。例如：

（6）《清嘉庆六年（1801）于锦凤等出租磨场约》："立磨场约人于锦
凤、发，因为使用不足，今将自己粗场一面，开道大小树木十三棵，青
愿租与武自成名下使用。"（归化城4/上/152）

（7）《清光绪二十五年（1899）金可嘉卖塘田地梓木契》："立卖契
人金可嘉，今因无钱度，自情愿将承自手买得三保土名持园下☒塘田
式面，地角梓木在内，立契尽数出卖与成顺族△公名下为为业。"（徽州
1/10/520）

（8）《公元1949年黄学礼佃瓦房文契》："立佃瓦房文字人黄学礼，今
佃到王福堂名下东街后西面厦房一面，前后通行。"（陕西62）

契约中还见量池塘、水井例，《南京》中几乎全用"面"。例如：

（9）《清嘉庆三年（1798）户司呈绥远将军约》："……又院内计正房
七间，又房一间半，南房二间，东房十二间，西房十二间，水井一面，
共计铺房三十八间，大门一间。"（归化城4/上/142）

（10）《清光绪六年（1880）施知等合典山业合约》："一存施知，应
份额在东畔湖一面，直透南畔大沟，东至沟，西至仑顶，南至中枝小仑
直透大沟，北至大仑顶。"（大岗山466）

（11）《清光绪三十二年（1906）王锦成绝卖住房契》："该地内水塘两小面，树壹株。在地旧存砖石瓦砾俱各不动，一应随地交代。"（南京120）

契约中所见"面"量房屋、厂房、水井的用例，各类字书词典均不见载，尤其是专题性质的量词词典。通过契约文书，可以使"面"的量词意义涵盖的内容被补充得更加完整，使其量词功能更加充盈。

（四）有益于传世文献材料的补证

王国维1925年提出"二重证据法"的学术研究思路，他说："吾辈生于今日，幸于纸上之材料外，更得地下之新材料。由此种材料，我辈固得据以补正纸上之材料，亦得证明古书之某部分全为实录，即百家不雅训之言亦不无表示一面之事实。此二重证据法惟在今日始得为之。"[①]他本人亲自践行，将甲骨文、简牍、敦煌文书与传世典籍结合起来研究，相互印证，取得了辉煌的学术成就。后不少学者还提出"三重证据法"。正如董志翘所言："近年来，汉语史研究中运用三重证据法者日益增多……"[②]契约文书作为一种同时文献材料，是传世典籍很好的补充材料，与传世文献结合起来研究，不仅可补充其无，还可佐证其缺。栾成显亦如是认为："契约文书可与文献记载相互印证，补充文献记载之不足，乃至纠正其谬误。"[③]举例如下：

【栟】《说文解字·木部》："栟，栟榈也。"[④]"栟榈"即"棕榈"，为果木名。契约中用"栟"计量房屋，用例如下：

（1）《清乾隆五十九年（1794）李远儒卖厝契》："又有造间饭间肆栟叁直壹连叁间，并楼间贰栟贰直壹连贰间，前至天井、后至山墈、左至田、右至山、上至瓦盖、下至泥土。"（福建选辑659）

（2）《清嘉庆十年（1805）吕大盛卖断店屋契》："立卖断契人吕大盛，承祖遗下置有店屋壹栋，坐落徐墩街冯美社，土名闍王庙下水井边，

---

① 王国维.古史新证［M］.北京：清华大学出版社，1994：2.

② 董志翘.浅谈汉语史研究中三重证据法之运用：以马王堆汉墓出土简帛医方中的"治""膳"研究为例［J］.苏州大学学报（哲学社会科学版），2017，38（1）：162-171.

③ 栾成显.明清契约文书的研究价值［J］.史学月刊，2005（12）：8-10.

④ 许慎.说文解字［M］.北京：中华书局，2015：111.

壹植后匣，<u>肆栟叁植壹栋</u>，右边坪仔壹匝，后边毛厕灰橱。"（福建民间
3/225）

（3）《清同治十一年（1872）邹建全卖山契》："立卖厂屋山场契人邹
建全，承祖遗下置有背埤厂松杉杂木猫竹山场数片，坐落背埤厂屋壹栋
四栟叁直两斜□……"（福建选辑355）

以上例句中"栟"的确字应为"榀"。"榀"在字典中释为量词，一个屋
架即一榀。但在民间，尤其是木工行当里，不见用"榀"，而全用"栟"。孙
博文调研后发现"这个字（指栟）在福建中北部一些工匠中也作为一个营造
过程中的专用术语。但发音与字典中不同，读作［ping］……因此工匠中这个
字有时也写作'拼'。'栟'的含义，工匠解释，和'扇'是一样的，表1中
显示福建的很多工匠是同时使用这两个字的。工匠也如'扇'字一样，将'栟'
做墨迹标记在斗好等待立起的屋架上"[①]。孙氏还通过"栟"一词的使用区域，
佐证了《鲁班营造正式》一书地域起源于福建中北部地区。"'栟'一词的应
用区域明显体现出福建中北部地区的地域性。这或许是《鲁班营造正式》一
书地域起源的佐证之一。天一阁本《鲁班营造正式》，其发现者赵斐云先生
认为是明中叶福建刻本，郭湖生先生考证其为建阳麻纱版，均指向了福建北
部地区。"[②] 而契约文书也是用"栟"作屋架的计量单位，未见一例"榀"字，
而且地域分布为福建地区。这就又为《鲁班营造正式》的起源地为福建提供
了新的证据，更凸显了契约文书的价值所在。

研究契约文书量词，不仅可以补充传世文献量词材料的不足，还可以延
展量词使用的下限。如叶桂郴认为"榀"及"厦"作为旧量词，于明代已退
出了量词系统。"和'堵'一样，'脔'的本义是肉块，'榀'的本义为柱子，'厦'
的本义是房子……由于都是从名词直接转化的量词（成为量词的时间并非全
是元代），生命力很弱，一旦有了意义更加虚化的量词，这五个量词就失去量

---

① 孙博文.山（扇）/排山（扇）/扇架/栟/扶栟：江南工匠竖屋架的术语、仪式及《鲁班营造正式》
中一段话的解疑［J］.建筑师，2012（3）：61.

② 孙博文.山（扇）/排山（扇）/扇架/栟/扶栟：江南工匠竖屋架的术语、仪式及《鲁班营造正式》
中一段话的解疑［J］.建筑师，2012（3）：62.

词意义而回归源名词。胬—块，楹—间，厦—幢，简—封，檠—盏。"[1]但契约中，"楹""厦"仍在民间使用，尤其是"厦"直到民国时期都还在用。

【楹】《说文解字·木部》："楹，柱也。"[2]本指厅堂的前柱。作量词，可作房屋的计算单位。《正字通·木部》："楹，量度屋数亦曰楹，一列为一楹。"[3]《新唐书·隐逸传·陆龟蒙传》："有田数百亩，屋三十楹。"契约用例如下：

> 《清嘉庆十六年（1811）曹树栋立执照》："立执照人曹树栋，缘嘉庆十年赁到舍力图召旧房壹拾陆楹，大门壹座，式门壹座……"（归化城4/上/190）

【厦】《正字通·厂部》："厦，俗廈字。"[4]古籍中多作"廈"，今"厦"字通行。《说文新附·广部》："廈，屋也。"[5]《钜宋广韵·马韵》："廈，屋。"[6]如《聊斋志异·尸变》："但求一席厦宇，更不敢有所择。"何垠注："厦，旁屋也。"可见"厦"与"廈"义同，指屋子或屋旁的厢房。契约文书中由偏房的名词义转喻为表偏房的称量单位。例句中的"檐披""披房"即厢房、偏房，指在正屋旁依墙而建的侧屋。用例如下：

（1）《清雍正十一年（1733）徐子明杜卖房文契》："……计门面七架梁平房贰间，后接檐披壹厦，天井全。在房前后檐装修门扇俱各不动，土木相连。"（南京25）

（2）《清嘉庆二十一年（1816）马元度转劈典住房文契》："……计一进大门公走，堂屋公用，东厕披公用，实劈典楼上房并排贰间，楼上披房壹厦。"（南京77）

（3）《民国二十三年（1934）夏仁瑛断卖住房契》："今因缺乏正用，通家商议明白，央中说合，自愿将父遗市瓦住房壹间壹厦，在房装寸土寸木寸钉、砖石瓦片一概不留，呈请财政局派员勘丈发给蓝图。"（南京190）

因为叶先生没有看到契约文书，所以就判定了"楹""厦"在使用上的时

---

① 叶桂郴.明代汉语量词研究［M］.长沙：岳麓书社，2008：134.

② 许慎.说文解字［M］.北京：中华书局，2015：115.

③ 张自烈，廖文英.正字通［M］.北京：中国工人出版社，1996：522.

④ 张自烈，廖文英.正字通［M］.北京：中国工人出版社，1996：122.

⑤ 许慎.说文解字［M］.北京：中华书局，2015：191.

⑥ 陈彭年.钜宋广韵［M］.上海：上海古籍出版社，2017：209.

间下限。通过以上例证，进一步说明了契约材料在量词材料补证研究中具有较高的价值，值得被深入挖掘。

三、研究材料

契约文书的使用历史长达数千年之久，早在西周中期的青铜器上就发现了契约铭文，最晚的为新中国成立后的土地合同，张传玺《中国历代契约会编考释》就着录了上起西周，下至民国，历时3000年的中国历代契约文书，共计1402件。本研究以西周至新中国成立初已结集出版或刊布的契约文书为主要研究材料，其中以单行本图册或录文为主，也包括若干各类期刊出版的辑存、辑录散件及研究性论文中的散件等，这些散件数量较少，从几件到几十件不等，虽零星散布，但有时也能从一二例中发现不少有价值的线索和补充例证。具体研究文本见文末"参考文献"。为了体现地域上的全覆盖原则，本研究以地理分区中的八大区域作为选材标准，尽量照顾到每个地域，而不是每个省份，其中有些契约文书仅是某个地域某个省份的某个县市或某个村落，但为了使宏观研究的脉络清晰，我们也将这样的材料作为某个省份的代表材料。

四、研究理论及方法

（一）研究理论

认知语言学作为认知科学发展的产物，其理论模型包括原型和范畴化理论、意向图式理论、隐转喻理论、家族相似性理论等相互关联的范畴。汉语量词语义的形成和泛化有着深刻的认知理据，本研究将以认知语言学为理论框架，以前人时贤的研究成果为基础，对契约文书中的量词做出认知上的阐释。依据认知语言学多义范畴研究是如何基于经验，通过隐喻、转喻等认知方式，在不同认知域之间建立联通关系。对契约文书中很多用为量词的词做出合理的推演和解释。"一般说来，单位词是由普通名词演变而成的，并且它们的语法意义就是由它们的本来意义引申的。"[①] 所以，很多词成为量词后还保

---

① 王力.汉语史稿［M］.北京：中华书局，1980：279.

留着原来名词的用法，选择搭配对象时自然而然会选择与其意义相关的名词。也就是说，量词的语义类别终究还是来源于源词。源词的形状、动作、特征及容纳性、依附性等都是促使动量词产生的动因。但并非所有词都可顺理成章地推衍出量词用法，正如周苈所说："一个名词转化成一个量词时，很多时候并不是直接借用名词语义的。名词自身的语义可能要不断演变，才能形成某个与'量'有关系的概念，再经过历时的认知加工和抽象，名词由指向事物转而指向关系，逐渐形成某个意向图示，然后再转借为量词。"①也就是说量词与名词搭配时，名词与量词的关系有中心与外围之分，中心成员名词与量词搭配是有理据的，外围成员与量词搭配是通过意象转换，隐喻、转喻等方式联系的。②对契约中难以推衍出量词用法的词暂阙疑，则单独列为一章。

除对非量词之词的用法做出推衍外，本研究还依据认知语言学"心寓于身"的认知观，对契约文书中所见以人的身体为标杆创造出来的长度单位做出解释。依据原型及范畴化理论，对契约中出现的一名多量和一量多名做出一定的解释；利用维度比的研究成果，对契约中形状量词，做出基本的分析；利用语法化理论，对契约文书中的量词语义泛化现象做出一定解释；等等。

（二）研究方法

本研究采用静态描写法与推演分析、定量分析与定性分析、共时比较与历时比较相结合的研究方式。即对搜集到的已出版契约文书中的量词进行充分的静态描写，并利用字书、辞书对其释义做出诠释；将所有量词依据其称量对象的不同归入不同的类别，在归纳的基础上，运用演绎推演的方法，对一些无量词意义的、特殊的量词，就其意义来源做出推理性解释。利用同时代同地域或不同地域的文献材料或契约语料，对每一例量词做共时平面的比较，通过比较，展现每个量词的独特个性；通过与历史上不同时代不同地域不同历史时期的契约材料做对比研究，找寻部分量词语义演变的线索，梳理出其发展轨迹。

---

① 周苈.名词量词组合的双向选择研究及其认知解释［D］.广州：暨南大学，2007：110.
② 朱晓军.认知语言学视角下的汉语个体量词搭配研究：以"条"为例［J］.语言与翻译,2006(4)：30.

第一章

契约文书量词的语法特征及使用特点

第一节　契约文书量词的语法特征

量词的语法特征主要表现在词法和句法两方面，契约文书中的量词也不例外。

一、词法方面

契约文书量词词法方面的特征主要体现在构词法上。汉语复合构词是汉语词汇生成中能产性最强的一种形式。向熹认为："以单音名量词为词缀构成复音词，汉代已开始出现……名量词可以连用，这种情况始见于南北朝，唐宋间例子颇多，可以两个量词连用，也可以三个量词连用。"又"汉语量词大都是单音词，到了近代往往加上词尾'子''儿''个''家'（价）等变成复音量词。这种趋势中古已经开始，到近代普遍发展起来"[①]。但由李建平的研究可知，由"量+名""量+量"及"名+量"等方式复合而成的双音复合词均在先秦两汉时已产生。[②] 尤其是"量+量"，先秦时已产生。作为产生时代最早的构词方式，在契约中被大量使用，例句如下：

（1）《东汉光和五年（182）蒲阴县刘公砖地券》："田有丈尺，券书

[①] 向熹. 简明汉语史 [M]. 北京：商务印书馆，2010：345.

[②] 李建平. 先秦两汉量词研究 [D]. 重庆：西南大学，2010：226-229.

明白，故立四角封界。"（会编53）

（2）《高昌义和三年（616）氾马儿夏田券》："边夏旧壍（业）部田叁亩，亩与夏价床伍……内上（偿）床使毕，依官酙兜中取。"（会编155）

（3）《高昌义和三年（616）张相熹夏床田券》："即［日］，□□□愿边夏宣威忠……亩，罚部（倍）斗斛……"（会编154）

（4）《清嘉庆二十年（1815）范德贤分山合同》："此木俱要栽手日后逐年修理，不得荒芜。如有荒芜不修理者，栽手并无毫分。"（加池3/38）

（5）《清咸丰十一年（1861）李质等出佃井基约》："比日凭中议定押头铜钱壹百捌拾串文正，其钱当即收入手明足，并无准折、短少分文。"（自贡选辑）

（6）《清光绪三十二年（1906）瞿孔氏同子绝卖田产文契》："眼同中保人等如数交兑，弃（契）主亲手收清，并无丝毫短少。"（清上海281）

（7）《宣统二年（1910）蒋季茂卖田契》："钱即日领亲，锱铢无欠，若有田内不清，卖主理落。"（天柱1/103）

（8）《民国十一年（1922）阙祥礼同弟当田契》："其银租谷每年充纳利谷拾桶正，秋收之日送到银主家中搧净交量，不敢欠少升合。"（石仓2/3/389）

（9）《公元1952年阙祥松卖田契》："当日经中三面断定，目值时价燥谷三箩，其价谷当众即日如数收清足讫，并未拖欠颗粒，其价谷收条不再另立。"（石仓1/4/373）

以上都是由两个量词复合而成复合词，它们组成复合词之前均为量词，成词后词性变成了名词，多表微量。其中"丈尺"本指以丈或尺来计量，例句中喻为大小或长短。"酙兜"即"斛斗"，有时也作"斗斛"，均为量器。

量词构词在契约文书中最重要的体现是使用"量+量""量+名""量+子"等方式创造了不少新词。具体如下：

（一）"量+量"构词

契约文书中依照"量+量"的构词方式，创造了为数不少的新词。举例如下：

（1）《清乾隆四十二年（1777）给付信》："时因埔底湿，未有戈丈，兼开荒未齐，故业佃公议，每年照八股，共匀纳本社租斗冬粟一十五石二斗。"（台大租书）

（2）《清道光十四年（1834）卫阿应借银当契》："自借之后，每年包利谷三十二背，系五十斛秤，不得欠少背刻，如若欠少，任随银主自行耕种，当主不得异言。"（云博馆5/148）

（3）《清光绪三年（1877）王士祯出租圈地契》："不许将有毛粗稻插水污烂，挨延拖欠升合，及卖弄界至水浆，抛荒坵角，移垃换段，开坟宅舍、私放典赔等情。"（金—清142）

（4）《清光绪十七年（1891）黄报德杜顶水火油地脉日份文约》："当日三面照时市议定，九七平市银式拾叁两正，比日亲收入手明足，并无少欠丝厘。"（自贡选辑1006）

（5）《民国十一年（1922）印学钦借洋字》："到成借之日，一色现洋交易，无欠角尖。"（福建民间4/403）

（6）《民国十一年（1922）许恭卖地红契》："大小根条在内，各照旧界，水流道路依旧往来。"（粹编1821）

（7）《民国二十三年（1934）涂怀之出顶佃水火油盐井日份文约》："比日凭中中议定，时市佃价角洋壹百五拾六元正，以三关均交，当即书票交清，并无少欠仙星。"（自贡选辑717）

（8）《民国二十八年（1939）蓝玉祥出当水田契》："随后有臬洋照契取赎，不能减让仙毫。无有臬洋，任随典主照四至管业。"（云博馆5/420）

（9）《民国三十五年（1946）孙氏述花卖油树山地字》："其洋亲手领足，并不欠角分。日后有人言论，卖主一面承当，不关买之事。"（天柱3/77）

（10）《民国三十七年（1948）雷宠和租粮田约》："当日三面议定，其田递年黄秋交纳大苗光谷三桶五斗青，不得欠少桶斗。如有欠少桶斗，仍凭田主起回耕种，叔边不得霸耕。"（福建畲族/下522）

上述词都是由契约中出现的量词复合而成的新词，它们多处在表示没有的意思的"无欠""少欠"等词语后，整体句意为交易双方银契两清，不存在一丝一毫的拖欠。从所处位置及表意关系可知，上述新词同由"量+量"构成的旧词一样，均表微少量。其中例（5）的"角尖"中的"尖"是辅币单位"分"的俗称，用同例（9）的"角分"。"角分"虽是旧词，但此处并非指天文学和弹道学上量度角度的单位，也作微量单位，表一分一毫。例（6）的"根条"本是植物的称量单位，复合为新词后表示所卖地界内的任何植株草木。

契约文书中，对于交易清楚后双方之间两不相欠的情况一般都会予以说明，故除上述用例外，"量+量"新造词还有"分仙、角仙、毫仙、仙角、尖角"等。这些复合名词如果出现在"少欠""无欠""不欠"之前，则作主语，出现在其后，则作"宾语"，性质均为名词，但也有一些例外需要逐个说明。

一是有些复合词是将两种不同类别的量词搭配在一起组成新词。例如：

（1）《清嘉庆十年（1805）郭光禄卖田契》："其钱即日随找契两相交讫明白，不少片文，自得之后，永不敢异言另生再找取赎等情。"（石仓2/7/44）

（2）《清道光五年（1825）李乔瑾同弟卖田契》："其钱即日随契两相交讫明白，不少个文。"（石仓2/3/142）

（3）《清道光二十六年（1846）邦亭借贷契》："其谷收来晒干，照依时价粜卖，多还少补，不敢少欠只文，亦不敢背重课等弊。"（福建选辑599）

（4）《清光绪九年（1883）陈猫态瞨耕字》："其历年应完纳谷，丝粒不敢拖欠，倘有侵欠大小租谷，以及混用有粟，不拘年限，听由主起耕别瞨他人，不敢求耕。"（台大租书172）

（5）《民国十年（1921）钟国本承耕契》："但此两项租额无论冬年丰缺俱要年还清楚，不得挨延短欠升粒，以及抛荒失界或匿丘角等情。"（福建畲族/下369）

（6）《民国十三年（1924）杨先立断卖水田契》："又有皇粮在蒋天峯（峰）户内，推除杨昌玖户内收完，要行出卖，并无紊乱，一扫卖尽寸角不留。"（天柱1/104）

（7）《民国三十四年（1945）雷大全佃田产契》："俟至冬成应自遣工运挑，但佃主理应踊跃公□，不许欠少斤粒。"（福建畲族／下502）

在"量＋量"构词法中，一般量词复合成词时，所搭配均为同类型量词，如"尺寸""斤两"等，但上例中个体量词"片、个、只"，分别与货币单位"文"组合在一起，表微量，意义相当于"分文"。

二是两组量词连用，组成四字格短语。例如：

（1）《民国三十年（1941）谢仕瀛收清法币文约》："比日亲手收足是实，数内不少元角仙星。"（龙泉驿326）

（2）《民国三十四年（1945）魏求林等卖柴山墦地字》："其钞洋亲手领用足，无欠分文角仙。"（天柱1/13）

（3）《民国乙亥年（1935）唐臣潭转当田约》："即日入手现交，本人亲领明白，并未少欠分文半厘。"（道真441）

例（3）中"半"在契约中亦可作量词，故"分文半厘"可看作4个单音节量词组成的复合词。

三是由"量＋量"结构或3个量词连用复合成的词，它们的词性非名词，而是量词。例如：

（1）《清道光二十六年（1846）冯三产业执照》："计开：上城田博陇那䲘、那盎、那柯、那路念共田一召，那面、那土地、那地乍、那棵李、那亭共田一子丢。递年补纳丝银一两三钱正。"（广西18）

（2）《清光绪三十二年（1906）农崇儒税契执照》："计开：城田一子丢，那厝一子，大小共五片，那渡一丢。右照给五处下利农崇儒准批。"（广西30）

（3）《清道光二十六年（1846）谢纳印照》："计开：上城田一召子丢并畲地、树木、房屋一切，准尔年中田例地粮，遵照依旧办解毋违。"（广西19）

（4）《清光绪五年（1879）黄信田产执照》："情因民于上年买得板甲村何化师东城田一丢零，土名唤□多一片二十把，地价钱八千五百文。"（广西23）

（5）《清道光二十九年（1849）安平土官颁发的执照》："于本年四月

内永买得中化那陇村黄灯、黄付妹按上城田一<u>丢卒</u>，大小共七片，坐落前村处，二共价钱四十六千文足。"（广西20）

以上"子丢""召子丢""丢零""丢卒"等词，是由广西契约中特有的亩积（面积）单位"子""丢""召""卒"等相互组合而成的复合量词，组合后亦表亩积。其中一召子丢约为7.5亩，一丢卒约为2.25亩，一丢零约为1.5亩。[①]此"复合量词"，与汉语中已有术语"复合量词"（指由名量词和动量词组合而成的量词，表示复合单位的量词，如班次、人次、架次等）非同一概念。

四是有一类量词，复合成词后，词义为偏义关系，即构成所谓的"偏义复合量词"。例如：

（1）《清道光十年（1830）王万福借钱字》："立揭钱字人王万福，因不便，今取到镜盛斋宝号名下本钱拾<u>串文</u>整，言明二分行息。"（故纸3/163）

（2）《清光绪三十二年（1906）孙德山卖田地文约》："所请中证，或卖与张王李赵，实值价钱叁百<u>串文</u>，无亏卖主，亦不得分文亏欠之说。"（南部25）

以上为货币单位"串"与"文"组成的复合词"串文"，其词语意义等同于"串"。

（1）《北宋明道二年（1033）阳曲县陶美买地砖券》："买到阳曲县武台乡孟村百姓刘密地贰亩，准作价钱壹拾贰贯伍伯<u>文吊</u>。"（粹编507）

（2）《清光绪三十年（1904）周学熙送李公祠园地契文》："原买地价津钱五千<u>吊文</u>，理合照案，立契存照，以为李公祠永远管业之据。"（天津契案7）

（3）《民国七年（1918）吴生荣承佃空地基合同约》："今同中附过佃地过约价现市钱陆拾<u>吊文</u>，又从旧约载来押地价市钱柒千文。"（内蒙古139）

以上为货币单位"吊"与"文"组成的复合词"吊文"，其词语意义等同于"吊"。"吊文"还可逆序为"文吊"，其词语意义仍等同于"吊"。

[①]　罗树杰.论壮族土司田地权利的转让：壮族土司田地契约文书研究之三［J］.广西民族学院学报（哲学社会科学版），1999（4）：73.

（4）《清光绪三十二年（1906）雷志寿卖断山场契》："外历年黄姓薯米山租三斤，外中用钱半角文，再照。外笔资钱一角文，再照。"（福建畲族／下257）

以上为货币单位"角"与"文"组成的复合词"角文"，其词义等同于"角"。

在"量＋量"构词法中，一般量词复合成词后的新词，其词义为并列关系。但以上所见均为表偏义的用例，契约中这类词还有见于传世文献的"贯文"，用例如：

（1）《唐大中元年（847）安喜县刘元简买地砖券》："……于百姓乔元〔静边〕，用钱伍拾伍贯文，买地壹段，壹拾亩，充永业墓地。"（粹编237）

（2）《明洪武十七年（1384）冯保芝卖山契》："面议时价宝钞六十贯文，当日付足。"（明清地契研究139）

洪艺芳认为"贯文"中"'文'在此并非钱币单位，而是与'钱'同义，代表钱币本身……"[①]向熹认为"贯文"只是两个量词的连用。[②]但根据"贯文"出现在"名＋数＋贯文"的格式中，"贯文"前已有名词，可判断此处"贯文"中的"文"不可能再作名词；如果作量词，则是个没有实在意义的冗余成分，故我们认为"贯文"应是个偏义复词，表义集中在"贯"上，"文"并不起实际的作用，只是一个陪衬音节。同理，上例中的"串文""吊文""文吊""角文"也是偏义复词。因为在一个数量结构中不可能存在两个不同量值的量词，计量一个名词，所以"名＋数＋量＋量"结构出现时，两个量词之中只有一个量词是表义的，另一个量词只能是虚空的，不是表义的单位。

（二）"量＋名"构词

契约中还见利用"量＋名"形式构成的复合词，包括四字格形式。如：

（1）《明宣德六年（1431）朱定卖木山契》："所有上项柒契，因兵去失无存，向后捡出片文只字，不堪行用。"（福建选辑309）

---

① 洪艺芳.敦煌吐鲁番文书中之量词研究［M］.北京：文津出版社，2000：413.

② 向熹.简明汉语史［M］.北京：商务印书馆，2010：345，610.

（2）《清嘉庆十九年（1814）乔智同祖母卖韭菜园地文卷》："自卖之后，此地内<u>寸地撮土</u>树林等物，俱系衷姓。"（陕西128）

（3）《清道光四年（1824）陈榆山卖楼房等契》："其有屋内<u>寸砖寸瓦</u>，<u>寸木寸石</u>，楼板地板，天池木枧，俱在其内。"（湖北天门727）

（4）《清咸丰七年（1857）王勇等同侄绝卖山地文约》："自卖之后，凡地内<u>片石撮土</u>，榆树桑朴，干泥石炭，均属尚姓买到之物，毫不于王姓相干。"（陕西131）

（5）《清宣统二年（1910）胡方同子绝卖瓦市房等契》："……东厕食灶、<u>寸木片板</u>、<u>块石乱砖</u>、<u>寸土尺地</u>，一并随房罄产交代，凭中邀牙立契，杜绝卖与江汉木帮宝善堂名下永远执业，听凭拆卸翻盖、添造、招客收租等用。"（南京132）

（6）《民国九年（1920）陈厚堂绝卖市店房契》："以及该房<u>寸砖片瓦</u><u>块石</u>、<u>寸土寸木</u>俱各不留，一并随房罄产交代。"（南京173）

（7）《民国三十一年（1942）厚田断卖地数》："自卖之后，<u>寸土丘角</u>不留，永远不得追赎，粮随税转。"（清广东116）

上例中"寸砖、寸石、尺地"都应是仿照已有词语"寸木"而成的词；"片石、片板、片瓦"也是仿词，具体应是仿照汉语中已有词，如"片甲"或其他词而成。"片纸只字""片文只字"虽是已有词语，表示不多的话语和极少的文字，或指零碎的文字材料，但契约中的表义与此完全不同，表示残存的契约合同。"丘角"中"丘"作田地或坟墓的一般称量单位，"角"是田地的地积单位，都为量词，组成"丘角"后，词性则变为名词，表示田垄的任何角落。契约中经常用"不得抛荒丘角"来要求承租或佃种田地的人要认真耕作，不得使田地荒芜。

（三）"量+子"构词

王力说："单位词还有另一用法，就是在单位词后面加上词尾'子''儿''头'等，单位词本身，重新转化为普通名词。"[①]契约文书中量词

---

① 王力.汉语史稿［M］.北京：中华书局，1980：283.

的构词性还表现在量词与后缀"子"构成合成量词,而非名词。"量 + 子"派生出新的量词,在唐五代的敦煌文书中体现了量词最重要的语法特征,用例有"一片子、一截子、一盘子、两络子、四索子"等。洪艺芳认为:"量词附加后缀'子'的现象,于唐前文献中似未见使用,其或首出于唐代。"[①] 经我们检索,洪氏的说法是可以肯定的。契约文书中"量 + 子"的用例如下:

【院子】由借用量词"院"加后缀"子"合成"院子"。用例如下:

(1)《宋开宝九年(976)郑丑挞卖宅舍契》:"定难坊巷东壁上舍(舍)壹院子,内堂壹口,东西并基壹仗(丈)贰尺五寸,北并基贰仗(丈)八尺陆寸。"(敦煌32)

(2)《年代不详卖舍残契》:"(前缺)☐☐属有舍一院子,被他兄☐☐西巷内得舍一院子☐☐"(敦煌45)

例句中"院子"仍作量词,意义同"院",计量房屋。

【畦子】由量词"畦"加后缀"子"合成"畦子"。用例如下:

(1)《后周广顺三年(953)敦煌龙章佑兄弟典地契》:"莫高乡百姓龙章佑、弟佑定,伏缘家内窘阙,无物用度,今将父祖口分地两畦子,共贰亩中半,只(质)典已(与)莲(邻)畔人押衙罗思朝。"(敦煌466)

(2)《清光绪三十三年(1907)东北盛京陈与海凭帖》:"南山西头东西地壹段,南北至水沟;西园菜地东头八畦子,南北至恒福堂界;倘不附钱、于姓居耕为主。"(金—清100)

很多字典将"畦"作量词的主要义项释为古代地积单位,但契约中"畦"并非地积单位,而是普通表量单位,详见"畦"字条。例句中"畦子"仍出现在"名 + 数 + 量"格式中作量词,由例(1)"畦子"后已有地积单位"亩",可知该例句中"畦子"并非地积单位,意义只相当于自然单位量词"段、块"。例(2)"菜园地东头八畦子"与上句"西头东西地壹段"对举,使"畦子"非地积单位的证据更确凿。在胶辽、中原官话及晋语中,"畦子"作名词,表畦田、菜畦或菜园。如清李百川《绿野仙踪》:"那人将如玉看了一眼,也不回答,又浇起他的菜畦子来了。"

---

① 洪艺芳.敦煌社会经济文书中之量词研究[M].北京:文津出版社,2004:35.

【杆子】由民间表长度的"杆"加"子"尾合成"杆子"。契约中可独用，可与"分""厘""毫"或"尺""寸"等组合使用，用例如下：

（1）《清乾隆三十六年（1771）李成宫卖地约》："李成宫地南头情愿留东西一干子道通范埠道通行。"（河北近代217）

（2）《清嘉庆十七年（1812）山东泰安县李见等卖地红契》："立卖契人李见、李相、李相交、李相臣、李相明，因无钱使用，今托中雷自法说合，将祖业官胡衕东西壹尺、南北肆拾陆杆子半，上带井眼壹眼，计地贰厘，出卖于汪文明名下。"（首都藏1/326）

（3）《民国五年（1916）徐焕文卖地契》："长科九拾式杆子式大寸，西横科三杆子式大寸七卜，中横科三杆子式大寸八卜，东横科三杆子三大寸。"（济南契约195）

例句中"杆子"仍作量词，意义同"杆"，计量长度，具体参见"杆"字条。例（1）"干"为"杆"的省形异体字。例（3）中"卜"为"分"的俗写形式。

二、句法功能方面

契约文书中的量词在句法方面，就句法功能而言，一般不见单独作主语、谓语、定语、状语等，只能与数词一起作述谓成分，修饰名词，并主要以"名＋数＋量"格式存在。该格式古已有之，在殷周的甲骨文、金文中就存在，并成为先秦时代的主要格式，唐宋以后，"数＋量＋名"格式逐渐成了数量结构的优势语序，并一直延续到现代汉语，但自古至今的契约文书中却一律使用"名＋数＋量"格式。关于这点，吴福祥指出"名＋数＋量"是真正的计量性数量结构，大都出现在"清单"类话语环境里，而在这样的语域里，实体的数量往往比实体本身在话语中更为凸显。因为在特定的语境里，"清单"上所列物品一定程度上可以通过背景知识或上下文语境进行推断或预测。"数量"通常是"清单"类语域的焦点信息。在清单类语域里，名词所指事物的可及性高、信息量低，而"数＋量"短语的信息量高、可及性低，这可能是先秦汉语将计量性结构编码为"（VP）＋名词＋数词＋单位词"格式的主要话语和功能动因。通过进一步研究，他还指出"数＋量"是述谓成分，对前面的名词有描述功能。同时，"数词＋单位词"是计量性的，主要用来指称名词的实际量度，所在语句大都见于清单类语域。如果一个数量结构表示实际的、指称性的计量时，无标记的语序是"（VP+）名词＋数词＋单位词"[①]。

正如吴福祥所述，"名＋数＋量"格式最常出现在清单类语域中，并成了一种固态格式，从计算意味较重的甲骨卜辞，到遍布药方的中医文献，再到记载交易的契约文书，都证明了这一点。该格式在敦煌吐鲁番文书中也是占比最多的格式，"但就吐鲁番文书而言，因受限于文书内容多账册之类，所以名量词数量结构前附于中心名词之情形反较名量词数量结果后置于中心名词之情形更不普遍，前者为数仅约后者二十四分之一，而且此前置之例多出现于叙述式而非记账式的私人文书中的私人信札之中"[②]。正因为"名＋数＋量"结构中"'数＋量'短语表达的是'实际的数量信息，并且往往显示新信息'；而'数＋量'前面的名词一定程度上带有话题或次话题性质"，所以在清单类文本中，"名＋数＋量"格式成为首选。这就像医生给病人开方剂，什么样的病，肯定会开对症相应的药，所以药名在某种程度上是已知的、定指的、相关的，每味药的药量才是关键。签订契约也是一样，交易者早已经明了要交易的对象，尤其是接受者，更是心知肚明，所以交易对象并不是关注的焦点，焦点在标的物的具体数量，包括坐落位置、形状大小等信息。所以说"名＋数＋量"格式才会成为契约中的唯一格式，正因为名词的可知性及可推断性，故有时名词会承上文而省，或因量词的性质明显而被省略。

为将标的物表述得更加完整、细致，契约中还出现了一些"名＋数＋量"的扩展格式。所谓扩展格式就是指以"名＋数＋量"结构为主，在其基础上添补更多详细的描述或补充、限定成分。具体的扩展格式有以下几类：

（一）名词＋其他＋数量词

在名词与数量词间加入"大小、高低、上下、长短"等形容词，或有时填充进去3~5个描述限定性的成分，包括名词、动词、副词等。这类是契约中使用最频繁的格式之一。举例如下：

---

① 吴福祥，冯胜利，黄正德.汉语"数＋量＋名"格式的来源［J］.中国语文，2006（5）：392-398.

② 洪艺芳.敦煌吐鲁番文书中之量词研究［M］.北京：文津出版社，2000：54.

（1）《明万历四十三年（1615）吴集等卖田赤契》："四都九图立卖契人吴集、安然、浩然，今因管业不便，将承祖田一业，坐落土名张八园，计租拾六砠，其田高低贰坵，系金字二千六百五十二、贰千六百五十五号……"（徽丛编1/71）

（2）《清嘉庆二十五年（1820）马合有卖土地契》："立卖土地文字人马合有，系老鸦关里二社民，因为缺少使用，别无出产，今将祖遗置田地大小两块，约下籽一斗四升。"（河州3）

（3）《清同治十三年（1874）顾沈氏绝卖楼房基地文契》："立杜绝卖楼房基地文契顾沈氏，为因正用，曾将氏夫祖遗二十五保五图十二铺新北门内积善寺东首坐北面南住楼房上下共肆间，又披屋壹间……"（清上海163）

（二）名词＋数词＋其他＋量词

在数词后面，量词前面加入其他成分，多以修饰性的形容词，如"大、小、全"等为主，填入成分主要是对量词做进一步的描述，这也是量词与形容词组合的例证。举例如下：

（1）《清乾隆十五年（1750）石擎天卖鱼池契》："鱼池又壹大口，租银伍钱正，佃人官熙满。鱼池又壹小口，相连壹口，共租银叁钱伍分正，佃人黄凤生。"（福建选辑759）

（2）《清嘉庆二十五年（1820）庄培使卖屋契》："立尽根杜卖契人庄培使，有明买瓦屋壹座，毗连叁间，带天井壹小所，坐落和凤后社，土名池厝墓边。"（厦门26）

（3）《清道光二十年（1840）俞鸣栢断骨绝卖楼房屋地契》："自情愿立断骨绝卖楼房屋地契人俞鸣栢承父遗有楼房屋壹全局，上至橡□尾，下至地桄。"（婺源）

（4）《清光绪二十年（1894）胥兴诗等分关合同》："地字号凶周拈得，土名凤秧田壹大涧，并井冲口田四坵，并小狗冲田叁坵，并台上大秧田柒坵……"（天柱18/241）

契约中的因修饰量词，而出现的"全"字头词语很多，如"全堂、全业、全坵、全间、全座、全幅、全股、全派"等。

（三）名数量结构＋其他

在名数量结构后加入其他成分，有些是对该名数量结构进行的补充，有些是对该结构中的量词进行的补充，尤其是容量单位后所加的"官、大、小、庄、乡"等都是对具体容器性质的进一步说明；"广、整（正）、净、足、满、码、省、青、有余、有零"等是对价格或计量对象的补充说明。举例如下：

（1）《元至大二年（1309）徽州吴永吉卖山白契》："三面伻（评）值价钞至元宝钞伍贯文省，其钞当成契日一并收足讫无欠。"（粹编 467）

（2）《清乾隆十二年（1747）林玉宇送卖山契》："……配苗米一合官，因墓贰外山仔一仑，上祖出卖与邓存留掌管多年，今欠银办公，将此荒坪央中送卖与邓宅归一为业。"（闽南 101）

（3）《清乾隆四十四年（1779）杨子龙卖田契》："三面言议，着下时价银肆拾肆两广。立契之日，银即同中交讫。"（福建选辑 84）

（4）《清嘉庆十四年（1809）李上进借钱字》："其钱当日言议定每年行息干谷一担庄，秋成之日，面扇交量不敢推挨以及过欠。"（福建杂抄 3/109）

（5）《清咸丰二年（1852）林照同侄永卖田契》："即日李除票五十壹都一庄毛安田户内民田贰亩令（零）出除与本都本庄毛坤身户内收户输粮照契开割。"（宁波 226）

（6）《清同治十一年（1872）夏长林转典住房契》："北首房内腰间板一道。下地板一架全。中上席长窗板门扇一道全。"（南京 105）

（7）《清光绪十八年（1892）陈广昌断卖田契》："三面言定，酬还时值价银一十六两码，两家情愿，即日同中到田清丈，四至明白，丘角不留……"（清广东 42）

（8）《民国三年（1914）梁生金典当田约》："凭引问到同处陇□村农生美处实买，取本铜钱五千文足，即日亲手领钱回家应用。"（广西 101）

（9）《公元1950年杨本盛同子杜卖地契》："实接授杜价银大龙洋贰佰贰园（圆）净整，入手亲接开用。"（云博馆 3/380）

契约中很多容量单位都是由容器转喻而来，例句中容量单位后补充成分多是对该容器的性质的进一步说明，如"乡"指本乡的标准，"庄"指本庄的标准，"官"指官府的标准，"大"指大于标准的量器，"小"指小于标准的量器，"零"指非整数，有零头，"省"表示省略尾数不计，"全"指齐全。重量单位后的"净"指扬筛干净，不含秕谷；货币单位后的"净整"包含两层意思，一是没有剩余，二是整数等。

（四）名词＋若干数量词

在名词后面加数量词，少则加一个，多则加若干个，就目前所见，至多可加到13个。对于所加的量词，有些是存在进制关系的标准量词，按照大在前小在后的顺序依次连用，这类结构多用于面积、长度、容量、重量、税收、利息等单位量词；有些是没用进制关系，完全无关的两个或几个数量词嵌套。现举例如下：

（1）《清乾隆五十四年（1789）龙宗玉断卖洞头溪水田契》："……土名洞头溪边冲水田大小伍丘，计禾叁把伍手、载源（原）粮叁合伍勺，连荒坪在内，要行出断。"（九南103）

（2）《清嘉庆十三年（1808）阮国清等杜卖田地等契》："父子兄弟商议愿将祖父留遗分受已名下田地壹处，堰塘贰口，草房屋壹院叁向，上至栋梁桁桶挑手楼牵草篾，下至墙脚生熟旱地山岭一并在内……"（龙泉驿31）

（3）《清嘉庆十五年（1810）江苏镇江袁天朝承佃田契》："共欠小麦一担二斗，共欠熟米租每年一担，计欠熟米四担，如五十年后再有挂欠，情愿一并追还起田另佃。"（金—清129）

（4）《清道光五年（1825）林兴寿起户票》："又塝下田壹坵，又坐落樟坑，又靛塘边田壹横贰坵，又槽碓下田壹坵，又水口桥角头田壹坵，此项共田捌坵。"（石仓1/2/36）

（5）《清光绪五年（1879）界立出典地契》："又石拉擦东西地一段二日，南至夹石、北至□、东至道、西至沟。"（金—清77）

（6）《清光绪十三年（1887）居仁、由义、循礼三里均摊案》："……

共改征米七十九石二斗一升九合四勺一抄一撮七圭六粒四粟七黍五糠八粃半，其余一半仍按丁征解送在案。"（天柱17/5）

（7）《清光绪十七年（1891）王金岳杜卖水田等契》："……递年应纳钱粮及补水秤余银八两四钱四分七厘四毫，经岳历管收租，纳粮完课无异。"（台大租书259）

上述格式中，对没有进制关系的连用量词来说，在使用者的心目中，它们还是存在一定的大小比例的，如例（2）的"草房屋壹院叁向"，按照语言大在前小在后的顺序，处于前的"院"比处于后的"向"应该大一级，因"向"是大于"间"，小于"座"的一个量词单位，在容纳的量度上"向"应该比"院"小。

（五）若干名词＋数量词

在数量词前加若干名词。一份契约中涉及若干交易对象，有时会一一罗列后，用一个数量词统领。举例如下：

（1）《明洪武十三年（1370）李宗晟卖山地屋宇赤契》："十东都李宗晟，承祖有山并住基壹片，坐落本都叁保，土名大港山呈全住基，系今经理谷字八伯叁拾叁号。"（徽·宋元明1/27）

（2）《清嘉庆二十年（1815）李吁台添典山埔等契》："立添典契人新港社番李吁台，有承父开垦山埔、田园、并蒙地共壹所，坐落土名在田草仑过沟。"（大岗山162）

（3）《清光绪元年（1875）龙显仁继祀承宗甘允分书》："其有田园、地基、山坡六岭，一概多少付与老三显仁耕管，毫无懊悔异言。"（天柱16/129）

（4）《民国丁□年陈福善杜卖房屋契》："自情愿将祖父遗下有坐落本乡寨里坐南朝北房屋壹大所，又石畔灶下房屋、牛栏、猪棚壹直，上连瓦桷，下连地基，门窗户榻俱一齐全并……"（福建民间208）

（六）数量词＋名词＋数量词

在数量名结构后加数量词，或在名词的前后加数量词，前后的数量词都是对名词的进一步修饰。用例如下：

（1）《清乾隆二十二年（1757）闹什舟勒借银文契》："立约借艮（银）人闹什舟勒，情因葬父缺少使费，凭中借到姑耶（爷）哭什舟名下本九十艮（银）伍两六钱整。"（岷江177）

（2）《清乾隆三十六年（1771）歙县许登贤典屋契》："二十一都二图立典契人许登贤，今因正用，自情愿将父遗三间楼屋一堂，土名化字前园，地税一分四厘，随屋管业，并厨房门窗户扇、披屋俱全……"（徽丛编1/524）

（3）《清道光四年（1824）王登喜赁住房院约》："内计正土房四间半，四檩三椽柁子壹条，仰尘门窗俱全，式门壹合。"（归化城4/上/261）

（4）《清道光二十年（1840）余训同侄当田契》："内中沙田贰段，两岔田一段，东至李□华田，南至中沟，西至大河边，北至堂兄田垦。"（云博馆3/344）

（5）《民国七年（1918）雷锦为卖断房产契》："立卖断根契雷锦为，原祖父手起一座厝屋四扇五拄，左边两庑一透。"（福建畲族/下351）

（6）《民国二十五年（1936）蓝朝申典房产契》："立卖厝橺契蓝朝申，祖手起有六扇屋一座，此六扇内右边六扇边房在前，楼下一橺抽出向卖于胞兄朝杨处为业。"（福建畲族/下452）

对计数或计量来说，"名+数+量"格式足以表情达意，但交易物的具体情况对交易的价格有重要影响，故扩展格式目的在于对交易物的形状、规格等做更具体、详细的说明，以避免今后的矛盾纠葛。

三、句法组合方面

契约文书中的量词，句法方面的语法特征还表现在句法结构组合能力方面。与古今量词不同的是，契约文书中的量词较少与指示或疑问代词组合，很少重叠使用。同古今量词一样的是能与数词组合为数量短语，修饰名词。

何晓炜等人根据计量原子操作 M-ATOM 及其表达式认为，名词需要依赖量词对其进行语义操作方可实现计数。传统意义上的量词与度量词的语义是一样的，都是对名词进行计量原子操作。数词不具有计数功能，数词的功能是从可读数集合中选择对应于某一基数的元素。具体讲就是量词对名词操作后产生可读数的集合，即可计数的单位，而选择多少个这样的单位则由数词决定。① 正如何文所言，汉语量词的显著特点是其对名词有分类功能，即量词与名词间有严格语义选择关系。邵敬敏曾指出，"量词与名词的组合纯粹出于一种'习惯'……说明我们观察事物的角度不对头，研究的方法不大管用。在'习惯'的背后往往隐藏着一些'规律'或者'倾向'"②。也就是说在量词与名词双向选择的框架中，名词与量词相互选择、互相制约。下文将对契约文书中名量组合搭配现象进行详细分析，诠释一类名词对多个量词（简称"一名多量"）和一个量词对多类名词（简称"一量多名"）现象的搭配机制和产生的促动因素。

（一）一名多量

汉语量词因其大多来源于名词而成为一个开放的、繁衍能力较强的系统，又因其数量巨大、活跃性强，甚至产生了很多一名多量现象，即一个名词可以和好几个量词搭配使用。契约文书中的一名多量现象比较突出，究其产生原因，大致可归结为如下几个方面。

1. 历史继承

语言随着社会的产生、发展而产生、发展，汉语词汇也一样，随着社会的不断发展，新词不断产生，旧词要么消亡、要么被继承，量词也不例外。较强的历史继承性正是契约文书计量单位一名多量现象产生的重要原因之一。例如，对"树"的称量，自古至今，有"株""棵""枝""根"等。

【株】《说文解字·木部》："株，木根也。"③ 徐锴《说文解字系传》："入土曰根，在土上者曰株。"④ 说明"株"的本义是露出地面的树根，后引申指整棵植物，如植株；作量词，多用于树木花草，属于书面语。用例如下：

（1）《清康熙二十七年（1688）丘长寿卖山契》："外截裹有山松木十二株，今丘寿祠自斫六株，共业人郑谅祠托约理论劝论二家。"（安师

① 何晓炜，蔡激浪.量词的特征分解分析［J］.当代语言学，2015，17（1）：71-83.

② 邵敬敏.著名中年语言学家自选集·邵敬敏卷［M］.合肥：安徽教育出版社，2002：16.

③ 许慎.说文解字［M］.北京：中华书局，2015：114.

④ 徐锴.说文解字系传［M］.北京：中华书局，2020：112.

大藏1/294）

（2）《清道光六年（1826）姜开书错砍杉木认错字》："立错砍杉木字人本寨姜开书，为因今年三月内错砍姜开明之<u>木一株</u>，地名坐罟清中乡约寨头。"（清水江1/1/346）

（3）《清光绪十八年（1892）胡为龙典地契》："内有<u>枣树四株</u>，胡平<u>枣一株</u>。"（河北近代168）

《明清福建经济契约文书选辑》[1]中树木的称量全用"株"，可量柿树、松树、柏树、栢树、梨树、樟树、槿树、柃枣树、龙眼树、青果树、橄榄树、荔枝树等各类果树。

【棵】作量词，用于植物，口语、书面语都常用到。用例如下：

（1）《清嘉庆六年（1801）于锦凤等出租磨场约》："今将自己粗场一面，开道大小<u>树木十三棵</u>，青（情）愿租与武自成名下使用。"（归化城4/ 上 /153）

（2）《清咸丰十一年（1861）李门高氏同子卖宅基契》："立卖宅基契人李门高氏，同子润、李聚，今将自己宅基西边分过，通长叁寸宽，南头<u>椒角树一科</u>。"（故纸2/23）

（3）《民国十一年（1922）陈尚忠卖坟山文约》："……情愿将自己祖遗坟山<u>柏树壹科</u>、<u>沙松陆科</u>、<u>青松壹科</u>、<u>大小捌科</u>，山神树不在内。"（云博馆3/58）

例句中的"颗"作量词，主要量小而圆的物体，量树木时，"颗"同"棵"。量植物株数时，例（2）和例（3）的"科"，亦同"棵"，章炳麟《新方言·释植物》："《广雅疏证》：'科，本也。'今人谓一本树，或曰一株，或曰一科。"[2]

【枝】《说文解字·木部》："枝，木别生条也。"[3]本义为植物的枝条。作量词，用于竹木、花草的枝条或杆状物。徐灏："支、枝古今字，干支犹干枝也。"[4]用例如下：

---

① 福建师范大学历史系.明清福建经济契约文书选辑［M］.人民出版社，1997.

② 章炳麟.新方言［M］.上海：上海古籍出版社，1928：128.

③ 许慎.说文解字［M］.北京：中华书局，2015：114.

④ 李学勤.中华汉语工具书书库（第35–37册）［M］.安徽教育出版社，2002.

（1）《清道光十三年（1833）陈登养等立退樟木字》："自情愿将篆养有樟木弍枝，坐落廿一都茶排庄，土名桐坑陈姓屋后窠，阙德璁山内篆养樟树弍枝，立字退还与山主阙德璁自己篆养砍伐。"（石仓1/2/145）

（2）《清咸丰七年（1857）朱昌玉租山契》："立租山契朱昌玉，今租到朱宗金兄名下毛竹山一爿，土名金毛山，大小竹娘九十七支，当即言定每年样念支。"（浙东55）

（3）《清光绪十六年（1890）雷朝生卖椿树字》："……坑桥头桥下椿树弍支，屋后椿树壹支，屋左手弍支，共椿树六支，自愿托中出卖与张科文兄边入手承买为业。"（石仓3/6/293）

《石仓》中的树木全用"枝"计量。

【根₁】《说文解字·木部》："根，木株也。"[1] 作量词，用于称量草木、有根之物或条状物，魏晋南北朝称量植物多。用例如下：

（1）《武周长安三年（703）高昌严苟仁租葡萄园契》："陶（萄）内有枣树大小拾根，四院墙壁并全。"（会编309）

（2）《元至正五年（1345）徽州安卿等分产文书》："其山内除生坟茔二所，并柿木二根，株木四根，楮木一根，并系众存，共同为主。"（会编674）

（3）《明成化十五年（1479）陈闰宗卖木契》："除叔祖得中截木苗壹块，买方茂英外，本位裹外弍块，计木苗伍十伍根，又大木九根。"（徽州2/2/234）

（4）《清乾隆三十四年（1769）姜远福卖杉木山场契》："立卖杉木山场契人下文堵寨姜远福，今因家下无处，情出自愿将本名杉木弍所，土名落坐对门卧监山头木共五十根。"（贵州林业1/A0010）

小结：契约中所见"株""棵""枝""根"等量树木类的个体量词，据张鹏丽考察，"株"主要出现于先秦，至清代仍大量使用；"棵"主要出现于元代，明清使用较为频繁，到现代汉语中成为最主要的树木个体量词；"颗"主要见于明清，且用量较小；"根"主要出现于唐代，清代仍见使用；"枝"主要出现

---

① 许慎.说文解字［M］.北京：中华书局，2015：114.

于唐代，清代仍见使用。① 可见，以上量词产生时代虽有先后，但都被继承了下来，故在明清的契约中才会出现，用来称量树木。

2. 方音选择

中国幅员辽阔、民族众多，随着社会的分化统一，形成了不同的方言，各方言语音的分化造成了各方言地区词汇的语音差异，有时差异过大，就变成了另一个词。因此，契约中迥异的方言印记，也成为一名多量现象产生的一个重要原因。

【丢】本义为遗失、丢落。作量词，始见于元代，用于人马，犹"支"；至明代，可用于事，犹"件"或"桩"。还可与"点"搭配组成"丢点"或重叠为"丢丢"，表微小量。如一丢点盐，一丢丢榆荚钱。② 契约中作田地的计量单位，用例如下：

（1）《清乾隆五十六年（1791）赵恩光田产执照》："窃民买得州城马头街李恒贞上城免番田一丢，价纹银三十两正。"（广西11）

（2）《清光绪二十一年（1895）农生美田产执照》："……所有永买得农村赵威仪田一丢，名唤那定凌，大小一片，即准尔世代子孙管业可也。"（广西25）

（3）《民国八年（1919）农永杰典当田契约》："……愿将以祖父遗上（下）城田一丢，大小一片，土名唤畓③坡，坐落在迷咘孔之处，年中获稻三十把地，先通族内，后询近邻，无人承受。"（广西102）

【召】《说文解字·口部》："召，呼也。"④ 本义为召唤，传世文献无量词用法。契约中作田地的计量单位，用例如下：

（1）《清乾隆十二年（1747）》："因民堂兄农高，原充北内丁役田一召，于去年五月内病故无嗣，本年二月内，民叩恳蒙恩准民顶充在案。"（广西9）

---

① 张鹏丽，陈明富. 古代"树木"个体量词历时考察［J］. 北方论丛，2012（1）：63.

② 刘子平. 汉语量词大词典［M］. 上海：上海辞书出版社，2013：46.

③ "畓"音纳，是壮族人在唐宋时借用汉字创制的"田"字.

④ 许慎. 说文解字［M］. 北京：中华书局，2015：26.

（2）《清宣统三年（1911）赵国政田产执照》："民故祖遗下粮田一召，名唤□□□，大小共九片，上年曾经民祖投堂，请给谢作上下免番□役城田，准给印照谢纳在案。"（广西30）

（3）《民国四年（1915）李子周卖田契约》："立约断卖田人李子周，系署右居住，今因无银生理，愿将本分城田二召，土名唤那坡螂……"（广西102）

【卒】《说文解字·衣部》："卒，隶人给事者衣为卒。卒，衣有题识者。"[1] 本义为古代供奴役穿的一种衣服。衣服上注有标记，以区别于常人。传世文献无量词用法。契约中作田地的计量单位，用例如下：

（1）《清嘉庆四年（1799）安平州土官颁发的土地执照》："情因永置唐美稔村黎裔等城田那咟嗦一子，黎马等城田那造一丢，黎刘城田那造一卒，其子价钱四十千文，其一丢价钱五十三千五百文，其一卒价钱二十七千文。"（广西12）

（2）《清道光二十二年（1842）农承基当田契约》："愿将本分祖父遗下买得城田一卒，谢纳城田二片，土名唤那作吼遂，坐落格沛处。"（广西61）

（3）《清道光二十九年（1849）安平土官颁发的执照》："民各分黎卡、黎贵永得田乙卒，大小三片，价钱二十千文足。"（广西20）

【占₁】《说文解字·口部》："占，视兆问也。"[2] 本义为占卜。传世文献无量词用法。契约中作田地的计量单位，用例如下：

（1）《清宣统二年（1910）太平土州以顺水道碑》："开喳咄分入那关一口，横二十、直五分，共田三占二十巳地。开喳咄分入那担一口，横七分、直五分，共田一占二十巳。"（广西6）

（2）《民国三年（1914）杜品林买得膳田契约》："今因宗祖自生耀买得遗下膳田二占，八十把地，土名唤□产鸭及与□项大小共有十三片，坐落在间洞处兼黄奇超之田。"（广西101）

---

① 许慎.说文解字［M］.北京：中华书局，2015：170.

② 许慎.说文解字［M］.北京：中华书局，2015：64.

【子₁】《玉篇·子部》:"子，儿也。"① 由儿子义引申为植物的果实或种子义。作量词，用于能用手指掐住的一束细长的东西，如头发、麻线、面条等。契约中作田地的计量单位，用例如下:

（1）《清乾隆四十七年（1782）赵二田产执照》:"乾隆四十七年（1782）内，永买得州城南街李恒贞下城田一子，名唤那密，取价钱四十四千五百文。"（广西10）

（2）《清嘉庆三年（1798）谢纳照文》:"窃民于乾隆三十四年内，永买得李俯大爷膳田一子，价纹银一十二两五钱，照管耕无异。"（广西11）

（3）《民国十六年（1927）李德普断卖田契约》:"立约永远断卖田人李德普，系安平州署右居住。今因正用无银，不已，父子商议，愿将祖父遗下旱田一子，土名唤□咘格民，大小宽广共有四片，坐落路边处……"（广西105）

小结:对于田地大小的计量，传世文献或有些契约多用"亩""顷"，古徽州多用"角""步"，但在广西契约文书中却多用"子""召""卒""丢"等词。这四个词是古壮族民间常用的亩制单位。据黄文浩考证:"'丢''卒''召''子'为量词，指清代广西太平、安平等土州（今属崇左市大新县）的田地度量单位，同时也是清代广西壮人较为常用的壮族方言词。"② 具体换算关系根据黄世杰的调查:一子（召）约为3亩，一占约为2亩，一丢约为1.5亩，一子一丢一卒约为5.25亩，一卒约为0.75亩。③ 有时"子""丢""卒"会出现在同一份契约中，例如:

《清嘉庆四年（1799）安平州土官颁发的土地执照》:"本月初一日据西化埠美村黎唐、黎里呈称:情因永置唐美稔村黎裔等城田那咘嗪一子，黎马等城田那造一丢，黎刘城田那造一卒，其子价钱四十千文，其一丢价钱五十三千五百文，其一卒价钱二十七千文。"（广西12）

---

① 顾野王.玉篇［M］.上海:上海书店出版社，2017:458.

② 黄文浩.清代广西壮族契约文书词语考释五则［J］.榆林学院学报，2018，28（3）:76.

③ 黄世杰.壮族民间传统土地面积计算方法浅析［J］.广西民族学院学报（自然科学版），1997（1）:79.

3.典型特征

世界上任何事物都有其独特的一面，即便是同一事物，由于观察者认知方式有别，对事物典型特征观察角度的不同，产生的心理图式就会不同，故形成的理想意象不同，所以会选用不同量词凸显同一事物的不同特征。契约中一名多量现象的出现，与人们的识解方式和观察视角不同有关。

【岗】《集韵·唐韵》："冈，俗作岗。"[①]《释名·释山》："山脊曰冈。冈，亢也，在上之言也。"[②]可知"冈"与"岗"同。由于"岗"常与"山"连用作并列短语，至迟汉代就词汇化为并列复合词。"山岗"的高频使用及本身的词义关系，使"岗"在契约中因同义关联关系而转喻为山的称量单位。用例如下：

（1）《清雍正三年（1725）张承明卖民山契》："自情愿将自手置买民山壹处，坐落廿一都石苍地方，土名冷水俺（庵）基后坟山壹岗，西至荒田后大小为界、东至基后塂为界、南至坑分水为界、北至坑为界。"（石仓2/3/5）

（2）《清道光二十二年（1842）曾氏藏置产簿》："买得潘圣渠，仝侄道森、道宜、道允等山场一岗，并龙虎手，坐落四都一山交雾露下田面安着……"（温州269）

（3）《民国二十三年（1934）阙家成立卖山场断截契》："立卖山场断截契人阙家成，今因钱粮无办，情愿将祖父遗下民山壹大岗，……右至蓝盆会田，直下曹姓田为界。"（石仓1/7/176）

用"岗"称量山，凸显的是山高大、耸立的本质特征，表达效果类似于"一座山"。

【片】《说文解字·片部》："片，判木也。"[③]本义为刨开、分开。作量词，用于成片的东西。契约中称量山，用例如下：

（1）《南宋嘉定八年（1215）祁门县吴拱卖山地契》："录白附产户吴

---

① 丁度.集韵［M］.上海：上海古籍出版社，2017：223.

② 刘熙.释名［M］.北京：中华书局，2016：10.

③ 许慎.说文解字［M］.北京：中华书局，2015：139.

拱，祖伸户，有祖坟<u>山一片</u>，在义龙泉驿四保。"（会编698）

（2）《明洪武二十一年（1388）祁门县胡叔商卖山骨白契》："十东都胡叔商承父胡伯远有<u>山壹片</u>，坐落七保，土名黄四坞，系朝字壹千二十二号，下山壹角。"（粹编647）

（3）《清乾隆五十八年（1793）陈德茂卖山林契》："立卖契人陈德茂，承父遗下有<u>榛山壹片</u>，坐落本处，土名平路下，即目上至横路，下至陈宅田，左至买主山，右至陈宅山为界。"（福建选辑335）

（4）《民国三年（1914）程氏当山契》："立当山契人徐门程氏，今因欠少正用，自愿将夫祖分受万字号内<u>山业一片</u>，土名小充，四至照依清册……"（徽州3/3/99）

用"片"计量"山"是人类认知中最固化的一种思维模式，凸显的是人站在制高点或远距离看到山的样子，即一个平面，其视觉效果与成语"漫山遍野"相似。《福建经济》内容涉及田地、山林、房屋、果园、水碓、池塘、粪厕等的典卖、继承与经营状况，其中山林典卖文书108件，用"片"计量山林的就有42次，占总计量单位的38.89%。

【幅】《说文解字·巾部》："幅，布帛广也。"[1]《玉篇·巾部》："幅，布帛广狭。"[2] 本义为布帛的宽度，古制为二尺二寸。唐代转指成为新生的一个量词，用于计量布帛、纸张、书画等。"幅"所量布帛的幅宽多为条带状，故"幅"由条带的平面特征使其在契约中可称量同样具有相同特征的山，用例如下：

（1）《清乾隆五十九年（1794）姜文尚父子卖山场杉木约》："自愿将到先年得买保度之<u>山场一幅</u>，坐落地名背敢，左右凭冲，上凭买主为界，下至水沟，四至分明，央中出卖与姜显、应显、黄之谟父子名下承买为业。"（清水江2/1/12）

（2）《清道光十四年（1834）姜通理兄弟卖山场杉木契》："立卖山场杉木契人上寨六房姜通理、朝拔弟兄二人，为因要银用度，自愿将到祖

---

① 许慎. 说文解字［M］. 北京：中华书局，2015：155.

② 顾野王. 玉篇［M］. 上海：上海书店出版社，2017：433.

所遗山场壹副，地名乌假栽……"（姜启贵235）

（3）《民国六年（1917）谢元泗立分关约》："仁字号屋前后高田五块，屋侧芊麦土一幅，黄牛坪苕土一块，正方带马头颈共二间，堰塘黄竹一段，草山一幅，与毛姓连界……"（龙泉驿375）

例（2）的"副"为"幅"的音近替代字。"幅"量山的形态特征从下图可见一斑，一幅山与一幅布均为条状。贵州地区的契约文书中多见"幅"。

小结：古诗有云"横看成岭侧成峰，远近高低各不同"。因观察名词时的视角不同，故而反映在量名搭配时，会采用不同的量词。同样都是对山的称量，不同的人采用不同的视角看到的山的形象是完全不同的，"岗"凸显的是山耸立的特征，"片"凸显的是山连成一片的平面特征，"幅"凸显的则是山条带状的特征。

石槽是一个凹形的石制用具，契约文书中对它的称量亦是不同的人使用了不同的量词。举例如下：

（1）《民国十一年（1922）李文升等立分书》："又分黑驴一头，石槽壹口，中人田产物业均分工（公）平，日后不许李文才正（争）论。"（故纸2/216）

（2）《清道光二十五年（1845）本家分单》："同族亲言明，二门分到东院一分，随场地西边第二分通长一分，架子石一付，楼（楼）一张在内，小沙石槽一面，钱柜一个。"（故纸2/178）

（3）《清道光二十五年（1845）本家分单》："同族亲言明，长门分到祖宅后截一分，上房东两间，至前檐墙为界，场地坟北一分，大园一个，小□石槽一个，旧方桌一张，石滚（礤）一个。"（故纸2/178）

（4）《清同治十一年（1872）于丕贤同伭铺房场面执照》："泰成分到北边大房二间，马棚一间，内有石槽一顶，北边场面半块，长九丈二尺，阔四丈六尺，碌碡一顶，场门系伙，出入通行。"（故纸2/190）

上述对"石槽"的识解同样因人而异。用"面"时更凸显其平面的特征，用"口"则凸显其似口的形状，用"顶"凸显其立体的形状和作为整体的特征，用"个"凸显其个体的性质。

4.高频借用

契约作为一种应用性的文书，自有一定的书写习惯和行文格式，在表述时常使用固定化或程序化的短语或句子，即所说的套语。契约中各类套语的高频使用，使其在一定程度上成了契约交易的代名词，尤其是其中的一些词，因使用频率极高而被借用作交易物的计量或称量单位，从而凸显契约交易的性质。所以高频使用，也是造成一名多量现象的一个重要原因。

【契】《说文解字·大部》："契，大约也。从大，从。《易》曰：'后代圣人易之以书契。'"①《玉篇·大部》："契，券也。"②本义为证明出卖、租赁、借贷、抵押等关系的文书。而"契"字在契约文书中可谓使用频率之最，几乎每份契约都会以"立……契……"的套语开头，所以高频使用使"契约"之"契"转指作交易物的计量单位。用例如下：

（1）《清乾隆四十一年（1776）周应利等找田契》："立绝找契周应利，原兄手与阙天有父手交易民田壹契，土名坐落廿一都后宅庄，土名亩分正契载明。"（石仓1/1/10）

（2）《清咸丰三年（1853）王乘淮当水田等文契》："……愿将去年父置买明八里沿，水田旱地一契，草房一座，一笔扫当，并无克存，自请中证席陈诰等说合，出当与公义生号下出钱承当管业。"（陕西64）

（3）《民国丙辰年（1916）谢志桃断卖傍田契》："……坐落地名马黄山榜大小田乙共二契拾伍坵，计约谷式拾叁石，代原粮照老约完纳，要行出卖。"（九南200）

就目前所见《石仓》中"契"计量土地，几乎都用在找契里。因为找契是原业主向买主找索补价后重新签订的契约，一般称为绝卖契。也就是说找契是二次签订的契约，找契中用"契"计量田地，最能突出所交易田地二次交易的性质。

【产】《说文解字·生部》："产，生也。"③本义为生子。引申有产业、财产义。契约中应由"产业"义转喻为产业的称量单位。用例如下：

---

① 许慎.说文解字［M］.北京：中华书局，2015：213.

② 顾野王.玉篇［M］.上海：上海书店出版社，2017：330.

③ 许慎.说文解字［M］.北京：中华书局，2015：123.

（1）《明嘉靖二十二年（1543）汪山同侄卖苎园地赤契》："取同处原买汪友尚旸地壹产，新立四至，东至汪侯风水，西至自地，南至塝，北至汪魁、再旸地。"（徽丛编1/242）

（2）《清光绪二十六年（1900）汪业安出租菜园地约》："立出租菜园地约人汪业安，今因正用，自情愿托中将祖承租菜园地式产，土名谢家坦，俗名墙里，四至照旧耕种。"（徽州4/5/16）

（3）《民国元年（1912）田万鑫等绝卖空基地契》："立绝契人田万鑫、李金池，今将祖遗空基地毗连各执壹产，及收并基地共壹块，坐落江宁府上元县治高家酒馆地方。"（南京152）

例句中所谓的"一产"即一份。

【阄】《说文解字·斗部》："阄，斗取也。"[1]本义为拈阄。分关文书契约中的部分物品为阄分得来，故可用"阄"转喻来称量阄分来的物品。用例如下：

（1）《清乾隆八年（1743）汪为信卖竹山契》："立卖契人汪为信，今将买受竹山一号，坐落三都三保藏字乙百四十三号，土名姚村上厂，计中间竹山一阄，本身为信买受族叔元轼、轮兄弟二人名下分藉陆叕之二。"（徽州4/1/55）

（2）《清光绪十九年（1893）吴锡闵卖菜地契》："愿将承祖分受到土名苎湾脚大小买菜地壹阄正，字伍千零五十八九号，计地税七毛正。"（徽州4/6/444）

（3）《民国十七年（1928）蒋泰芳兄弟合约分关字》："立合关字人蒋泰芳、泰地，情因先年祖人遗有业产山林，不便耕管，兄弟谪议将耒二肢，达（搭）长裔泰芳分落一撊，翁圮冲上硐口山左边外一副……"（天柱9/254）

（4）《民国三十四年（1945）分关合同》："二人受理又并马头山路脚左边油树壹龟，并油榨冲□桐木树背油树壹副，并岩边田角上左边油树壹副……"（天柱3/6）

因"阄"与"闽"同，"毡"和例（4）的"龟"都应为"阄"的省形替代字；

---

[1] 许慎.说文解字［M］.北京：中华书局，2015：58.

因抓阄与手有关，故例（3）的"搄"应为"阄"的增形替代字。

【押】《玉篇·手部》："押，署也。"[①]本指在公文或契约上签字或画符号，以作凭信，还可以用来指所签的名字或所画的符号。契约中"签字画押"是完成交易必不可少的一个最重要的环节，所有参与交易的买主、卖主、见人、代书人等都要在所签立的契约中画押，有些是以指节为印，有些以手掌为印。高频使用，使"押"由交易过程中"画押"的动作转喻为标的物的计量单位。用例如下：

（1）《清道光二十七年（1847）卖地基契》："立卖明地基人胞弟汪起春，为因缺少使用，请凭中上门，将祖遗留分受名下地基壹间、大天井空地乙押，东抵艾汪二姓公众墙……"（吉昌262）

（2）《清同治元年（1862）汪起宋同侄卖地基契》："……起宋只得将到自己买明名下大天井正房地基壹间、厢房地基贰押，兴有只得将列自己名下厢房地基壹押，东抵胡姓二家公众墙、南抵沟、西抵胡姓地基、北抵粪塘，四至分明为界。"（吉昌264）

（3）《民国二十二年（1933）分关字据》："当日添老瘦地陆地乙押。"（吉昌367）

例（1）的"天井空地"用"押"称量，例（2）的"天井正房地基"用"间"称量，由此推断，"押"用同"间"，是为了避免重复而换了一种说法。

【业】《说文解字·丵部》："业，大版也，所以饰悬钟鼓。"[②]本义为古时乐器架子横木上的大版，刻如锯齿状，用来悬挂钟、鼓、磬等。契约中，"业"是个活跃度相当高，且非常自由的语素，常构成"基业、产业、物业、田业、共业"等词语，并组成"卖与……为业"或"任凭……管业"等套语。由于"业"与标的物具有非常密切的关系，所以常被借用来称量交易物。用例如下：

量田地例：

（1）《明崇祯十四年（1641）吴日高卖田塘红契》："二十五都四图六甲立卖契人吴日高，今将承祖罔字七千六百九十二号田一业，土名花梨

---

① 顾野王. 玉篇［M］. 上海：上海书店出版社，2017：239.

② 许慎. 说文解字［M］. 北京：中华书局，2015：120.

塘，计税七分八厘。"（会编999）

（2）《清雍正二年（1724）项华祝卖田契》："立卖契人项华祝，今将田贰业，计税乙亩一分四厘一毛，计租七砠，自愿凭中立契出卖与本都二图项名下为业。"（雍正辑录1/229）

量山地例：

（3）《明万历四年（1576）休宁县汪大贵卖山地红契》："一都五图住人汪大贵，今为本家缺少使用，甘愿将承祖父分下本身阄分得山一业，土名石塘坞，宿字号，计山税式亩贰分，三分中本身阄分约乙分，在左边。"（粹编761）

（4）《清乾隆七年（1742）汪昭武桶侄卖地契》："四都十图立卖契人汪昭武，同侄素先，今因乏用，自情愿将承祖遗下地壹业，坐落土名后竹园……"（乾隆辑录1/243）

量房屋及屋基例：

（5）《清康熙九年（1670）歙县吴一化卖地赤契》："……上店屋地基一业，四至照依清册，凭中立契出卖与二十一都二图许荫祠名下为业，三面议定受价纹银一两八钱整。"（徽丛编2/356）

（6）《民国二十二年年（1933）方述尧出典房屋文契》："立出典房屋文契方述尧、周观成，率子方燕恭，今将所有价领旗地基地式分七厘零一丝，自行建盖住房一业，坐落南京市王府园字铺地方。"（南京189）

"业"多见于古徽州地区的契约中，张传玺将"业"释为"备"或"块"。[①]

小结：以上词都是由契约中的套语转喻而来，并可分别称量相同的对象，如"契"可以量田地，"业"也可以量田地；"产""阄"可以量山园，"业"也可以量山园；"押"可以量房屋地基，"业"也可以量房屋地基。因此可以将"业"看作其他3个词的近义词群集中的一员。

5. 明确语义

宗守云认为"只有多样性才能保证量词语义的明确性"[②]，这从另一个侧面

---

① 张传玺.中国历代契约文书会编考释［M］.北京：北京大学出版社，1995：761.

② 宗守云.量词的范畴化功能及其等级序列［J］.上海师范大学学报（哲学社会科学版），2014，43（1）：121.

说明了一名多量存在的功能之一是为了明确语义。契约中的土地买卖、典当、租赁作为一种非常典型的交易行为，为避免日后滋生纠葛，交易双方应在契约中将交易物的规格和价格描述清楚，不宜有歧解。交易的性质决定了其语言表达必须准确，有时为了计数上的精确，而常常用"微、纤、沙、尘、埃、渺、漠、逡、巡"等微小单位来补足语义。因此，明确语义也是导致契约中出现一名多量现象的重要因素之一。

【微】《广雅疏证·释诂二》："微，小也。"①作极小的量度单位，表一寸的百分之一或一两的百万分之一。《察微算经·小数》："忽，十微。微，十纤。"契约用例如下：

（1）《明崇祯十五年（1642）歙县徐天禄兄弟卖地红契》："……土名后山地，系清丈发字二百七十五号，积地贰叁拾贰步，计税玖分〇叁毛捌忽叁微贰抄。"（会编1000）

（2）《清同治八年（1869）何仁恕卖卖秧圩田地契》："计开：原买张振泰、柯一契内张庄秧圩田连基地共计八十四亩八分零四毫二丝七微。"（金—清54）

（3）《清光绪十八年（1892）伍承远堂卖围田契》："……一切俱全，召人承买，实取价银一千五百零一两二钱七分九厘五毫七丝六忽六微九先。"（广东72）

【纤】《说文解字》："纤，细也。"②《方言·卷二》："纤，小也。"③作量词，指一寸或一两的千万分之一。《周髀算经·小数》："纤，十沙；沙，十尘。"契约用例如下：

（1）《清乾隆三十三年（1768）税粮实征册》："一千九百二十一号，全道光甲辰付李家立业由户山壹厘玖毛陆系肆忽壹微柒纤伍沙。"（婺源2/285）

（2）《清光绪十八年（1892）伍浴福堂断卖围田文契》："一实收到卖出田价银一千五百零一两二钱七分九厘五毫七丝六忽六微九先。"（广东76）

① 王念孙.广雅疏证［M］.北京：中华书局，2019：130.

② 许慎.说文解字［M］.北京：中华书局，2015：273.

③ 扬雄.方言［M］.郭璞，注.北京：中华书局，2016：21.

（3）《民国二十年（1931）课耕堂孙卖地契执照》："立卖契人课耕堂孙，今将古坛村东北、南、北地四段，计牧地叁拾贰亩贰分八厘七毫九丝壹忽六微<u>五线</u>，东至孙岳，东西至孙岳，东南至道，北至道，四至明白。"（天津306）

例（3）中的"先""线""钱"都为"纤"的音近替代字。

【沙】《说文解字·水部》："沙，水散石也。"① 段玉裁注："石散碎谓之沙。"② 古时将小数点以下第八位，即万万分之一的数位叫"沙"。古代小数点后的小数部分的单位，依次是"分、厘、毫、丝、忽、微、纤、沙、尘、埃、渺、漠"等，第八位数即"沙"。契约用例如下：

（1）《明崇祯十五年（1642）歙县徐天禄兄弟卖地红契》："十一都一图四甲下立卖契人徐天禄同囊弟天福，今有承祖并续买地壹号，坐落本都三保长州，土名后山地，系清丈发字二百七十五号，积地贰叁拾贰步，计税玖分○叁毛捌忽叁微<u>贰抄</u>。"（粹编862）

（2）《清康熙八年（1669）延平卫钱粮由单》："简明原额纳则：折色旧额米每石征正价银贰钱柒分叁厘伍毫贰丝玖忽四征陆纤<u>肆沙</u>，脚耗等银贰分捌厘陆毫捌丝乙忽伍纤<u>三沙</u>。"（福建选辑719）

例（1）中的"抄"应为"沙"的形近替代字。

【尘】《玉篇·土部》："尘，尘埃。"③ 作古代极微小的重量单位，十埃为尘。用例如下：

（1）《清光绪三十二年（1906）叶玉灯等分田契》："通共贰塅田赎去契价铜钱叁拾仟足。每仟去龙洋壹圆零<u>九尘</u>。"（福建选辑734）

（2）《清咸丰元年（1851）曾氏置产簿》："其亩向南隅沈佳作户推出，于元年分收官田一分一厘七毫；又收升科六厘五毫八系三忽三微<u>三尘</u>；又民地二厘七毫五系。"（温州274）

【埃】《说文解字·土部》："埃，尘也。"④ 古代计算微小重量的单位。契约

---

① 许慎.说文解字［M］.北京：中华书局，2015：231.

② 许慎.说文解字注［M］.段玉裁，注.杭州：浙江古籍出版社，1998：552.

③ 顾野王.玉篇［M］.上海：上海书店出版社，2017：377.

④ 许慎.说文解字［M］.北京：中华书局，2015：290.

用例如下：

> 《清乾隆二十九年（1764）实征税亩文册之十六》："实在田贰分玖厘壹毫陆系陆忽肆微，地叁分玖厘五毫五系壹忽陆微肆纎玖沙陆尘肆埃，山肆分贰厘叁毫肆系，共折田五分陆厘贰毫贰系陆忽贰微五纎（纤）。"（徽州1/1/23）

【渺】即渺小，作古代微小的重量单位。契约用例如下：

> 《清乾隆二十九年（1764）实征税亩文册之五》："实在田壹畒肆分贰厘捌毫五系叁忽捌微贰纎玖沙乙尘式埃五渺，地壹畒捌分五厘玖毫捌系柒忽壹微五纎，山贰分叁厘捌毫，塘贰厘五毫，共折田贰畒肆分捌厘玖毫贰系壹忽。"（徽州1/1/12）

【漠】《说文解字·水部》："漠，北方流沙也。"① 作古代微小的重量单位。契约用例如下：

> 《清乾隆二十九年（1764）实征税亩文册之二十八》："实在田贰分柒厘陆毫叁系五忽五微陆纎（纤）陆沙贰尘，地捌分玖厘陆毫乙系玖微五沙四尘柒埃陆渺式漠，山肆分柒厘柒系贰忽捌微陆纎（纤）式沙，共折田捌分贰厘五毫玖系叁忽。"（徽州1/1/35）

小结：以上"微、纤、渺"是由形容词转喻为表微小的量词单位，"沙、尘、埃、漠"是由名词转喻为微小单位的量词。《癸巳存稿·小数考》："升斗小数为合、勺、抄、撮、圭、粟、颗、粒、黍、稷、禾、穅、粃、粞，以十递减。砝码小数为厘、毫、丝、忽、微、纤、沙、尘、埃、渺、漠、逡、巡、溟、清、须、净，以十递减。又有模糊等长短小数，寸、分、厘、毫，以下同，其立名多不通。夫小数惟参差互求，则愈析愈多。"② 由上可知，除契约所列上述表微量的重量单位外，还有"逡、巡、溟、清、须、净"等更微量的单位。《清史稿·赋役》一百三十五卷记载："搭放俸饷制钱以一文为止，而册内有丝毫忽微虚数，一并删降低。"在清代"丝""毫""忽""微"都已经被当作小数，不计算在发放的俸饷里了，而契约中为使语义更加明确，却常用

---

① 许慎.说文解字［M］.北京：中华书局，2015：228.

② 俞正燮.癸巳存稿［M］.沈阳：辽宁教育出版社，2003：299.

比"丝""毫""忽"等还要微小的单位计量土地或清算赋税，由此可以看出古人对计量要求的严苛。传世文献亦见用例，如明代沈榜《宛署杂记·隈赋》中的"正赋中通共起存银叁千陆百陆拾捌两柒钱伍分贰厘陆毫伍丝肆微捌纤陆沙陆尘陆埃壹渺贰漠五馍"①。

6.异形通用

汉字作为一种意音文字，造字之初造字的角度因人而异，故一字多形的现象比较突出。这类异形字，一般音、义相同或相近，书写形式不同。契约中有些量词字形上的差异，也成为契约中一名多量现象丰富的一个因素。

【石/担】《正字通·石部》："石，量名。《汉志》：'十斗曰石。'"②《陔余丛考·卷三十·石》："石，本权衡之数也。叶石林谓以斛为石，自汉以来始见之。"③《字诂·石》："石，今俗用此为儋字。"④因一石的重量等同于一担，故明末清初"石"与"担"亦常混用。《中国度量衡史》："考'担'，谓肩之负载，一人所负之重曰担，俗以一人负重约百斤，故通俗以衡百斤曰一担。而量一石亦曰一担，均自清初已有，今确立为衡百斤进位之名。"⑤《后汉书·宣秉传》："自无担石之储。"李贤注："齐人名小罂为担，今江淮人谓一石为一担。"⑥契约中"石""担"均音［dan］，可计量要缴纳的租谷，其中"石"可独用，也常与"斗""升""合"组合使用，用例如下：

（1）《清乾隆三十二年（1767）张彬振典田契》："立典缴契张彬振，父手置有民田根面全乙号，坐产三都，土名下洋秧迹乙丘，受种七升，载租贰石，每石合平秤七拾贰斤算，合受苗米陆升陆合零，立在许世良户下。"（福建选辑69）

（2）《清嘉庆十三年（1808）龙老富典田契》："其有每年称租谷九石，每石九十斤，年年称足，不得斤两短少。"（姜元泽95）

---

① 沈榜.宛署杂记［M］.北京：北京古籍出版社，1980：50.

② 张自烈，廖文英.正字通［M］.北京：中国工人出版社，1996：747.

③ 赵翼.陔余丛考［M］.栾保群，吕宗力，校点.石家庄：河北人民出版社，2007：589.

④ 黄生，黄承吉.字诂义府合按［M］.北京：中华书局，1984：11.

⑤ 吴承洛.中国度量衡史［M］.上海：上海书店，1984：112.

⑥ 范晔.后汉书［M］.李贤，注.北京：中华书局，1965：928.

（3）《民国三十七年（1948）龙秀成卖田地字》："当面议定净谷柒拾捌市石正。其谷凭条领收，其田付与买主耕管为业。"（天柱16/67）

古代度量衡的量值因地域不同而有别，根据例（1）可知，福建闽清县一石约为72斤，由例（2）可知，清水江流域一石谷重90斤。

契约中"担"亦可独用，可与"桶""斗""升"等组合使用。用例如下：

（4）《清道光二十一年（1841）张长魁当田契》："当日三面言断，递年上纳田租谷壹担叁桶捌升正，其谷的至每年秋收之日，一足送至钱主家下风扇，水谷租桶交量，不敢欠少。"（石仓1/2/218）

（5）《清同治癸酉年（1872）郑文刚借谷子字》："立出借谷子人郑文刚，今手借到邹福圣名下谷子壹但叁斗，合钱式阡二百文整。"（道真141）

（6）《民国十一年（1922）蒋景琳典田契》："其田付与典付，稞谷贰丹，秋天收谷之日，不得短小。典主不得竟言。"（天柱6/33）

例（5）中的"但"和例（6）的"丹"，均为"担"的音近讹字。

【格/隔】《说文解字·部》："隔，障也。"[1] 本义为障隔、阻塞。也作"槅（格）"，表格子。清赵翼《陔余丛考·隔》："隔，窗户之有疏棂可取明者，古曰绮疏，今曰槅子。按：槅当做隔。谓隔内外也。《夷坚志》云：廊上列金漆凉隔子。《瓮牖闲评》作亮隔，《渊海》则竟作格……是隔、格俱有典故，俗作槅者非。"[2] 房子就像个大方格，因其方格义，契约中"格"和"隔"可转喻为同为方格的谷仓、房屋及其地基的称量单位，一格，或一隔即一间。"格"的用例如下：

（1）《清光绪十九年（1893）阙玉同卖断厨房字》："又批连大风炉基一所，又前至面猪槛壹格，并及四围板壁、门窗户扇、出入门路、一应在内，托中立字，出卖与本房玉仓兄边入手承买为业。"（石仓1/7/258）

（2）《民国三十四年（1945）赵正荣同子绝卖田地瓦房契》："立出杜绝卖田地瓦房叁格文约人赵正荣，仝子天福，为因生活难度，实难支党

---

[1] 许慎.说文解字［M］.北京：中华书局，2015：307.
[2] 赵翼.陔余丛考［M］.栾保群，吕宗力，校点.石家庄：河北人民出版社，1990：364.

门风……"（云博馆3/306）

（3）《民国三十六年（1947）阙起谷卖断截房屋契》："又毗连厢房面上巷仓禾仓壹格其屋上至阙姓厢房，下至阙姓屋，左至买主厨房，右至关应为界。"（石仓1/5/199）

"隔"的用例如下：

（4）《清乾隆五十六年（1791）南安县李宗攀等典厝契》："同立典詹契李宗攀宗盛等，不承买得范家厝贰间，坐在本都黄坑坂，土名外厝右畔，大房及书院二间，并谷盛二隔。"（福建选辑657）

（5）《清咸丰十一年（1861）方氏同子归并房契》："立归并房契文书人庶母方氏，仝子国寶，为因原日分居之时，五子年幼尚未成婚，因而提起正房三间、厢房四隔、大廳一座，后来国寶讨亲之费……"（云博馆4/90）

（6）《民国三十五年（1946）黄际圣等再杜卖地基契》："今因本会先年置有瓦楼房铺面连同地基贰隔，此铺面地基坐落东正街南□。"（云博馆1/276）

例（4）的谷盛即谷仓。

【衖/弄】《说文解字·行部》："衖，通街也。"[1] 段玉裁注："今京师胡衖字如此作。"[2] "胡衖"即"胡同"，也称为"里弄""巷子""巷弄"等，指一种小于街道的巷道。"衖"用同"弄"。《字汇·廾部》："弄，巷也。"[3] 清光绪八年（1882）《保山县志》："俗呼屋下小巷为弄。""弄"也作"衖"，《通俗编》卷二十四："《霏雪录》：'俗呼屋中别道为衖，本当作弄。《集韵》：弄，厦也。……衖实古字，非俗书，特其音义皆与巷通，为与今别耳。'《元经世大典》有所谓'大衖'者，注云：'衖，音弄。'盖今音乃自元起。"[4] "弄"本义即胡同、弄堂，也称里弄，是上海和江浙地区常见的一种民居形式，由联排的老房子（包括石库门）构成，其特点是狭长。"衖"或"弄"音近义同，契

① 许慎.说文解字［M］.北京：中华书局，2015：38.
② 许慎.说文解字注［M］.段玉裁，注.杭州：浙江古籍出版社，1998：78.
③ 梅膺祚.字汇 字汇补［M］.上海：上海辞书出版社，1991：145.
④ 翟灏.通俗编［M］.北京：东方出版社，2013：453.

约中可转喻作房屋的计量单位，表房屋的进深。用例如下：

（1）《清道光二十八年（1848）毛宗令卖屋契》："宗令今因乏用，情愿将祖父遗下平屋贰间壹衍，土坐毛洋头堪等左手。"（宁波182）

（2）《清道光二十八年（1848）毛宗令卖屋契》："宗令今因乏用，情愿将祖父遗下平屋贰间，又壹衍，土坐毛洋头堪等左手。"（宁波183）

"弄"的用例如下：

（3）《清咸丰九年（1859）斯钟氏找屋契》："立找绝屋契人斯锺氏，今因缺用，情愿浼（挽）中将拾月间所卖与履亨房上市头第贰台门里右首照厅楼屋壹间壹弄，又门前粪池一口，找得钱拾捌仟文正。"（山会诸辑存157）

（4）《公元1956年余姚县潘永基卖房契》："今因先父遗下坐东朝西侧屋两间壹弄，管业不便，自愿凭中出卖。"（浙东160）

7. 同音别字

完全不同形、不同义的两个字，因读音相同而被误写误用，故同音别字也造成了契约中的一名多量。

【溜】《一切经音义》卷十八引《仓颉解诂》曰："溜，谓水垂下也。"[①] 本义为水向下流，作量词，用以表示成排、成条、成串的事物。契约中仅见一例，称量山，用例如下：

（1）《清道光七年（1827）仁英卖杂木山契》："再批：其山内有更山壹溜，坐厂外田等，上至左右埋石、下至田，自置四股得三亦卖在内，有公祜公望房下四股得一，不卖在内，并照。"（宁波24）

通过文献查证发现"溜"在明清及现代小说中多被用来称量房屋，如《儿女英雄传·第二十四回》："姑娘隔着车玻璃一看，只见那座小庙一溜，约莫是五间，中间庙门却不是山门样子，起着个鞍子脊的门楼儿。"[②]《威尼斯》："教堂左右那两溜儿楼房，式样各别，并不对称；钟楼高三百二十二英尺，也

---

① 王华权，刘累云.一切经音义三种校本合刊索引［M］.徐时仪，校注.上海：上海古籍出版社，2010：2065.

② 文康.儿女英雄传［M］.北京：中华书局，2013：276.

偏在一边儿。"①在方言中亦多用,如中原官话和胶辽官话中,"溜"儿化后,作量词,相当于"行""块",如排成一溜儿,即排成一行的意思。兰银官话同心方言片,"溜"还可以重叠构成"一溜溜",用来称量房屋,如"那一溜溜大瓦房,气派得很呐!","一溜溜"意义相当于"一排排"。契约中所见称量房屋,用"遛""榴"等字,用例如下:

(2)《清道光十三年(1833)黄某等缴卖断绝推关插化契》:"此厝坐东向西,前后两进及左畔护厝②一遛,右畔护厝两遛,周围门枋户扇砖石齐全,上至瓦桷,下及地基,并门口庭一片……"(闽南73)

(3)《民国二十五年(1936)夏盛总卖房屋截契》:"立卖截契亲人夏盛总,原我有合份房屋贰榴,坐落本村库尾。"(温州244)

(4)《清嘉庆十七年(1812)张明先典房屋契》:"立典契人张明先,己手置有房屋一榴,坐落上洋边,土名洋当副左頭廳边榴,楼下實地並後廳共成四間安着。"(福建民间5/92)

(5)《清光绪十七年(1891)吴德谦佃屋替根字》:"立佃屋替根字吴德谦,原父手屋坐落可观村厝基安着,右边虎頭偏扇壹榴,並天井灰厨粪厨中厕合分门路通行。"(福建民间5/289)

(6)《民国三十六年(1947)龙世喜卖地基园地字》:"立卖地基园地字人龙世喜,今因要洋使用无所出处,自愿将到土名马圭本寨买主屋脚地基乙榴出卖。"(天柱2/318)

(7)《清光绪二十六年(1900)马六十二出卖庄窠契文》:"立卖庄窠文约人十三会二社民马六十二,因为使用不足,今将自己庄窠一分、门前大路外边田地一柳,下籽五合,其四至……"(河州328)

(8)《清道光二十六年(1846)杜洪信等卖地契》坝下河口接连旱田式坵,熟地一增,上齐宋姓堰沟直下河心为界,左与宋姓旱田抵界。

(9)《清宣统三年(1911)马五三出卖庄窠契文》:"今将自置早完庄窠一分四间,(一过到)场院中间一流,其庄窠东至马姓庄窠、南至李姓

---

① 朱自清.朱自清散文集[M].北京:石油工业出版社,2020:190.
② "护厝"指闽南传统民居中加建在住宅左右两侧东西朝向的长屋.

地、西至韩姓窠、北至路，树禾一丙（并）在内。"（河州399）

以上例（2）的"遛"，例（6）的"榴"传世文献无量词用法，根据《宋元以来俗字谱·木部》引《太平乐府》可知，例（4）的"橊"为"榴"的异体字。① 例（5）的"𣜚"应为"橊"的增形替代字，"橊""𣜚"本字都应为"榴"。例（3）的"𨱋"和例（8）的"瑠"无此字。例（7）的"柳"和例（9）的"流"虽可作量词，在称量房屋方面，与语义不符，"柳"用同"绺"，用于发须等线状物，"流"用于人或事物的品级、流别。只有例（1）的"溜"符合语义。

【串】《正字通·丨部》："串，物相连贯也。"② 因后世的铜钱中间有孔，多被连为一串，故可作货币单位使用，一千文为一串，产生于唐宋时。契约中亦多计量钱币，用例如下：

（1）《清乾隆四十三年（1778）陈履泰等卖田赤契》："当日三面言定，德出备时值价钱式拾捌串，其钱系泰弟兄亲手领讫。"（湖北天门6）

（2）《清嘉庆二十四年（1819）赵永仓卖土地契文》："得到言定地正价小钱玖串整，当交无欠。随地认粮分过完纳，立画字小钱两串五百，亏价割过钱两串文。"（河州3）

除"串"外，契约中还见用"钏"和"鉷"来计量钱币，用例如下：

（3）《清乾隆五十年（1785）王倚义弟兄子侄卖废井约》："比日凭中面议铜钱壹拾贰钏整。当日亲收入手明白，并无少欠。"（富荣盐场75）

（4）《清光绪十六年（1890）官兴洪收押租文约》："立字收押文约人官昊洪，今凭证收到曾正福名下押租铜钱陆拾鉷文正。"（龙泉驿316）

（5）《民国十九年（1930）唐焕清佃水田房屋熟地文约》："比日凭证言明，客家自安无利押租时用铜钱玖佰肆拾鉷证，每年实纳干精租谷柒石捌斗证。"（龙泉驿286）

《说文新附·金部》："钏，臂环也。"③ 俗称手镯。《龙龛手鉴·金部》："鉷，鑛的俗字。"④《钜宋广韵·梗韵》："鑛，同礦。"⑤《集韵·梗韵》："礦，

① 刘复，李佳瑞.宋元以来俗字谱［M］.北京：国立中央研究院历史语言研究所，1930：31.

② 张自烈，廖文英.正字通［M］.北京：中国工人出版社，1996：9.

③ 许慎.说文解字［M］.北京：中华书局，2015：300.

④ 释行均.龙龛手鉴［M］.北京：中华书局，1991：13.

⑤ 陈彭年.钜宋广韵［M］.上海：上海古籍出版社，2017：215.

《说文解字》：'铜铁朴石也。'或作礦。"①"矿"为"礦"的简体字。通过类推得出"鈰"同"矿"，表矿石义。可见，"钏"和"鈰"两字的本义都与钱币计量没有关系，且自身均传世文献无量词用法，由计量对象均为铜钱，可推断它们都应为"串"的讹字，"钏"为"串"的音近讹字，"鈰"为"串"的增加义符的讹字。

（二）一量多名

名词数量上的优势造成了一量多名成为名量搭配的语法常态，但契约中名词与量词相互的双向选择关系里，一量多名现象的出现还有其他的必然因素。具体包括以下两方面。

1. 原型范畴

张敏认为："人类在歧异的现实世界中看到了相似性，并据以将可分辨的不同事物处理为相同的，由此对世界万物进行分类，进而形成概念的过程和能力。"②认知语言学理论认为量词最主要的功能是范畴化，就是将具有家族相似性的事物归为一类，用一个量词计量，故契约中一量多名现象也是量词范畴化的结果。

【口₁】《说文解字·口部》："口，人所以言食也。"③本为人之器官。作量词，战国末期萌芽。因为"口"为人身体的一部分，故通过局部替代整体，两汉时"口"可量人，一人即一口，用例参见"口₃"字条。南北朝时可量动物，相当于"头"，契约用例如下：

（1）《高昌午岁武城诸人雇赵沙弥放羊券》："……中羊三口，与粟壹斗。从未岁正月，到未岁十月卅日，羊五口与［钱］……"（会编184）

（2）《清光绪三十三（1907）赵迎保立字据》："与众人服罚礼猪壹口，情愿下释。"（河州376）

契约中"口"量动物仅见用于羊和猪，这与猪的嘴较为凸显，而羊的年龄判断主要依据其牙口有关，而年龄又决定了羊的价值。除称量动物外，南

---

① 丁度.集韵［M］.上海：上海古籍出版社，2017：226.

② 张敏.认知语言学与汉语名词短语［M］.北京：中国社会科学出版社，1998：50.

③ 许慎.说文解字［M］.北京：中华书局，2015：24.

北朝时"口"还可量横截面为口形之物，如棺材、铛、锅、斗、水缸等。

（3）《西晋泰始九年（273）高昌翟姜女买棺约》："同泰始九年二月九日，大女翟姜女从男子栾奴买棺一口，贾（价）练廿匹。"（会编83）

（4）《吐蕃巳年（837？）敦煌李和和等便麦粟契》："典贰斗铁铛壹口。其麦粟并限至秋八月内送纳足。"（会编373）

（5）《清嘉庆元年（1796）各儿则揽铸锅约》："立览（览）柱（铸）锅约人各儿则，今览到大圆圌三旦哈立哈处铜锅二口，送锅车二辆。"（归化城4/上/132）

（6）《清咸丰六年（1856）江曹氏分家文书》："木器：大厨壹口、外补烛台一对、新禾斛壹口、长匾桶壹只。"（婺源9/4026）

（7）《清光绪二十七（1901）卓圈胎借银字》："立胎借字人兴隆里廊后庄卓圈，有承祖父蚵埕堤壹口，坐落在竹仔脚庄，土名前万丹仔港嘴内……"（台债权编142）

（8）《清光绪三十年（1904）章聚兴瑞记租屋批》："再批：柜台一张、大钱柜二张、三格货厨一张、三格货架一张、吊架一个、大水缸一口、酒锅、酒厨全堂。"（徽丛编1/548）

以上器具从外形看，都似口，故可用口量。契约中还见量房屋、园例：

（9）《唐干宁四年（897）张义全卖舍契》："永宁坊巷东壁上舍东房子壹口并屋木，东西壹丈叁尺伍寸并基，南北贰仗（丈）贰尺伍寸并基。"（敦煌8）

（10）《清嘉庆十六年（1811）张氏卖断田园契》："立卖园契蓝门张氏同男登锦，承父手阄分有古园一口，坐址本处，土名俗叫龙山岭仔边。"（福建畲族/上308）

量池塘、水井例：

（11）《南明弘光元年（1645）程宗鲁置产簿》："又将田上塘乙口，戍字八千四百乙号塘税壹分捌厘五毫。"（徽·宋元明10/316）

（12）《清乾隆十五年（1750）石擎天卖鱼池契》："立卖契人石擎天，承祖置有大小鱼池叁口，坐居大横地坊，土名通圣塘等处，递年收塘租银壹两叁钱伍分正。"（福建选辑759）

（13）《清光绪十年（1884）郭秋千等卖水田契》："立尽根杜绝卖水田契字人后浦社郭秋千、郭东波、郭家贤等，有承先祖父遗下实业得水田壹段，大小拾叁坵，带<u>水堀贰口</u>。"（厦门68）

量粪池例：

（14）《清嘉庆十二年（1807）钟友椿卖基地等契》："……周围墙垣，院外<u>粪窖一口</u>，院内树竹，院外鐵（铁）篱笆，<u>水井一口</u>，井基在蔡姓院内，二家公共汲水食用，一并出卖。"（龙泉驿27）

（15）《清道光十七年（1837）黄咸等卖石礜契》："立杜绝卖尽契龙腰社黄咸等，有承过堂兄黄仍阄分应份<u>石礜壹口</u>，坐落土名本社崎仔头第四口。"（福建选辑766）

（16）《清光绪十年（1884）滚叔卖厕池契》："立卖尽契人房叔、滚叔，有承父分<u>厕池地乙口</u>，坐落土名松门口，东至请孙地、西至□□侧、南至□侄侧，北至测主侧，四至明白。"（厦门70）

以上出现的用"口"量房屋、粪池、水井、堰塘等例，皆因这些物体最典型的特征就是似口。房屋方方正正，有门有窗，似口；粪池就是个方形的槽，亦似口；水井、水塘像一个超级大口，所有这些名词具有家族相似性，其主要的外形特征都似口，故都可用"口"称量。例（15）的"礜"应为"宕"的异形替代字，石宕即用来储蓄粪水的粪池。《龙泉驿》中"口"的用例相当丰富。

【所】《说文解字·斤部》："所，伐木声也。"[1]段玉裁注："伐木声乃此字本义。用为处所者，假借为处字也。"[2]刘世儒认为："看来'所'和'处'在南北朝时用法还是一样，但发展到了现代语它们就明确分工了，量建筑单位的用'所'（高楼一所）；量天然单位的用'处'（荒山一处）。"[3]"所"早在先秦的出土简帛中已见用例，主要用于计量地点、位置，如瘢二所，小伤各一所，还可量独立的空间建筑物及其他物类。《简明汉语史》："所，汉代主要用于宗庙房屋单位，中古应用范围非常广泛。建筑物之外，还用于池井、处所

---

① 许慎.说文解字［M］.北京：中华书局，2015：301.

② 许慎.说文解字注［M］.段玉裁，注.杭州：浙江古籍出版社，1998：717.

③ 刘世儒.魏晋南北朝量词研究［M］.北京：中华书局，1965：155.

以及石头、手杖、帐子等东西。"①契约中"所"的典型用法是称量坟墓和房屋。
量坟墓用例如下：

（1）《唐开成二年（837）弋阳县姚仲然买地石券》："唐故将仕郎试
洪州建昌县丞姚府君墓地券一所。"（粹编236）

（2）《南唐保大四年（946）范阳郡汤氏县君买地木券》："……龙子
冈墓地壹所，东至甲乙青龙，西至庚辛白虎，南至丙丁朱雀，北至壬癸
玄武，上至苍天，下至黄泉。"（粹编242）

（3）《明嘉靖十年（1531）郑神佑卖山契》："其前众存中小垄，因风
水不吉，改葬它处，遗下废穴一所。"（安师大藏1/65）

（4）《清乾隆三十七年（1772）汪起新立议墨》："立议墨人汪起新，
枝孙光万、光藕兄弟等，今有土名季东坑口山一局，有生堂一所，同议
安葬胡氏、余氏二祖妣共穴。"（婺源）

（5）《民国五年（1916）柯丙观卖尽断绝龙眼树及圹宅字》："立卖尽
断绝字人在城文锦铺三朝口柯丙观有己置龙眼树二檴（从），连圹宅一
所，在本铺恭厚巷内。"（福建民间2/371）

量房屋例：

（6）《清雍正九年（1731）白云鲲同侄卖房契》："……今将契置瓦房
壹所，门面二间，共计五间，门窗户壁上下土木相连，坐落南城正东坊
六牌四铺地方，情愿出卖与张名下住坐为业。"（北京城区119）

（7）《清乾隆四十一年（1776）殷学林赁房约》："立赁房约人殷学林，
今赁到舍力兔召大仓兰送三木炭名下马连摊（滩）圊圄一所，前后共计
房式拾伍间，上下土木相连。"（归化城4/上/48）

（8）《清同治三年（1864）朱培基同侄卖水田房屋基趾定约》："……
弟兄叔侄商议，愿将祖遗温邑二甲王家桥侧近水田一段，基地三所。"
（龙泉驿199）

（9）《清光绪三年（1877）王九儿卖地契》："立卖契人王九儿，因不
便将自己村内窠一所，计数三分八厘五毫，东至官街，西至王德基，南

---

① 向熹.简明汉语史［M］.北京：商务印书馆，2010：315.

至王铁柴，北至买主，四至分明。"（河北近代165）

量田地、山园例：

（10）《唐总章三年（670）高昌左憧憙夏菜园契》："总章三年二月十三日，左憧憙于张善憙边夏取张渠菜园壹所，在白赤举北分墙。"（会编298）

（11）《元至正二十六年（1366）晋江县务给付蒲阿友卖山地公据》："皇帝圣旨里，泉州路晋江县三十七都住民蒲阿友状告：祖有山地一所，坐落本都东塘头庙西。"（会编582）

（12）《清嘉庆六年（1801）侯官县刘开良当松树契》："立当约刘开良，自己手与郑家夹伙栽培有松树一所，坐产本都梧山地方，土尾岭仑，四至俱载郑家合约内明白，此松树十分，应三分，三分内与兄合良对半，将开分今因要钱乏用……"（福建选辑336）

（13）《清道光十五年（1835）方兴盛卖水田堰塘赤契》："立永卖水田堰塘约人方兴盛，今因移就，将己庄田一所，坐落祠堂湾门前中垱边，土名西大坵，一亩七分，在中垱公车墩使水。"（湖北天门475）

以上"所"所称量的对象，无论是坟墓，还是房屋等，作为建筑物，它们具有"+立体""+有界"的特征，算得上"所"量词范畴中的典型成员。契约中"所"还转喻称"田地、山场、园林"，以及"月台、亭阁、后门、粪池、堰塘、佛堂"等，这些称量对象只能算"所"范畴中的非典型成员，但因为它们也同样具有"+立体""+有界"的相似特征，故通通可用"所"称量。例（7）中的"圐圙"为蒙古语音译词，指围起来的土地，多用于保护草场不被破坏而用土墙或铁丝网围起来。《保定房契档案汇编·清代民国编》中用例多。

【座】《玉篇·广部》："座，床座也。"[①]本义为坐具。由座位、坐落义引申出量词用法，作量词可称量房屋、神龛、塑像及较大或固定的物体。契约中所见用例，以量房屋、坟墓及大型建筑为主。

量房屋例：

（1）《清同治三年（1864）魏石传等出退典厝契字》："带水圳通流灌

---

① 顾野王.玉篇［M］.上海：上海书店出版社，2017：350.

溉，配竹围内茅屋一座，菓子树木、浮沈（沉）旷地、竹木鱼池一概在内。"（台大租书247）

（2）《清光绪二十九（1903）农崇益税契执照》："民遗有屋一座，水牛一只，田二片。"（广西28）

"座"在《明清福建经济契约文书选辑》[①]中称量"仓厝、瓦厝、正屋、住房、空楼地、屋宇、地基、风火墙、店房、厕池、礐、粪池、碓"等，但其中百分之九十以上全部称量房屋类，可见房屋是"座"的原型，故用例才多。

量坟墓例：

（3）《清康熙四十九年（1710）高仲光承领坟山约》："立承领约高仲光，今在玉融龙田何衙承得高盖山金坑里坟山一所，造大老墓一座，又岑边坟莹一座，并山上树木，俱系光看守，得工食十两正。"（福建杂抄3/107）

（4）《清嘉庆十年（1805）刘荣才同侄杜卖田地约》："碾子壹座，碾房、碾石、碾子俱一全套，古井一口，菁苗土地一座，其至老屋左右基趾等项……"又"有胞侄坟一座，穿心伍弓；有七侄媳坟一座，横直穿心四弓。"（龙泉驿139）

量大型建筑物：

（5）《清道光九年（1829）唐文盛等断卖围田等契》："此丘内有通乡炮台一座，不入此契之内。"（清广东104）

（6）《清道光二十二年（1842）陈兴承揽水长文约》："立承揽水长文约人陈兴，系和尚庄住人，为因合村有水沟一条，石坝一座，自揽到道光贰拾贰年到贰拾叁年止……"（云博馆3/274）

（7）《清同治九年（1870）郭永发出租山厂合同约》："立合同约人郭永发，情因自己原佃到沙尔沁村蒙古公社万家沟内大火烧（烧）沟山厂一处，租给本族郭连，开设天顺煤窑一座。"（归化城2/457）

量其他例：

（8）《清乾隆二年（1737）许肇敏租屋批》："……楼上房二间，楼下

---

① 福建师范大学历史系.明清福建经济契约文书选辑［M］.人民出版社，1997.

房四间，<u>楼梯一座</u>，前后大门出入，凭族长、分长、文会长面议租金参两式钱整。"（徽丛编1/540）

（9）《清道光元年（1821）敦厚堂典宅院契》："……公用<u>大门一座</u>、二门一座、屏（屏）门一座、北楼三间、木板格一付，<u>外厕一座</u>，腰楼三间、木板格一付，东楼三间、木板格一付，<u>南游廊一座</u>、厨房一座、内厕一座，大石榴一株、小槐树一株、榆树一株、大槐树一株……"（故纸4/235）

除以上外，"座"可称量"土地祠、茅房、厕所粪池、槽门、槽房、谷仓、仓廒、碾房、干碾、公碾、龙门、坟"等。"座"在选择名词时亦是以凸显其"+立体"的特征为主要参照点，与"所"不同的是，"座"称量的对象多为体积更庞大或是站立的形象。如上例中的"煤窑、炮台、石坝"都算得上是体积较为庞大的建筑。而"门、楼梯"等是站立物。

2. 经济原则

经济性原则是语言发展过程中一条根本原则。基于省时省力的心理动因，语言使用者根据经验将具有相同特征的事物整合在一起、归为一类，用一个量词计量，所以经济原则也是导致契约中一量多名现象的一个因素。

《算学启蒙》记载："田亩起率，田起于忽（阔一寸、长六寸），十忽谓之一丝，十丝谓之一毫，十毫谓之一厘，十厘谓之一分……"[1]《孙子算经·卷上》亦记载："度之所起，起于忽。欲知其忽，蚕吐丝为忽，十忽为一丝，十丝为一毫，十毫为一厘，十厘为一分……"[2]《世事通考全书》外卷《算法类·小数名》："……十微曰忽，十忽曰系，十系曰毫，十毫曰厘，十厘曰分，十分曰钱，十钱曰两，十六两为一斤。"[3]为了在表量上表达更精确、细致，汉以后在长度单位寸之下，还分出了分、厘、毫、丝、忽，宋代在重量单位钱之下，分出了分、厘、毫、丝、忽。可见"分、毫、厘、丝、忽"等既可作长度单位，还可作亩制及重量单位。

---

① 朱世杰.算学启蒙［M］.郑州：中州古籍出版社，2020.

② 王擎天.越玩越聪明的孙子算经［M］.北京：中国纺织出版社，2009：4.

③ 陆噓云.世事通考全书［M］//长泽规矩也.明清俗语辞书集成.上海：上海古籍出版社，1989：104.

【分₁】契约中可作长度单位，是寸的十分之一；作重量单位，是铢的十二分之一、是两的百分之一。《淮南子·天文训》："十二粟而当一分，十二分而当一铢，十二铢而当半两，衡有左右，因倍之，故二十四铢为一两。"[①]作地积单位，是亩的十分之一；作币制单位，是元的百分之一。

【厘】契约中可作长度、重量、亩积等单位，指尺的千分之一，两的千分之一，亩的百分之一。亦写作"釐"，是"厘"的古字。

【毫】契约中可作长度、重量、亩积等单位，指尺的万分之一，两的万分之一，亩的万分之一。常写作"毛"。

【丝】"丝"为"絲"的简体。《说文解字·丝部》："絲，蚕所吐也。"[②]本义即蚕丝。契约中可作长度、重量、亩积、容量的微小单位。有时俗写为"系"。甲骨文"絲""系""幺"为一字，《说文解字》："系，细丝也。象束丝之形。"[③]段玉裁注："絲者，蚕所吐也。……细絲曰系。"[④]《广雅疏证·释诂四》："系，微也。"[⑤]

【忽】《史记》："忽，一蚕口出丝也。"[⑥]契约中可作长度、重量、亩积的极小单位。

长度单位用例：

（1）《癸未年（923）敦煌王𧗟敦贷绢契》："王𧗟敦力（为）□□□，遂于押衙沈弘礼面上贷生绢壹疋，长四十尺，幅阔壹尺八寸二分。"（会编380）

（2）《元至元二十五年（1288）卫辉路齐□□买地砖券》："谨备钱绥，买到地壹段，南北长一十六步，东西阔一十四步一分八厘七毫五系。"（会编624）

（3）《清乾隆四十五年（1780）薛氏卖地契》："计开工活四至于后：

①　刘安.淮南子［M］.陈广忠，译注.北京：中华书局，2016：117.

②　许慎.说文解字［M］.北京：中华书局，2015：279.

③　许慎.说文解字［M］.北京：中华书局，2015：271.

④　许慎.说文解字注［M］.段玉裁，注.杭州：浙江古籍出版社，2002：643.

⑤　王念孙.广雅疏证［M］.北京：中华书局，2019：291.

⑥　司马迁.史记三家注［M］.裴骃，集解.司马贞，索隐.张守节，正义.扬州：广陵书社，2014：1354.

西横活拾叁弓<u>三分四厘</u>，中横活拾二弓<u>八分二厘</u>。"（沧州辑录8）

（4）《民国十六年（1927）李志彬卖地契》："长可一百六十步，东横可五步四尺，西横可六步一尺六寸<u>三分七厘五毫</u>。"（河北近代200）

重量单位用例：

（5）《清道光七年（1827）朱达泗卖田契》："……约谷拾陆石，随代天柱粮而合，上寨黎平粮<u>一分</u>八石正粮，今凭中出卖与姜绍熊名下承买为业。"（姜元泽247）

（6）《清道光十四年（1834）黄毅有缴还田契》："随带屯民粮壹钱<u>肆分捌厘伍毛</u>，库纳在张行杰名下。"（国图藏散230）

亩积单位的用例：

（7）《明万历四十五年（1617）方叔知卖地契》："方叔知今因不便业，土名黄家平陶字七百七十二号田一亩<u>三分一厘</u>，出卖与亲人洪国侯边。"（田藏3/8）

（8）《清康熙九年（1670）洪光复卖菜园地赤契》："立卖契人洪光复原有买受菜园地壹备，十保新丈六百零八号，土名永坚桥边计<u>式分六厘三毫三系三忽</u>，新立四至……"（徽·清—民国1/166）

（9）《民国十八年（1929）土地执照》："该地计中亩<u>壹分陆厘叁毫肆丝捌忽</u>，每亩以等价格元计算。"（北京图集62）

货币单位用例：

（10）《清康熙十六年（1677）休宁县吴雨生卖地契》："二十五都四图立卖契吴雨生，今因钱粮紧急，自将承父分授到彼字三千三百六十七号，土名汪祈山，计税<u>贰分贰厘九毛五丝乙忽</u>……"（粹编1020）

（11）《民国十八年（1929）张新仁分关合约》："又配载西一三义团里义里张六全名下拨出条粮柒分捌厘捌毛，共壹两<u>贰钱叁分捌厘捌毛</u>。"（龙泉驿387）

契约中还有一类是"就近取材"造成的一量多名现象，也是经济原则促发的结果。就是借用某一固定名量搭配中的量词称量与这一名词关系密切的另一些名词，从而造成一量多名现象。

【间】《宋元以来俗字谱》："'间'，《取经诗话》《通俗小说》《古今杂剧》

等作'间'，又'闲'，《通俗小说》作'间'。"①《钜宋广韵·山韵》："闲，又中间。"②其量词意义由间隔义引申出来，间隔的结果是一隔形成一个独立空间，作量词，用于计量房屋。所谓一间一般指两道屋架之间的空间，由4根柱子围合的地积。自汉代产生以来主要做房屋楼阁的计量单位，契约文书中亦多称量的房屋。用例如下：

（1）《唐贞观十八年（644）高昌张阿赵买舍券》："……年甲辰岁十一月九，张阿赵从道人愿惠［边］□舍两间，交与银钱伍文。"（会编193）

（2）《元至顺三年（1332）程宏老卖山地契》："三分中宏老合得一分，计下地一角一十步，土瓦屋一间半。"（会编558）

（3）《清嘉庆四年（1799）阙天富卖灰寮地基契》："……灰寮地基壹间，以及门架在内，自愿托中送与本家弟天贵入手承买。"（石仓1/1/188）

以上"间"除量房屋外，还见称量地基。因地基的主要作用就是用来建造房屋的，基于省力因素的促动，"间"被就近借来计量地基了，这样的例证各地契约都有，可见人的思维模式都是共通的，事半功倍是人所追求的共同目标。契约中"间"还被用来计量田地，尤其是水田，因此也常被写成带水旁的"涧"。例如：

（4）《民国四年（1915）彭仁唐兑换田字》："立兑换田字人彭仁唐，为因缺少屋基，自愿将到本名住业之田，坐落地名乌渡唐路田乙间，约谷伍挑……"（清水江2/5/221）

（5）《民国九年（1920）龙绪灼卖田字》："立卖田字人龙绪灼，今因要钱使用，无所出处，自愿将到土名高冲屋却田乙间出卖。"（天柱10/178）

"间"本为房屋地基的称量单位，契约中可称量田地。用"间"称量的田地，性质可归为两类，一是该田来源于房屋宅基地，如例（5）；二是要用该田作宅基建造房屋，如例（4）。一间田的大小应与一间房的面积差不多，《天柱文书》中多用。

---

① 刘复，李家瑞.宋元以来俗字谱［M］.北京：国立中央研究院历史语言研究所，1930：99.

② 陈彭年.钜宋广韵［M］.上海：上海古籍出版社，2017：79.

第二节　契约文书量词的使用特点

量词作为汉藏语系语言的特点之一，主要作用是表示事物的单位和动作行为的量。契约文书中丰富多样的量词，因其使用于独特的文体，在使用的过程中表现出了不同的特点，具体表现在以下几个方面。

一、时代性

时代性表现历史的继承或淘汰方面，即不同时代会因新事物的出现而产生不同的计量单位，随着时代的不断发展，某事物被历史淘汰后，其计量单位也随着一并淹没在历史的长河里。

【界$_1$】作量词，同"期"，指宋代发行纸币三年一换的期限。契约用例如下：

（1）《南宋淳佑二年（1242）李思聪等卖田山赤契》："今将前项四至内田山四水归内，尽行断卖与祈（祁）门县归仁都胡应辰名下，三面评议价钱官会拾柒界壹百贰拾贯文省，其钱当立契日一并交领足讫。"（徽丛编2/3）

（2）《南宋淳佑八年（1248）胡梦斗卖山赤契》："三面平议价钱十七界官会贰伯贯，其官钞当日交领足讫。"（徽丛编2/4）

例句中的"拾柒界"表示的是发行的第十七期官会。公元1023年，北宋政府发行了流通货币——官交子，即最早的纸币，并规定交子分界发行，每三年（实为二年），界满须兑换新交子。《续通典·食货》记载，交子三年一届，始于宋代之铜钱与铁钱混用而不便于携；迄神宗时，交子正式由官方所承认，即熙宁初年将伪造交子等同于伪造官方文书。[1] 由于交子作为一种有价证券，不能直接用于交易，到了公元1160年，由政府统一出面监造了"会

---

[1]　十通·续通典［M］. 杭州：浙江古籍出版社，2000：172.

子",并在全国范围内发行,亦称为"官会"。随着元代新货币方孔钱的出现,交子、会子逐渐被取代,故"界"作为纸币兑换期限的单位亦随之消失不用,仅在历史的长河中留下了些许印记。"界"的使用不见于其他文献,仅在宋代的历史文献中出现,如《宋史》卷一百八十一记载:"五年,交子二十二界将易,而后界给用已多,诏更造二十五界者百二十五万,以偿二十三界之数,交子有两界自此始。"①

【缗】《钜宋广韵·真韵》:"缗,钱贯。"②同"贯"类似,由穿钱的绳子转喻为钱币的计量单位,一千文为一缗,至迟汉代已出现。宋时还可作"交子""钱引"等纸券的计量单位。契约用例如下:

(1)《西夏干定酉年(1225)吴寿长山卖牛契》:"干定酉年九月□日,立契人吴寿长山,今将自属一全齿黑牛自愿卖与命屈般若铁,议定价六十五缗钱。"(粹编444)

(2)《清乾隆二十一年(1756)永康州重建文昌阁等碑记》:"丁丑冬月,州大夫戴公助钱五千,余复探囊得数十缗。"(广西142)

除契约外,传世文献亦常用,如《鹤林玉露·丙编卷二·老卒回易》:"今以钱十万缗,卒五千付兄。"③后随着铜钱的消失,"缗"不再行用,尤其是民国后期,很难见到"缗"作货币单位的踪迹。

【星】《说文解字·日部》:"星,万物之精,上为列星。"④本义为星星,因星星的外形为点状物,故隐喻为戥、秤等衡器上记斤、两、钱的标志点,后转喻为钱币的计量单位,一钱为一星。传世文献就有用例,如《随园诗话》卷六:"(张自南)留札致师云:'适有亟需,奉上《古诗选》四本,求押银二星。实荷再生,感非言馨。'"⑤契约用例如下:

(1)《民国三年(1914)胡要明买田税验买契》:"税验买契:卖主姓名:刘金鳌,中人姓名:刘耀寅,契税银数:壹角○叁星,验契纸价费

① 脱脱,等.宋史[M].北京:中华书局,1985.

② 陈彭年.钜宋广韵[M].上海:上海古籍出版社,2017:62.

③ 罗大经.鹤林玉露[M].上海:上海古籍出版社,2012:166.

④ 许慎.说文解字[M].北京:中华书局,2015:137.

⑤ 袁枚.随园诗话[M].杭州:浙江古籍出版社,2016.

银：乙角，验契注册费银：乙角，合计：叁角〇叁星。"（天柱21/97）

（2）《民国十六年（1927）潘光槐新卖田土契》："卖价：钱壹拾叁千壹百捌十文，应纳税额：叁角玖仙伍星。"（天柱4/57）

例句中"毛"即角、"仙"即分、"星"即钱，都可作"银圆"的计量单位。中华人民共和国成立后银圆废除，实行纸币后，"角""分"被保留了下来，成为最小的人民币单位，"钱"被废除了，故"星"从货币计量单位中消失不见了。

二、地域性

不同的地域文化形成了语言不同的地域风格。契约作为历代百姓生产、生活中重要的一项民间社会经济活动，遍及全国各个地区，具有很强的地域色彩。如从地理及自然环境来说，南方多雨潮湿、土质松软，北方干旱少雨，黄土层厚，迥异的地域环境，造就了房屋坐落，不同的地域有不一样的制式和称谓，如北方的窑洞，依山而建，故称谓也较独特。

【孔₁】作量词，用于有孔之物，如珠、洞窟等。契约中称量窑洞，用例如下：

（1）《清乾隆三十五年（1770）史永祥卖窑院地连二契》："立卖坡地文契人史永祥，因为使用不便，今将自己尽东院堀一方，南北畛。内北堀一孔、东小堀一孔，计数五分。"（田藏1/22）

（2）《清宣统三年（1911）马谦儒卖砖窑文约》："立出卖砖窑孔文约人马谦儒、吉，因为用钱紧急，今将自己所分到上围窑洞祖产立东向西砖窑叁孔，房则乙间……"（陕西149）

（3）《民国七年（1918）闻喜县张礼卖院地红契》："立推契人张礼，因为不便，今推到张元兴名下院地壹所，基地陆分伍厘叁毫，内有窑三孔。"（粹编1816）

例句中的窑洞乃北方黄土高原上旧时常住居所，现在仍可见，尤以陕甘宁地区居多。其利用高原的地形，凿洞为屋。因其本质实为洞穴，故用"孔"称量，量房屋例只见于北方契约。例（1）中的"堀"字典辞书中无此字，应为"窑"的音近替代字。除"孔"外，契约中还见"空"称量窑洞的用例：

（4）《民国三年（1914）袁存禄卖地官契》："……今将自己原业坐落在肠坡塌西还脑畔破塌<u>土窑一空</u>，东至置主为界、南至水道为界、西至渠为界、北至古路为界……"（故纸4/186）

（5）《民国十六年（1927）苏宗贵卖土窑契》："……坪庄窑院一座，<u>土窑两空</u>，其处各有四至，北至界石，南至分水梁，东至界石，西至姚姓为界，四至分明，出入通行，碾磑场园夥用。"（故纸4/253）

上例中的"空"即"孔"，《说文解字·穴部》："空，窍也。"[1] 段玉裁注："今俗语所谓孔也。"[2]《集韵·董韵》："空，窍也。通作孔。"[3] 可见"空"与"孔"音近义通，除称量窑洞外，"空"还见称量水井，用例如下：

（6）《清道光二十六年（1846）郭万成永卖地契》："后批地内有<u>水井一空</u>与卖主无干。"（故纸1/89）

清水江文书是贵州清水江流域苗侗族人民创造和传承下来的珍贵民间文化遗产。《天柱文书》作为"清水江文书"的重要学术成果，包含了丰富的语言学研究热点，其中有些量词非常具有地域特色。举例如下：

【塝】《集韵·宕韵》："塝，地畔也。"[4]《康熙字典》："吴楚间方语。土之平阜曰塝，沟塍之畔处亦曰塝。"[5]"塝"为方言用词，指田边的土坡，或沟渠、土埂的边，或梯田间的斜壁。作量词犹片、块。如温传昭《晴转多云，有雷雨》："水井下边还有一塝小田，不是也需要水么？"云贵等地的契约中多"塝田"，即靠近山边地势较高的田，或指旱田。《汉语量词大词典》中，用"榜"作古代计算面积的单位，[6] 据上推断其本字应为"塝"。契约中"塝"由田地的类型转喻为该类田地的称量单位，用例如下：

（1）《清道光十二年（1832）江廷保分关文书》："其苗竹浮木瓜塝<u>鱼塘背乙塝</u>，业老屋东北楼底中间正房乙间，业新屋东北外间通顶。"（婺源）

① 许慎.说文解字［M］.北京：中华书局，2015：149.

② 许慎.说文解字注［M］.段玉裁，注.杭州：浙江古籍出版社，2016：344.

③ 丁度.集韵［M］.上海：上海古籍出版社，2017：302.

④ 丁度.集韵［M］.上海：上海古籍出版社，2017：601.

⑤ 康熙字典［M］.北京：中华书局，2010：236.

⑥ 刘子平.汉语量词大词典［M］.上海：上海辞书出版社，2013：7.

（2）《清道光二十八年（1848）龙大川卖墙土字》："立卖墙土人少洞寨龙大川，今因要银使用，无从得处，自愿将到土名谷孔坡墙后墙土乙冲两<u>塝</u>，与龙凤山父子共墙土乙冲两<u>塝</u>，式股均分。"（天柱12/222）

（3）《清光绪十一年（1885）杨岳珠卖杉木字》："自愿将到土名什保村屋皆登屋冲<u>杉木壹冲两榜</u>，上右抵路、左抵大财杉木、下抵大魁杉木，四至分明。"（天柱10/96）

（4）《民国九年（1920）胡宏贵等分关合同》："又过弄对门长岭坡阳山阴地贰冲壹岭，干田壹坵。又过弄左塝盘路坎上龙家冲杨山<u>阴地贰冲叁塝</u>，此四处山坡及干田合共为壹脉。"（天柱20/106）

（5）《民国十年（1921）龙炳光父子卖地土字》："自愿将到岑票坡<u>地土壹冲两傍</u>，上抵胡姓土坎、下抵刘姓坎沟、左抵根浤地土、右抵路，四至分明为界。"（天柱10/181）

（6）《民国三十七年（1948）杨胜芳等卖柴山地土字》："自愿将地名<u>登毛山壹冲两塝</u>，上抵登岭、下抵路、左抵买主山、右抵龙启毛山，四抵分清。"（天柱11/157）

例（2）中的"塝"词典字书中不见该字，应为替代字。例（3）中的"榜"为计算面积的单位，如《徐霞客游记·黔游日记一》："其东有七榜之地，地宽而渥，桀骜尤甚。"[1]例（4）中的"塝"为肩膀义。例（6）中的"塝"同"榜"，表牌匾等。根据文意，以上各字都应是"塝"的音近形近替代字。由用例可知，"塝"基本见于《天柱文书》，多称量山田，常与"冲"搭配使用，作其下一级单位。侗语里有一个表"张、块、片"的量词"bangv"，其读音为［paŋ³³］，[2]与汉语里的"塝"读音相近，我们推测也许"塝"是"bangv"的汉语对应字，在此聊备一说。

【规】《说文解字·夫部》："规，有法度也。"[3]本义为法度。作量词，作古田制单位。《礼记·王制·卷十一》："百亩之分。"唐孔颖达疏："偃猪之地，

---

① 徐弘祖.徐霞客游记［M］.上海：上海古籍出版社，2016：317.

② 欧亨元.侗汉词典［M］.北京：民族出版社，2004：14.

③ 许慎.说文解字［M］.北京：中华书局，2015：215.

九夫为规，四规而当一并。"① 但在契约中"规"即"规元"，是明清时上海通用的银两记账单位。《新华月报》1955年第3期："在银两制度的情况下，由于各种秤的分量不一致，分为库平、关平、漕平、市平等，记账单位是规元等，行使的却主要是银元、银角、铜元。"契约用例如下：

（1）《清同治三年（1864）李存本堂绝卖楼房等文契》："三面议得九八规银贰两。其银立契日一并收足，不另立收票。"（清上海128）

（2）《清光绪三年（1877）蔡子春加添房文契》："凭中三面言定，议得加添加九八豆规银捌拾两正。"（清上海177）

例（2）中的"豆规"亦即"规元"。因鸦片战争之前，上海商品交易中豆类属于大宗货物，交易时用"规元"计算，故又称"规元"为"豆规银"。又因交易时要将当时上海银炉所铸二七宝银折算成"九八"升值的规元后才可使用，故又称"规元"为"九八规元"。

三、行业性

契约文书涉及中国社会、政治、经济、商业、宗教、民俗、财政、赋税，以及阶级关系、民族关系、土地制度、宗法制度等方方面面，不仅包括各类土地、房舍器具的买卖、租佃，还包括一些独具行业特色的内容，如贵州的林业、自贡的盐业等，其中用到的计量单位都具有鲜明的行业特色。下面将以自贡盐业契约中的量词为例进行说明，所举量词，其释义主要参照刘云生《自贡盐业契约语汇辑释》中的解释。②

【天₁】指根据投资份额所享有的盐、气、油、水的收益股份。自流井将多股份分为三十份，又称三十天、三十班，三十日份、三十水份；贡井则多分为二十四份，称为二十四锅份或二十四锅口。契约用例如下：

（1）《清乾隆四十四年（1779）蔡灿若等凿井合约》："比日言定，王姓出地基，蔡姓出工本，井出之日，地主每月煎烧柒天半昼夜，蔡姓等每月煎烧贰拾贰天半昼夜。"（自贡选辑309）

①　聚珍仿宋版十三经注疏·礼记注疏［M］.北京：中华书局，2020：4.

②　刘云生.自贡盐业契约语汇辑释［M］.北京：法律出版社，2014：32-40.

（2）《清嘉庆十二年（1807）张玉宁佃井约》："住凿起煎之日，井主每月分拾夜水火份五天，张姓伙内每月分昼夜水火二十五天。"（自贡选辑312）

（3）《清光绪二十一年（1895）福溧井承佃盐井基合约》："其井一井叁基昼夜水火油三拾天，地主占四孙净日分四天，客人占昼夜水火油净日份贰拾陆天。"（自贡选辑散1/65）

"天"以下的股权单位为"时"，十二时为一天，"时"以下为"分""厘""毫"，均是十进位。用例如下：

（1）《清同治七年（1868）王绍宽卖地脉井日分文约》："年限满日，王绍宽三房人等共占日分拾天，王绍宽房分等前后摘卖日分捌天零九时，仅存地脉日分壹天零叁时。"（富荣盐场129）

（2）《民国二十六年（1937）熊邓氏率子杜顶水火油盐井文约》："……又先辈同吴姓以观益堂名义伙顶得王李氏名下，仍在本井积厚灶十五班内，应占子孙净日份式天壹时，与吴姓伙分以熊三益堂名义应分占净日份壹天零四刻，共计日份壹天陆时陆刻。"（自贡选辑散1/75）

【口₂】指卤、气计量单位。《富顺县志·邱坮小溪井规》："火以灶计，名曰口。火四口即火足供四灶之用；水四口即八十担，以火灶每日须煎水二十担也。"[1]用例如下：

（1）《清乾隆五十六年（1791）畅野定佃水火分文约》："立定约堂叔畅野，今凭中将自己新凿荧海井分班后昼夜水火分叁拾天，载课锅肆口，情愿定佃与宅安任煎烧五载。"（富荣盐场75）

（2）《清光绪三十一年（1905）邓绍武等杜顶水火油文约》："……全井除地脉锅分三口，愿将昼夜水火油子孙锅分二十一口，概系子孙管业。"（自贡选辑散2/79）

（3）《民国二十四年（1935）阮钧九抵押火圈借洋文约》："并将己下所佃大有井春禄社现煎火圈二口、灯荧灶现煎火圈二口作为抵押，如至期无洋还出，听凭罗姓将抵押火圈处分，不得异说。"（自贡选辑散3/77）

---

① 富顺县地方志编纂委员会.富顺县志［M］.北京：方志出版社，2011.

【桶碗】自贡盐业区考咸计量单位。所谓"考咸"就是对盐井中卤水所含盐量的测定。一般使用竹制的考咸碗，其形状是圆柱体，口薄腹厚。具体就是将一碗卤水煎制成盐，称出盐的重量，以测定同一标准量卤水中的含盐量。[1]契约中用例如下：

(1)《民国十九年（1930）同福等承包推火车约》："本井如出黑水桶碗，每担推价实进洋四角七仙。"（自贡选辑散1/68）

(2)《民国十八年（1929）胡绍章承佃笕灶火圈文约》："照主人股东权过价五仙照算，桶碗以进水盐岩碗三百七拾二碗照算，过价按月付给盐斤……"（自贡选辑869）

【槽₁】卤水笕竿计量单位，笕路一条谓之一槽。用例如下：

(1)《清光绪十五年（1889）王众合出佃笕路地基合约》："安置盐水笕路壹槽，壹窝叁笕，采买发卖各玙井笕盐水，往来济煎裕课。"（自贡选辑1080）

(2)《民国十二年（1923）王三畏堂出佃笕路地基文约》："安坊盐水笕一槽，一窝一笕，采买各垱盐水，往来济煎裕课。"（自贡选辑892）

例（1）中的"笕路"又称为卤笕，具体指将盐井中的盐卤水输送出井的竹筒，此竹筒是由一根约一丈长的楠竹做成，内竹节被凿穿，最后一节的竹节保留，在其下端安装一个汲取卤水的阀门，盐水就是被该竹筒抽取出盐井的。

四、口语性

语言鲜明的特征尽存于口语化较强的文献材料中，契约文书作为文化水平不高的普通民间百姓自定自立的交易协定，其书写的过程中将很多方言口语词记录其中，现有的契约文本很多都带着浓浓的方音印记，口语化色彩相当鲜明。

【干】《字汇 字汇补·干部》："干，数竹木亦曰干，犹言个也。"[2]作量词，相当于"个"。契约中多称量屋基地等。用例如下：

---

① 宋良曦.中国古代钻井及井盐测量和计量［J］.盐业史研究，1993（1）：27.

② 梅膺祚.字汇 字汇补［M］.上海：上海辞书出版社，1991：139.

（1）《清乾隆二十一年（1756）候官县淑兰等分产阄书》："大厝后边地基兰得前二大透，仓后地基外乙干，路下仓基外二干，门下厝地基，兰系西边粪池地井余地各乙半，上厝粪池兰得后一口……"（福建选辑726）

（2）《清道光二十八年（1848）李荣芳等兄弟分关契》："噶浪大田一坵五杆，沟脚小田一坵，对门湾小田一坵，鸟八小田一坵，野猪田一坵，共谷五十四石。"（天柱18/223）

（3）《清光绪十一年（1885）杨宗道卖田契》："立契卖田人杨宗道，今因家下要钱使用，无从得处，自己将到面坌土名世子树，皆水田乙坵，中涧一𢀖，收谷三四罗。"（天柱6/213）

（4）《清光绪十二年（1886）龙金癸、龙仲庭分关字》："其有屋坪地基居住五扦，仓地一坪，下坪地基又一扦半，园角二团半，又蒙应右边土乙团。"（天柱15/197）

（5）《清光绪三十四年（1908）□□□卖屋地基字》："立卖屋地基人□□□，今因家下要钱使用，无从得处，自愿将到土名留坪□寨屋地壹坪三干，二股均分，出卖乙股，上抵买主、下抵元金、左右抵卖主，四至分明出卖。"（天柱20/184）

（6）《民国四年（1815）姜作琦借银抵田字》："……自愿将到祖田三幹乙坵作抵，地名冉佑，上凭之田，下凭之山，左凭借主之田，右凭冲与银主之田，四抵分清。"（清水江1/5/81）

例（1）中"干"当为"间"。有些地方民间方言说到房屋数量时，读"间"为"干"，如闽语、客家话等，都读"间"为"gan"，故"干"为"间"的方言字。契约中还将"间"写为与"干"音同或音近的"扦""杆""干""𢀖"等替代字。

【毛】《广雅疏证·释诂三》："毛，轻也。"[①]引申有小义，"毛孩"即小孩儿。作量词，是中国货币的辅助单位"角"的俗称。契约用例如下：

（1）《清光绪三十一年（1905）卖印氏之山脚木分银文书》："姜登绍、

---

① 王念孙.广雅疏证［M］.北京：中华书局，2019：187.

登津名下占散老家山上钱□分零<u>四毛</u>，扣该银四钱正，又私占柳言山四钱九分九整<u>九毛</u>。"（姜元泽572）

（2）《民国二十五年（1936）冯荣全当旱地文契》："当面言明，每年找补粮钱<u>大洋壹毛</u>，如而后有钱之日，照当价取回，不得短少。"（陕西70）

例（2）中的大洋，即银圆，银圆一角也称一毛。"毛"在现代的民间口语中亦多用。兰银官话中也常用"毛"计量一角的纸币，如一毛钱，即一角。度量单位"毫"，也俗称为"毛"。

（3）《明万历十九年（1591）汪耀卖山地红契》："立卖契人汪耀，今因缺用，自情愿将承祖山，今编潜字一千一百八十三号山，土名竹林头，本身该山<u>三毛六系</u>；潜字四千四十号山，土名新田坞，本身该山式厘<u>八毛</u>……"（粹编783）

（4）《清道光十三年（1833）熊效谦卖田赤契》："立永卖田契约人熊效谦，今因家下不便，将己受分河湖塝上则白田三形，共壹亩四分二厘<u>捌毛</u>……"（湖北天门454）

【块₁】作量词，口语中，用于银币或纸币，相当于"圆"。契约用例如下：

（1）《民国十四年（1925）段开运归还银洋契》："今安国余新爷员下备<u>大洋柒拾肆块</u>伍角，当同中人收银。"（云博馆3/358）

（2）《民国十七年（1928）泰和堂等卖宅基契》："三面言定，时值共卖价<u>银圆七十三块</u>三毛整，即日银宅两交不欠，各无异说。"（故纸2/76）

例句中用"块"计量大洋，因古代充当货币的银子是成块成锭的，故可用表方块的"块"字作计量单位。后被沿用，成为纸币的俗称。传世文献亦有用例，兰银官话中亦如是，如"一月有钱三十块"。

五、俗别性

唐颜元孙在《干禄字书·序》中曾说："所谓俗者，例皆浅近，唯籍账、文案、券契、药方非涉雅言，用亦无爽。"契约文书多为文化水平不高的乡民草拟，俗字别字俯拾即是。如度量衡单位"升"与"斗"，因它们的行书字体非常相像，其中"升"的行书字体为"斗、升、斗"，"斗"的行书字体为"升、升、升", 为避免混淆, 防止抄写上的错误, 便使用这两个词的别体形体, 如将"升"写作异体的"昇""勝"、"斗"写作异体的"㪷""䄷""斜", 还将"石"写作通假的"硕"、"斛"写作异体的"䀉"等。

【昇】《钜宋广韵·蒸韵》: "昇, 日上。本亦作升。"[1]古汉语中表量器或容量单位时用"升", 表太阳升起时用"昇", 契约中用"昇"表"升"之义。用例如下:

（1）《高昌良愿相、左舍子互贷麦布券》: "……后生小麦五昇, 要到七月内偿麦使毕。"（会编172）

（2）《清光绪三十二年（1906）范绍群立收字》: "……合再（载）民米叁昇叁合伍正, 收米完交给贵。"（福建民间5/356）

【㪷】《玉篇·斗部》: "十升曰斗, 㪷俗。"[2]"㪷"同"斗"一样, 都是由量器转喻为计量单位, 契约中作容量单位, 用例如下:

（1）《唐显庆四年（659年）高昌张君行租田契》: "亩别与夏价小麦汉㪷中陆㪷半。到陆月内, 偿麦使毕。若过期月不毕, 壹月壹䀉上生麦壹㪷。"（会编289）

（2）《后周显德三年（956）敦煌宋欺忠卖舍契》: "断作舍价物, 计斛㪷陆拾捌硕四㪷, 内麦粟各半, 其上件舍价物, 立契日并舍两家各还讫, 并无升合欠少, 亦无交加。"（粹编226）

【䄷】《龙龛手鉴·石部》: "䄷, 俗, 胡谷反。"[3]《字汇补·石部》: "䄷, 何谷切, 音斛。义阙。"[4]契约中可与"箩""管""升"组合使用, 用例如下:

（1）《清光绪十七年（1891）吴通洛立收字》: "……今在姜宗铭兄边收过本年分土名望德洋并马岩贯契等田, 合则民米壹䄷壹升正, 俱收讫诰串合。"（福建民间5/287）

（2）《民国九年（1920）谢朝兴补卖早田契》: "原计大苗糙米共壹拾柒箩壹䄷正, 今因兴缺少银两应用, 情愿托得中人前来说谕, 甘将其田

① 陈彭年.钜宋广韵 [M]. 上海: 上海古籍出版社, 2017: 131.

② 顾野王.玉篇 [M]. 上海: 上海书店出版社, 2017: 264.

③ 释行均.龙龛手鉴 [M]. 北京: 中华书局, 1991: 357.

④ 梅膺祚.字汇 字汇补 [M]. 上海: 上海辞书出版社, 1991: 144.

柒塅四至界内尽底立契补卖与谢炳生名下为业。"（福建民间4/401）

以上用例中"䃼"作"升"的上一级单位，作"箩"的下一级单位，由此判断"䃼"应为"斗"的异体替代字。

【斛】《说文解字·斗部》："斛，量溢也。"①《说文义证》："斛（斛），今云南顺宁以一斗为斛（斛）。"②可见旧时在云南顺宁县"斗"写作"斛"，契约中用例如下：

（1）《清光绪三十一年（1905）余俊国抵当练租文约》："实佃小河田练租拾柒箩，实授纹银贰拾肆两贰钱，以作柒斛，扣租是实。"（云博馆3/351）

（2）《民国十年（1921）杨崇开抵当田契》："布种一箩五斛，逓年应招纳官租谷一箩伍斛，子种四至租谷一并开各在契，情愿请凭（凭）中证抵当与其永蔺先生名下实接授。"（云博馆3/356）

上文例句见于云南保山，是一个与顺宁邻近的县市。该例证可补《汉语大字典》在该字下例证的缺漏。

【䚿】《集韵·屋韵》："斛，《说文》：十斗也，或作䚿。"③《正字通·斗部》："䚿，同斛，晋胡奋传，屯万䚿堆，注斛同，一说从百，即斛字伪省也。"④契约中不见"䚿"字，多见"䚿"字，用例如下：

（1）《高昌延和十年（611）田相保等举大小麦券》："赵众僧取大麦贰䚿；王何相取大麦捌䚿；张何悦取小麦肆䚿；羊欢伯取大麦拾䚿，次取小麦壹䚿；曲酉相取大麦肆䚿。"（会编180）

（2）《唐贞观十五年（641）高昌赵相□夏田契》："……与夏价麦高昌中叁䚿伍内上麦使毕。"（会编277）

（3）《酉年（829）下部落百姓曹茂晟便豆契》："酉年三月一日，下部落百姓曹茂晟为无种子，遂于僧海清处便豆壹硕捌䚿。"（敦煌111）

例句中的"䚿"是百升的会意合文，因十升为一斗，十斗为一斛，故百

---

① 许慎.说文解字［M］.北京：中华书局，2015：302.

② 桂馥.说文解字义证［M］.济南：齐鲁书社，1987：1248.

③ 丁度.集韵［M］.上海：上海古籍出版社，2017：635.

④ 张自烈，廖文英.正字通［M］.北京：中国工人出版社，1996：448.

升也为一斛，张涌泉认为："'斛'乃为'䉼'的伪字。首先从字形的构造来看，百升为'䉼'是与当时的计量制度相一致的；而书'斛'作'䉼'，却说不出一个所以然来。其次，在吐鲁番出土文书中，'䉼'字出现了数百千次，然而却无一例写作'斛'，可见'䉼'是六朝及隋唐之际流行的俗体字，而'斛'字则颇罕见。另外，《正名要录》《龙龛手鉴》有'䉼'，而无'斛'，也有力地支持了我们的观点。"① 正如张先生所释，"升""斗"形近易伪，"䉼"伪而为"斛"，以讹传讹，被民众普遍接受而成了"斛"的或体。

【硕】与"石"古字通，《说文通训定声》："硕，假借为石。"② 作容量单位，相当于十斗；作重量单位，相当于一百二十斤。契约中只见作容量单位的用法，可独用，或与"斗""升"组合使用，用例如下：

（1）《唐大历十七年（782）于阗霍昕悦便粟契》："[行官] 霍昕悦为无粮用，交无 [得处，遂] 于护国寺僧虔英边便粟壹拾柒硕。"（会编356）

（2）《明成化十年（1474）陈贵等送田字》："立送田字人六七都里长陈贵等，愿将绝甲首陈佛成户租民田六十亩，坐落洪山，年收租九十一硕，声载秋粮正耗米三硕二斗一升。"（闽南81）

（3）《清康熙五十八年（1719）龙君用等平江众人募化田契》："……自愿喜施鸟鸠长田贰坵，约穀壹硕肆斗，随代原粮壹升壹合，共占秋米逓（递）年照世额用，贴银叁分仍付施主，上纳不悮（误）。"（九南101）

（4）《民国八年（1919）蒋政春借谷字》："自己上门问到亲戚杨宗堂承借谷子五硕正，本利七硕五斗正，秋収（收）之日相还不悮（误）。"（天柱6/32）

"硕""石"通用，例句中所用"硕"处，皆可用"石"代替。

【斤 / 觔】《字汇·角部》："觔，今俗多作'斤'字。"③ 说明"觔"与"斤"是正体与俗体的关系。尽管"斤"简单易写，但契约文书中有时为了防伪，专门弃易择难，用"觔"，而不用"斤"。用例如下：

---

① 张涌泉 . 汉语俗字研究 [M]. 北京：商务印书馆，2010：361.

② 朱骏声 . 说文通训定声 [M]. 北京：中华书局，2016：474.

③ 梅膺祚 . 字汇 字汇补 [M]. 上海：上海辞书出版社，1991：446.

（1）《明崇祯十一年（1638）张尚洋卖山田红契》："立卖契人张尚洋今将续置芥字△号，土名丸塘，山田一坵，计捌保籼租壹拾贰砠零拾伍觓，计税壹亩陆分贰厘，佃人徐华。"（粹编855）

（2）《清道光十三年（1833）雷朝万放田粮约》："立放田粮约雷朝万，自己手向游家承有佃田壹号，坐属小获地方土名水井洋下半号，载租叁百觓大秤。"（福建民间6/33）

（3）《民国三十九年（1950）姜德成同侄断卖塘字》："当中三面议定价谷一百六十觓，亲手收足，未欠斤两。"（贵州林业3/G0020）

【戈₁】作量词，古代用于长度单位。契约中计量钱币。用例如下：

（1）《民国三十一年（1942）刘期凉卖水田地契》："当日凭（凭）中言定钞洋式佰壹拾捌元捌戈正，其洋亲手足，子孙远耕管为业。"（天柱4/252）

（2）《民国三十一年（1942）刘期凉卖水田地契》："当日凭（凭）中言定价钞洋肆佰叁拾元雪（零）捌戈整，其洋亲手领用，其业为此任从买主子孙永远耕管为业。"（天柱4/253）

例句中的"戈"确字应为"割"。"割"为我国辅币的名称，今作"角"。梁启超《各省滥铸铜圆小史》："清国有百二十万万之铜元，分布之于四万万之人口，每人通用额三十枚，而现在价格下落至六割六分五厘，以银换算，则所损失者无虑五千八百八十万元。"[①]冀鲁官话中有"戈币"一词，指铜子儿。

契约文书中数词与量词合文造成的俗别字也是量词使用方面的一个重要表现。举例如下：

（1）《清光绪十四年（1888）姜煜文等卖山分单》："二共得钱乙十乙千乙百九十文，蒲山派。"（清水江2/1/240）

（2）《清光绪三十一年（1905）陆远清卖阴地契》："当日凭中三面议定断价糎钱贰仟肆佰八十文。其钱当日亲手领回应用，不欠分文。"（九南401）

（3）《清光绪三十二年（1906）龙世科典坪田字》："三面议价糎钱叁

---

① 梁启超.梁启超全集［M］.北京：中国人民大学出版社，2018：137.

仟文，亲手领回应用。"（亮寨203）

（4）《民国癸丑年（1913）刘吴氏断卖杉木字》："当日凭中议定㞢钱贰拾捌仟〇八十文整，亲手领回应用。"（清水江3/3/226）

（5）《民国十一年（1922）姜茂春等立合同字》："陆相镃弟兄占山土捌两叁钱𢀖䛑。"（清水江）

例（1）中的"𫲇"为数字"𠀤"和单位量词"两"组合的合文字，其中"𠀤"即"八"，为筹算码。例（2）中的"㞢"为数词"𠀤"和单位量词"呈"组成的"八呈"的合文；例（3）（4）中的"㞢"为数词"夊"和量词"呈"组成的"九呈"的合文；例（5）中的"𢀖""䛑"分别为"八分""八厘"的合文。以上合文有对交易物数量的描述，亦有对银两成色的描述，之所以选用合文，出于省时、省力的目的。对于契约文书中数词和量词的合文，更多例证可参见《贵州民间文书"㞢"类合文考》。[①]

六、多义性

汉语自产生以来就存在一词多义的现象，其中量词也不例外，一个量词可以由同一名词或动词的不同义项引申出不同的量词意义，称量或计量不同类型的事物。契约文书中存在很多一词多义的量词。

【角】《说文解字·角部》："角，兽角也。象形，角与刀、鱼相似。"[②]因形状相似，古代量谷物时用于刮平斗斛的用具，也称"角"。《管子·七法》："尺寸也，绳墨也，规矩也，衡石也，斗斛也，角量也，谓之法。"尹知章注："角亦器量之名。"[③]因动物的犄角，含有尖义，而世上最基本的形状之一的方形物体都有四个尖角，其中一个角就代表四分之一。故"角"作面积单位，表四分之一亩。《履园丛话·陵墓·水邱太夫人坟》："《坟庙记》云：在锦南乡上钱王堡，计一十四亩一角，四面有高石塘，坟客李承礼。"[④]西南官话及客话里，"角"表四分之一升。契约文书中，"角"作面积单位，用例如下：

① 卢庆全，黑维强.贵州民间文书"㞢"类合文考［J］.励耘语言学刊，2016（1）：221–223.

② 许慎.说文解字［M］.北京：中华书局，2015：88.

③ 尹知章.管子［M］.上海：上海古籍出版社，1989：23.

④ 钱泳.履园丛话［M］.北京：中华书局，1979：505.

（1）《南宋淳佑二年（1242）休宁县李思聪等卖田山赤契》："大□□附产户李思聪，弟思忠同母亲阿汪嫡议，情愿将父□□□日置受得李舜俞祁门县归仁都土名大港山源梨字壹□□次夏田弍角四拾步弍号，<u>忠田壹角</u>。"（粹编445）

（2）《元元统三年（1335）王景期卖山赤契》："十五都七保王景期、王景荣、王景华，元与王景祥承和共承父王子尨梯己有本都七保汪坑源，土名小源夏山壹拾陆畝<u>叁角</u>肆拾伍步。"（徽·宋元明1/13）

（3）《明永乐七年（1409）谢仕荣卖田赤契》："拾叁都谢仕荣，今有承祖荒田一亩<u>一角</u>五拾捌步，坐落拾西都七保，土名羊鹅坞，系经理唐字一百六十三号，东至山、西至山、南至坞头、北至坞口。"（徽丛编1/17）

（4）《清同治元年（1862）许学文卖田契》："立卖大小买田契 许学文，今将祖遗阄分己下当字乙千六百四十号大小买田乙坵，计<u>田五角</u>，计税六分弍厘五。"（徽州3/1/191）

上例中"角"可单用，亦可上与"亩"，下与"步、分、厘"等组合使用。据张传玺考证，宋元明时期，徽州亩积一般以六十步为一角，四角为一亩。[①]

契约中"角"还作货币单位，可指旧时银圆的十分之一或五分之一、一块大洋的十二分之一，也可指人民币一元的十分之一。"角"之下还可分出"分、厘、毫"等小单位。契约中可独用，可与"元""分""厘"等组合使用。用例如下：

（1）《清光绪二年（1876）黄安邦批给山场水田垦契字》："批明：界内每千茶丛带山地租<u>银六角</u>，系是大租隘粮一角，<u>地租五角</u>，计共六角。"（台大租书127）

（2）《民国十三年（1924）李德普卖田契》："年中赋<u>银二角</u>，买主自纳，不关卖主之事。"（广西104）

"角"作量词，还可称量古代文书，相当于"封"，始见于元代，如曹雪芹《红楼梦》第一百二十回："刑部准了，收兑了银子，一角文书，将薛蟠放

---

① 张传玺.中国历代契约会编考释［M］.北京：北京大学出版社，1995：443.

出。"① 契约用例如下:

（1）《清乾隆二十三年（1758）巴县护牌》:"计开秋审犯人一名杨仕奇扭锁镣灌铅，公文一角，批一张。"（巴县66）

（2）《清乾隆二十九年（1764）给发护牌》:"为遵旨议奏事。牌差本役持领公文一角，协同营兵护送癸未年三运第一起京铜七十三万六千三百斤……"（巴县342）

【步】《说文解字·止部》:"步，行也。"②《小尔雅集释·广度》:"跬，一举足也。倍跬谓之步。"③ 可知，迈一步为"跬"，迈两步即为"步"。"步"由行走时前后脚各跨一次的动作义，转喻为两脚之间的距离，并成为古代的长度单位。《荀子·劝学》:"骐骥一跃，不能十步。"④ 汉简中多见，敦煌吐鲁番文书中未见。契约中可独用，可与"尺""寸""分""厘"等组合使用。用例如下:

（1）《东汉建初六年（81）武孟靡婴买冢田玉券》:"建初六年十一月十六日乙酉，武孟子男靡婴买马起□、朱大弟少卿冢田，南广九十四步、西长六十八步、北广六十五步、东长七十九步。"（粹编45）

（2）《三国吴永安五年（262）丹阳县彭卢买地铅券》:"□□丘父、土王买地，纵广三千步，东、西、南、北□界［示］，得价钱万五千，日毕。"（会编108）

（3）《南宋淳熙元年（1174）西城县滑璋买地砖券》:"谨用钱九万九千九百九十九贯文，兼五彩信币，买地一段，南北长二十步、东西阔一十八步四分半。"（粹编533）

（4）《清乾隆四年（1739）孙耀卖地契》:"计开：取行粮地三亩，合食画字一应在内，银色九七，中长九十五步，东横十四步三尺，西横十六步二尺。"（故纸1/6）

（5）《民国三十六年（1947）河北清苑县安朝宁卖地契》:"计开：长

① 曹雪芹，高鹗.红楼梦［M］.西安：三秦出版社，2002：938.

② 许慎.说文解字［M］.北京：中华书局，2015：32.

③ 迟铎.小尔雅集释［M］.北京：中华书局，2008：357.

④ 郭锡良.古代汉语·下［M］.北京：商务印书馆，1999：650.

可壹百弍拾柒步肆尺，南弍步叁尺伍寸柒分伍，中宽可弍步四尺零玖寸
七分伍，北弍步肆尺陆寸弍分。"（历代契证149）

"步"作长度单位，步幅历代不一。《经典释文》第二十八："六尺为步，
七尺曰仞。"[1]《礼记·王制·卷十三》："古者以周尺八尺为步，今以周尺六尺
肆寸为步。"[2]故"步"的长度在六尺到八尺之间。汉简中一步为六尺；宋元明
清，一步为五尺。契约文书中"步"作长度单位出现范围也较有规律，清代
之前，徽州地区用例较多；清及民国时，北方地区使用更多。方言中冀鲁及
中原官话区多用，1935年《新城县志》记载："以足量地曰步。"[3]

契约文书中"步"还可作地积单位，是"平方步"的简称。据张显成考
证，其实早在两汉时期的简帛文献中就已见"步"作地积单位的用法，如《港
大汉简·河堤简》："莫阳乡彻丘堤，凡八里百廿步，积七千五百六十步。率
广三步，积七千五百六十步。"但因未了解到契约资料，他很保守地认为步作
亩的下级单位，至少两汉三国时期一直沿用，中古以后即从实际使用中消失
了。[4]其实唐宋至元明清时一直在用"步"作地积的计量单位，尤其是宋元
时的徽州契约，频繁使用"亩、角、步"等相连，表田地的面积。可见"步"
作地积单位的生命力还是很顽强的，从两汉一直到明清都在用，就契约所见
在地域上有一定的局限性。用例如下：

（1）《高昌延寿十五年（638）司空文卖田券》："延寿十五年戊戌岁
五月廿八日，史□□从司空文边买石宕常田壹分，承伍亩半肆拾步役。"
（会编96）

（2）《元至元十四年（1277）宣德府葛法成买地瓦券》："所□用钱
九万九千九百九十贯文，兼五彩信币，买地一□，东西□一十四，南北
长一十五步，计积二百一十七步。"（粹编568）

（3）《明永乐十八年（1420）祁门县李从舟卖山地红契》："十西都李
从舟昨用价买到本都李有循名下山弍片，坐落土名本都七保鲍六家弯，

① 陆德明.经典释文［M］.上海：上海古籍出版社，2012：590.

② 聚珍仿宋版十三经注疏·礼记注疏［M］.北京：中华书局，2020：15.

③ 王象晋.新城县志［M］.扬州：江苏广陵古籍刻印社，1999.

④ 张显成，李建平.简帛量词研究［M］.北京：中华书局，2017：329，338.

经理唐字一千三伯四十三号，夏山伍亩，夏地二十八步，东至岭、下至汪八坞口田、西至弯心、南至尖、北至田。"（粹编673）

（4）《清乾隆九年（1744）邱永遂等卖豆坦契》："自情愿托中将承父豆坦乙块，坐落本都三保土名下坞，计坦大小十四块，计丈则△步，计税△整。"（徽州1/6/26）

例（2）"东西□一十四，南北长一十五步，计积二百一十七步"中，共有两个"步"，前一个"步"是表南北的长度单位，根据文意，该句是省略掉了"东西长"字样，后一个"步"是地积单位，即"平方步"。该句的地积为东西与南北的长度相乘，应得出"二百一十步"，但例句为"二百一十七步"，多出了"七步"，在此存疑。对于多少步为一亩，历来说法不一。周代规定百步为亩，《汉书·食货志》："六尺为步，步百为亩，亩百为夫，夫三为屋，屋三为井，井方一里，是为九夫。"[①]商鞅变法改为二百四十步为一亩，《说文句读·亩》："《司马法》：'六尺为步，步百为亩。'是古之制也。秦孝公时，开通阡陌，以五尺为步，二百四十步为亩。"[②]由上可知，周制，八尺步，步百为亩；商鞅改六尺步，二百四十步为亩，后历代基本以二百四十步为一亩。但历代步制或亩制又因田的等级不同而有区别。《癸巳存稿》卷十引《会典》云："丈量州县地用步弓，旗庄屯地用绳，民间以二百四十步为粮亩。其大制，纵黍营造尺长五尺为弓，方五尺为步。亩积二百四十步，里长三百六十弓。顷有百亩，顷积二万四千步。亩为十分，分积二十四步。河北又自有三百六十步中亩，七百二十步大亩，不同粮亩数也。江南亩制又异。徽州平畴水田，亩积百九十步。斛水田积二百十步。高原田积二百六十步。山田积三百步。屋基坟墓地积二百步，次者积二百五十步，又次积三百五十步。山地积五百步。城中附治等正地，一等正三十步，二等正四十步，三等正五十步，四等正六十步，当田一亩，此一清厘等则也。"[③]据张传玺考证，在休宁县，上田以一百九十步、中田以二百二十步、下田以三百步为一亩。[④]

① 班固.汉书［M］.北京：中华书局，2007：157.

② 王筠.说文解字句读［M］.北京：中华书局，2016：555.

③ 俞正燮.癸巳存稿［M］.沈阳：辽宁教育出版社，2003：295.

④ 张传玺.中国历代契约会编考释［M］.北京：北京大学出版社，1995：533.

契约文书中"步"还可计量房屋。在清代木构建筑中，梁架上相邻两条檩或桁之间的水平距离称为"步架"，简称"步"，各步之和即是通进深，所以"步"作古代建筑纵深长度的计量单位。因两根檩木之间的距离为一步架，故常有两架一步之说。用例如下：

（1）《清雍正七年（1729）吴朝锦卖房契》："立卖契人吴朝锦，今将土名大王山脚承祖分授楼屋四层，楼上右边<u>前步房一步</u>，过厢在内，上至橼桁瓦片、下至地坎柱□，四至之内，尽行立契出卖与堂叔名下管业。"（徽州4/7/8）

（2）《清光绪二十九年（1903）张氏析产天字号阄书》："又将再因歙东殷家村典有敬修堂后经共有<u>歇房四步</u>，因东君<u>坐房一步</u>，系左边<u>楼上房一步</u>，<u>仍房三步</u>，受典人居住堆垛。"（田藏3/99）

以上例句中的"房一步"即"一步房"，也称"一步架房"。上文我们大概核算了"两步架房"的纵深，大约为四米，如果按此推算，那么一步架房的纵深约为两米。

七、临时性

清林溥《古州杂记》记载："山头地角高下，田坵方圆大小，阔狭形势，悉依地而成，不能以丈量计亩。苗民置产，惟计田几丘，收禾若干把，或计收谷若干斤，以登券据。"[①]光绪《黎平府志》卷三上："苗田向无弓口亩数，计禾一把上田值一二金，下田值五六钱不等……一夫力耕，岁可获禾百十把。"[②]可见古代在诸多地域的契约中都没有田亩的概念和记载，因为这些地区多为山区，都是不规整的梯田、山地，根本无法测量；有些地方，即使政府强行推行田亩制度，也收效甚微。如《广西年鉴》第一回："在广西而欲作各种土地利用调查，乃属最困难之事，盖田亩不但未经清理，而各地几皆不以亩计算，所用单位极不一律，即单位名称相同，而面积大小尚有甚大差异者。"[③]

---

① 林浦.古州杂记［M］.贵阳：贵州图书馆，2010：8.

② 黔南识略·黔南职方纪略［M］.杜文铎，等点校.贵阳：贵州人民出版社，1992：196.

③ 广西统计局.广西年鉴·第一回［M］.南京：广西人民出版社，1934.

所以很多地方民众一般采用估算的方法确定亩数，或用田的产量作田地地积的计算单位，或用种植田地所需的种子数量作土地地积单位。临时性就表现在用粮食作物的容量、重量等单位计量田地的面积。张明也提到："贵州是典型山区地形，一般地势非常陡峭，故田土地积不大，而且极不规整，民间谚语有'撒泡尿过几丘田'的说法，就是形容贵州山区田地的零碎和狭小……由于贵州大部分山区土地无法用'亩'来丈量和计算其面积，所以，在贵州山区的汉族和清水江流域的苗侗民族通过田地出产的粮食产量来计算田土面积。"①

【斗/升/栳】"斗""升""栳"本为量器，后转喻为容量单位。"斗""升"历代量制不一，《旧唐书·食货志·上》："三升为大升，三斗为大斗。""栳"为闽台地区常用的容量单位，量制一般为二斗五升。契约中除作粮食等作物的容量单位外，还可临时作田地亩积计量单位。用例如下：

（1）《清嘉庆二十三年（1817）林周仲替根批佃契》："……又厝边大坑边，共田贰升，载饷租伍斤。"（福建选辑499）

（2）《清道光元年（1821）程郑氏同男杜退小买园》："立杜退小买园人程郑氏，仝男程丽堂，今因年终急用，自情愿将祖分受园壹担式斗正，土名朱木山。"（徽州3/2/524）

（3）《民国二十七年（1938）孔雀卖田契》："立卖契字人堂兄孔雀，有承祖遗下公田三栳，契面银叁拾柒元，存堂弟圻川之处，每年约纳租谷壹佰贰拾斤，作为文轩公祭祀之用，三房头轮流。"（厦门202）

上例中的"斗""升""栳"，搭配的名词对象为田、地、园等，而这类名词一般不会成为容量单位的计量对象，这种错位的搭配是契约量词临时性的一种突出表现。这类搭配包含两层意思，一是该类田地或园地的播种或产出量为多少斗、升、栳，二是该田地的面积大小是多少。如例（1）中的"田贰升"，其意一是该田受种二升，二是该田大小为受种二升。

【把/笼】"把""笼"本为容量单位，其中"把"为一手所握之量，"笼"

---

① 张明.清水江流域苗侗民族传统糯禾特殊计量单位研究［J］.贵州大学学报（社会科学版），2012，30（6）：84.

约为一斛之量。契约中多计量谷作物容量，偶见称量田地面积大小。用例如下：

（1）《明万历十四年（1586）祀田碑文》："今查其田骨一十一箩二斗半，田皮一十五箩，向系张阳得，张经毛收租，又有田骨三箩七斗半，向系朱邦行收租。"（明清地契研究103）

（2）《清康熙五十九年（1720）唐旭午母子绝卖田契》："安远县永安坊住人唐旭午，今因无银缺用，母子商议，分授禾田壹处，在于齐径社下，计田壹百伍拾把。"（粹编1060）

（3）《清光绪二十八年（1902）巫永秀借耕契》："……借过水田一处，坐落土名本乡北山下上段高垃子禾田一百把，大小三垃，当日言定每年上纳面风湿谷四十官斗正，早冬各半量交，不得少欠升合。"（厦门118）

以上用"把""箩"计量的应也是该田地播种的容量，而非田地本身。

【钱／两】"钱""两"在契约中常作重量单位，其中"钱"最初是古代的一种交易货币，由铜冶炼而成，故称铜钱。汉以后由货币名词转喻为重量单位，多用于药剂称量。唐以后广泛使用，一钱为二铢四丝。有时"钱""两"被临时用作山地的计量单位。用例如下：

（1）《清道光二年（1822）中敏等绝卖民地契》："立杜绝契人中敏、中庆，今因手乏，自有民地壹两，计数肆畂整……"（首都藏1/419）

（2）《清道光八年（1828）梁顺典当田约》："父子商议，愿将祖父遗下泯田三钱，大小二片，坐落□板格婆处，凭中问到州城都楼街曾爷台印生惠处实当。"（广西53）

（3）《清光绪六年（1880）姜启光等分山场股数合同字》："东佐占之谟、文奇之山三钱四分二厘三毛二丝，启光占本名并之谟、文奇之山八钱八分七厘三毛二丝。"（贵州林业3/E0033）

以上例句中"钱""两"所计量的不是山或田，而应是该山田所能播种种子的重量。

【秤／石／担】"秤""挑""石""担"本为重量单位，其中"秤"由测量物体轻重的动作转喻为测定物体轻重的器具，又转喻为所称量物体的重量单位。"石"与"担"同，契约中"秤""石""担"多计量禾谷及要上交的租税，但下例中作田地亩积计量单位。用例如下：

（1）《明崇祯七年（1634）李文仁同侄卖园地契》："……李文仁同侄建钦共置有园地贰秤，坐落土名横路下，系经理……"（婺源10/4413）

（2）《清乾隆三十一年（1766）程无俭卖田契》："自情愿将承租七保大坞王厥田壹秤，又号桐子树下租壹军；又号王家源曲尺垅租壹秤五觔。"（徽州1/8/122）

（3）《清同治九年（1870）曹朝佐妻叶氏遗嘱》："昔先夫在日，积有薄产，曾尊祀田二十石零六斗，及长子长孙等田外，悉景祥、景范兄弟两人均分。"（浙东30）

（4）《公历1932年耕田证》："温立垣人口四丁，自耕流坑底中田川号十弍旦，马济塘下田乙号六担，分到亦仁木子山下上田丨号六担。"（历代契证322）

周思成曾提到："'石'这个不太明确的土地单位在黑城文书中很常见（如文书F116：W98），也出现在回鹘文土地买卖契约中，一石地是能播种一石种子的土地，这种按播种量来估算土地面积的做法，可能在我国西部地区曾长期存在。"[1]

【间/栋】"间""栋"本为房屋的称量单位，但契约中偶见作房屋或田地大小的计量单位。用例如下：

（1）《清乾隆六十年（1795）熊明宣卖房屋基地约》："立永卖房屋基地约人熊明宣，今因移就，母子商议，请将父置南三陶岳口街基地一形，所造楼房铺面，宽三间，深三进，大小厢房，楼上楼下，门扇板壁，寸木寸石，片瓦片砖，各项俱在其内。"（湖北天门703）

（2）《清光绪五年（1879）何其伟断卖铺契》："……坐北向南，深二栋、阔十三桁，见光周围墙壁，上连天面，下及地基，铺内楼阁窗板门

---

① 周思成. 黑城文书中所见元代亦集乃路土地占有与租佃关系初探［J］. 中国经济史研究，2013（2）：164.

扇，浮沉砖瓦木石，一应俱全。"（清广东30）

其实用"间"作房屋计量大小，相当于"间宽"，这样的用语习惯在口语中经常出现，如笔者所操的兰银官话银吴片方言就常说，如"我们买的房子有这个房子三间大"。这里的"间"就表间宽。

第二章

契约文书量词的认知考察

随着认知语言学理论的深入研究，认知语言学者认为包括量词在内的任何语言现象都可以从认知层面予以解释。本章将从三方面对契约文书中的量词从认知方面予以考察，通过对语言现象的分析，验证并补充认知语言学的相关理论。

第一节　维度比

石毓智认为量词与名词的搭配不是随意的，尤其是形状量词的量名搭配是由所修饰名词指示的事物的各个维度之间的比例决定的，换句话说，量词所搭配名词的维度比例是汉语量词系统设立的原则。[①] 对契约中部分量词的意义考查后发现量词本身的维度比对与其搭配的名词有制约作用，在量名搭配之初甚至起主要作用。鉴于此，我们借用石毓智维度比方法，将契约文书中的量词按量词本身的维度比分为长条形、方形、圆形三个形状类进行考察。

一、条形

将 X 和 Y 定义为平面空间的横轴与纵轴，也就是长维和宽维。当 X 固定不变，Y 和 X 的比值接近零时，二维平面空间就呈现为长条形，用数学函数公式可以表示为 $Y/X \to 0$。按照含有"+ 长条"的语义特征，可将契约中的

---

① 石毓智. 表物体形状的量词的认知基础［J］. 语言教学与研究，2001（1）：35.

"条、段、截、横、直、正、顺、行、列、路"等归入长条形量词，下面举例说明。

【条₁】《说文解字·木部》："条，小枝也。"①树枝本为长条形，故作量词，用于长条物，如《咏柳》："碧玉妆成一树高，万条垂下绿丝绦。"先秦已见。契约中"条"多称量田垄，用例如下：

（1）《明成化二年（1466）休宁县汪异辉卖山地契》："内取祖坟垄一条，新立四至。"（粹编693）

（2）《清乾隆五十六年（1791）曾明阳同子杜卖田地基趾文契》："有高埂贰条不在界内，苏姓不得践踏。"（龙泉驿15）

（3）《清咸丰七年（1857）河北昌黎侯家营侯凤庆卖庄窠地契》："将自己庄窠地壹段，长陇二十二条，南短陇二条，共计长短陇二十四条，其地南北长，东西阔……"（金—清19）

（4）《民国二十二年（1933）阿位断卖地旱田契》："连葡萄二株、荔枝一株在内，四至明白，又田界一条，今将出卖与人。"（清广东115）

《方言笺疏》："有田埒似耕垅，因以名之。"②田垄为田间长条形的田埂或田界，故多用"条"称量。除此之外，契约中路也多用"条"称量。如：

（5）《明嘉靖三十五年（1556）沙堤叶钦卖路契》："沙堤叶钦，同弟良钱，原故祖茂升将汪村基地卖与族兄良讫，仍有众存路一条，阔四尺，滋大路直造横过抵□存祠堂路。"（徽州2/2/272）

（6）《明万历四十年（1612）裴门师氏卖地契》："自己胡衕一条，东西出入，计地四厘八毛。"（故纸5/240）

（7）《清乾隆十年（1745）许萌祠典屋契》："计房四步，巷一条，楼上大房一步，北首小房一步，楼厅半个，前后过厢一并在内，门窗户扇一应完全。"（徽丛编1/565）

上例中的田埂和路，其长条的形状显而易见，故属于"条"范畴中的典型成员，所以在量名搭配选择时，成为优先选择项。契约中还有一些称量对

---

① 许慎.说文解字[M].北京：中华书局，2015：114.
② 钱绎.方言笺疏[M].上海：上海古籍出版社，2017：797.

象自身并无长条的形状，但用"条"称量后，其长条的意象得以凸显。如：

（8）《后唐清泰三年（936）百姓杨忽律哺卖舍契》："又院洛（落）地壹条，东西壹仗（丈）肆尺，南北并基伍尺。"（敦煌21）

（9）《明嘉靖四十四年（1565）弟钫卖地契》："……取地一条，计实地廿步出卖与兄钟名下为业。"（安师大藏5/1894）

（10）《清同治七年（1868）李兰墅推抵绝楼房据》："内进平房两间，披屋一架，计地式分六厘四毫，天井二条，情愿央中推抵绝与陆处为业。"（清上海149）

（11）《清光绪三年（1877）张元旺出退坑子》："自情愿坐落松邑石仓源蔡宅庄马慈塆，安着坑壹条，今将自合和淘洗铁砂生利拾股内，将自己壹股出退与蔡其郎亲边入手承退为业。"（石仓3/8/234）

（12）《清光绪三十二年（1906）龙道开卖杉松杂木字》："坐落地名洞头屋边山头核桃山冲乙条，上凭沟、下凭溪、左凭杂山、右凭宗承田坎冲边。"（九南82）

【段】《钜宋广韵·换韵》："段，分段也。"[①] 段玉裁注："分段字自应作断，盖古今字之不同如此。"[②]《说文通训定声》："段，假借为断。"[③] 可知"段"为"断"的假借字，表"分段"之义。事物有一定的长度，才可进行分段，分段后造成空间的不连续，因此"段"可引申作量词，表条形物的一部分或空间的距离。契约中多称量田地，用例如下：

（1）《唐至德二载（757）南阳张公买地纸契》："谨于五土将军买宅地一段，东西南北各廿步。"（粹编233）

（2）《元至正元年（1341）叶明夫卖山地契》："十六都四保紫溪源叶明夫梯已有山地二段，坐落本保紫溪源石际坞土名长垄及下坞凌东培……"（会编573）

（3）《明弘治十六年（1503）李天真卖田契》："今有承父买受得田一段，坐落本都十保，土名方塝段，系化字一百九号，成田乙十二畒。"

---

① 陈彭年.钜宋广韵［M］.上海：上海古籍出版社，2017：309.

② 许慎.说文解字注［M］.段玉裁，注.杭州：浙江古籍出版社，2016：120.

③ 朱骏声.说文通训定声［M］.北京：中华书局，2016：745.

（安师大藏1/115）

（4）《清道光二十八年（1848）雷怀远卖池田文约》："立永卖池田文约人长乐里三甲雷怀远，因需钱使用，今将自置雨子池塘田壹段，平权陆分……"（陕西8）

（5）《清咸丰十年（1860）通州杜其庆典地白契》："立典字据人杜其庆，今将自置坟营地壹断，计拾式亩五分，坐落大福村西，四至开列于后……"（首都藏2/524）

（6）《清同治七年（1868）何□田当地契》："立当地人何□田，因无钱使用，今将自己地两端，坐洛（落）黄龙庙村西北坡两段。"（故纸1/137）

（7）《清光绪十八年（1892）李和等倒佃户地契》："……本身大觉寺佃户地一段，计地捌畞两辐，座（坐）落在韩家川村北，东至刘姓、西本香火、南沟、北至香火，四至分明。"（大觉寺藏164）

（8）《清光绪二十三年（1897）郭永谦过租地约》："立过租约人北院巴祯，今过到壕赖沟门村郭永谦置到梁亨西梁坡地，一应共作一塅。"（归化城2/170）

（9）《民国二年（1918）姜学礼断卖山场杉木字》："……自愿将到先年得系在打首之山场乙断，上凭广上上断，下凭大路，左凭冲，右凭领。"（清水江2/1/375）

（10）《民国十年（1921）钟家有典佃田契》："立佃根批钟家有，承祖父手置有佃田一塅，坐址九都八保石桥头地方，土名俗叫对门塅。"（福建畲族下367）

从"段"的用例可知，在北方地区契约中，如《大觉寺藏》《吉林》《河北近代》《五百年》《故纸》等，所见"段"多与"亩"搭配使用，常组成"地X段X亩"或"地X段，共计X亩"格式。在南方的闽语区，所见"段"多与"坵"组合使用，组成"地X段X坵"格式。据刘泽民考证，"'段'是计算土地田园的数词，《清律》载，方圆一区曰坵，坵中分界曰段，似乎'坵'的地积大于'段'。但在台湾古文书中，'段'通常大于'坵'，常见'有水田一段，大小坵数不计'或'水田一段四坵'等字样。'段'不只用于水田，旱田（园）也以'段'为单位。有时在契字中，'段'即等于处、所"①。其实"段"在契约中并不表具体的地积大小，而只是一种概说，意义等于处、所。如例句所示，契约中多将"段"写作形近异体字"叚"。《宋元以来俗字谱》引《白袍记》："叚"，同"段"；②或写作音近替代字"端""断"等；或写作增形异体字"塅"。"塅"在湘语中指地积较大的平坦地区，或地势较低的平坦的大片田野；在客话中指田垄。无论与哪个单位搭配使用，无论指平坦的田野，还是指田垄，"段"所称量的土地的形状应是条状，而非块状。

【股₁】作量词，可用于长条形之物。契约中称量田地、山园等。用例如下：

（1）《清道光十年（1830）蒋荣田契》："又并山场园屋基一股，要行出典，无人承受，招到房兄蒋荣瑛、登名下承典为业。"（天柱9/159）

（2）《民国十八年（1929）童汉良当水田旱地文契》："水田旱地式股，地界并无包占混乱，央请说合，情愿一笔扫当出与陆虫廉名下管业。"（陕西70）

（3）《民国三十年（1941）冯兴灿同子卖明陆地文契》："今将祖父遗留分授本己名下陆地壹股，坐落地名门前山……"（吉昌182）

"股"既可以表事物的一部分，也可以表长条形之物，用"股"量田土山园，要凸显其长条的形状。

【正】《说文解字·正部》："正，是也。"③《尔雅义疏·释诂》："《考工记·匠人》注：'正，直也。'"《文选·东京赋》注："'正，中也。'中、直皆'是'之义也。"④

（1）《清道光三年（1823）李万山等立分管合同》："基趾壹所，山地壹段，河坝地壹段，草房一正一横，牛榭、猪椆、树株、竹木、刺草一并在内，水田拾叁块，丈量拾叁亩，官堰灌溉，派为和字号耕管。"（龙泉驿351）

---

① 刘泽民.台湾古文书常见字词集［M］.台中：台湾古文书学会，2007：35.

② 刘复，李家瑞.宋元以来俗字谱［M］.北京：国立中央研究院历史语言研究所，1930：121.

③ 许慎.说文解字［M］.北京：中华书局，2015：33.

④ 郝懿行.尔雅义疏［M］.上海：上海古籍出版社，2017：238.

（2）《清道光二十二年（1842）杨一宾同男杜卖田地等契》："瓦房壹<u>正两横</u>，马颈仓廒两座，猪椆（圈）五间，槽底坑凼俱在，牛欄壹间，水缸肆口……"（龙泉驿51）

（3）《清咸丰二年（1852）王发五等卖废井地基文约》："……将祖父置买大楼上废井地基壹段，土筑<u>瓦房壹正叁横</u>，门扇、窗格、阴阳二宅俱全。"（富荣盐场79）

由"正"与"横"的意义可知，例句中"正"表经线方向，"横"表纬线方向，它们搭配则表纵横交错。"正"的本义为中正，不偏斜，在契约中作量词，与"横"组合称量房屋。用例如下：

由"一正一横""一正两横""一正三横"可推知，"正"相当于房屋的排行数，"横"相当于间数，"一正"即一排，"一横"即一间。

【横】《说文解字·木部》："横，阑木也。"[1] 段玉裁注："阑，门遮也。谓门之遮蔽也。俗谓梐楯为阑。"[2] "横"本义为门框下的横木，即门槛。因其主要形状为长条状，具有鲜明的形象色彩，使得它在契约中隐喻作田地的称量单位，犹"条"。用例如下：

（1）《清乾隆四十二年（1777）吴启发阄书》："再外横<u>磡</u>地壹横，坐与道光取亲经管，塘后地每人式<u>磡</u>，碓后地每人一<u>磡</u>，长坵田每人壹块。"（徽州4/7/281）

（2）《清乾隆四十六年（1781）蔡子玉等卖田契》："……自情愿将自手置有民田，土名坐落廿一都天塘坑，<u>共田大小拾贰横</u>，石丁为界。"（石仓3/6/122）

（3）《清嘉庆十四年（1809）刘有富卖田契》："又土名坐落温代岗屋门口边，田壹处，<u>共三横大小玖坵</u>，其田上至卖人忌田为界，下至山沿为，右至山为界，左至卖人忌田界。"（石仓1/8/170）

（4）《清嘉庆二十五年（1820）王招养卖田契》："土名叶蔴洋凉亭内片岗上，田大小柒坵<u>四横</u>，上至山，下至阙姓田，左至山，右至山为界，

---

① 许慎.说文解字［M］.北京：中华书局，2015：120.

② 许慎.说文解字注［M］.段玉裁，注.杭州：浙江古籍出版社，2016：589.

计额伍分正。”（石仓2/3/119）

（5）《民国十四年（1925）冯官连讨田劄字》：“又伯公门口，安着田壹横叁坵，共计水租谷叁担叁桶正；又槽碓头伍坵田，安着水田弍处，共计租壹担七桶正。”（石仓2/6/166）

例（1）“横[illegible]地壹横”字书无“[illegible]”字，“横条”同义连文表长条，“横”即“条”。《石仓》中“横”多见，常与“丘”组合使用，称量田地。

【竖】《广雅疏证·释诂四》：“竖，立也。”① 南朝梁简文帝《明月山铭》：“鲫色斜临，霞文横竖。”“竖”有纵义，与横相反，故契约中作临时借用为量词，意义相当于“条”。用例如下：

《清道光二十三年（1843）侯官县宠商等典厝契》：“承父手阄分有本厝下座右边路街下书院乙直，隔断贰竖，上至椽桁瓦，下至地基地，楼坪板壁四围俱全。”（福建选辑686）

【顺】《尔雅注疏·释诂》：“顺，陈也。”② 中原官话中“顺”即“竖”，可作名词，指物正的方向，如同心方言：“这么大滴个人咧，穿个衣裳倒顺都不知道。”契约中亦见“顺”常与“长”组合使用，如“排码横宽一十丈入身，顺长一十三丈”③。“顺”还常与“横”搭配使用，如“左边地基横顺三丈余”，④ 再如“顺六丈，横四丈”⑤，“横”为正向的长，“顺”为纵向的长，析言有别，浑言则意义相同，所以契约中所见用“顺”作量词，意义犹“行、排”。用例如下：

（1）《清宣统二年（1910）扈家保分单契文》：“长园庄窠一顺，太子长园庄窠一顺；上阴凹四方地一块，下籽一斗五升；庙方园一顺；央请老人说〔合〕，情原〔愿〕出分单。”（河州406）

（2）《清宣统二年（1910）扈户生保分单契文》：“立写分单文约扈户

① 王念孙．广雅疏证［M］．北京：中华书局，2019：300.

② 李学勤．尔雅注疏［M］．北京：北京大学出版社，1999：20.

③ 王本元，王素芬．陕西省清至民国文契史料［M］．西安：三秦出版社，1991：136.

④ 张新民．天柱文书：第1辑［M］．南京：江苏人民出版社，2014：9，109.

⑤ 唐立，杨有赓，武内房司．贵州苗族林业契约文书汇编：第三卷［M］．东京：东京外国语大学，2001：147.

生保，因为兄弟不和，太子上庄窠一顺……长园庄窠一顺，岭打麻长〔场〕园四顺，银粮随地完纳。"（河州407）

【行】《尔雅注疏·释宫》："行，道也。"①作量词，用于成行的东西。契约用例如下：

（1）《清道光二十二年（1842）姜开文叔侄立平心合同》："立平心合同字人本寨姜开文叔侄，因与世道弟兄所争背楼却油山埂下杉木一行十二根。"（清水江1/1/76）

（2）《清咸丰九年（1859）张荣汉卖房契》："分孝悌忠信四房抽出悌房名下一服，递年共纳苗谷柒行八斤，立下文契出卖与本族堂兄张荣邦边为业。"（福建民间3/386）

【列】《说文解字注·刀部》："列，引申为行列之义。"②作量词，用于成行成列的东西。用"列"称量房屋，一列即表一排。契约用例如下：

（1）《清乾隆五十一年（1786）鲍正晖租屋契》："立租屋人鲍正晖，今租到程加灿名下七保富村土库楼屋前后六例五间，屋壹重，内租前重东边靠墙房壹间。"（徽州1/8/385）

（2）《清同治三年（1864）李泽卿等典卖屋契字》："内屋第一落，下照厅房一列三间，大门路一所。"（福建民间2/232）

（3）《清光绪十三年（1887）胡接昌承造屋约》："今承到吴振保兄名下正屋壹重四烈三间，其背壹丈九尺，阔式丈式尺，深壹丈五尺五寸。"（徽州2/2/155）

（4）《清光绪十八年（1892）杜门林氏养娘卖风水契》："立尽根绝卖风水契字人马銮社杜门林氏养娘，有承夫祖父墓坟壹列，坐落土名在北门口石牌前，坐西向东。"（厦门76）

例（1）的"例"和例（3）中的"烈"为"列"的异体字。段玉裁注："列，古假借烈为列……烈亦与列同。"《经典释文》第十四："列，徐音例，注同，本亦作例。"③

① 李学勤.尔雅注疏［M］.北京：北京大学出版社，1999：132.

② 许慎.说文解字注［M］.段玉裁，注.杭州：浙江古籍出版社，2016：180.

③ 陆德明.经典释文［M］.上海：上海古籍出版社，2012：333.

【路】《说文解字·足部》："路，道也。"①因为道路的意象是长条状的，故在西南官话中，"路"表成行的东西，如一路麦子、一路秧。契约中即此义，"一路"即一行或一溜。用例如下：

（1）《明嘉靖二十七年（1548）董一言收付契》："出收付人系临安卫通海右右千户所舍丁董一言，因原买到楼房一路，凭（凭）中出卖与□所□人钟发玘住坐。"（云博馆6/291）

（2）《清道光十三年（1833）姜通义等卖杉木山场约》："又壹处在大田垦下木壹路，下抵国柱之木，左抵国柱之木，右抵岭，共计四处之山杉并杂木在内……"（土地校释2/38）

（3）《民国十四年（1925）高永禄杜田契》："又有塘子田一路，田头齐垦子止，西至高永昌交界，东至胞兄永清交界，四至分明。"（云博馆6/18）

"路"除称量与土地相关的长条田地外，还可称量其他，亦表长条之形，如：

（4）《清光绪二十四年（1898）张廷龄等永卖房屋铺面契》："二门壹合，铺面叁间，门扇架搁一路，铺柜一路俱全。"（五百年75）

（5）《清光绪二十二年（1896）罗六盛杜卖水田文约》："外注明：屋后横山己铁篱笆乙路与史姓柑子园连界。"（龙泉驿87）

二、方形

方形中包括方片状和方块状。将 X、Y、Z 定义为立体空间的长、宽、高，假定 X 和 Y 的值接近，当 Z/X 或者 Z/Y 的值接近0时，三维立体空间图形呈现为方片状。当 Z/X 或者 Z/Y 的值接近1时，三维立体空间图形呈现为方块状。用数学函数公式可以表示为 $Z/X \to 0$ 或 $Z/Y \to 1$。

方片状物体中如果它的第三维无限接近于0时可以忽略不计，从而可以将它看做是二维长条形的拉宽变形，所以方片状有时也可以看成是二维的。按照认知语言学中的凸显原则，方片状物体所要凸显正是它的平面，所以契

---

① 许慎.说文解字［M］.北京：中华书局，2015：42.

约中的"片、面、备、坪"等可归入方片状，它们含有"＋立体""＋平面"的语义。

方块状物体的第三维较大，立体感更强，一般凸显的是有足够厚度的平面。可将契约中"块、丘、备、方、区、间、厢、堂、匣"等归入方块状，它们都含有"＋立体""＋方块"的语义特征。其中"块、丘、备、方、区"要比"间、厢、堂、匣"典型一些，前者表示处所，表义范围较宽泛，后者表示房屋，表义范围较具体。下面举例说明。

【块₂】《说文解字》中无"块"字，有"凷"。《说文解字·土部》："凷，墣也。块，凷或从鬼。"[1]《集韵·队韵》："凷，《说文》：'墣也。'或作块、蒯。"[2] 由上可知"凷""蒯"为"块"的异体字。"块"作量词，至汉代已出现，用于称量土地或块状物。契约中亦多称量田地。用例如下：

（1）《元贞二年（1296）龙源汪必招卖荒地白契》："龙源汪必招，今将承祖本都一保土名茗坦招州榜上荒地一块，系五百十四号，计税四分二厘五，本身合一半。"（会编546）

（2）《清乾隆三十年（1765）吴启让放地契》："立放小买契人吴启让，今因欠少使用，自情愿将土名摇招坑现成小买熟地壹脸，其四至……"（徽州4/7/254）

（3）《清嘉庆二十四年（1819）姜生保卖山场杉木契》："立卖山场杉木契人姜生保，今因要银使用，无处得出，自己原将到杉山一块，坐落地名报格。"（贵州林业2/B0056）

（4）《清道光八年（1828）龙招泰卖油山契》："自愿将到土名冲麻油山乙蒯，上依领、左依见来杉木为界、右依龙光明山为界。"（天柱15/66）

（5）《清咸丰八年（1858）慧缘立供养字》："因西山三教院东边□空庄窠一块，今同中人说合情愿供养三教院住持尊一修殿盖房使用。"（大觉寺藏127）

---

[1] 许慎.说文解字［M］.北京：中华书局，2015：288.

[2] 丁度.集韵［M］.上海：上海古籍出版社，2017：533.

（6）《民国三十年（1941）陈德杰派单文约》："内有小方田一块，垣墙内中间竹林一段，菜园小埂外一段，葫豆田下一亩，归地号管业。"（龙泉驿393）

中国古人早在春秋战国时代就提出了"天圆地方"的说法，在其认知世界里田地的具象应该是块状，中国实行井田制之后，田地的方块状形象更是渗入了人们的大脑，所以目前所见众多契约文书中常用"块"作田地的称量单位。如《龙泉驿》在计量水田时多用"块"。《徽州文书》计量田地时几乎全用"块"，亦使用少量的"片"。《归化城》中"块"几乎全部用于约定类契约，共460件，"段"几乎全部用于土地租单、照票中，共174件，归化城北部为大青山山区，占全旗总地积2.6%，南部为平原，占全旗总地积的73.2%，所以《归化城》中土地计量单位"块"多于"段"。《姜元泽》中除"坵"外，"块"用比最多。《说文解字·肉部》："脄，细切肉也。"① 例（2）的"脄"应为"块"的音近讹字。例（4）的"蒯"为"块"的异体字。

【坵】《集韵·尤韵》："北，或作丘，亦书作坵。"② 故"坵"与"丘"同。"丘"的本义为土山或废墟。我国自古以来就多山地、高原和丘陵，约占陆地地积的百分之六七十。东南地区更是丘陵地貌多，所以早在秦汉时期，为种植水稻，涵养水源，南方的先民们就依丘陵山坡修筑了梯田。因梯田大多是由田埂隔成一块一块的水田，所以"丘"就由自然形成的土山义引申出了田埂隔成的水田义，作量词，用于成块的水田。据刘子平考证"坵"称量水田时，多用于方言，相当于"块"。③ 如《闽西歌谣》："无火不吸这筒烟，无妹不行这条路，无秧不莳这坵田。"《量词词典》里认为，"'坵'是表示部分和形状的物量词"④。契约中"坵"称量最多是方正的水田，使用频率极高，尤多见于南方契约。用例如下：

（1）《明洪武二十五年（1392）祁门县胡高卖田白契》："太平里十二都九保住人胡，承父户下有田一坵，坐落本都九保，壹字捌伯肆拾伍号，

① 许慎.说文解字［M］.北京：中华书局，2015：84.
② 丁度.集韵［M］.上海：上海古籍出版社，2017：689.
③ 刘子平.汉语量词大词典［M］.上海：上海辞书出版社，2013：181.
④ 胡思忠，胡宇.量词词典［M］.成都：四川辞书出版社，2010：268.

田壹亩壹厘玖毫。"（粹编650）

（2）《明崇祯七年（1634）安徽休宁县洪得铨卖田契》："今将自己所置田乙垃，坐落土名远垃，系姜字五千贰佰三十六号，计田税壹瓯乙分五厘，计籼租九砠，每砠重式拾五觔。"（历代契证31）

（3）《清道光三年（1823）李文光当田契》："又外有水井下有零田叁秋，外有秧田三秋，又有良子一小段，大小共三段，任随代姓招佃耕种。"（云博馆4/57）

（4）《民国十一年（1922）吴发永卖田契》："自愿将到土名吊水冲田七垃，上乙拉，上抵山、下抵龙焕益田、左抵龙有明田、右抵波……"（天柱18/303）

契约中"丘"与"垱"虽用同，但还是有着相对明确的分工，"丘"多称量山或冢，"垱"多称量田地，偶尔会混用，如量水田用"丘"，如例（4）。例（2）（4）"垃"为"垱"的连写形体的误认误写。例（3）"秋"为"垱"的音近讹字。"垱"在契约中除称量田地外，也有少量称量山园、空地、基地的用例。如：

（5）《清嘉庆三年（1798）胡赞勋等永卖基塘契》："……并十二份之一路脚长基一丘，共该两丘，实中税一亩七分正。"（清广东119）

（6）《清道光十五年（1835）朱郑氏卖山契》："情愿央宗亲议论将先夫遗下民山一垱，土名金盆山……"（浙东51）

（7）《民国二年（1913）汪金源绝卖空地水塘契》："实劈卖空地一丘，计捌分，水塘一面，计柒分，该地塘四至注后交代。"（南京157）

之所以用"垱"称量，在于所称量对象具有块状之形。

【备】《说文解字·人部》："备，慎也。"[1]本义为警惕、谨慎，引申为完备、具备。《仪礼·特牲馈食礼》："宗人举兽尾，告备；举鼎鼏，告洁。"郑玄注："备，具也。"[2]"具备"汉代始作并列短语使用。"具"周代始作量词，用于计量完整的对象或器物，受"具"的语义感染，"备"也有了"具"的部

---

[1] 许慎. 说文解字 [M]. 北京: 中华书局, 2015: 161.

[2] 郑康成, 陆德明, 贾公彦. 仪礼注疏 [M]. 长春: 吉林出版集团有限责任公司, 2007: 556.

分意义。因为物体的完整与否是通过它的平面反映的，一个物体平面有残缺，便被认为是不完整和不完备的，故"备"的用法应从"齐备、完备"义引申出来。"备"在契约中被借用作量词，计量完备、整块的田地，强调田地的平面。据张传玺先生考证"一块完整无残缺的田称为一备，相当于片、块"①。用例如下：

（1）《明成化十五年（1479）休宁县程道容卖田赤契》："自情愿将承父标分得田二备，坐落本都九保，土名胡坑榨假桥，系经理道字□□号，计田二亩有零……"（徽丛编 1/48）

（2）《明嘉靖八年（1529）程本端等卖山赤契》："环沙程本端，同弟帅保、胜保、本昂、尚进等，今无钱用度，自情愿将承祖程仕丁名目山场一俻，坐落本保土名茶坞口。"（徽州 1/6/224）

（3）《明天启七年（1627）郑永富、郑元保、郑应记等立合同分单》："立合同分单人郑永富、郑元保、郑祖、郑应记等，原有祖住歇房东方名下庄基屋一俻，系上下二房。"（徽州 4/4/169）

（4）《清光绪二年（1876）汪树子卖山骨契》："今有承祖买受清丈山壹业壹号，坐落三四都四保，土名谢家塝润字△号，计山壹俻，身有祖茔在上。"（徽·清—民国 81）

徽州地区的契约中"备"的用例颇多，可见"备"应为古徽州地区常用的称量单位，一般见于清朝中叶之前。例（2）（3）（4）中的"俻"，是"備"的异体字，"備"与"备"为古今字关系，故"俻""备"可通用。

【方】《广雅疏证·释言》："方，所也。"②作量词，表地积单位，历代定制不一。《文献通考·田赋四》记载："宋熙宁五年以东西南北各千步当四十一顷六十六亩一百六十步为一方。"③《清史稿·食货志一·田制》记载："清代札萨克图一亩则二百八十八弓，十亩为晌，四十五晌为方。"④可见"方"是比"町"更大的地积单位。契约中所见称量各类土地。用例如下：

① 张传玺.中国历代契约会编考释［M］.北京：北京大学出版社，1995：867.

② 王念孙.广雅疏证［M］.北京：中华书局，2019：424.

③ 马端临.文献通考［M］.北京：中华书局，1986：58.

④ 赵尔巽.清史稿［M］.北京：中华书局，2020：3494.

（1）《明景泰元年（1450）定辽中卫崔源买地石券》："梯己出备钱彩，买到墓地一方。南北长四十六步、东西阔三十八步，左至青龙、右至白虎、前至朱雀、后至玄武。"（粹编877）

（2）《清康熙四十九年（1710）丁凤翊卖地基契》："立卖地基人丁凤翊，因为粮差不便，今将自己空地一方，南北畛，计地四厘五系。"（丁村选编95）

（3）《清乾隆五十七年（1792）柴刘氏同子通顺卖地基连二契》："今将村内自己地基一方，阔三尺，长三尺八寸，东至毛国忠、南至毛国忠、西至毛国贤、北至道，四至俱明。"（田藏1/31）

（4）《清光绪三十二年（1906）陈铁保家等出卖土地契》："今将祖遗西乡十一会社阴山尕叔湾，上下荒地二方，下籽二斗……"（河州289）

通过对例句的分析，可判断契约中所见"方"并非地积单位，应为方丈之方，指一丈见方的大小。不仅因为上述例句中"方"后已有了表地积的单位，如例（2）等；还因表地积的"方"大小为400多亩，1000多步，而例句给出的用"方"计量的田地，大小与之相差甚远，如例（1）的墓地大小仅为"南北长四十六步、东西阔三十八步"，例（3）的地基，大小为"阔三尺，长三尺八寸"，例（4）中"荒地二方，下籽二斗"，以播种数量指代田地大小，但播种量为二斗的田地，其大小不可能为几百亩。其他同理。《田藏》《故纸》中频见，多称量"坟地、场院、空基、园地、院地"等。契约中"方"除称量各类地外，还见量方形之物，包括典型的方形，一方即一块。用例如下：

（5）《清康熙五十七年（1718）苗绍堂同弟母杜卖房契》："计一进门面七架梁平屋贰间，天井一方；二进河厅壹座贰间，卷篷全，河亭贰间，左首七架梁平屋壹间。"（南京18）

（6）《清乾隆二十六年（1761）张震和等绝卖房契》："天井五号，照墙一道，右首天井一方，左首丹墀一方，右首分天井墙一道。"（南京40）

（7）《清道光元年（1821）陈赐之等绝卖住房契》："右首小书房壹间，游廊一道，左首花墙一道，后墙一道，大花囤壹方，稞树大小伍株，山石花卉全。"（南京82）

（8）《清光绪六年（1880）金希堂纳税承粮据》："……第二进东首平

房一间，天井壹方，又厅耳朵壹方，厅天井公用，从中割买于蔡处为业，得过价银。"（清上海187）

例句中的"天井"俗称院子，指宅院中房子和房子或房子和围墙所围成的露天空地，呈方形；南方房屋中地积较小的院子也俗称天井。"丹墀"即石阶，多为长方形，用"方"是为了突出其近方的形状。

三、圆形

圆形是三维空间维度比值分别相等的产物。所谓的圆形只是对事物存在形体的一种抽象概括，非绝对形状。按照量词表形，可将契约中的"圆、团、窝、穴"等归为圆形类，它们含有"+圆形""+凹陷""+中空"等语义，其量词用法均来自它们的引申义。下面举例说明。

【圆/元】《说文解字·口部》："圆，圜。全也。"[1] 本义为圆形，因圆的形状与古钱币内方外圆的形状类同，而隐喻为货币的名称，由名称转喻为计量单位。宣统二年颁布的"币制条例"及1914年民国政府公布的《国币条例施行细则》都规定银圆为本位货币，单位为圆。后"圆"不受货币形制限制，还用于计量任何形状的货币，包括纸币。契约中用例如下：

（1）《清乾隆二十年（1755）弘玉等典地契》："三面言议典出无号员大钱柒拾员足，其银即日全中交讫，其地即付银主前去掌管耕种，不敢阻挡。"（厦门4）

（2）《清乾隆四十七年（1782）王发祥典园契》："三面言议，着下时价银番头圆肆拾大圆。"（福建选辑402）

（3）《清道光八年（1828）曾光盆等阄书合同字》："树木菓子竹在界内掌管，契面佛银贰拾大员。"（大岗山406）

（4）《清光绪三十三年（1907）金胁庆卖田租契》："当日商议定以抵账洋式拾式员正，田租未卖之先，并册重互交易。"（徽州1/10/368）

（5）《民国二十八年（1939）朱崇志加找田价文约》："言明立约加找到与刘寶名下，实找旧滇漂洋贰佰圆，朱崇志、朱崇意接授整，入手正

---

[1] 许慎. 说文解字［M］. 北京：中华书局，2015：125.

用。"（云博馆3/314）

例（1）的"大钱"，即铜铁制成的劣质铜圆；例（2）的"番头圆"，番头银，是流入我国的西班牙铸造的银币；例（3）的"佛银"，即佛面银，也称为佛头银；例（4）的"洋"，即洋钱、银圆，"洋"分大洋、小洋，是银质硬币，清宣统元年以后由清政府统一发行；例（5）的"旧滇漂洋"，即旧滇漂，是云南地方发行的纸币。例（1）（3）（4）中的"员"为"圆"的本字。

契约中"圆"与"元"并行，"元"作清末以来的货币单位，或指银圆一枚为一元，指我国本位货币时，与"圆"同。

（6）《民国五年（1916）王允执杜卖地契》："同中言明，价洋七十五元正。当日行弓过尺，钱地两交，各无异说。"（天津契案11）

（7）《民国二十五年（1936）胡清和租基字》："凭（凭）保言定，每月租洋壹元。当付押租钱肆拾串，按月交清，不得短少。"（湖北天门789）

例句中即便"元"称量对象仍是圆形的钱币，但"元"字已模糊了所称量对象的形状特征，而用"圆"字称量，称量对象银圆的形状则被表现得淋漓尽致。

【团】《说文解字·口部》："团，圆也。"①作量词，用于成簇的事物，语义泛化后可计量各类圆团形之物。契约中称量各类山或园。用例如下：

（1）《清乾隆五十六年（1791）范老乔断卖山场契》："情愿将己分下山场一团，坐落地名培拜山出卖以下文斗寨△姜灭九名下承买管业。"（贵州林业1/A0043）

（2）《清道光十一年（1831）杨万显卖油树地契》："自愿将到土名三岔冲油树乙团并杂木在内，上抵买主柴山、下抵田、左抵买主柴山、右抵舒正常荒山，四至分明，欲行出卖。"（天柱1/146）

（3）《清道光二十四年（1844）姜化兴父子卖油山茶树约》："自愿将到井堵大田上下三团，上凭勾坎下，下凭勾坎上，并无叁杂……"（贵州林业3/F0004）

---

① 许慎.说文解字［M］.北京：中华书局，2015：125.

（4）《清同治二年（1863）立卖明菜地文契》："将祖父遗留蔡（菜）地壹团，东抵本族地，……凭中出卖与冯士龙名下。"（吉昌215）

（5）《清光绪二十三年（1897）潘大渭断卖油山并土约》："自愿将到岗首茶油山壹团，上凭顶为界、下凭坎为界、左凭岭为界、有凭油地边为界，四抵分明。"（清水江3/10/542）

根据以上用例，"团"仅见于贵州地区契约文书，多称量山林、山场等，这与贵州清水江流域自古就栽培杉树，经营贩卖木材有关。用"团"称量山林，据调查，是因为"苗侗人民在与森林的互动（接触）过程中形成的有关森林的意象是'圆形的团状物'，也就是说，在苗侗语言社区中，森林是以圆形或类似的性状而被概念化，而不是像平原地区的森林那样被以'片'形而被概念化的。由此说明，量词'团'被苗侗人民反复使用并固化为语言单位，其根本原因是由苗侗社区成员（语言使用者）对所体验感知的情景（森林）的不同的识解方式，即不同的意象造成的"[①]。故可用"团"称量山林。

【窝】《新方言·释宫》："凡鸟巢曰窝，鸡犬栖处亦曰窝。"[②]作量词，用于成团的东西，犹"簇"，如"一窝乱草"。契约中用多称量山，少量用于田地。用例如下：

（1）《清同治三年（1864）东莞张家亨断卖荒山埔地契》："又练背凹松山一大窝，上至山顶，下至大路为界，左右以建顶为界。"（清广东23）

（2）《清光绪二十四年（1898）刘昌儒租佃合同》："立合同字人高冲村刘昌儒，今因祖遗有地名主辉屋宅右外边，土名毫杉背冲头路坎上、路坎下有荒土一窝，上平岭、下抵刘永干土坎、左抵永干杉土、右上依凹、下抵玉连山，四至祇清。"（天柱10/117）

（3）《清宣统二年（1910）张麟芳立讨田札》："小土名木子窝口安着，计田式窝透顶，上至茶山，下至张姓田，左至茶山，右至茶山为界。"（石仓1/8/41）

由"窝"称量的山或山田，就是将山或田识解为同样具有圆团状的团

---

① LANGACKER R W. Foundations of Cognitive Grammar VOLUME（I）: Theoretical Prerequisites [M]. Standford: Standford Universtity Press, 1987.

② 章太炎. 章太炎全集 [M]. 上海：上海人民出版社，2014：109.

簇物。

【粒₁】 作量词，常用于小而圆之物。契约所见用于具有圆形状而不小的坟墓。用例如下：

> 《民国十七年（1928）黄进丁卖风水地契》："其地交银主前掌管，内有黄家二粒旧坟。"（厦门180）

小结： 在现实世界中长条是最常见、最基本的形状，以至于人类最初的度量衡概念首先来自身体部位的长度，而方块状和圆球状都是长条状压缩变形的结果，所以在人类的思维中长条的意向最鲜明而突出，这就造成了契约文书中长条状量词的数量远远胜过其他形状类量词。

第二节　语法化

语法化理论自被法国语言学家梅耶（Antoine Meillet）提出以来，备受学术界关注，尤其是近几十年更成为研究的热点。沈家煊最早将该理论引入国内，并进行了系列研究，他对语法化的定义为：通常是指语言中意义实在的词转化为无实在意义、表语法功能的成分这样一种过程或现象。金福芬亦言："语法化就以解决问题为主要目标，其主要功能是借助一件事来概念化表达另一件事，结果目标概念必然比源概念更为抽象。驱动语法化过程最主要的认知因素是隐喻，它是联系具体概念和抽象概念两个概念域的手段。"[1] 换句话说，语法化的过程其实就是一个词由实变虚，再由虚变专的过程，对量词而言更是如此，量词的产生和发展就是一个语法化的过程。本节将以契约文书中的量词为例，对语法化理论做补充说明。

一、语义迁移

语法化的第一个阶段就是一个认知域到另一个认知域的隐喻迁移。金福

---

[1]　金福芬，陈国华. 汉语量词的语法化［J］. 清华大学学报（哲学社会科学版），2002（S1）：8.

芬以汉语早期出现的回响结构或拷贝型结构为例，分析了量词在隐喻迁移的过程中，是如何失去名词的部分特征、失去句法的自由性，以及触发新的语法范式。① 汉语中的量词最早是由名词或其他词类语法化而来的，量词产生之初用名词的反身来计量自身，符合名量搭配求协和的原则，或相似性原则，因为名量之间共同的语义特征吻合度、协和度越高，名量搭配的可能性也就越高。就像契约中出现的类似于拷贝型量词结构，其充当量词成分的名词最初都有具体的意义，但通过隐喻投射，从一个范畴迁移到另一范畴，逐渐实现了从名词到量词的转变。现举例如下：

（1）《清康熙四十四年（1705）程二你等卖屋赤契》："本屋横门口披屋边间一间，四至照依清册，凭中立契出卖与本都本图汪名下管业。"（徽丛编1/490）

（2）《清宣统三年（1911）雷光焕卖断房产契》："立卖断书院契本房堂兄光焕，父手阄份下大边书尾樫一樫，上至椽尾，下至地基，托中卖断堂弟光林处，三面言议卖断出价钱三十角正。"（福建畲族/下302）

（3）《清乾隆五十七年（1792）张鹏翱等卖田房文约》："将鹏翱本己受分正冲四方丘一丘，鹏云将受分在左边七柱三间瓦厢房一向，门窗户格俱全，情愿出卖与弟鹏翔名下子孙永远为业。"（巴县21）

（4）《清嘉庆七年（1802）朱世豹典田契》："自情愿将新置田乙处，土名北下往口田坵半坵，其客阻拾阻（砠），其钱肆仟三伯文。"（徽州1/4/43）

（5）《明万历十九年（1591）胡逸保卖山契》："穴一穴，外培荒山一片，今因受业不便，凭（凭）中出卖与□业人王鬼用名下听从扦造为业。"（徽州2/1/10）

（6）《清雍正十年（1732）汪圣宜同任卖田契》："今有承祖买受水田壹号，坐落本都四保，土名冲里计号柒百伍拾玖号，计步壹百肆拾柒步，计实租柒秤正。"（徽州4/1/47）

（7）《明崇祯十六年（1643）汪志全转佃苎园约》："立佃约人汪志全，

---

① 金福芬，陈国华．汉语量词的语法化［J］．清华大学学报（哲学社会科学版），2002（S1）：8.

今有苎园一亩四分，内厕所一所，并篱笆在内，转佃与汪六九名下管业耕种。"（徽丛编1/424）

（8）《清雍正三年（1725）史肇都等借会银文约》："立借会人史肇都、庆二人，今借到史肇延名下会陆拾捌会，还□壹两壹钱，如有失悟一会，壹罚艮五两。"（故纸5/434）

（9）《清嘉庆五年（1800）素位魁绝卖房连地基契文》："东偏院正尾房二间，隔扇八扇，帘架一个，南平房三小间，前檐装修帘全，月亮断间一付，炕一铺。"（天津契案68）

（10）《清道光十二年（1832）黄元结典田约》："……愿将本分祖父遗下城田土名唤那达，共有一边，禾把十六把，地坐落上处。"（广西57）

（11）《清道光十八年（1840）王永信卖地约》："立卖约人王永信，因无钱使用，将自己铁路南东西地一段，计地中亩一亩正。"（河北近代225）

（12）《清道光二十六年（1846）》："又傍山园路边地瓜园一园，以及门路余基一应在内〔大房收〕。正契去价钱拾叁千文正〔不另立截〕。"（温州271）

（13）《清道光二十八年（1848）李山林立分单》："立分单人李山林、四子李老死（四），祖置庄稞（窠）房屋中院一院，房元树禾照依庄禾。"（河州32）

（14）《清光绪十年（1884）范寿春转典地契》："其钱笔下交足，其地内有下地内水道一道。"（河北近代166）

（15）《民国六年（1917）张兆凤卖田房契》："同众人言明卖价折合大洋元四拾五元整，其元笔下交足，分文不欠。"（五百年104）

以上都是从名词语法化为量词的用例，这些词最初都具有一定的指称意义，如"间"指"房间"义、"所"指"处所"义、"把"指"把持"义、"穴"指"洞穴"义、"坵"指"田坵"义、"院"指"房院"义、"元"指"银元"义等等，后经过历史演变，这些词逐渐失去了其指称意义，获得更多的抽象语义，成为量词后，就只表达语法关系了。

契约中还见一些本非量词但在契约中作量词的用例。举例如下：

（16）《清乾隆六十年（1795）林国显典园契》："立典契林国显，自己所置有园壹坪，坐落土名神仙坪乙坪，上至国彩园为界，下至墓头为界，右至水河为界，右（左）至荣山为界，四至载明。"（福建选辑413）

（17）《明万历四十年（1612）祁门县方初兴等卖山赤契》："自情愿托中将原买西都谢承惠、承意兄弟名下山场合源一大源，坐落土名三十四都六保致字号。"（徽丛编2/535）

（18）《清乾隆十三年（1748）王老惯等断卖山场约》："为因家下缺少费用，无从得出，四人合全謪议，情愿将乌康溪山场上岭壹岭，至扵界限……"（清水江3/1/83）

（19）《清道光二十一年（1841）詹阿余氏同男断骨出卖菜园地契》："承祖阄分遗有菜园地长垅两垅，短垅两垅，并茶丛数丛。"（婺源）

（20）《清同治十二年（1873）蔡守炉等典山园契》："土名坐落在海方庄东畔头垾叁垾，东西南北俱至蔡家园为界，四至界址面踏分明。"（台湾馆藏113）

（21）《清光绪八年（1882）翁从缴尽招耕字》："有己置迁善南社番妇阿才支理番丁弍丁，坐落土名址在社口庄前，其东西南北四至界址俱登载在上手字内明白。"（台湾馆藏201）

（22）《清道光十三年（1833）汪盛德立承庄字》："今承到东主大屋下庄屋西边一边，系身承玄居住，迭年佑公发坟挑粿秩下洋沟不得称说，点心所有红白差役听凭（凭）东主呼唤。"（徽州1/10/257）

（23）《清同治七年（1868）蔡增福年底结余》："总存账钱三百四千文、来往钱壹百千文；菜黄二石、牛青三石、反缸二缸、大猪一只、烛卅斤、新酒四担。"（浙东108）

（24）《清光绪三年（1877）任和太租地基文约》："立合同约二约，各执一张为证。"（归化城2/24）

（25）《民国二十九年（1940）张竹枞胎借园契》："立胎借契人张竹枞，承祖父物业有园大小拾厢，受菜罪三百二十罪，坐址在镇城东门内城脚，有（东）至城为界、西至裴家田、南至浦为界、北至园为界，四至明白。"（闽南245）

以上数量结构中数词前的名词与数词后的量词为同一词，出现该情况的根本原因在于一时之间没有合适的量词供选择，不得已的情况下，数量结构选择了以拷贝的形式解决暂时的困难。如"坪"，本泛指山区和丘陵地区局部的平地，作为一种独特的地貌，是在无法找到合适量词的情况下，选择用"坪"自身作荒坪、园坪的称量单位。再如"山岭"本指连绵的高山，也是由"岭"的独特山形特征决定了用"岭"称量更契合"山岭"的特性。再如契约中"边"作量词意义就来源于"东边""南边""西边""北边"等方位名词。契约中这一结构形式的大量出现，更进一步印证了由名词到量词是一个语法化的过程，拷贝型量词的出现是语法化过程的第一步，随着语法化程度的深入，语法功能的变化，在隐喻迁移的促动下，拷贝型量词逐渐被通用量词或与名词协和度更高的量词所替代。

二、语义泛化

在汉语语法化演进的过程中，第二个阶段就是语义泛化。所谓语义泛化，是指词语在保持越来越少的原有语义特征的情况下，不断产生新的使用方式，将越来越多的对象纳入自己的指谓范围。[①] 也就是说发展到语义泛化阶段，量词与名词之间选择配对的范围较宽，一个量词往往可以和不同范畴的名词搭配，其称量对象由范畴里的典型成员向非典型成员进行扩展。吴福祥认为："测试量词语义泛化的程度可以有两个指标：（1）语义关联程度：即一个量词所组配名词的意义与该量词母体（语源）意义之间的语义关联越少，则该量词语义泛化的程度越高；（2）组配范围大小：一个量词所组配名词的范围愈大、类型愈多，则其泛化的程度愈高。"[②] 现以契约文书中的量词为例说明。

【半】即可作数词，相当于二分之一。唐杜甫《寄高三十五詹事》："相看过半百，不寄一行书。"又可作量词，表一半的量。契约用例如下：

（1）《清乾隆五十八年（1793）查高宝协弟立议墨合同》："但高宝于乾隆五十乙年之间，置右边楼上仓乙广，楼下房乙间，厅堂乙半，共厨

---

① 刘大为. 流行语的隐喻性语义泛化［J］. 汉语学习，1997（4）：33-35.

② 吴福祥. 魏晋南北朝时期汉语名量词范畴的语法化程度［M］// 沈家煊，吴福祥，李宗江，等. 语法与语法化研究：三. 北京：商务出版社，2007：248.

下系正屋楼上楼下各得乙半。"（徽州 1/3/339）

（2）《清道光六年（1826）阙其章等卖坪契》："情愿将祖父如伦公遗下仓屋并坪一半，土名坐落后宅村香火堂对面过坑安着，但伦公派下六房，章房居四，章兄弟六人未分。"（石仓 3/1/140）

（3）《清光绪十六年（1890）熊邦亨兄弟卖山地等契》："立出大卖山地房屋文契熊邦亨兄弟等，兹因食用不足，无处措办，愿将祖置分受己名下山地一半……"（陕西 92）

（4）《清光绪二十年（1894）黑旦立分单》："遵母言明应分到老宅北边宅基一半，有（又）分到南地地九分，有（又）分到西北地三亩，有（又）分到东地七分，有（又）分到场地半个。"（故纸 2/196）

（5）《清光绪二十一年（1895）陈山观等典民园契》："今因欠银别用，将此园一畔，托中引就与林宅上，典出佛番银式拾式大员库驼，每员柒钱叁分正。"（福建民间 2/299）

（6）《民国丙寅年（1926）龙运来卖杉木杂树等字》："立卖杉木杂树地土山荒田字人龙运来，今因家下要钱使用，无所出处，自愿将到土名顿池田山乙半……"（天柱 11/324）

"半"其量词义就是由数词虚化而来，作量词，表示一半的量时，数词的使用仅限于"一"。例（5）的"畔"应为"半"的增形替代字。

【头₁】《说文解字·页部》："头，首也。"[1] 作量词，称量对象广泛，契约中偶见称量房屋，用例如下：

（1）《清道光九年（1829）张元辉典屋契》："立典屋契张元辉，己手架造有住屋壹头，坐落上洋道村，土名外洋中左头安着。"（福建民间 5/123）

（2）《清咸丰五年（1855）亦福卖尽房屋契》："立卖契侄亦福，今因缺钱应用，情愿自己有房屋壹头，坐落中秧田老屋东头，并中间西头牛櫺壹间，坎下菜园壹块，并余地俱系在内。"（温州 36）

"头"作量词，可称量动物、人、植物，语法化后还可称量与其本义无关

---

[1]　许慎.说文解字［M］.北京：中华书局，2015：179.

的筵席、鞭炮、餐具、事情等，契约中称量房屋的意义来源于方位义。"头"由实词义语法化后可作后缀，用于表方位的词之后，《通俗编》卷三十三："头，世言里头、外头之属。"①用"头"称量房屋是受了房屋方位或地理位置的影响，如例（1）的房屋位于"左头"，例（2）的房屋"坐落中秧田老屋东头"，都用"头"来称量位于不同方位的房屋，"头"相当于"边"或"面"。

在《温州》中还见用"斗"称量房屋，用例如下：

（1）《清道光二十七年（1847）曾氏置产簿》："买得蔡炳文房屋一<u>舖</u>，楼下<u>四斗</u>，楼上二斗，坐落四都一交洋后洋本屋前堂后廳右畔第一刘安着，东、南二至买主基，西至买主田，北至买主□。"（温州 271）

（2）《清道光二十八年（1848）曾氏置产簿》："尽得朱承仁房屋一<u>舖</u>，计<u>三斗</u>，又后廳合半，坐落四都一陈坑大山庄左畔廳边<u>舖</u>，上及椽瓦，下及地基……"（温州 272）

（3）《民国三十五年（1946）其位兄弟分关书》："一号，坐落店辅（铺）一所，上首头安着，第一<u>舖</u>中柱直出店堂一间，<u>楼上闲间一厡</u>，底不抽出仓一<u>厡</u>，分于大房。"（温州 250）

根据"头""斗"字形相近，字音相近的情况，可推知，"斗"也许为"头"的音近或形近替代字，或方言用字。例（3）的"厡"为"斗"的增形讹字。

【眼】《说文解字·目部》："眼，目也。"②本义为眼珠、眼睛。引申有孔穴、窟窿义，作量词，可称量同样有眼的磨、灶，后延伸扩展至有水井、池塘。契约用例如下：

（1）《明嘉靖卅三年（1551）程梁卖荒田等契》："内灌田塘大小<u>二眼</u>，其田塘与伦相共本身八分中合得一分。"（安师大藏 5/1809）

（2）《清道光五年（1825）张赵氏卖房基园地文约》："<u>砖井壹眼</u>，石槽壹个，木杖结椁坠石、铁穿心壹全副，葡萄壹架，连椽架俱全，榆柳树大小拾株。"（陕西 133）

（3）《清同治九年（1870）新都县黎书简兄弟等杜卖水田房屋红契》：

---

① 翟灏.通俗编［M］.北京：东方出版社，2013：623.
② 许慎.说文解字［M］.北京：中华书局，2015：65.

"……右横草房一向共四间，粪池一眼，水井一口，河边客户草房一向四间。"（粹编1466）

上例中"眼"可称量各类井、塘，包括粪池，除此之外，随着语义泛化，还可称量似眼的孔洞之物，如窑洞、地窖、房屋等。用例如下：

（4）《明崇祯九年（1636）休宁县汪大辂卖房红契》："将承祖经（阁）分阁房壹眼，系潜字四千五百十号，土名承恩堂，坐落中庭阁西边房壹眼。东至阁巷，西至墙，南至汪大彻房，北至楛榑（梓）巷路。"（粹编853）

（5）《清光绪元年（1875）冯清宁典窑连二契》："立典窑契人冯清宁，今因手中不便，情愿将自己高家庄沟㕙西窑院西半所上窑三眼，东至院心、西至道、南至道、北至道，四至明白，出入通街，走道上下，金土木石相连。"（田藏3/111）

（6）《清光绪十年（1884）锺兴盛杜卖水田基地等文契》："瓦楼门一座，连屏风板板门四扇，当面连二草方仓一眼，内有过梁一根，仓门板底礤石，俱全。"（清地史58）

【道】《说文解字·辵部》："道，所行道也。"[1]本义为道路。因道路本为长条形，故作量词，用于条形物及门、墙等。契约中多见量墙及门例，偶见量路、水沟等。用例如下：

（1）《清康熙五十七年（1718）潘丙仲绝卖佃房文契》："计一进门面楼房上下四间，楼前卷棚贰间，后照墙壹道，重门贰扇……"（南京16）

（2）《清道光四年（1824）金峻山卖基地瓦房契》："……面墙、径墙、围墙共三道，右首山墙以及门窗板壁，楼上楼下窓（窗）户格门，楼板地板……"（湖北天门721）

（3）《清光绪二十一年（1895）梁志清绝卖房连地基契》："……后相连平房四小间，大门一道，正草房五小间，东西房各三小间，南草房五小间，院基二段……"（田藏117）

《简明汉语史》："量词'道'中古用于文书或条状的东西，这类用法近代

---

① 许慎. 说文解字［M］. 北京：中华书局，2015：36.

仍广泛使用。"① 契约中见量文书例。如：

（4）《十世纪敦煌某人放家童再宜为良文书》："家童再宜放书一道。夫人者，禀父母而生。"（会编475）

（5）《清乾隆五十七年（1792）吴桂宝借楼屋约》："立借约人吴桂宝，今因应用，自情愿央中将楼屋契壹道作押到胞弟新保、福保名下，系本银叁拾两正。"（婺源3/792）

因为古代的书籍都是卷轴式或折叠式的，展开后多呈长条状，故可用表长条的"道"称量文书契据。

从以上用例可以看出，语义泛化的最初阶段，量词选择搭配的名词都是在其原有语义基础之上逐渐向外扩张，从典型到不典型，如上述的"头₁""眼""道"皆是如此。正如邵敬敏所说："当抽象的或无具体外形的被述对象用上某个量词时，这个量词所固有的语义特征就能使这些抽象的东西变为具体的东西，使无形的对象变为有形的对象，从而增加名词本身的表现力。"② 但随着语义泛化程度的推进，很多量词的组配对象与其原有语义之间的联系越来越少，如下面的"位""付""只"。

【位】《说文解字·人部》："位，列中庭之左右谓之位。"③ 本义指人的位列、位次，如座位、席位、官位等，故作量词，可称量人，一般含有敬意，如一位夫人、一位将军等。契约中亦可称量人，用例如下：

（1）《清嘉庆二十五年（1820）林长秀典水田契》："今因乏用，托中送典与范宅广候羽、张邦明、邦杨，甥三位边为业，作价钱玖拾千文正。"（福建民间5/96）

（2）《清道光九年（1829）舒灿等会券》："敬邀戚友六位玉成一会，每位请出员钱伍千文钱分，共成叁拾千文整，付首会收领。"（田藏1/62）

（3）《民国二十九年（1940）纪分卖女儿契》："立卖亲生女儿券字人龙堀西乡纪分，有亲生女一位，年登壹拾捌岁，名纪色花。"（厦门205）

契约中"位"所量之人，并无敬意在其中，"位"的意义相当于普通用词

① 向熹.简明汉语史［M］.北京：商务印书馆，2013：601.

② 邵敬敏.著名中年语言学家自选集·邵敬敏卷［M］.合肥：安徽教育出版社，2002：8.

③ 许慎.说文解字［M］.北京：中华书局，2015：161.

"人""个"。如例（1）和（3）是长辈对晚辈的称量，尤其是例（3），"位"被用在了一个即将被卖掉的女儿身上，根本不可能存在敬意。较早的传世文献中亦见"位"被用于地位低下之人，如《太平广记》卷三百七十一《精怪四》："从者数位，尽为蒲人。"[①] 所谓"蒲人"是指元明史籍对布朗族、德昂族两个少数民族的泛称。元代是蒙古人的天下，明代是汉族人的天下，少数民族的地位都是比较低的。

"位"由称量地位较低的活人扩展到死人的位次，如灵位、神位，再扩展到指物，如炮或其他建筑物，应是取其位列或站位于某处之义。契约中用例称量房舍，用例如下：

（4）《西夏光定十二年（1222）李春狗等赁租饼房契》："光定十二年正月廿一日，立文字人李春狗、刘番家等，今于王元受处扑到面北烧饼房舍一位，里九五行动用等全。"（粹编599）

（5）《清光绪二十六年（1900）雷坤成卖断房产契》："立卖断横厝一透，雷坤成原祖遗父手置有横厝一位，坐属拜井里小获地方，土名俗叫堍尾。"（福建畲族／下203）

（6）《民国某年（19□□）北京王国柱互换房白契》："立换契人王国柱，遵母命，因居住不便，今将大街东首路南自己住宅一位，官分四分三厘五毛〇五，上代（带）北屋四间、大门一间、破东屋二间、栏一所、水井一眼，"（会编1696）

"位"称量房屋的用法，在传世文献即见，如《聊斋俚曲集·慈悲曲·悲中喜》："咱另起一位楼宅，盖上几座厅堂，买上一些桌椅，买上几张藤床。"[②] 其中"一位"相当于"一座"，多称量宅第，在冀鲁官话、胶辽官话、中原官话区亦常见。但随着语义的进一步泛化，契约中"位"还可称量山场、园坪。例如：

（7）《清道光十三年（1833）雷枝汤缴断园坪契》："立缴断园坪雷枝汤，原自己阄份又园坪一位，坐属本乡地方，土名后门。"（福建民间

---

① 李昉．太平广记［M］．北京：中华书局，1961：2946.

② 蒲松龄．聊斋俚曲集［M］．北京：国际文化出版公司，1999：157.

6/32）

（8）《清光绪七年（1881）雷干盛卖断山场契》："立愿卖断山根约雷干盛，原自遗父手阉下山一位，坐属拜井里小获地方，土名俗叫浿上直岗山。"（福建畲族／下53）

（9）《清光绪二十九年（1903）黄汀汀卖断祖山锄根约》："立卖断祖山锄根约黄汀汀，原父手有山场一位，坐属浿溪地方，土名菜坂。"（福建畲族／下234）

【付】《广雅疏证·释诂三》："付，予也。"[①]《正字通·人部》："付，授也。"[②]本义为授予。用同"副"，作量词，始见于元代，用于成套、成对的东西。如《元刊杂剧三十种·薛仁贵衣锦还乡记》："与一付弓箭能射，与一疋劣马能骑，也不使鞭炼丫锥。"[③]契约中"付"的称量对象最广泛，用例如下：

（1）《戊申年（828？）敦煌善护兄弟分家文书》："遂恩：铛壹口，并主鏇子壹面，铜钵壹，龙头铛子壹，金壹付，镰壹张，安（鞍）壹具……"（会编455）

（2）《清嘉庆五年（1800）素位魁绝卖房连地基契》："正客位尾房三间，隔扇、帘、架、窗户全，平门四扇，坎框全，神龛一座，断间一槽，门一付，后门一付。"（天津契案68）

（3）《清咸丰三年（1853）周用章等分关字》："场石滚一个，大磨、小磨各一幅，礌子一付，扇柜一乘，铁齿摆铁齿□一乘，木齿□一乘，蒸笼一付……"（陕西72）

（4）《清咸丰八年（1858）蓝故止为养父母办后事开支单据》："二十七年二月，内身故，为因口角，外家不依，共买获棺材二付，合艮（银）四两二钱五分……"（云博馆5/550）

（5）《清光绪五年（1879）雷大会转让佃田契》："又及：鼓大小板全堂，又碗一付，再照。"（福建畲族／上29）

（6）《清光绪二十三年（1897）聚新会祀神菜单》："双料馒头，双结

---

① 王念孙.广雅疏证［M］.北京：中华书局，2019：243.

② 张自烈，廖文英.正字通［M］.北京：中国工人出版社，1996：28.

③ 宁希元新校.元刊杂剧三十种新校·下册［M］.兰州：兰州大学出版社，1988：6

订两付，桃嘴八十个，共贰百五十八个。鸡一只，有拜天吃。肚花壹付。海参叁支。"（浙东111）

（7）《民国十一年（1922）张景兆立分单字》："玉荣分到：方棹一张、红漆板橙（櫈）四根、太史椅子两把、红抽底棹一张、香案一付、檀香炉一个……"（故纸2/218）

（8）《民国三十七年（1948）阙吉回卖水碓并房屋等契》："并屋内水碓、油车壹个，老大磨一副，米床壹条，风车壹个，壹应在内。"（石仓3/3/113）

（9）《民国晚期便条》："行署（署）在西关土地庙成立教导大队，需借该间桌椅一付、锅一口、床板一付。"（故纸3/123）

例句中用"付"称量的，皆是成对或可配套的物品。

【只】《说文解字·隹部》："只，鸟一枚也。从又持隹，持一隹曰只，二隹曰双。"[1]本义指一只鸟，故作量词，首先用于飞禽，最早见于先秦；后可用于非禽类的走兽、昆虫等。契约用例如下：

（1）《雍正九年（1731）林衔安佃田契》："年例田牲贰大只，供顿全。"（福建选辑459）

（2）《清咸丰九年（1859）林扇遗嘱字》："存水牛母一只，付五男永为掌管，兄弟不得均分。"（闽南227）

（3）《清光绪三年（1877）张文裕讨田札》："一批每年秋收之日，充纳田鸡公壹只。"（石仓1/3/117）

随着语义的泛化，"只"还可称量某些器物。惠红军认为，"只"称量对象是一个具体可感的物体，且该物体在某一观察范围内总具有一个认知上的完形特征，具有相对的独立性。[2]契约用例如下：

（4）《清嘉庆二十三年（1818）林公道典船契》："立典契孝仁里人林公道，有自己祖父遗下渡船乙只，捌分半应乙分正，坐溪北澳头落。"（福建选辑777）

---

① 许慎.说文解字［M］.北京：中华书局，2015：70.

② 惠红军.汉语量词研究［M］.成都：西南交通大学出版社，2012：34.

（5）《清咸丰元年（1851）账单》："因塘圲永璜公祖坟茔碑卅四只，被□有成叔公碑茔平许之。"（婺源6/2380）

"只"的语义泛化最明显的表现是作方言量词，称量范围相当广泛，如在闽语中可称量纸，相当于"张"；在西南官话、湘语、客话中可称量山、屋等。契约中称量甘蔗园、菜园、茶丛、山塆、山岭等。用例如下：

（6）《清乾隆三十八年（1773）蔡再生等卖园契》："立卖杜绝蔗分园契人下廊庄蔡再生、蔡建置、蔡□等兄弟有承买得族叔祖明淑蔡厝廊分内牛蔗分园壹只，并应分廊内车□□等项齐全。"（万丹279）

（7）《清嘉庆四年（1799）高会典园契》："立典契人加祥里瓦部庄高会，有承父与伯叔明买过李家蔗分一只，年配纳头家蔗汁租叁拾桶。"（大岗山399）

（8）《清嘉庆十一年（1806）潘尚法立批山据》："立批扱人潘尚法，今将土名杏塘坞熟地荒山乙业，棚前小弯乙只，存坐哉种雷竹茶窠柜子三中，存坐交还大买租，潘上法交还，吴尔安不还大买租，如山净行哉种松杉二木。"（徽州4/7/83）

（9）《清道光十四年（1834）吴祝德卖茶丛契》："今因应用，自愿托中计茶丛六只出卖与观林叔名下为业。"（婺源3/840）

（10）《清道光二十八年（1848）吴礼煊卖地坦山税契》："又有地税一号，坐落土名大墓坞，计坦一大只，系经理凤字四百十三号，计坦税肆厘正。"（婺源4/1237）

（11）《清光绪二十四年（1898）江庆生卖房屋文契》："备弄壹条，天井拾方，井两口，坑壹只，随屋基地，并第三进内东首金希堂平屋两大间……"（清上海263）

（12）《（时间不详）曲江林仁胜卖山岭契》："立卖山岭契人林仁胜，今因无钱应用，宗族叔侄商议，欲立蒸尝年年祭醮无处出昔，愿将祖父遗下山岭一只，土名坳顶田心，黄屋四处山岭，土名读丘田。"（清广东180）

随着语义泛化的深入，"只"在契约中还可称量厕所及厕基。用例如下：

（13）《清康熙五十六年（1717）许穆柏卖住基契》："门前空地一片，

露天窖一只，西边空地一片……"（徽丛编1/491）

（14）《清道光元年（1821）宗长成良等议事合同单》："又南首晒场、又门前藕田、又东首粪缸基一只、又前桥头地基一间，一应在内，所有器皿什物应归于尚功收用。"（浙东7）

（15）《清光绪十三年（1887）信宜黎国珍断卖地堂契》："立断卖地堂契人黎国珍，情因先年祖父遗下自份地堂一只，土名坐在本处屋背垌屋□入至国株地堂，龙孙全份地堂上页为界，出至田为界，左至国珍田为界、右至大路为界。"（清广东176）

（16）《民国十一年（1922）洪加子断骨绝卖粪缸基契》："自情愿立断骨绝卖粪缸基契人洪加子，缘因祖遗电（阄）分所得粪桶基两只，坐落土名舍前溪弦。"（婺源8/3752）

（17）《民国十五年（1926）江为义卖地契》："……土名大龙浴口住屋门前造有石厕所一连两只，该身西边一只……"（徽州3/3/556）

（18）《民国三十三年（1944）江冬顺出典纸槽基契》："立字出典纸槽基人江冬顺，今立到房叔江焕金名下承典八畒圻纸槽基壹夕。"（婺源18/9292）

以上例句中的粪池、粪窖、粪缸、粪桶、地堂、地坑、灰寮、纸槽基等都为厕所或厕基的俗称。例（18）"纸槽基壹夕"中"夕"应为"只"的省形替代字。因"只"的繁体"隻"同"雙"。《正字通·隹部》："隻，俗从攵作夊。"[1]"夊"省去"隹"作"攵"，而"攵"与"夕"形近，故"夕"易误用为"隻"。

除此之外，契约中甚至见"只"称量文字的用例：

（19）《清光绪十一年（1885）胡宪章典水田契》："内借字二只。"（福建民间5/254）

根据上述"只"的称量对象及在契约中普遍使用的情况可推知，以下"支"字应为"只"。用例如下：

（20）《清道光十七年（1837）胡冬发同弟当山契》："立当山契人胡

---

[1] 张自烈，廖文英.正字通［M］.北京：中国工人出版社，1996：1249.

冬发，仝弟桂发、顺发，今因正用，自愿将祖遗受鳳字号小买山壹支，土名三官殿后，凭中说合立契当与仇名下为业。"（徽州 3/2/557）

（21）《清咸丰四年（1854）金玉春等再定兴山承议约》："……内除坟垄一支，各处坟两至弯心外，是身托中再承去兴养，选年交租典钱捌千文。"（徽州 1/9/19）

（22）《清光绪二十三年（1897）陈纯干卖山地契》："坟穴二支，四方丝竹为界，又坟穴二支俱以（已）在外。"（浙东 147）

（23）《清光绪三十二（1906）马陈氏立分关字》："……鲍家树林地上下二团，房子左边正房一间、厢房一支。"（吉昌 352）

由以上用例可知，"位""付""只"称量对象广泛，类型较多，其搭配的名词与其语源意义关联较少，故其泛化程度最高。如"位"，由称量人到称量房屋、山园；"只"，由称量飞禽到山园、厕池、文字等。

三、个化

齐夫定律（Zipf's law）认为："一个词的使用频率越高，其义项可能就越多，意义变化也就越大。"[1] "个"就是典型的例证之一，在传世文献中，它被称为万能量词或通用量词，使用范围越来越广，使用频率越来越高，似乎什么样的对象都可用"个"来称量，其使用日益泛化，该现象亦被称为"个化"。

【个】《字汇·人部》："個，与箇同。"[2]《集韵·箇韵》："箇，或作个，通作個。"[3]《正字通·人部》："個与个、箇并同。"[4]《六书故·植物三》引唐本《说文》："箇，竹枚也。今或作个，半竹也。"[5] 很多学者都曾对"个"的源流做过考证，王彤伟在前人研究的基础上，得出一个概括性的结论，即在魏晋以前多写作"个"，称量对象主要是与竹子有关的"箭矢"。汉代开始，"箇"的使用频率变高，且字典辞书中多以之为字头，不过所称量的对象仍大都和"竹

① 董绍克.汉语方言词汇比较研究［M］.北京：商务印书馆，2013：53.

② 梅膺祚.字汇 字汇补［M］.上海：上海辞书出版社，1991：342.

③ 丁度.集韵［M］.上海：上海古籍出版社，2017：589.

④ 张自烈，廖文英.正字通［M］.北京：中国工人出版社，1996：47.

⑤ 戴侗.六书故［M］.北京：中华书局，2012：527.

子"有关。魏晋至隋,"个"转而多用于表示"正堂两旁的房屋",用作量词的例子已经比较少了,"個"还不太用作量词,而"箇"作为量词却很常见,同时,这个时代出现了"数 + 箇 + 名"的形式。到了唐代,"个"作量词已经很少见,"箇"最常见,同时"個"的使用渐多,且常与"箇"混用;结构形式上,"数 + 箇 + 名"的形式已为常式;称量对象上,可以称量的种类极多,人、神、动物、植物、事项等各类无不可以用其称量。可以说,最晚到唐代,"个"这一泛指量词已经确立了和现代汉语基本一致的称量范围及组合形式。由以上结论可见,"個""箇""个"音近义通,今字作"个"。作量词,产生于先秦,最初多用于竹,相当于"梃""株";汉以后,泛化为量个体的人或事物;到了唐代,语义进一步泛化,可用于抽象的名词。

契约文书中"个"的称量对象显得更为广泛,可见传世文献常见的称量对象,用例如下:

(1)《清乾隆四十年(1775)番礁及贤目典田契》:"立典契人新港社番礁及贤目,有承父母业田一所,并埤一个,坐落土名狗勺昆南势。"(大岗山38)

(2)《清嘉庆十一年(1806)彻府脑尔布长木素出赁房约》:"立出赁房约人彻府脑尔布长木素,今将自己大南街路东门面楼铺壹间,后随南房壹间,有货枷一个,财神堂一个,楼梯一个,情愿出赁与马小车铺马清巽居住。"(归化城4//171)

(3)《清同治九年(1870)分财产清单合同》:"钉锅大小六个,釻锅大小五个。釻钉两个,送龙堡二妹在内,酒□菜坛七个,小坛钵头七个,大碗两个,锅斩一个,饭碗二十九个,酒杯五个。"(广西167)

(4)《民国三年(1914)王天保卖地文字》:"内大小树枝碌碡二个,门窗场面俱全以并在内,央中说合,情愿出卖与北里三甲唐职思堂名下,永远为业。"(陕西119)

(5)《民国十一年(1922)张景兆分单字》:"……檀香炉一个、铁煤火一个、磨一盘、磨盘一个、沙石槽一个、土庄一杆。"(故纸2/218)

(6)《民国十九年(1930)段连甲同母典房院契》:"又往东场棚一间,内有舍火二个,又西南角里外便地二个,又上房对面有砖圆门一个。"

（河北近代204）

（7）《民国二十年（1931）吴桂森祖孙三代分关字》："其有家用物器二处，柜二个，大棹一根，几四把，幅桶二个，耙二架，分归桂森。"（天柱22/216）

（8）《民国三十八年（1949）方门张氏等分家单》："……杌子壹个，铫子一壹个，风匣壹个，大行壹个，大黑瓷壹个，柜子壹件，锤子作官。"（粹编1944）

（9）《公元1952老祥昶工人制鞋厂约》："……计橱柜房叁间，随带小铁板门捌扇，护窗两间（？），借用橱柜壹个，吊窗壹个。"（归化城4/下/408）

例句所见多为古代社会生产生活中常见常用的器具，其中例（1）的"埤"为矮墙，例（8）的"杌子"为小凳子，"铫子"为煎药或烧水的壶。

除此之外，契约文书中还见不见于传世文献的称量对象，如量田地例：

（10）《清道光元年（1821）典围田契》："立明离业典围田人顺德县容奇乡关氏竹溪祖，兹因修葺祠宇，需银急用，各房父兄绅耆集祠商议，愿将土名雁企沙围田二个，系顺德中则。"（广东50）

（11）《清光绪十九年（1893）四美堂刘新盛等杜卖水田文契》："内有高田二个，每年佃户帮范姓做筒车钱二佰文，由埂上小沟分水灌溉，西有放水沟一道，石堰一座，已名下管业半边。"（清地史88）

还见量房屋地基例：

（12）《清道光三年（1823）孙尚修绝卖房契》："在第一间门外张姓借孙姓基地搭披屋壹个，现以从中估卖其料，亦凭周姓改卸。并照。"（清上海19）

（13）《清道光二十二年（1842）王沈氏同男杜绝找屋红契》："立杜绝找屋契人王沈氏同男文桂，缘有彼字壹佰捌拾伍号堂屋壹间，又退堂壹个，前已出戏与马处为业。"（山会诸辑存153）

（14）《清光绪三十二年（1906）马仲三退庄窑场院土地契文》："……内有窑洞三个，尕柳树五颗〔棵〕，地大小十二块，一并退归于父亲马国隆名下坐居耕种为业，着父亲活作着膳，死作葬埋费用，此系身情愿退

回。"（河州343）

（15）《清光绪三十三年（1907）东莞陈锡林永断卖铺契》："……现组与泰安箱店，门扇窗板楼阁二个，头房一个，上连天面瓦盖桁料，下及地基浮沉砖爪木石，周围墙壁一应俱全。"（清广东47）

（16）《民国三年（1914）王恩求卖地基字》："……坐落土名盘我地基乙各，上抵路、下抵坟、左抵买主、右抵路为界，四至分明。"（清水江2/10/54）

（17）《民国二十年（1923）王田保杜卖房产草契》："又代大门外路西边圪坨壹个，东至路、西至滴水、南至东房墙角、北至北滴水，捌至明白……"（故纸4/250）

还见量坟墓、炭窑例：

（18）《清顺治三年（1646）贾世孝卖炭窑契》："立卖炭窑人贾世孝，今有胡家窑东沟炭窑口三个，因为相隔不便经管，情愿出卖与徐尚兴等永远作业。"（晋商老账270）

（19）《清道光十九年（1839）王有林同子卖山坡地契》："地内有白埋墓一个，起骨之后，地归买主。"（故纸1/83）

（20）《民国二年（1913）昆明小屯村黄春、李忠杜卖阴地契》："有古冢一个，央请中证，凭中说合，情愿永远杜卖与李湘同侄文藻叔侄名下，子孙永远为业。"（云博馆1/78）

还见量山林、园圃例：

（21）《清雍正九年（1731）程起声等承租山场约》："立承租约人王子成，今承到程起声、起旺名下七保暮家山场，土名各潘信弯号内塆地二个，并山脚，又并山下高地二块，是身承去开□栽养茶柯。"（徽州1/8/18）

（22）《清乾隆五十九年（1794）汪子高同侄卖明山场文契》："立卖明山文契人汪子高，仝侄小伍，为因缺用，只得将祖父遗下自己分内草场一个，卖与大、二凄二人名下耕种管业。"（吉昌211）

（23）《清嘉庆九年（1804）程复兴租菜园字》："立租菜园子人程复囟，今租到程加灿名，本村下虎山口菜园一个，凭中议定送年秋收交纳苞芋

子叁拾觔（斤）整。"（徽州1/7/94）

（24）《清嘉庆二十年（1815）姜启昌卖山场荒坪约》："山内本名开挖为田未成而止，计大小<u>荒坪两个</u>，今一并出卖与姜启璜名下承买为业。"（贵州林业1/A0112）

（25）《民国二十一年（1932）潘承贵立推单》："……土名井边<u>屋基坦一个</u>，自愿凭中推入本族去宝名下户内支照输粮。无异此照。"（徽州3/2/402）

还见量水塘、厕所、仓圈、道路等例：

（26）《清乾隆十九年（1754）赵保卫同母卖窑契》："又有后院<u>茅厕一个</u>，随走便门，粪厂壹块，东北至道、西南止胞兄正、西至买主树木在内。"（故纸4/229）

（27）《清乾隆五十二年（1787）徐君扬押粪池契》："立押契人徐君扬，今有彼字号东边<u>小粪池壹个</u>，出押于杨处。"（山会诸辑存151）

（28）《清道光八年（1828）麦永标断卖屋上盖连地文契》："一间深三大进半，<u>石天井二个</u>，阔一十七桁。"（清广东102）

（29）《清同治元年（1862）许学文卖田契》："其田内现<u>造厕一个</u>，乙并凭中出卖与汪聚元名下为业。"（徽州3/1/191）

（30）《民国二年（1913）皇甫骏绝卖屋契》："后<u>天井壹个</u>，又<u>地井壹个</u>，后平屋伍间，天井叁个，东面<u>小园壹个</u>，坐南朝北小屋壹间，天井壹个。"（清上海27）

（31）《民国二十一年（1932）田发廷出当房屋字》："□□房屋基址坐落地名吉昌屯下街田家园子之上。正房一间，楼房壹间半，<u>牛栏乙个</u>。"（吉昌329）

量其他例：

（32）《清道光元年（1821）吴振茂立会券》："……身独<u>股会壹个</u>，计九四平献元银二拾五两正，其银当日收领生息，嗣后照本归还，断不亏负。"（徽州3/1/120）

（33）《民国三十八年（1949）张家齐典当田契》："其田大小陆坵，<u>栽工柒个</u>，东至小沟，南至大河，西、北至路，四至分明为界。"（云博

馆3/313）

　　小结：正如金福芬所言："随着语法化程度的深入，量词为名词分类的信息功能逐渐减弱，只起一个句法的功能。用语义最为泛化的'个'来填充这个句法位置最为理想，于是就有了'个'取代其他量词的趋势。"① 所以才会在汉语中出现凡是没有特定专用量词的名词皆可用"个"称量，即便有专用量词，也可用"个"的情况，由契约文书中"个"的称量对象便可见一斑。

---

① 金福芬，陈国华．汉语量词的语法化［J］．清华大学学报（哲学社会科学版），2002（S1）：12.

第三章

契约文书方言量词考释

　　契约文书自商周时代已现端倪，历经各朝各代的沿袭，至明清时行文已有比较固定、完整的格式，为确保法律效力，官府对契文的内容和格式也有较为严格的规定，所以一般的契约文书用语较规范。但因其广泛存在于不同的地域，语言风格地域差异更明显。作为一种普遍应用于民间的实用文体，因其广为普通大众所习用，语言使用更俚俗化。下文所涉及的部分量词，多两两相对，或音近义通，或形近义通，或音近混用，或形近混用，或称量对象相同，且在契约中都有较多用例，但究竟孰为确字，孰为替代字？孰为正体，孰为俗字？孰为通语，孰为方言？下面将予以辨析，以使正字确、文意通、谬误正。

第一节　工／弓

　　【工】《说文解字·工部》："工，巧饰也。象人有规矩也。"①《文始·六·侯东类》："工有规矩之义，规矩皆与工双声。"②本义为曲尺。作量词，古指玉的计量单位。《淮南子·道应》："玄玉百工，大贝百朋。"高诱注："三玉为一工也，五贝为一朋也。"③但"工"在契约中所见，是土地的亩积单位。用例如下：

---

① 许慎.说文解字［M］.北京：中华书局，2015：95.

② 章太言.章太炎全集［M］.上海：上海人民出版社，2014：372.

③ 高诱.淮南子注［M］.上海：上海书店，1986：202.

（1）《清咸丰四年（1854）连南熊启先等卖田契》："自愿将父手置粮田土名坐落庙冲田九丘、小水洞田六丘、小水坑口田六丘、坑洲子田三丘，合共二十四丘，共计田九工正，原租九百筋（斤）……"（清广东183）

（2）《清同治元年（1862）李修典水田文约》："情愿将自己水田贰垀，计五工，坐落庙门首大路下……"（云博馆3/81）

（3）《清光绪六年（1880）连南瑶族石仍惠典当田契》："自愿将祖遗下经分份管之田，土名坐落官坡洞桥头田二丘，计一工五合正，将来案当。"（清广东184）

（4）《民国二十七年（1938）杨瑞才弟兄杜卖田契》："情愿立契将各人面分得田壹份肆垀，共计旧亩积拾陆工，壹垀坐落窑门前伍工。"（云博馆1/126）

其实在西南官话区就可用"工"计算土地地积，有以两工为一亩的，有以两工半为一亩的；在闽语中，一工指八分田。而契约中所见广东和云南的用例，正好前者属于闽语区，后者属于西南官话区。《广东省连南瑶族自治县南岗、内田、大掌瑶族社会调查》亦记载："'工'是瑶族的量器，一工所盛谷种等于二十市斤，五谷所播种地积为一市亩，一工五合等于三市亩。所播种地积为二市亩，则九工等于十八市亩。"[①]可见"工"是个典型的方言词汇，表田地面积。

契约中还见"工"的另一量词用法，即指一个人一天的工作量。举例如下：

（1）《清顺治十年（1653）休宁县汪君善卖伙佃工契》："二十一都三图立卖契人汪君善，今因缺少使用，央中将承祖业到字号，土名观音塘坞火（伙）佃乙工半，住佃人佛仍；又将土名西山字号火（伙）佃乙工，住佃人叶九龙、迟久等，共计工五工正。"（粹编1002）

（2）《清顺治十二年（1655）休宁县汪君宜卖伙佃契》："立卖契人汪君宜同弟汪原明，今因缺少使用，央用（中）将承祖续置到白字号，土

---

① 广东省连南瑶族自治县南岗、内田、大掌瑶族社会调查［M］. 全国人民代表大会民族委员会，广东省少数民族社会历史情况调查组，1958：197–199.

名西山火（伙）佃陆工，住人九龙、进富、迟九；又将土名观音塘坞火（伙）佃壹工半，住人七十仍；又将□字号，土名西坑火（伙）佃叁工半，住人天赦、显付共三号，计工拾壹工，一并出卖与汪名下为业。"（粹编1005）

（3）《清雍正元年（1723）文福做屋账》："俞武兄令胡四兄拆屋柱屋解缸料共式拾工，该工事艮八□。十月廿五日付武兄艮一双□六，仍付多艮四□六。"（婺源6/2659）

（4）《清乾隆十二年（1747）嘉益等立议墨合同》："计开：打堀共四十三工，砌堀工艮式两式钱正，神福起工散工共艮陆钱。"（徽州1/1/4）

上述"工"的用法，也多出现在方言中，如《闽西歌谣》："春耕生产要加紧，早起三朝当一工。"

【弓】《说文解字·弓部》："弓，以近穷远。"[①]本为弓箭之弓。引申作旧时丈量土地的木制器具，形似弓，因两足间的距离为一步，故又称为"步弓"。后演化为丈量土地的计算单位，相当于"步"，至迟唐代已见。古之以五尺为一弓，三百六十弓为一里，二百四十方弓为一亩。亦以六尺或八尺为一弓，三百弓为一里。可见，"弓"是个丈量土地长度或亩积的单位，意义同"步"，契约中仅见表土地长度的意义，用例如下：

（1）《清乾隆五十五年（1790）吴国林等杜卖净民地文契》："计开：吴国林地西宽拾玖弓、东宽拾弓捌分，中宽拾肆弓伍分，南北长陆拾捌弓叁分。"（天津1）

（2）《清咸丰三年（1853）刘云彪推地契》："愿将租庄基一段，东西六工二尺二寸，南北六工三尺一寸，推与郑之侨名下为业，言明共价钱五十三吊整。"（田藏1/75）

（3）《清同治三年（1864）大兴县王世江卖地红契》："今将祖遗庄伙白地土木相连，坐落庙洼营街南，计地南北长叁拾捌工零四尺，东西宽玖工，南至契、北至官街、东至契主、西至季姓，四至分明，烦中人说

---

① 许慎.说文解字［M］.北京：中华书局，2015：270.

合，情愿出卖于□凤阁名下为业。"（首都藏2/684）

（4）《清光绪元年（1875）杨萧氏母子卖水田文契》："比日三面言明，比定弓则，以正裁尺五尺二寸为一弓，每亩议作时值价银肆拾八两整。"（清地史39）

例（4）中"以正裁尺五尺二寸为一弓"，因为各时代、各地方对尺寸的计量有出入，故"弓"作计量单位时，其制肯定会因时因地而异的。例（2）和例（3）中的"工"与"尺、寸"组合使用，故该"工"并非表亩积的"工"，而是表长度的"弓"的音近替代字。

小结：通过以上分析可知，南方契约用"工"较多作亩积单位，北方契约用"弓"较多作长度单位，"弓"为通语，"工"为方言用词。

第二节 带/代

【带】《钜宋广韵·泰韵》："带，衣带。"[①]表带状物，作量词，用于描述带状物或成排的建筑物等。唐冷朝阳《登灵善寺塔》："华岳三峯小，黄河一带长。"又《喻世明言·蒋兴哥重会珍珠衫》："原来蒋家住宅前后通连的两带楼房，第一带临着大街，第二带方做卧室。"[②]契约中多表条带状的自然山体或建筑物，相当于"条"。用例如下：

（1）《明万历四十八年（1620）舜良等卖基地赤契》："并上所余屋一带，新立四至，东至沟抵宪副祀店屋，西至三公祀店屋基地，南至坑下边及三公祀地，北至三公祀、宪副祀基地四围埋石为界。"（徽丛编1/512）

（2）《清道光二十五年（1845）黄智记给佃批字》："立给佃批字业主黄智记，有承祖世管埠头庄课业荒埔一带，历收大租完课。"（台大租书

---

① 陈彭年.钜宋广韵［M］.上海：上海古籍出版社，2017：280.

② 冯梦龙.喻世明言［M］.桂林：漓江出版社，2018：4.

120）

　　（3）《清咸丰七年（1857）王勇等绝卖山地文约》："东北至天沟菜园一带，水濠李姓地为界，东至张姓地为界，东南至王明地为界，西至天沟为界。"（陕西131）

　　（4）《民国十四年（1925）徐鸿标补押字》："将族山出卖与主开化阙培宗二位兄台为业，土名坐落寺源坑山场一带，四至界限正契载明，不必另叙。"（石仓2/5/371）

【代】《说文解字·人部》："代，更也。"①本义为更替、替代。作量词，用于描述世系辈分或朝代等，但在契约中却称量田地。用例如下：

　　（1）《清嘉庆二十五年（1820）仁孝卖田契》："情愿奇堪太祖田壹代，其四址散阔，知明不具。又庆礼太祖壹代，其四址散阔，知明不具。"（宁波184）

　　（2）《清道光十二年（1832）位全永卖祀田契》："立永卖契位全，今因乏用，情愿将茅山头太祖祀田壹代，土坐溪中秧，田计贰垁，量（粮）计贰亩。"（宁波6）

　　（3）《清同治八年（1869）有水同侄永卖更田契》："情愿将寿堪太祖更田壹代；又有谅太祖更田壹代；又克隆太祖更田壹代，共太祖田叁带，其土名段四址散阔，知明不具，情愿将三代更田一并出卖与芝兰两房为业。"（宁波193）

　　（4）《民国六年（1917）陈玉贞卖沟地契》："今将自己村东井儿沟地一代，约有五亩，东西均至分水岭，南至李姓、北至齐忠信、四至分明。"（历代契证110）

上例中称量田地的"代"，本字当为"埭"，《正字通·土部》："埭，壅土为堰。"②杨慎《艺林伐山·卷四》："江南谓之埭，巴蜀谓之堰。"本义即用于堵水的土坝。在吴方言中，作量词，用于成排、成行的东西，如一埭田、一埭房子、一埭楼等。而上例"代"所出现的宁波契约恰好属于吴语区，契约

　　①　许慎.说文解字［M］.北京：中华书局，2015：162.

　　②　张自烈，廖文英.正字通［M］.北京：中国工人出版社，1996：194.

中正好有与"代"同音的"埭"的用例，如：

（5）《清道光二十八年（1848）山阴县余春晖借墙搭楼披笔据》："立笔据人余春晖，缘陈姓正屋外北边，有衔堂一埭，直至河埠，与余春晖公共出入之业。"（粹编1785）

（6）《清光绪三十一年（1905）柴贤生杜绝找契》："立永远杜绝找契柴贤生，今又乏银正用，情愿挽中将前月所卖猪首连披屋壹埭，土名四址已于正契载明。"（浙东101）

（7）《民国十一年（1922）绍兴县魏维珍转典屋官契》："皇字号，坐落蓬山杨溇石桥里面老屋台门内第式进，坐西朝东楼屋上下两全间，沿廊直出壹埭；南首坐南朝北侧楼中间楼下壹间。"（粹编1907）

"代"与"埭"音近义通，都出现在吴语区契约中，可推知"代"应为"埭"的同音俗字或别写形式。例（3）的"田叁带"中"带"亦为"埭"的同音替代字。

小结： 通过以上分析可知，契约中"带"与"代"出现的地域和称量范围的广狭有别，"带"出现在不同地域的契约中，可称量房屋、山场、山坡等，"代"仅见于宁波地区的契约，多用于量田地。"带"为通语，"代"为"埭"的方言俗写字或异体字，"埭"可称量房屋，是方言量词。

第三节　抱／朴

【抱】《钜宋广韵·皓韵》："抱，持也。"[①] 由双手抱捧义转喻为两臂合围的容量。在笔者所操的宁夏同心方言中，"抱"可作量词，如"她头也么回滴，抱了一抱子衣裳走咧"。契约中计量稻禾，用例如下：

（1）《清嘉庆十六年（1811）黎聪典当田契》："自将役田那榕猛三片十四抱地，座（坐）落□□，自身问到那隆村黄□处，取出铜钱七千文

---

① 陈彭年.钜宋广韵［M］.上海：上海古籍出版社，2017：204.

正，即日亲手领钱回家应用。"（广西45）

（2）《清道光十七年（1837）黄暖当田契》："……父子商议，愿将祖父遗下名唤土名那路□一片，年中得禾十二抱。"（广西60）

（3）《清同治二年（1863）黎崇权卖田契》："自将本分祖业遗下承田二片，实禾十二抱地，承粮四十八文，凭中问卖永与本族黎卡，应出本钱五千文足。"（广西75）

（4）《清同治五年（1866）黎崇贤卖田契》："愿将祖父遗下城田共有三片，名唤□隆处，宽广得禾一片得禾十六抱，又一片得禾六抱，再一片得禾四抱，共得二十六抱之地。"（广西78）

"抱"计量禾，仅见于《广西少数民族地区碑文、契约资料集》。以上用例，除了例（2）为典型用例，其余各例均为变例。例（1）省略了"禾"字，虽为"十四抱地"，但"抱"所指称仍为禾，而非地。例（3）（4），似乎用"抱地"来计量禾，其实还是用"抱"量禾。一是从例文可见，已经用"片"作了土地的称量单位，如例（1）"役田那榕猛三片"，例（2）"那路□一片"，例（3）"承田二片"，例（4）"城田共有三片"，所以没有必要再在文中用"抱"计量田地了；二是在广西壮族各地，百姓习惯于用土地的收获量和播种量来确定地积。从契约文书土地计量单位可以看出，该情况在很多地区都存在。所以计量作物收获量的"抱"还承担着对地积的计量，正因为如此，例句行为才会有"禾……抱地"和"……抱地"的行文格式。

【朴】《钜宋广韵·觉韵》："朴，同'樸'。"[1] 本为质朴义，传世文献无量词用法。契约中作量词，与"斗"组合使用，称量粮谷，用例如下：

（1）《清嘉庆二十三年（1818）黄世奇典畲地契约》："不已，兄弟商议，愿将本分畲地一边，土名厅告宽庄，谷一斗伍朴地，坐落科板，先通族内，无人承当。"（广西46）

（2）《清道光十五年（1835）黎美借钱谷约书》："两人当面言讫：其钱谷共起利，其钱年中每月千二行利钱六十文，其谷年中每斗二拦利，谷五补足。"（广西60）

---

① 陈彭年.钜宋广韵［M］.上海：上海古籍出版社，2017：379.

例（2）的"补"应与"朴"同，都是壮语"bog"（捆）的音译汉写。

小结：通过以上分析可知，"抱""朴"均见于《广西少数民族地区碑文、契约资料集》，计量对象均为稻谷。据黄树杰调查，广西契约中的"把""抱""朴"都是壮语"bog"（捆）的音译汉写。旧时当地壮族收稻子时割下的稻谷连秆捆好，每头一捆用扁担挑回脱粒。每捆30~40斤，可得谷子20斤左右。①

第四节　把/挑

【把】《说文解字·手部》："把，握也。"②作量词，汉代已出现，表示一手所握之量，如一把米，一把韭菜，一把头发等。契约中多称量禾、谷等。用例如下：

（1）《清雍正八年（1730）范礼堂卖田皮契》："言定递年各纳谷一十二八把正，不敢欠少。"（浙江一瞥24）

（2）《清乾隆五十四年（1789）龙宗玉断卖水田契》："土名洞头係边冲水田大小伍丘，计禾叁把伍手，载源粮叁合伍勺，连荒坪在内，要行出断。"（九南103）

（3）《清嘉庆四年（1799）吴得友典田字》："坐落土上洞头人行坡脚溪边田壹丘，计禾贰把，要行出典，请中问到本寨龙书成名下承典为业。"（亮寨187）

（4）《天运黄帝壬子岁（1852）潘大福卖断水田契》："情愿将自己祖父遗下水田一处，土名江秀，田禾二十一把。"（广西192）

（5）《清光绪三十年（1904）漳基等卖田契》："坐落土名北山下上段汉倒分地门口，禾田一坵二十把，前来托中送与立□伯丞有承买。"（厦

① 罗树杰.论壮族土司田地权利的转让：壮族土司田地契约文书研究之三 [J]. 广西民族学院学报（哲学社会科学版），1999（4）：74.

② 许慎.说文解字 [M]. 北京：中华书局，2015：252.

门87）

上例中的"禾"，即糯禾，贵州的很多地方称糯稻为禾。其实用"把"计量禾谷，应与"秉"有关。刘世儒说："'秉''把'一声之转。《仪礼·聘礼》：'四秉曰筥。'下郑玄注：'此秉谓刈禾盈手之秉也。'《诗经·小雅·大田》：'彼有遗秉。'毛宫传：'秉，把也。'孔疏：'禾之秉，手把耳，……然则禾之秉一把耳。'"① 可见"把"应是在"秉"的基础上孳乳分化而来。《说文解字·又部》："秉，禾束也。"② "秉"作量词后，多计量禾茎，如《左传·昭公二十七年》："或取一编菅焉，或取一秉秆焉。"③ 而"把"在民间计量的禾把多为禾穗，非稻杆。契约中"把"的量，很多研究清水江流域土地契约文书的研究者有过相关考证，如张明认为10手为一把，30把为一亩。④ 龙泽江以10边等于一把，2把等于一担为前提，根据一边在4~5.33库平斤之间，或4.75~6.33市斤之间，结合田野调查及对现今苗侗村寨禾把的实测，得出一边合6市斤，一把合60市斤的结论。⑤ 张明在后期的另一篇文章中以一把等于0.845边，一担等于12把为前提，得出一亩地约为43把的结论。⑥ 综合以上结论，龙泽江的考证结果更翔实和可靠。我们也可以依照"秉"来推算"把"的量值，《集韵·梗韵》："秉，或曰粟十六斛为秉。"⑦ 如果以2斛为一石，一石为120市斤折算，那么一斛为60市斤，而一秉则为960市斤，一把也就是960斤。在晋语中，"把"也用于计量粮食作物，但一把等于3石，按一石为120市斤折算，一把则为360市斤。广西环江地区一把为15斤。可见"把"的具体量值因地而异，其实所谓"一把"就是一束或一捆。

---

① 刘世儒.魏晋南北朝量词研究［M］.北京：中华书局，1965：241.

② 许慎.说文解字［M］.北京：中华书局，2015：59.

③ 左丘明.左传［M］.北京：中华书局，2012：2018.

④ 张明.清水江流域苗侗民族传统糯禾特殊计量单位研究［J］.贵州大学学报（社会科学版），2012，30（6）：84.

⑤ 龙泽江，谭洪沛，吴小平.清水江文书所见清代贵州苗侗地区的田粮计量单位考［J］.农业考古，2012（4）：13-17.

⑥ 张明，安尊华，杨春华.论清水江流域土地契约文书中的特殊字词［J］.贵州大学学报（社会科学版），2017，35（1）：25.

⑦ 丁度.集韵［M］.上海：上海古籍出版社，2017：421.

【挑】《字汇·手部》："挑，杖荷。"①后由用肩挑的动作转喻为计量一肩所挑的重量，一挑即一担。契约中多独用，用例如下：

（1）《清道光六年（1826）林则徐兄弟析产阄书》："余父系第四房，阄分稻谷三十挑，住屋数间，另有书田十担，此玉融祖例也。"（粹编1755）

（2）《清同治元年（1862）彭昌贵卖田契》："自愿将到土名莫又大小田乙坵，上坵禾花乙十四挑，上抵彭姓，下抵彭姓为界。"（清水江2/5/27）

（3）《清光绪十六年（1890）邹德高借钱借字》："彼日二家面议利息每年田内□谷子拾挑，不得短少升合。"（道真255）

（4）《清光绪二十四年（1898）朱本培卖田契》："……夫妻商议自愿将到地名亚捍榜过水田坎脚田一坵，计谷二挑，上抵彭高怀过水田……"（清水江2/4/462）

（5）《民国三十六年（1947）姚俊杰卖田地字》："自愿将到土名各堂龙田大小二坵，出卖收花三桃，上抵学校、下柢（抵）姚启猷田、左右柢（抵）山，四至分明。"（天柱15/122）

例句中"挑"多计量禾、花、谷等。张明认为"挑"是量词，常用来计算耕地面积的单位，一挑重约100市斤。②"挑"在契约中多作计量禾、谷等的重量单位，但旧时有用谷物的产量来代指田地地积的情况，如：

（6）《民国年间兴荣等分关孝义合同》："……除有养善之田陆拾挑整，以下三股均分，高底答派天定警关，不浮懊悔。"（天柱18/246）

一般出产5挑或6挑谷的田，其地积约等于一市亩。龙泽江认为："在清水江文书中，不仅石、挑相通，而且石、担、撺、挑都相通，都是同一意义的不同书写习惯，都是洪平90斤，合库平80斤或95市斤。"《道真契约文书汇编》中释一挑为100斤。③例（5）中"桃"应为"挑"的形近讹字。

① 梅膺祚.字汇 字汇补［M］.上海：上海辞书出版社，1991：176.

② 张明，安尊华，杨春华.论清水江流域土地契约文书中的特殊字词［J］.贵州大学学报（社会科学版），2017，35（1）：25.

③ 汪文学.道真契约文书汇编［M］.北京：中央编译出版社，2015：255.

小结： 通过以上分析可知，契约中"把"虽为古已有之量词，但契约中与"挑"一起多出现于贵州地区的契约中，作方言量词使用，计量禾、花、谷等，一般10边为一把，一把约为60市斤，一挑为80~100市斤不等。

第五节　手/拜/挈/鬶

【手】《说文解字·手部》："手，拳也。"[1] 由拳头义引申出拿义。《古书疑义举例》卷三第三十九条："执持于手即谓之手。"[2] 作量词，用于本领、技能、手段等。在西南官话或粤语中，相当于"行""类""种""笔"等，但契约中与"把""稱"等组合称量禾。用例如下：

（1）《清顺治七年（1650）张引保卖田契》："请中在内将到自己分上祖业土名式坡脚田壹坵，计禾陆手，欲行出卖，召到剪刀坡高坡寨潘爱溪处为业。"（天柱9/270）

（2）《清嘉庆二十四年（1819）龙明蛟断卖寨脚秧田契》："……坐落土名寨脚大路边湾内秧田贰丘，计禾贰把伍手，随戴（代）原粮贰合七勺，要行出断。"（九南108）

（3）《清道光二十九年（1849）潘仕才卖田契》："拾三坵方形下禾陆稱肆手，拾肆坵三尖形下禾叁稱肆手，拾伍坵箭形下禾式稱叁手，欲行出卖，无人承就。"（天柱4/311）

（4）《清道光二十九年（1849）潘仕才卖田契》："立卖田契人潘仕才，今因要钱用度，无从得处，自己情愿将到土名皂鸡冲头水田一坵，计谷三手……"（天柱4/312）

（5）《清咸丰八年（1958）龙榜断卖大塘契》："又得买富结塘半股，共计禾十七手半，请中问到龙用飞承买为业。"（九南362）

---

① 许慎.说文解字［M］.北京：中华书局，2015：251.

② 俞樾.古书疑义举例［M］.北京：中华书局，2005：63.

（6）《清同治元年（1862）潘再琏断卖池塘契》："立断卖塘约人潘在连，谓（为）因家下缺少用度，无处出习（息），自己上门问到本寨表兄龙兴旺名下承买为业，坐落土名大塘<u>禾叁手半</u>，要行出断。"（九南370）

由例句可知，"手"仅见于贵州地区的契约文书。据高聪等考证，"把、手、合、勺是清水江流域苗族、侗族人民惯常使用的一种计量单位，都采用十进制。收割谷禾时，以手捏谷禾满手为一手，十手为一把，十把为一挑①"嘉靖《贵州通志》亦记载："以稔熟刈把为例，以四剪为手，十手为把。"② 由此可见，"手"是苗侗等少数民族计量糯禾时常使用的量词，指一手握持的量，小于"把""稫"，一般10手为一把或一稫。据张明推断，一手重约3斤。③

【拜】《论语·子罕》："拜，下礼也。"④ 本义为古代表示敬意的一种礼节。在闽语中作量词，相当于"次"。⑤ 契约中用来称量禾，用例如下：

（1）《清乾隆二十七（1762）姜香保卖断田约》："自愿将祖遗水田乙坵，约<u>禾一把五拜</u>，坐落地名眼笼去卖，请中问到岑梧寨陆明知名下承卖为业。"（清水江2/3/180）

（2）《清乾隆五十一年（1786）唐故领等断田约》："……情愿将到祖水田乙坵，坐落土名队随，共计约<u>禾贰拾拜</u>，逐年应纳条丁银乙厘肆毫。"（贵州林业3/D0002）

（3）《清道光五年（1825）龙用熙断卖大塘契》："坐落名土大塘，<u>禾六拜半</u>，要行出断。"（九南344）

（4）《清同治元年（1862）潘再琏断卖池塘契》："坐落土名大塘，<u>禾叁拜半</u>，要行出断。"（九南370）

例句中"拜"的意义与其固有的量词意义无关，例（1）在图版原件中，被写作"拝"，而非"拜"，由此可推知"拜"也许为异体替代字或方言用

---

① 高聪，谭洪沛.贵州清水江流域明清土司契约文书·九南篇［M］.北京：民族出版社，2013：102.

② 谢东山，张道.贵州通志［M］.贵阳：贵州人民出版社，2015：278.

③ 张明，安尊华，杨春华.论清水江流域土地契约文书中的特殊字词［J］.贵州大学学报（社会科学版），2017，35（1）：25.

④ 杨伯峻.论语译注［M］.北京：中华书局，2006：99.

⑤ 许宝华，宫田一郎.汉语方言大词典［M］.北京：中华书局，1999：4185.

字，本字为"抍"。《说文解字·廾部》："廾，竦手也。抍，扬雄说廾从两手。"①宋育仁《说文解字部首笺正》："廾，会意也。竦手者，有所奉持，合其手，故从二手相对，犹言捧手。后演为奉，又加手为捧。古文与拱同为一字。"②本义为两手捧物。契约中将"抍"写作"拜"，是因为《重订直音篇·卷二·手部》："'𢮃'同'抍'。"③"𢮃"与"拜"字形相近导致讹误。如果"拜"为"抍"，作田粮计量单位时，就表示两手所捧持的量。

【揢】《中华字海》："音恰，阳平。拿揢，捉拿。"④其本义为捉拿，无量词意义，契约中可独用，可与"把"组合使用，作禾的称量单位，用例如下：

（1）《清乾隆三十年（1765）王贵包卖田契》："自己謪议，自愿将到土名坐落芩滥冲大路边田壹垇，计禾乙百二十揢正。"（清水江2/7/2）

（2）《清嘉庆六年（1801）姜含宗等断田约》："坐落土名凉停，约计禾七十揢，逐年应纳条银四厘九毛，请中出断卖与姜文裕名下承买为业。"（贵州林业3/D0003）

（3）《清嘉庆二十年（1815）收禾确认文书》："宗玉收世熟田三垇，禾三把五揢。"（姜元泽551）

（4）《清道光十五年（1835）彭启华典田契》："其田自典之后，每年称租谷六十揢，每揢六斤，不得短少。"（清水江2/4/277）

（5）《民国三十三年（1944）龙玉横叔侄等分关字》："龙运涛、运彩占式阁，分落地芽沙田壹垇，约谷肆拾捌揢。"（亮寨246）

由例句可知，"揢"应是称量糯禾的一个称量单位，多独用，偶见与"把"组合使用，如例（2），作其下一级单位，而契约文书整理者在《亮寨》中将"揢"厘定为"把"，由此可知应属校订错误。由例（4）可知，一揢为6斤。《贵州林业》中将"揢"厘定为"挈"，具体参见"挈"字条。

【𢪙】音义同"拿"。《金瓶梅词话》第五十一回："于是𢪙上菜儿来，斟

① 许慎.说文解字［M］.北京：中华书局，2015：53.

② 宋育仁.说文解字部首笺正［M］.问琴阁丛书，1924—1948.

③ 续修四库全书·经部·小学类·重订直音篇［M］.上海：上海古籍出版社，2002：54.

④ 冷玉龙，韦一心，等.中华字海［M］.北京：中国友谊出版社，2000：858.

酒递与来保。"① 作量词，犹把，指一手掌能捧着的数量。传世文献可见，如《醒世姻缘传》第八十一回："人家拿着一大㩧银子买将个丫头来，必定是图好，难道是买了图打杀来？"②《改併四声篇海·手部》引《搜真玉镜》："㩧，音搦。"《康熙字典·手部》："㩧，《篇海》同搦。"③ "搦"在传世文献中多作量词，指一手握持的量，相当于"把儿"，如南宋汪元量《水龙吟·淮河舟中夜闻宫人琴声》："对渔灯一点，羁愁一搦，谱琴中语。"可见"㩧"无论同"拿"，还是"搦"，作量词，均指一手捧持或握持的量。契约中称量稻禾，用例如下：

（1）《清嘉庆二十四年（1819）龙廷彩卖田约》："自愿将到先年得买下寨姜□宗名下之田乙坵，土名坐落周榜和把廿㩧，出卖与下寨下房姜朝望名下承买为业。"（清水江1/9/26）

（2）《清道光十七年（1837）龙廷彩等断卖田约》："自愿将到先年得买下寨姜朝望名下之田乙坵，土名坐落周榜和把廿㩧，出卖与上寨上房龙杨保名下承买为业。"（清水江1/9/71）

小结：通过以上分析可知，"手"为贵州苗侗少数民族常用的糯禾称量单位，为方言用词。张明认为"扦""挈"的本字为"卡"，意为用双手将谷穗用绳索扎在一起，置于晒禾架上晾干。④ 当然将"扦""挈"认为是"卡"字是有道理的，因为"挈"与"卡"的读音相同，音［qia］，且意义相同，"卡"有拿义，后"卡拿"复合成词，表示刁难的意思；"挈"亦为"拿"义。还因在西南官话及吴语区，"卡"作量词，就表示一只手可以抓起的量。"但契约文书中的"卡"所容之量应为两手所抓取的禾穗量，即两手合起来捧持的量。其中稻穗握满一手称"手"；握满两手，用双手将谷穗用绳索扎在一起，进行晾晒称为"扦"，字亦作"拜"，亦可称为"挈"，字亦作"挐""挈"，而"扦""挈"，其本字均为"卡"。

① 兰陵笑笑生.金瓶梅词话［M］.北京：人民文学出版社，1970：655.

② 西周生.醒世姻缘传［M］.长沙：岳麓书社，2014：729.

③ 张玉书，陈廷敬.康熙字典［M］.北京：中国书馆，2010：429.

④ 张明，安尊华，杨春华.论清水江流域土地契约文书中的特殊字词［J］.贵州大学学报（社会科学版），2017，35（1）：25.

第六节　稝/边

【稝】《集韵·先韵》：“穮，篱上豆。亦作稝。”① 本义为扁豆。在契约中与“籽”“挑”“手”组合，作禾、花、谷的称量单位。用例如下：

（1）《清乾隆六十年（1795）吴五生等卖田契》：“自愿将到自己分下土名欄夺寨水井坎上下田三坵，收禾三十稝，要银出卖。”（天柱10/16）

（2）《清道光十五年（1835）龙双兴父子卖田契》：“自愿将土名伞上冲弟二十四坵，料形中田收禾肆拾式稝，请中问到春花寨林邦琼永用买。”（天柱18/144）

（3）《清同治四年（1865）王泰元兄弟卖田契》：“自愿将到坐落土名下孟田乙坵，收禾四十稝，自己请中问到本寨王在礼名下承买为业。”（清水江2/6/33）

（4）《清光绪四年（1878）龙万聪卖田契》：“情因与龙喜亨所共有土名琅瑕冲第叁拾五六坵，下田式形，收禾伍拾稝零叁籽，因为工夫无便，自愿出卖，请中上门问到演大寨龙喜泰承买。”（天柱16/8）

（5）《民国二十二年（1933）龙宏才卖田契》：“当中言定价钱柒拾伍仟捌百文正，田收谷壹挑零式稝。其钱领足应用，其契付与买主永远为业。”（天柱21/121）

例句中“稝”的本字应为“编”。《玉篇·糸部》：“编，编织也。”② 乾隆《清江志·卷一·天文志》记载：“诸苗则种糯，五月栽插方完。稻谷九月内可以尽刈，诸苗之禾则须十月。其收时，以手摘谓之摘禾，以索缚之或谓之把，或谓之编。屋后皆竖木架层挂之，俟干乃入仓。”③ 由上可知，“编”为收割禾

---

① 丁度.集韵［M］.上海：上海古籍出版社，2017：159.

② 顾野王.玉篇［M］.上海：上海书店出版社，2017：427.

③ 段志洪，黄家服.中国地方志集成·贵州府县志辑（22）［M］.成都：巴蜀书社，2006：366.

谷时，用绳索将禾捆成的捆。之所以称为"编"，这与贵州很多地区流传的一种晒谷方式——禾晾有关系。所谓禾晾就是将成熟的稻穗剪摘后，按穗头冲两边，稻秆相重叠的方式，将两手稻谷重叠捆扎在一起，然后晾晒在搭好的晒谷架上，晒干后收入禾仓。由于苗侗山民多居住在高寒山区，为保证充足的日照及保护粮食作物不被雨水侵蚀，至今，苗侗村寨仍保留着这种传统的晾晒方式，并日渐成为一道风景。被晾晒的禾谷其状若古时人肩上或驴背上的褡裢。根据契文记录可知一稫为4手、6手或4籽不等；每稫为12斤、14斤、15斤或18斤不等。张明认为"糯谷一边约重6市斤"[①]，契约中多将"编"写作"稫"，可能与"稫"多作糯禾稻田的称量单位有关。因苗侗少数民族基本以糯禾为主食，多种植稻田，故将"编"多写作带禾木旁的"稫"。由于写得多了之后俗体反而成了正体，正体却被遗忘了。除此之外，契约中还见与"编"或"稫"音形相近的"扁、遍、糒、褊、揙、禙"等字体。

【边₁】在称量房屋类的契约中作量词，表一半或一部分。本部分用于称量禾、花，可独用，可与"手""子"组合使用。用例如下：

（1）《清嘉庆二十三年（1818）龙士吉兄弟卖田契》："又将冲田一坵，收禾花五十边，请中出卖与文斗寨姜应祥、应辉兄弟名下承买。"（姜元泽164）

（2）《清道光十八年（1838）王贤旺卖禁山约》："……亲自己登门问到本寨王在昌名下承买，议定禾三边三斤整，交领完足。"（清水江2/7/9）

（3）《清光绪六年（1880）杨昌合笔录归户册》："第九坵牛角形下禾叁边零叁籽，东至龙秀光田、西至龙秀来田、南至龙运来田、北至龙秀光田。"（天柱14/105）

（4）《清光绪三十四年（1908）王泰厚卖田契字》："自愿将到坐落地名便德小田乙坵，收禾化（花）乙边，要钱出卖，自己问到本寨王秀芳名下承买。"（清水江2/7/174）

根据称量对象相同，读音相近，搭配组合使用的词语相同等特点可推知

① 张明，安尊华，杨春华.论清水江流域土地契约文书中的特殊字词［J］.贵州大学学报（社会科学版），2017，35（1）：24.

上例中的"边",实为"稨"的异体字,《清水江》中多写作"边"。由于禾谷晾晒时稻穗分别垂向两边,故而称量这样一捆稻禾就用"边"。龙泽江根据契约中的相关例文中的数据推算出了糯谷一边约重6斤。[①]

小结: 通过以上分析可知,"稨"与"边"为异体字,均为清水江流域特有的糯禾的称量单位,属方言用词。其中"稨"的本字为"编"。所谓"稨"或"边",指的是将两手稻穗向相反方向重叠捆绑在一起。从糯禾捆扎后的形状来说,称为"边";从捆扎时动作来说,称为"编",亦作"稨";从捆扎的数量来说,称为"抙""挈",亦写作"卡"。

第七节 籽/子

【籽】本指某些植物的种子。在闽语中作量词,犹"束"。契约中称量禾、花,可独用,但多与"稨"或"边"组合使用。用例如下:

(1)《清同治十二年(1873)重抄本春花鱼鳞册12》:"枯木冲第柒拾坵杨贵珍三角形下田,东至本人田、西至杨文珍田、南北至本人坡,禾叁籽。"(天柱17/41)

(2)《清光绪二十九年(1903)龙清荣卖田契》:"立卖田契人地良寨龙清荣,今因要钱使用,无所出处,自愿将到土名求蔺中田乙坵,收花十七边二籽……"(天柱14/173)

(3)《民国乙丑年(1925)林启玉卖田地契》:"第玖百柒拾陆坵,直形上禾式拾伍稨,第壹佰柒拾捌坵,刀形上禾四稨叁仔,壹共式坵,田号分明,要钱出卖。"(天柱18/55)

(4)《民国二十三年(1934)龙政校卖田契》:"自愿将到土名小坪坝水田第贰百肆拾柒坵,栽刀形上禾贰捌稨,并下第贰百柒拾壹坵,鱼鳅形上禾叁籽。"(天柱17/205)

① 龙泽江,谭洪沛,吴小平.清水江文书所见清代贵州苗侗地区的田粮计量单位考[J].农业考古,2012(4):13-17.

例（3）的"仔"，指幼小的家畜；《说文解字·禾部》："秄，雝禾本。"①例（4）的"秄"，即给禾苗的根部培土，"仔""秄"都应为"籽"的异体字。光绪《天柱县志》卷三《田赋》："'籽'为侗族俗语，左手紧握的糯稻穗茎为一籽，四籽为一边（编）。"②《天柱》中的契约录文所见"十籽为一编"。根据音近义通的训诂原则，可推知契约中的"籽"，其本字也许为同样计量禾谷的"秭"，《说文解字·禾部》："秭，五稷为秭。"③段玉裁注："禾二百秉也。"④《仪礼·聘礼》："四秉曰筥。"郑玄注："此秉谓刈禾盈手之秉也。"⑤《诗经·小雅·大田》："彼有遗秉。"毛亨传："秉，把也。"孔颖达疏："禾之秉，手把耳，……然则禾之秉一把耳。"⑥早期的契约文书中，有一则"秭"例，如：

《西周孝王二年（前883）匡季赔偿契约》："昔馑岁，匡众厥（厥）臣，廿夫寇智禾十秭。……东宫廼曰：'赏（偿）智禾十秭，遗十秭，为廿秭。□（如）来岁弗赏（偿），鼎（则）付'"（粹编17）

"籽"本字虽为"秭"，但意义却因时因地有些许变化，"十籽"为一编，"一秭"为200把。

【子₂】作量词，魏晋南北朝用于果实，唐代用于聚束的细长物。但在契约中，可独用，可与"编"或"边"组合使用，称量禾。用例如下：

（1）《清道光二十八年（1848）龙武权兄弟卖田契》："自愿将到土名东音盘田二坵，收禾十四边三子，东抵全登田、南抵文住田、西抵卖主田、北抵山后田，抵四分明，要行出卖。"（天柱18/12）

（2）《清光绪元年（1875）龙彦功田产归户册》："土名高寨买祖念第六坵碗形，下禾乙子，东至运来、西至山、南至运来、北至本人。"（天柱13/53）

（3）《民国二年（1913）伍永川卖田契》："将到土名冲免路坎下长田

① 许慎.说文解字［M］.北京：中华书局，2015：141.

② 天柱县志编纂委员会.天柱县志［M］.贵阳：贵州人民出版社，1993：.

③ 许慎.说文解字［M］.北京：中华书局，2015：143.

④ 许慎.说文解字注［M］.段玉裁，注.杭州：浙江古籍出版社，2016：328.

⑤ 郑玄，贾公彦.仪礼注疏［M］.上海：上海古籍出版社，2008：716.

⑥ 李学勤.毛诗正义［M］.北京：北京大学出版社，1990：473.

壹坵，收花壹拾贰稿零三子，上抵大路、下抵龙姓田、左抵伍姓田、右路角为界，四至分明，要钱出卖。"（天柱12/123）

（4）《民国十四年（1925）龙显辉分关约》："第二十八坵直形下禾一子，第二十九坵直形下禾乙子，过溪耕种，第六十一坵蛇形下禾肆边三子。"（天柱16/2）

例句中的"子"应为"籽"的省形异体字。

小结：通过以上分析可知，"籽""子"为异体关系，契约中用为方言量词，是清水江流域苗侗少数民族常用的糯禾称量单位。

第八节　楼/稂/栳

【楼】字典辞书中无此字形，该字应为"稂"的类推简化字，《集韵·豪韵》："稂，野豆。或作稂。"[1]闽语中有"栳"字，表示大称。契约中作量词，称量禾、花，可独用，可与"边"组合使用，应是转喻而来的用法。用例如下：

（1）《清乾隆五十一年（1786）王照断卖田契》："自愿将到土名高□田大小田二坵，收禾三老，请中上门问到少地明寨□□王岩无名下承买为业。"（清水江2/10/2）

（2）《清咸丰二年（1852）王昌乔卖田契》："立卖田契人王昌乔，今因缺少用度，自愿将到土名登洞田乙坵，收禾花乙楼二稿，要银出卖。"（清水江2/8/80）

（3）《清光绪三十二年（1906）王晚照卖田地约》："将到坐落地名领闲田壹坵，收禾花贰楼四边，上下左右依田坎为界。"（清水江2/9/148）

（4）《民国十二年（1923）龙全恩卖田契》："立卖田契字人本寨龙全恩，今因缺少钱用，无所得出，自愿将到坐落地名高叠田乙坵，收禾花

---

① 丁度.集韵［M］.上海：上海古籍出版社，2017：99.

乙□二边。"（清水江2/7/474）

（5）《民国三十年（1941）王宏先卖田契》："自愿将到坐落地名墓老田一坵，收禾花一捞，要银出卖。"（清水江2/10/57）

契约中除多写作"穄"外，还偶见"老""捞""劳""捞"等字体。根据"穄"与所搭配量词"稨"或"边"的进制数在1~9内，可推知它们之间存在十进制关系，即"一穄等于十稨"，而张明认为一稨等于6市斤，也就是一穄等于60斤。[①]

【穄】《说文解字·禾部》："穄，穄程。谷名。"[②]《广雅疏证·释草》："穄程，穄也。"[③]"穄"与"稷"通，《本草纲目·谷部·稷》："稷与黍，一类二种也。黏者为黍，不黏者为稷。稷可作饭，黍可酿酒。犹稻之有粳与糯也……今俗通呼为黍子，不复呼稷矣。"[④]《说文通训定声·壮部》："穄，黍之黄而不黏者。"[⑤]"穄"本为一种没有黏性的谷物。契约中作量词，称量禾或花，可独用，可与"稨"或"边"组合使用。用例如下：

（1）《清光绪三十年（1904）王岩荣卖田契》："立卖田契约人魁胆寨王岩荣，今因要银使用无从得处，自愿将到坐落地名便得田乙坵，收禾二穄。"（清水江2/10/39）

（2）《民国十二年（1923）王瑞炳卖田契字》："自愿将到坐落地名我秧田壹坵贰股，今分瑞炳壹股出卖，当收禾花叁穄捌遍……"（清水江2/10/78）

（3）《民国十年（1921）王发躲卖田契字》："自将到坐落土名叩梅甲乙坵，收花五捞，上抵塊上、下抵卖主共山、左抵恩然芳山、右抵卖主芳山为界，四至分明。"（清水江2/9/106）

（4）《民国十年（1921）王引益卖田地字》："立卖田地字人兄弟王

① 张明，安尊华，杨春华.论清水江流域土地契约文书中的特殊字词［J］.贵州大学学报（社会科学版），2017，35（1）：24.

② 许慎.说文解字［M］.北京：中华书局，2015：142.

③ 王念孙.广雅疏证［M］.北京：中华书局，2019：777.

④ 李时珍.本草纲目［M］.北京：人民卫生出版社，2005：1204.

⑤ 朱骏声.说文通训定声［M］.北京：中华书局，2016：929.

引益，今因要钱使用無所得出，自愿将到坐落土金覧乙垃，收花二榜二边。"（清水江2/9/103）

根据用例及与"稨"的组合关系，可推知"榜"应为"橯"异体字。"橯"在契约中亦见被写作"撈""橯"等字形。

【栳】"栳"即"栲"，《钜宋广韵·皓韵》："栳，栲栳，柳器也。"[①]《正字通·木部》："栲栳，盛物器，即古之簝，屈竹为之。"[②]《水浒传》第二十六回："却好走到他门前，只见那小猴子挽着个柳笼栲栳在手里，籴米归来。"[③]"栲栳"是一种用竹子或柳条编成的盛东西的器具，形状像斗，亦称笆斗。中原官话区，"栲栳儿"指框子。如江苏徐州"三斤菜去半斤栲栳儿，还剩二斤半"[④]。台湾地区，"栳"是一种底宽口小，底部正方的量器，容量为二斗五升；闽语里，"栳"为量谷物用的斗。故同"斗"一样，"栳"从普通盛器变为量器，又转喻为斗状容量单位。契约中多用来计量租粟等。用来如下：

（1）《清雍正十年（1732）福州郭天爽借贷契》："又借早粟貳栳，每栳约利一栳。"（福建选辑551）

（2）《清嘉庆三年（1798）岳文德垦添番租字》："此埔自乾隆拾肆年瞨耕張寬開墾，不愿耕作。将田退耕與陳宗官，不論豐歉，约定租谷玖石滿栳。"（大岗山136）

（3）《清道光柒年（1827）施曾瞄立卖田契》："有承父業田乙垃，貫在本处土名大坂洋角尾，受子四升，載租伍栳，配官民米貳升伍合糞水在内。"（厦门34）

（4）《清咸丰四年（1854）南安县孙氏典厝契》："年共載己租二栳三斗大，每栳配产米一升二合正。"（福建选辑695）

（5）《民国二年（1913）灼宏卖田契》："立卖贴尽绝契字人胞叔灼宏，有己置業田叁垃，一貫在绵宫祖厝角，土名湾垃，受子四斗，載租水四栳，配民米貳升。"（厦门144）

① 陈彭年.钜宋广韵［M］.上海：上海古籍出版社，2017：204.

② 张自烈，廖文英.正字通［M］.北京：中国工人出版社，1996：500.

③ 施耐庵.水浒传［M］.北京：人民文学出版社，1997：348.

④ 许宝华，宫田一郎.汉语方言大词典［M］.北京：中华书局，1999：4579.

例句中"栳"仅见于福建地区，由此推断其应是闽语区较通行的一种容量单位，但据师弟黄文浩考证："栳"在广东潮湿地区、浙江宁波许家村亦常用。潮汕地区的斗为方形，栳为鼓形，一般四栳为一石，一栳为七十五斤。许家山村的一栳为二斗五升，约重也是七十五斤。同时，他还考证了福建地区"栳"的具体计量数量，即一栳可装谷子五十到九十斤不等，因地区不同而略有差异。契约中"栳"还写作"拷""老"等同音替代字形式。例（2）的"满栳"也是量器的一种，底宽口小，底部方正，容量比道栳大。①

小结：通过以上分析可知，在清水江流域契约中"稜"与"榜"同时出现，多用来称量禾、花，"榜"的使用频率更高，根据它们的称量对象及所搭配组合使用的量词来看，契约中的"榜"与"稜"应是同一个字的异体形式，或者两个字都是其他字的俗写形式或同音替代字。而"栳"出现在福建地区的契约文书中，用来称量要缴纳的租粟，是闽语区较通行的一种容器，亦作容量单位。"栳"与"稜""榜"都应为方言量词。

第九节　榻 / 台 / 踏 / 塔

【榻】《释名·释床帐》："人所坐卧曰床。床，装也，所以自装载也。长狭而卑曰榻，言其榻然近地也。"②榻是比床窄而低的坐卧具，故作量词可称量床或同为平面的几案。契约中称量房屋，用例如下：

（1）《清乾隆七年（1742）朱学文等立尽契》："立尽契人朱文顺、文厚、文奎，有厝一座七架六榻，坐贯英演村，土名茶杪兜。"（闽南98）

（2）《清道光四年（1824）邦阶同弟邦填租约》："立租约人亲侄邦阶、仝弟邦填□因祖遗旧屋壹榻，大共四间。"（婺源3/824）

（3）《清道光二十四年（1844）吴细爱卖楼屋房契》："缘身承祖遗有

---

① 刘泽民.台湾古文书常见字词集［M］.台中：台湾古文书学会，2007：74.

② 刘熙.释名［M］.北京：中华书局，2016：85.

该身股分楼房屋半堂，外有<u>厨屋壹榻</u>，猪栏东厕朽屋四至墙垣门壁各样文全，壹并俱在卖内。"（婺源3/845）

（4）《民国七年（1918）龙定邦拨卖房屋地契》："内抵沟古路、外抵沟、左抵龙成德房屋地、右抵龙定明，<u>房屋一榻</u>，各有一半，平各半，中抵青天，五抵分明，欲行出卖。"（天柱5/270）

"榻"能计量房屋，应与房屋的构造有关系。在梁架建筑物中，"合榻"是其重要组成部分，指置于梁与柱交接处，用于加固梁与柱连接的垫木，故契约中可用"榻"计量房屋，由"榻"的多少而确定房屋的大小。

【台】《说文解字·至部》："台，观，四方而高者。"[①]本义为四方形的高而平的建筑物。作量词，用于机器、车辆、舞台、布景等。方言中，可用于事、行为、酒食等。契约中多称量土地，用例如下：

（1）《清雍正七年（1729）闽清县刘三友安批山契》："凭中批与张道鉴处起盖正厝，同左右两边楼屋，牛栏粪厂，路经通竹，厝后门张安葬<u>祖墓乙台</u>。"（福建选辑456）

（2）《清光绪壬寅年（1902）邹述明出当园子土当约》："愿将自己受分之业，地名屋宅右边<u>园子土式台</u>，凭中出当与胞兄庆堂名下耕种。"（道真308）

（3）《清光绪三十一年（1905）邹庆夫出并业地并约》："将祖父遗留分受之坐宅屋基壹间，连坝子壹幅，<u>宅下园趾壹台</u>，坐宅右边白菓树脚一踏。"（道真/338）

（4）《清光绪三十三年（1907）王双喜等立息事合文》："今有回约马存义，汉约张庭玉等，约集两造从中调处，议完头一道嘴上之荒，由山根与身等<u>丢给地三台</u>，下余之荒均归马存德等为业。"（河州377）

（5）《民国三十年（1941）龙正和当山土竹木字》："今因家下要钱用度，无从得处，自愿将到得买张玉林、张玉贵□寨大路外边<u>竹林半台</u>。"（天柱1/63）

对于以上"台"的用例，汪文学认为《道真契约文书汇编》中的"台"为

---

① 许慎.说文解字［M］.北京：中华书局，2015：247.

方言词，是民间土地计量单位，相当于"块"或"片"。①

【踏】《玉篇·足部》："踏，足著地。"②本义为足着地。在粤语中，作量词，相当于"层""叠"。契约中称量土地。用例如下：

（1）《清道光丙午年（1846）刘天科出当土地当约》："情愿将自己得并之业，地名孙家屋基园补土乙踏，连柒树一并在内，凭中出当与邹裘格名下耕种。"（道真34）

（2）《清光绪十三年（1887）王兆秋议阄书簿约》："土名彭家坞，茶蒋弎榻。"（徽州4/3/336）

（3）《清光绪丁未年（1907）邹庆堂出卖业地契》："情愿将自己祖父遗留之屋基中堂式间、坝子一踏、坝子□脚园子一块。"（道真351）

（4）《民国二十一年（1932）邹道宝道明弟兄调换条粮调约》："情凭中证愿将自己受分知业，地名龙硐沟山土乙踏，界畔上其大坎脚，右边其本人之界，左边祇墙，下面其人行大路。"（道真423）

（5）《民国三十一年（1942）陈张氏卖荒山草坪约》："……卖主屋后林园荒山草坪，踩踏指明阴地壹塌，依老裁尺横直穿心肆丈。"（龙泉驿260）

汪文学同样认为"踏"同"台"一样，是民间土地计量单位，高处的一片地曰台，低处的一片地曰踏。例（2）的"榻"，例（5）的"塌"都应为"踏"的音近替代字。

【塔】《说文拈字》："塔字诸书所无，惟见于葛洪《字苑》，是晋以前尚无此字也。"③《一切经音义》卷六："塔，正言窣睹波。此译云庙，或云方坟，此义翻也。或云大聚，或云聚相，谓累石等高以为相也。"④可见"塔"是一个因佛教的传入而后起的字，本义为佛塔。作量词，除用于佛像外，还用于田地，犹"块"，如关汉卿《回春园》第三折："俺这里惟有一塔闲田地，不是栽花

① 汪文学.道真契约文书汇编［M］.北京：中央编译出版社，2015：478.

② 顾野王.玉篇［M］.上海：上海书店出版社，2017：112.

③ 王玉树.说文拈字［EB/OL］.道客巴巴，2020-05-30.

④ 玄应.一切经音义［M］.上海：上海古籍出版社，2010：971.

蹴气球。"①契约中称量土地。用例如下：

（1）《明隆庆元年（1567）吴七十兄弟卖苎田红契》："卅二都吴七十同弟周福，承祖父有苎田壹塔，坐落土名珠帘门前，系职字△号，计经理壹分乙厘。"（粹编746）

（2）《明天启元年（1621）吴社得等卖地赤契》："三十二都四图立卖契人吴社得，同弟祖德，承父有地一塔，坐落土名坞潭……"（徽丛编2/261）

（3）《清光绪戊申年（1908）邹庆荣出调屋基调约》："立出掉约人邹庆荣，今将受分之屋基，地名仲家沟屋基乙塔出掉与李园林名下耕管为业。"（道真353）

（4）《清宣统□□□周长厚出卖园子土契》："立卖契文书人周长厚，今因无钱［用度］，［情］愿将自己祖父遗留之业，地名屋□园子土一塔，自人行大路起界……"（道真370）

（5）《民国三十一年（1942）崇文卖租蕃荠园契》："情愿将自己有蕃荠员（园）壹处，坐落本乡第一段土名长科鹏头安着，计番齐员壹千藤，计员（园）上下三塔，四至明知不俱。"（温州103）

例（2）中，契约厘定者将"塔"校订为"备"，实误。例（3）的"塔"，音［da］，方言，表地方、处所。其实该字揭示了例句中"塔"的本字，应为"搭"。"搭"作量词，相当于"块""处"，在传世文献中多用，尤其是元明时的杂剧和小说中，如《醒世姻缘传》第十一回："让坐之间，珍哥的脸就如三月的花园，一搭青、一搭紫、一搭绿、一搭红，要别了起身。"②在冀鲁官话、西南官话及闽语区亦多用，犹"块"。如山东方言"为浇水方便，将一块地截成几搭。""搭"亦可写作"答"，亦作量词，如关汉卿《一枝花·杭州景》："百十里街衢整齐，万余家楼阁参差，并无半答儿闲田地。"③"半答儿"，即半块儿。

小结：通过以上分析可知，"榻"为房屋称量单位，在契约文书中是转喻

---

① 蓝立蓂.关汉卿集校注［M］.北京：中华书局，2018年.

② 西周生.醒世姻缘传［M］.长沙：岳麓书社，2014：92.

③ 蓝立蓂.汇校祥注关汉卿集［M］.北京：中华书局，2006：1698.

而来的量词，应是个方言词。在《道真契约文书汇编》中，多用来称量土地的"台""踏""塔"三个词，都为方言量词，意义相当于"块""处"。其中至少"踏""塔"为一个词，"踏"为"塔"的方言近音替代字，其本字都应为通语的"搭"。至于"台"是否为"搭"还需进一步证明。

第十节　进/落/向

【进】《玉篇·辵部》："进，前也。"①作量词，始见于明代，主要用于称量房屋，指房屋分成的前后层次。如《三遂平妖传》第十回："这茅房原来是小小三间开阔，两进一披头。一进两边安放些做屋的土砖木料，更有几处粗重家伙，中间空个走路。第二进做个内室，左首披屋里面安排锅灶。"②契约中的用例如下：

（1）《清康熙三十九年（1700）邓升如同弟杜卖基地房屋契》："父自置土库基地房屋壹业，通前至后，共计玖进，迴廊披楼俱全。"（徽州3/1/11）

（2）《清乾隆十四年（1749）李绥眉绝卖房契》："计两进，共房肆间，凭中等绝卖与邓仲、五名下执业。"（南京34）

（3）《清乾隆五十三年（1788）歙县许养初典屋契》："于上盖造楼屋店六进，计壹间，凭中立契转典与族名下为业，三面议得受九五平九色银肆拾两整。"（徽丛编2/528）

（4）《清道光二十九年（1849）陆俊卿典房屋基地合同》："将祖授自名下坐落吴县十一都闾二南濠大湾头朝北门面出入上下楼房两间，火麜基地两进，并连装折。"（清民公私文书151）

（5）《清光绪二十四年（1898）郭荣山家族分关契文》："河州城南门

---

① 顾野王.玉篇［M］.上海：上海书店出版社，2017：166.

② 罗贯中编次、冯梦龙补改、刘紫梅点校.三遂平妖传［M］.北京：中华书局，2004：70.

内正街铺面地基及后院房屋地基各半处，老庄当中庄窠一进三院，门前场院一处……"（河州357）

古代规模大一些的房屋大小都以进深来计的，指纵向的距离。例句中"进"所计量的不仅有房屋，如例（2）和例（3），还有院落，如例（1）和例（5）。对房间来说，"进"与"间"类同，"进"指纵向柱子之间的空间，"间"指横向柱子之间的空间；相对院落来说，"进"与"排"义同，"一进"就是一排，指一个院落，包括一个大厅和左右两边各一间的厢房；"三进"就是三个院落，包括门厅、正厅、后厅三个厅；"九进"，就是九个院落，九个厅。带九进的院落那是相当大的，宋欧阳修《蝶恋花·庭院深深深几许》："庭院深深深几许，杨柳堆烟，帘幕无重数。"就曾描述过古人深宅大院的幽深。所以在契约中要具体区分"进"的大小，看其称量对象是房屋还是院落。

【落】《广雅疏证·释诂二》："落，尻也。"[1]《说文解字·几部》："尻，处也。"[2]《玉篇·几部》："尻，与居同。"[3]《后汉书·循吏传·仇览》："庐落整顿，耕耘以时。"李贤注："案，今人谓院为落也。"[4] 作量词，用于院落，指一组房屋。闽语中多用，相当于"进"，如三落厝，就表示三进的房子。契约称量房屋。用例如下：

（1）《明正统三年（1438）吴赵真卖屋赤契》："系祸字□□号地，计一亩一分陆厘陆毫，土名几山头，于上有瓦屋叁间两落，系程庆童等□□住暍（歇）。"（徽丛编1/468）

（2）《清嘉庆贰拾年（1815年）倚陶立卖店屋契》："立尽根绝卖契人族弟倚陶，有承祖父阄分应得店屋壹座贰落，带天井并厕池地基壹所。"（厦门25）

（3）《清嘉庆二十四年（1819）新福兴等断卖瓦店契字》："有建置瓦店二坎三落，并直头一间，楼三座，水井一口，上及厝盖，下及地基，以及门窗户扇水沟砖石瓦木俱全。"（台大租书891）

---

① 王念孙.广雅疏证［M］.北京：中华书局，2019：121.

② 许慎.说文解字［M］.北京：中华书局，2015：301.

③ 顾野王.玉篇［M］.上海：上海书店出版社，2017：265.

④ 范晔.后汉书［M］.李贤，注.北京：中华书局，1965：2480.

（4）《清道光五年（1825）黄代敬等杜卖尽根店契》："仝立杜卖尽根店契人黄代敬、代福有全承阄分应受得牛骂头大街西畔店前店地式落、店后瓦店壹落，合共前后叁落，坐西向东。"（台湾馆藏53）

（5）《清道光二十七年（1847）苏秋观等典卖房契》：有承祖父业已置民屋乙座三落五间张，双面护厝坐在文山铺涂山上帝宫对面西畔……"（福建民间2/173）

例句中"落"与"座""间""坎"可组合使用，其中"坎"为方言词，相当于"座"或"间"，"落"相当于"进"，表房屋前后的层次。

【向】《集韵·漾韵》："乡，面也。或从向。"①《广韵·漾韵》："乡，与向通用。"②故"向"有面向、朝向的方向义。契约中作量词，计量房屋。用例如下：

（1）《清嘉庆十二年（1807）张宗仁杜卖田地契》："父子商议愿将先年所置田地一处、堰塘三口灌溉，草房壹座肆向，左右厢房，外左边草房壹向，又并草碾房壹向，干碾壹座。"（龙泉驿21）

（2）《清道光二十六年（1846）徐金森卖绝截山契》："情愿将父手遗下自己分内民山壹处，坐落廿一都夫人庙庄，土名社处后苦麦岗，安着田面山壹向。"（石仓2/5/29）

（3）《清道光二十九年（1849）冉广荣永售田地等契》："……八亩领坐宅房屋一向两边，横屋赚厦天楼二座，神龛、神匮、牛栏、猪圈、马圈、猪槽、碓磨以及瓦角楼、领柱、扶门、杖、窗子、砖石、晒背、后龙主顶、杆壁什物等项，并无抽存，悉行在内。"（陕西9）

（4）《清咸丰二年（1852）冯炳父子捆卖水田基地房屋文契》："瓦正房一向三间，左右磨桶二间；左边串草房一连二向，共五间；右边串草房一连二向，共六间。"（清地史20）

（5）《民国二十四年（1935）李树荃出佃笕路榶桶合约》："今凭证出佃与全一笕伙等名下，修立榶桶壹筒，建榶桶房一向，安置盐水笕一槽，

---

① 丁度.集韵［M］.上海：上海古籍出版社，2017：599.
② 陈彭年.钜宋广韵［M］.上海：上海古籍出版社，2017：337.

壹窝双笕，采买各垱盐水往来济煎，流来流去。"（自贡选辑894）

以上例句中的"向"，汪文学解释，"向"为民间房屋计量单位，"一向"释为一座，"全向"释为整座。①但例（1）中"草房壹座肆向"，"座"与"向"相连使用，这从逻辑性上推翻了释"向"为"座"的合理性。由例（4）"向"位于"间"前可知，"向"应是比"间"大的单位。根据"向"的朝向、面向意义，可推断出其量词意义也许为"面"，理由如下：一是契约中与"向"搭配的数字在一到四之间，未见有"五向"的说法，这与房屋朝向只有四个方向，不可能有第五个方向有关，例句中的"房屋全向"，应指的是四个方位都有房屋，即四合院式；二是文意可通，释"向"为"面"满足了比"座"小，比"间"大的条件。

小结：通过以上分析可知，"进"与"落"都表示房屋或院落的层次，其中"进"为通语，"落"为方言用词。"向"表示房屋的朝向，相当于"面"，为方言量词。

---

① 汪文学．道真契约文书汇编［M］．北京：中央编译出版社，2015：487，500.

第四章

契约文书讹误量词的判定与校订

契约文书一般为文化水平不高的普通百姓所草拟，作为通行于民间的手书文体，在其书写过程中因学识有限或方言俗语等口音差异而造成文字书写上的讹误在所难免。本章将对契约中量词的讹误情况进行总结归纳，并提出判定与校订的方法，下面将具体说明。

第一节 原件中的讹误

为促进契约文书这一珍贵历史文献的抢救、保护，增强使用的便捷性、拓展研究范围、提高学术价值，很多学者对散佚于民间的契约文书原件进行了搜集、整理、出版，使大量国宝级的契约文献得以挖掘、昭示于人，并被永久保存，促进了民间文书的进一步研究，为众多语言文字工作者提供了大量第一手资料，可以说意义巨大。诚如寺田浩明所说，"除关注民间契约所记载的物价、租额等数据外，纸质、字体、笔触及契约订立的现场氛围和人际关系也应该为学者所关注"①。契约原件作为最原始的宝贵材料，最直观、最能体现每份契约的不同风貌，通过对原件地翻阅和梳理，我们发现，由于书写者多为文化程度不高的乡民，加之方言的影响，使得契约原件量词讹误率相当高。本研究将契约文书中的讹误来源或类型归纳为两大类，一是音近致误，

---

① 滋贺秀三、寺田浩明.明清时期的民事审判与民间契约［M］//岸本美绪.明清契约文书.北京：法律出版社，1998：314.

二是形近致误。下面将具体说明。

一、音近致误

所谓"音近致误"，就是指因读音相同相近而导致使用了别字，这是契约原件中致错率最高的一个因素。有些量词在契约中因使用频繁，故其音近替代字五花八门，令人目不暇接、眼花缭乱。举例如下：

契约中称量房屋或地基，用到了"坚""樫""橺""简""洞""涷""谏""鑑""监""奸""歼"等字，用例如下：

（1）《高昌延寿四年（627）氾显祐遗言文书》："若不舍中柱（住），不得赁舍与余人。舍要得<u>壹坚</u>。阿夷（姨）身不出，养生用具是阿夷勿（姨物）。"（会编188）

（2）《清康熙二十八年（1689）侯官县日哲卖地契》："立卖契叔日哲，承祖原阄分有<u>房屋乙樫</u>，坐落大厝中房，又有<u>下干乙樫</u>，其屋于戊子年受被贼毁拆，只存空地。"（福建选辑638）

（3）《清乾隆五十八年（1793）闽清县郑孟贵寄佃契》："田内有<u>田寮一橺</u>，仍付张家掌管。面约年限捌年外，限满备价银照契面银两对期取赎，不得执留。"（福建选辑539）

（4）《民国二十五年（1936）绍先断卖地基字》："为因铁少钱用无出，自愿先父遗下之业沟埂边<u>地基乙简</u>，今凭中卖与族侄世铨承买为业。"（亮寨304）

（5）《清嘉庆十四年（1809）李琳等立分单》："清（情）愿分居令（另）住，今有□宅一所，<u>上房两洞</u>、<u>厦房四洞</u>、庙坡地二亩，当价□十串。"（故纸2/192）

（6）《民国十八年（1929）覃永发拨换地契》："立拨换地契人覃永发，今因拨换彭家冲乙领，<u>水田壹涷</u>，今开四抵，上抵覃姓堎山、下抵覃姓水田、左抵舒姓水田、右抵覃姓油树，四抵分明。"（天柱1/218）

（7）《民国二十六年（1937）舒烈兴卖水田契》："今因家下短少用度，使用无从得出，是以母子谲议自愿将到土名大山冲内截<u>水田壹谏</u>出卖……"（天柱1/224）

（8）《民国十年（1921）潘通干卖水田地契》："自己情愿将到祖业土名滥浣冲口左边<u>水田一鑑</u>，欲行出卖，请中上门问到内兄潘通智名下承买为业。"（天柱5/89）

（9）《民国三十七年（1948）吴氏子桃卖水田地契》："今因家下鈌少大食，母子謫议自愿将到土名乌开冲头<u>水田左边壹监</u>出卖。"（天柱1/240）

（10）《民国六年（1917）龙振来父子卖屋基字》："自愿将到□名留平村<u>屋基二奸</u>，上抵本主、下抵佑来、左抵佑来、右抵路，四至分明。"（天柱20/201）

（11）《民国二十五年（1936）金移枝立允分关书之三》："正屋后余<u>屋东边厨房一歼</u>。"（徽州1/10/579）

按：以上的11个字都为"间"的音近讹字。讹误的原因有三：一是音近，"间"与以上字的音相同或相近，"湅"虽读［liàn］，但声旁"柬"，亦容易使人误读为［jiǎn］。二是计量对象相同，"间"自古以来的计量对象多为房屋，契约中还多见其计量地基、田地的用例，而例句中这些字的称量对象也是房屋和田地，称量房屋时以用"坚、樫、椆、简"为主，称量田地时多用"洞、湅、谏、监、鑑"。三是以上字，除了"监"，其余字在历史上均未见量词用法，从本义亦无法引申出与房屋土地有关的量词意义。通过以上三点，可以推知例句中的量词都应为"间"的音近替代字。

契约中称量地基，用"服""埠""符""复""甫""辐""塙"，用例如下：

（1）《清乾隆二十二年（1757）吴文汗租地约》："立租约人吴文汗，因为无地耕种，今租到毛兰后窑子<u>半沟地一服</u>。"（归化城4/ 上 /10）

（2）《清乾隆四十四年（1779）蔡灿若等凿井合约》："今凭中佃到王静庵名下，已填如海井大路坎上<u>地基一埠</u>，平地搗凿同盛井壹眼。"（自贡选辑309）

（3）《清嘉庆元年（1796）刘伸伦等合伙做水分锅合约》："立合约人刘伸伦、焦忠秀、李万盛、李文元四人，写得谢晋昭名下<u>地基一符</u>，平地开凿新井乙眼，取名天元井。"（富荣盐场76）

（4）《清咸丰十年（1860）龙兴才断卖茶山约》："坐地名洞头头<u>屋边</u>

左领乙复，上平臾仁杉为界，下□□为界、左右平田边界，四至分明。"
（九南55）

（5）《清同治六年（1867）陆远进卖地基字》："自愿将坐屋后地基两甫，上凭沟坎、下凭塘坎上、右凭凤祥屋山头、左凭柿子树为界，四至分名。"（九南379）

（6）《清光绪七年（1881）王维新等出顶下节子孙盐井日份合同》："情因先年承首王恒基，伙约等佃明王元吉新垱地名蒋家沟业内地基一埠，平地开挖盐井壹眼……"（自贡选辑1029）

（7）《清光绪二十六年（1900）昌平州崔禹川杜绝卖地白契》："今将自置民粮地壹段，座（坐）落在屯佃村南洼，东西畛地贰辐陆亩，东西至沟、南至姜姓、北至牛娃，四至分明。"（首都藏6/349）

（8）《清光绪二十九年（1903）昌平州李冠荣卖地白契》："今将祖遗民地壹段，坐落在辛立屯村东，东西地二堛，长八拾六丈五尺、东宽七丈柒尺、西宽七丈五尺、中宽六丈七尺，计地拾亩零半亩。"（首都藏6/702）

按： 上述字均为"辐"的音近讹字，"服""符""复""甫""辐"读音均与"辐"相近；"堛"和"埠"从读音看似乎与"辐"不相关，但汉字作为意音文字，形声字占80%，故对于很多字人们总是根据其声旁判定其读音，契约中的"堛""埠"正是如此，它们的声旁"畐"和"阜"均音〔fù〕，所以"堛"和"埠"也应是读音与"辐"相近，而产生的讹字。

契约中称量山或园用"湖""胡"，用例如下：

（1）《清道光十七年（1837）李必才佃园契》："立佃种园字人李必才，今因佃到文斗寨姜绍齐、绍熊兄弟二人之园，种园一湖，不许栽上，不许〔栽〕下，以许栽坪。"（姜元泽335）

（2）《清光绪六年（1880）施知等典山业契》："……又配南畔山坪一湖，东至小仑、直透至大沟、西至黄家交界、南至大沟、北至仑顶，四至明白为界。"（大岗山467）

（3）《（时间不详）林牛母等立阄书字》："……又配中心仑向东南山坪壹胡，又配西头向北山坪一节，又配厝前溪垅大竹贰模，批明照。"

（大岗山488）

按：在贵州地区的契约中常用"幅"称量山、园，通过契约比勘法和文字常识，可推知"胡"与"湖"应为"幅"的音近替代字。在闽南语里，"幅"多被读为"hok7"，与"胡"或"湖"的普通话读音"hú"很相近，所以契约中才会将"幅"讹写为"湖""胡"。

契约中称量水井，用"元""园""圆"或"引""堰"等，用例如下：

（1）《清乾隆五十四年（1789）谈沛巾绝卖典基房文契》："二进平房叁间，右首楼房上下贰间，又厨房壹间，天井一方，井一元。"（南京63）

（2）《清道光十九年（1839）王景玉杜绝退地文约》："立杜绝文约人王景玉，因手乏有本名下园地壹段式亩，中件大井壹园，两家尊使情愿与家姓王叟名下耕种。"（首都藏1/705）

（3）《清道光二十四年（1844）叔铎同侄立分关书》："西院向东在本院门外出入行车，本院有天井一圆，有水在许西院汲用，基地仍属本院。"（故纸2/194）

（4）《清道光十一年（1831）姜之正卖塘约》："自愿将道门口塘一引，上坎园平俱以在内，下凭文灏田、左凭廷彪田、右凭启凤园坎，四至分明。"（贵州林业3/F0013）

（5）《民国三十九年（1950）姜德成同侄断卖塘字》："为因家中缺少粮食，无处得出，自愿将到地名寨脚，另名皆羊之塘二堰，其塘界限……"（贵州林业3/G0020）

按：从现有的契约资料看，对于水井和池塘的称量多用"眼"，因"元""园""圆"和"引""堰"都与"眼"读音相近，而被误用。"yǎn"读为"yuán"，是介音脱落导致的音变现象，"yǎn"读为"yǐn"，则是元音高化导致的，而"堰"与"眼"则属同音，故通过契约比勘及文字学知识可推断"元""园""圆""引""堰"都应为"眼"的音近替代字。

契约中称量杉木用"耕"。用例如下：

（1）《清嘉庆五年（1800）姜安国卖杉木约》："立卖杉木约人文堵寨姜安国，为因亡故，无银用度，自愿将到得耕买老林杉木十三耕，坐落地名九旁，德相祥田下坎一耕出与佳什寨姜保乔名下承买为业。"（清水

江1/10/22）

（2）《清光绪十八年（1892）马大年卖杉木字》："又将仍然风木平高美南屋倍园杉木大小五耕，要钱出卖；又将仍然鱼堂上路边四六，今分大年栽主六耕出卖。"（天柱2/96）

按：用例中"耕"应为"根"的音近讹字。"耕"传世文献无量词用法，而"根"可作量词，其称量对象一般为花草树木、带根之物及细长物，详见"根"字条。

契约中称量田地，用"接"或"垓"。用例如下：

（1）《清嘉庆十三年（1808）德琮卖田契》："立卖田契德琮，今因钱粮无办，自愿将父遗下均分阄分内民田壹接，坐落本都茶排庄，土名樟树下水碓边……"（石仓2/1/194）

（2）《民国二十九年（1940）侯永贵找田价契》："立出找田价文约人侯永贵，为因正用，无处出办，将先年出当之田壹接，坐黄牛嘴。"（云博馆3/316）

（3）《清道光二十九年（1849）龙占三山地册》："立卖地土人龙占三，土名岑孔坡脚墦土两垓，上抵见官、下抵坎、左抵买主、右抵来富，四至为界。"（天柱19/262）

（4）《清道光二十九年（1849）龙贞弟等山地册》："立卖地土人龙朝斗，土名高达老路坎上墦土一垓，上抵海玉、下抵路、左抵岭、右抵朝申，四至为界。"（天柱19/250）

按：用例中"接""垓"应为"截"的音近讹字。"接"传世文献无量词用法，"垓"字书中无此字，而契约文书中"截"作量词，表被截断的部分，多称量一段田地，详见"截"字条。例（3）、例（4）中的"墦土"也是田地的一种，指可开垦成农田的山地或荒山。

契约中所见，"过"作名量词，用例如下：

（1）《清乾隆四十九年（1784）买水田碑记》："买得邱奕镨新东势庄水田六过，土名老东势坡塘侧……"（台碑文集成249）

（2）《清嘉庆二十四年（1819）龙腾贵借银月》："立借约人龙腾贵，今因借到姜建德猪式过，借价艮式两三钱，召月加三行利息。后猪发卖，

本利相还。"（清水江1/1/336）

（3）《清道光三十年（1850）姜怀杰断卖荒坪契》："……自愿将到先年姜启昌所开荒坪大小二过，地名井夏，田角荒坪一过俱在内，共合大小三过。"（贵州林业3/F0008）

（4）《民国十四年（1925）宋洪杜室徐氏立阄书之三》："弌房执受：土名塅头住屋壹间，门前厨屋地基乙过。"（徽州3/2/249）

按：因闽南话、客话等方言中"个"读为"go"，与"过""guo"音近，故量词"过"应为"个"的方言异读字。契约中所见"个"是个称量范围广泛的词，例句中"过"所称量的都可用"个"称量。

契约中用"坽""令""领""林"称量菜地、园地等，用例如下：

（1）《清道光三十一年（1851）詹阿余氏同男断骨出卖茶园地契》："……承祖乸分遗有菓园地长坽两坽，短坽两坽，并茶丛数丛，今因夫丧费急用，自愿托中将茶园地出卖与族国锡叔祖名下。"（婺源3/707）

（2）《清光绪十三年（1887）刘守识等典田契》："全立典田契字人东盂庄刘守识、守经、守邦、守国等有承祖父遗下父兄阄分应份，该得刚直公会田共柒坽，坐落土名本庄北下水汴。其埔田西片五坽……"（台湾民间194）

（3）《民国三十四年（1945）裴五坦押菜园地字》："立出押字人裴五坦，今承祖遗乸分股下有身园地四坽，坐落土名菱圷，今因正事要用，自愿央中将菜园地尽行出押与本村裴春富名下。"（熊远报藏8250）

（4）《清雍正十二年（1734）程阿陈等当栗树园地契》："立当契程阿陈仝男惟清，为因缺粮无办，自愿将茶园栗树并园地二令一并在内，凭中出当与程名下为业。"（徽·清－民国1/266）

（5）《清光绪三十二年（1906）徐益坚卖菜园地契》："立自情愿断骨出卖菜园地契人徐益坚，今为祖遗乸分股下有园地壹领，坐落土名校至坞领字△千△百△号，计税壹厘正，四至悉听邻册为凭（凭）。"（熊远报藏8276）

（6）《清嘉庆十五年（1810）黄正模等分家文书》："一并各人田塝上菜园塝茶丛各摘，坑里菜园弍林，帖补上头尖角正椿分下菜元。"（婺源

8/3585）

按： 以上例句中的"坽"无量词义，"令"用于纸张，"领"用于山岭、衣服等，其量词义均与文意不符。通过比较分析，可推知例（6）的"林"应为确字，其产生于唐代，用于称量果园、树木等，既与文意相符，又与"令""坽""领"等字读音相近，有被误写的可能，故由上推知"令""坽""领"应为"林"的音近讹字。

契约中用"锁"称量水淋，用例如下：

（1）《民国三十四年（1945）黄定庆等卖尽水淋契》："今将自己有水淋壹鏁，坐落本都里土名新坑垟外头安着，四至知明，两人仝成水碓。"（温州141）

（2）《民国三十六年（1946）吴永浩找尽水淋契》："立找尽契吴永浩，今将自己有水淋壹鏁，坐落本都里土名深坑底瓦屋下条外安着，计开花数陆脚，内坐壹脚。"（温州142）

按：《正字通·金部》："锁，俗作鏁。"[①] 例句中的"水淋"即水碓，指一种使用脚踏的方式，借助水力舂米的工具。一般设置于靠近河畔的地方。《古今图书集成》记载："凡水碓，山国之人，居河滨者之所为也，攻稻之法，省人力十倍。"例句中"鏁"应为"所"的音近讹字。因为"锁"或"鏁"的传世文献均无量词用法，而"所"作量词，用于处所，契约中多见，亦有用"所"称量水碓的用例，具体参见"所"字条。

契约中用"仔"称量签订的契约，用例如下：

《民国二十一年（1932）李关宝退房屋字》："自情愿将先祖父遗下民屋坐落松邑廿一都石仓源蔡宅村黄姓前有当卖契式仔，李家立字出退还与黄桂松仝弟亲边，入受承退为业。"（石仓3/7/284）

按："仔"应为"纸"的方言替代字，很多地方方言中，平翘舌不分，将翘舌音读为平舌音。例句所在的石仓属于吴语区，该地是典型的平翘舌不分，故将"纸"读为"仔"极有可能，契约中多见用"纸"称量契约例，未见"仔"例。

---

① 张自烈，廖文英.正字通［M］.北京：中国工人出版社，1996：1209.

契约中用"估""古"称量山园或屋基，用例如下：

（1）《清道光二十六年（1846）陈阵兄弟典山埔等契》："又尖尾估龙眼树木山埔壹估，计共叁份，陈承弟庄官该坐壹份。"（大岗山196）

（2）《清咸丰元年（1851）陈文等尽根绝卖田园契》："立卖尽根杜绝契人内加祥里大坵园庄陈文、合，有承祖父开垦田园壹所，在本社田拾坵，园壹古。"（大岗山368）

（3）《清光绪四年（1878）刘永干卖屋地契》："立卖屋地契人刘永干，今因家下要钱使用，无处可得，自愿将土名平墓寨屋地三古，卖乙古……"（天柱19/44）

按：作量词，契约中多见"股"，不见"估""古"。根据"股"与"估""古"读音相近，可推断"估""古"应为"股"的音近讹字。

契约中用"番"称量份数，用例如下：

《清光绪十六年（1890）李章振卖碓契》："……然此座水碓，当时系是陆股公置，分出陆番应用，历年掌管无异。今因要银使用，即将此壹座水碓陆股内抽出振自己半股，分出半番卖在本厝族兄章林同侄立俊处为业。"（福建选辑775）

按："番"作量词，意义丰富，用于片状物，相当于"片""枚""块"；用于人或事物，相当于"种"；表示动作次数，相当于"次""回"；还可作纸张和银币等的计算单位，一元为一番。契约中所见例句的意义均非上述所列"番"之用法，使用契约比勘法，对比后文契约可知，例句中之"番"应为"份"的音近讹字。

契约中用"隆"称量瓜园，用例如下：

《清嘉庆十九年（1814）文章与文贤立阄书合同》："又地瓜园应分拾叁隆，又竹木菓子址在东北畔。又地瓜园捌隆，又竹木菓子应分在中央珊竹为界。"（大岗山160）

按：作量词，契约中见"隆"，不见"垅"，根据"垅""隆"读音相近，可推知"隆"应为"垅"的音近讹字，意义犹"条"或"行"。

契约中用"炖"称量饭食的次数，用例如下：

《清道光六年（1826）佚名用钱清单》："饭账共前后算该叁佰捌拾式

炖，每炖合钱拾文，每斗米价合钱捌百四十文。"（天柱7/181）

按：根据称量对象的独特性，例句中的"炖"应为表饭食的"顿"，因读音相近而被误用。

契约中用"割"称量山，用例如下：

《清光绪二十一年（1895）蒋荣耕等卖橘墙圆步契》："立契卖橘墙圆步人蒋荣耕、塞，今因家下要钱用度，无从得处，自愿将到土名大面波头橘大小七团，山一割，要行出卖。"（天柱6/9）

按：根据"割"与"个"读音相近，"个"在契约中常被用来称量山或园的情况，可推断"割"应为"个"的音近讹字。

契约中用"从""枞""虫"称量房屋或仓库，用例如下：

（1）《清道光三十年（1850）姜凤仪等分仓地契》："先年祖有仓三从，大爷姜凤仪、叔爷凤無、侄宗保，凤仪占门坎对面乙间，扵存皆从鸟三间……"（清水江1/3/363）

（2）《民国二年（1913）蒋邦兴卖房屋契》："今因家下要钱使用，无从得处，夫妻谪议自愿将到彩内房屋一枞，上抵盖各，下抵地脚板被乙连，屋乙并在内要行出卖。"（天柱1/4）

（3）《民国乙丑年（1925）龙景武断卖屋地基契》："自己先年父亲刘（留）下之业，坐洛（落）土名高仙坐屋壹虫病（并）地基在内，共合三间……"（九南416）

按：张明认为，"枞：当地语言，意为幢（房屋）"[①]。"枞"被厘定为"幢"字，虽文从字顺，但缺少理据，无论是字音，还是字形，都无相似之处。根据对《天柱文书》量词系统的分析，我们认为例（2）的"枞"应为"重"的方言替代字。理由如下：一是在《天柱文书》中未见一例以"幢"量房屋的用例，量房屋多用"重"，在徽州及贵州地区的契约中亦常见，具体参见"重"字条。二是"枞"音"cōng"或"zōng"，与"重""chóng"或"zhòng"音近，而与"幢""zhuàng"的读音相差有些远。同理，例（1）的"从"，例（3）的"虫"也应为"重"的方言替代字。

---

① 张明，安尊华，杨春华.论清水江流域土地契约文书中的特殊字词［J］.贵州大学学报（社会科学版），2017，35（1）：25.

契约中用"巷"称量树木，用例如下：

《清乾隆三十年（1765）通州纪万德等卖地白契》："……将自己在潞邑乡在刚老粮民地计地六畞，内有杨柳科五巷，土木相连，坐落白庙庄西，有人说合情愿卖与曹名下为业。"（首都藏1/55）

按：例句中的"巷"应为"行列"之"行"。"巷"在很多官话方言区多读为"xaŋ"，与"行"音近。

契约中用"汰"称量树木，用例如下：

《清同治四年（1865）吴瑞祥分关文书》："六百山圩桎子树二汰，大小打直均半，各业一半。黄岗山桎子树一块，将六百山圩另外一条贴在内。"（婺源4/1693）

按：据储小岊考证，"汰""汏"都是"埭"的异形替代字，[①]而"埭"表成排、成行之义，具体参见"埭"字条。

契约中基本上每个量词都会有很多不同的同音或近音讹字，利用文献查证、契约比勘或经验常识、语言文字知识等方法能发现很多上述这样的例证，以上仅是则其要而举，因篇幅所限，在此不一一赘述。

二、形近致误

所谓"形近致误"，就是指因使用增形、简省或字形相近的字而导致的讹误字。正如郭在贻在概括敦煌变文文字书写情况时说："它们或繁或简，变化无端；点画偏旁，随意增损；确实令人眼花缭乱。"[②]

"井"作量词，在契约中所见例（1）作地积单位，例（2）作自然单位，用例如下：

（1）《民国三十六年（1947）广亨昌福公司卖圹地契》："本公司有□□□□□□处明买圹地叁段，总共地积壹佰零捌捌井。"（厦门238）

（2）《民国二年（1913）杨品发杜卖秧田契》："立永远杜卖秧田文约人杨品发系龙院村十甲住人，为因正用，情愿将自己族遗秧田壹井，布

① 储小岊.徽州契约文书字词研究及整理［J］.博士后出站报告，2010：1.
② 郭在贻.变文校勘与俗字研究［C］//郭在贻敦煌学论集.南昌：江西人民出版社，1993：198.

种壹斗，坐落小鱼坝。"（云博馆1/72）

（3）《民国二十八年（1939）尹文光杜卖水秧田契》："情愿将自己面份分得水秧田壹井，坐落窑门前，其秧田四至码号亩积系新执照内批明在契。"（云博馆1/150）

按："井"本为水井之井。因殷周时代实行的土地制度，其所划分的田地如井字形，故"井"可作量词，计量田地的地积，周制以900亩为一井。《孟子·滕文公》："方里而井，井九百亩。其中为公田，八家皆私百亩，同养公田。"[①]上例中的"井"，其确字应为"形"。因"井"在《云南省博物馆馆藏契约文书整理与汇编》中仅出现5例，其中4例书写者为杨姓，一例为王姓，其余例句多用"形"字，其他地区契约亦多用"形"字，而未见"井"字。《说文通训定声·鼎部》"形，字亦作形。"[②]根据"形"比"井"的称量对象更宽泛，使用区域更广泛，而"形"与"井"字形又相近的特点，可推知"井"应为"形"的省形字。

契约中所见用"坵""坵""佐""坲"称量田地，用例如下：

（1）《清嘉庆十四年（1809）范老连断卖田约》："立断卖田约人岩湾寨范老连，今因缺少艮用，无从得出，自愿将到田一坵，地名堂洋，凭中出卖……"（清水江1/10/64）

（2）《民国二十一年（1932）刘定明卖田地字》："……自愿将到地名冲邹田大小乙连九坵出卖，上下抵山、左右抵山，四至分明。"（天柱14/64）

（3）《清光绪二十一年（1895）大武典田契》："自情愿将自置田两处，土名石垄坑壹坵，又土名永掘壹小坵，共两坵，计田租拾四砠，计田税壹亩零八厘正。"（徽州1/4/265）

（4）《民国三十年（1941）叶因两绝卖水田契》："立杜尽根绝卖水田契字人连坂社叶因两有承祖父遗下水田壹坵，受种子壹斗肆升，并带水井壹口、石柱壹枝，坐落土名大碎。"（莪庄藏409）

---

① 孟子［M］. 北京：中华书局，2017：91.
② 朱骏声. 说文通训定声［M］. 北京：中华书局，2016：876.

（5）《清道光十二年（1832）姜世宽当田字约》："立当字约人本寨姜世宽，为因生理鈌少艮（银）用，无从得出，自己将到皆于田乙<u>佐</u>，着当上凭当主之田，下凭世安之田为界……"（清水江1/1/350）

（6）《清嘉庆十三年（1808）》："立断卖田约人本寨姜木元、木林，为因家下鈌少银用，自己愿将到地名也拜田<u>大小二垃</u>，载禾三把……"（清水江1/10/58）

按：以上称量田地的"垺""岠""佐""垃"，其字形均与契约中常用量词"坵"相似，可以推断应为"坵"的形近讹字或手写变体字，其中"垺"应为"坵"的增形字，"岠"因连笔所致，"佐""垃"因楷书草化所致。

契约中用"服"称量田地，用例如下：

《清光绪三十二年（1906）卢圣春卖苗田契字》："立卖敬成轩会大小苗田契人卢圣春，承祖遗下有得敬成轩会<u>大小苗田壹服</u>，坐落土名后坑井下井仔，并下碓厂等处田数段，年收大小苗穀俱在会内买契收穀管业完课。"（福建民间4/284）

按：在《福建民间契约文书》中田地的称量多用"段"，比勘该例句前后文的用例，皆用"段"或"塅"，故例句中的"服"应为"段"的形近讹字。

契约中用"鬼""塊"称量田地，用例如下：

（1）《清道光十五年（1835）金彦朓卖荒田字》："立賣字人金彦朓，今因年岁饥荒，钱粮無措，自愿将承父手三保土名前山<u>荒田一鬼</u>，立契尽数出賣與兄彦棠名下耕管興種。"（徽州1/10/481）

（2）《清光绪三十年（1904）马根虎租空地基约》："立租空地基约人马根虎，今租到蒙古达木齐欠祖遗十间房，<u>路东空地基壹塊</u>，南北长六丈八尺，东西宽六丈二尺……"（内蒙古94）

按：例句中的"鬼"应为"塊"的省形字，"塊"为"塊"的简省字，"塊"即"块"。

契约中用"觧"作重量单位，用例如下：

《清乾隆四十四年（1779）程延松承佃约》："立承佃约人程延松，今承佃到程加燦名下柒保，土名孕袋坑溪边，原租捌秤整，是身承佃迭年交納<u>租谷壹伯觧</u>整。"（徽州1/8/312）

按:《宋元以来俗字谱》:"'觧',《通俗小说》作'觧'。"① 作量词,用于行为动作,相当于"回""次""遍"。例句中的"觧"的量词意义与文意不符,而《徽州文书》中对租谷的称量多用"秤"或"斤""觔",而契约中导致原件量词误用的类型非语音原因,即字形原因,此处应为字形相近导致的讹误,故可推断"觧"应为"觔"的形近讹字。

第二节　迻录件中的讹误

为了给契约资料使用者提供更便捷的阅读体验,扫除文字障碍,有些出版者或编者就将契约原件整理为录文版本。辑录工作最艰巨的就是对原件文字进行抄录,抄录之难在于辨识字词。目前所见已结集出版的有录文的契约文书,绝大多数都以忠于原文为主要辑校原则,对于难识难辨的字词也多依葫芦画瓢,照抄照搬,这充分保证了契约文书作为文献资料的原始性,但由于很多契约文书年代久远,纸张磨泐严重,致使很多文字漫漶不清,加之材料芜杂,各学人的学科背景及学养的不同,所以,智者千虑,必有一失,契约文书在辑录编校方面存在讹误在所难免。校勘学上,将这种在文献抄录转写过程中产生的文字讹误,称之为"手民之误"。该称呼可谓贴切至极,因"手民"本指木工,后转指雕版植字的工匠。作为文字工匠,在干活时总有出错的时候,当然这些讹误绝大多数为疏忽所致,当然妄改致误的用例也有不少。本章现就量词厘定方面的讹误予以摘录校订。校订的方法为或对照原件,寻找不同,或比勘其他契约,寻找多数,将契约文书厘定过程中的漏网之鱼,或挂一漏万的错误摘录出来,并非行指摘之实,而是通过指瑕,希望引起契约文书校订者的注意。

（一）无心之误

所谓"无心之误",是指厘定者在迻录过程中由于粗心大意而将契约原件

---

① 刘复,李家瑞.宋元以来俗字谱 [M]. 北京:国立中央研究院历史语言研究所,1930:128.

中的正确字形错误录入，抑或因草率，而没有认真辨认本就潦草、模糊的原件文字，从而造成替代字被录入。现举例如下：

《民国三十二年（1943）邹树江许求风水山地卷字》："立许求风水山卷字人邹树江，今将风水地壹空，址在林塘保向天狮□，坐北朝南，东西四至俱至石界为限。"（厦门215）

按：确字应为"穴"。

（1）《清光绪二十三年（1897）刘门焦氏卖地基契》："立卖地基契人刘门焦氏，因事不便，今将自己分到空园一所两门宽，坐落本处南街，坐南向北。"（故纸2/44）

（2）《清光绪三十四年（1908）姜万昌租地契》："……草正房五门、厢房五间、井壹眼、石磙子壹条、碾子壹盘。"（金—清150）

按：确字应为"间"。

《宣统元年（1909）新会李溪主祖改换断卖新契纸》："立补印铺契人李溪主祖层长李文业等，绿本于雍正年间以李聿修堂凭手李珠与李惟德买变邑城南山庙对面左侧铺一间，一连二进须进，横过九捌，二进横十七捌。"（清广东81）

按：确字应为"桁"。

《清道光四年（1824）陈福明卖山契》："其山陈姓内有祖坟数家，只许标坟卦钱，不许陈姓仟（迁）葬。任凭汤姓采穴开基仟（迁）葬，陈姓不得阻执。"（福建选辑346）

按：确字应为"冢"。

《民国二年（1913）居省卖厕池契》："立尽根绝卖契字人二祖母居省，有承该亲海观遗交厕池壹石，坐落土名在二祖公厝右边，东至花园墙、西至买主厝后、北至巷、南至路，四至明白为界。"（厦门145）

按：确字应为"口"。

根据契约比勘法，以上讹误，不知是编校者迻录时对原件量词做了改动，还是契约原件书写者的笔误所致，但由于没有原件图版以兹比较，所以该类讹误只能以普遍情况进行推断。

（二）有意之误

所谓"有意之误"，是指厘定者也许不明文意，抑或根据自己的经验、常识将契约原件中使用正确的量词甲，违背原文之意校改为了乙，有时是将原件中的错误甲又改为了错误乙。现举例说明如下：

（1）《清道光十四年（1834）曾氏置产簿》："又一号土名庙前，今又称单头安着，东至黄、季二姓田，南至胡家田及买主田，西、北二至潘家田，以上二号，计种四头（贯），计租一百头（贯）。"（温州266）

（2）《民国十年（1921）曾氏置产簿》："计种壹头（贯），冬租壹百头（贯），计民亩陆分，向曾秉德户推过户。"（温州282）

按：上例中"头"本正确，改为"贯"，亦可。想必厘定者认为例句所涉及的曾氏置产簿中169份都用了"计种……贯，计租……贯"，只有2例用了"计种……头，计租……头"，根据少数服从多数的原则，厘定者将"头"改为了"贯"。当然这也只是一种推测。其实"头"是"贯"的俗称，《福建民间》及徽州地区的契约中就有用例，具体参见"头₁"字条。

（1）《清嘉庆六年（1801）姜含宗兄弟断田约》："……情愿将自己祖遗先年得买合田大小三坵，坐落土名凉停（亭），约计禾七十挈（挐），逐年应纳条银四厘九毛，请中出断卖与姜文裕名下承买为业。"（贵州林业D0003）

（2）《清道光十三年（1833）姜治宏断田契》："……自己情愿将到顽你田一坵，其田约禾六十挈（挐），应纳条丁四厘二毛，请中出断与姜炳、庙生弟兄名下承买为业。"（贵州林业D0011）

按："挈"本为确字，契约录文版本中将"挈"作为"挐"的替代字。《说文解字·手部》："挐，牵引也。"[1] 徐灏注笺："疑挐、挈同字，因声之轻重而别之，实一义相生耳。"[2] 桂馥《说文解字义证》："挐，通作挈。拘捕有罪曰'挈'，今俗作'拿'。"[3]《玉篇·手部》："挐，手挈也。"[4] 可见"挐"与"挈"

---

[1] 许慎.说文解字［M］.北京：中华书局，2015：252.

[2] 徐灏.说文解字注笺十二［EB/OL］.道客巴巴，2021-11-16.

[3] 桂馥.说文解字义证［M］.济南：齐鲁书社，1987：104.

[4] 顾野王.玉篇［M］.上海：上海书店出版社，2017：94.

相通，后俗作"拿"。

（1）《清光绪丙戌年（1886）邹德高当田地约》："今因无钱用度，情原将自己得买李性（姓）之田，地名沙棕领水田三欠（坵），凭（凭）中出当与王茂玷名下耕栽。"（道真244）

（2）《清光绪壬辰年（1892）王茂奠转当水田约》："今因无钱用度，愿将自己得当邹姓之业，地名沙踪岭水田四欠（坵），出转当与李相君二爷名下耕栽。"（道真264）

（3）《清宣统元年（1909）邹庆堂借钱字》："其钱不拘远近相还，若倘年秋收利息不楚，邹姓愿将自己屋尾后水田三欠（坵）作抵，恁随李姓或耕或佃，邹姓无阻。"（道真358）

按：将"欠"释作"坵"，实误。"欠"当为"坎"的省形字。《道真契约文书汇编》中的"欠"在《天柱文书（第一辑）》《贵州文斗寨苗族契约法律文书汇编——姜启贵等家藏契约文书》《贵州文斗寨苗族契约法律文书汇编——姜元泽家藏契约文书》等契约中均作"坎"，主要用来称量田地、山场、园林等，具体参见"坎"字条，而上述契约均属贵州地区，由此可推知"欠"应为"坎"。"坎"在闽语中相当于"间"，"间"在《天柱文书》《清水江文书》等文书中多用来量水田、屋基，所以"欠"作"坎"不应妄改为"坵"。

《清光绪二年（1876）孟余分关书》："一田坐张公大田，秧三豆（头）；一田坐大田下，秧一豆（头）；一田外庵基，秧一豆（头）。"（温州129）

按：将"豆"改为"头"，实误。上例的"豆"其实是"斗"的同音替代字，例句内容为孟余所立的分关文书，其详细记录了其所拥有田产的坐落及播种的量，旧时有以播种量代替田地大小的习惯，通过同例中的"秧一担"，可推知"秧一豆"应为"秧一斗"，用"斗"来计量播种的量。

《明万历九年（1581）郑汝源卖塘白契》："弟郑汝源，今将承祖标分得本都三保土名王村鱼塘一广［业］，其塘［新］立四至，东郑域晨公塘，西潮汗塘，南大坑，北大路，本位原与伯□相共，本位合得一半。"（徽丛编2/410）

按："广"本正确，改为"业"，实误。"广"与"业"在形音义方面毫无相像之处，既然如此，那么契约文书迻录者为何判定"鱼塘一广"是书写者的错误所致？究其原因，应该是个案的缘故，因为整个《徽丛编》中仅出现了一例"广"作称量单位的用例，所以契约文书编校者基于一般的常识将"广"改为常用的"业"，但历史的真相有时就掩藏在一些不起眼的个案中间，"广"作计量单位在《徽州文书》中有很多用例，将"广"修改为"业"反倒是替古人自作主张了，具体参见"广/厂"字条。

《清同治三年（1864）舒王氏卖田赤契》："……土名水磨坵，即下九都六张水碓背后，计租独业并典共租十六勺（砠）十五斤，系经理逊字□□号，计税一亩四分五厘二毫。"（徽丛编1/182）

按："勺"本正确，改为"砠"，实误。"勺"为古时较常使用的容量单位，10勺为一合；"砠"是明清时通行于徽州一带的重量单位，一砠等于20~30斤不等。因徽州契约中"砠"常与"斤"搭配使用表重量单位，上文厘定者将"勺"改为"砠"看似合情合理，但计量单位的正确使用，关系到交易的价格，而作为经验丰富的乡民，对计量单位的使用应该是驾轻就熟，不会出错，即便是用错字，也会写为音形相近的替代字，不至于用另外一个单位。根据常识可推断，其实上例原文立契者要表达的意义应是典租的量是16勺，重15斤。

（1）《清光绪十五年（1889）邹炳才等卖水田地等文契》："言（原）日三面意（议）定价银二拾贰两伍卜（钱）整。"（吉昌106）

（2）《民国庚申年（1920）姜登廷借钱字》："立借字人下寨姜登廷，为因要银用，无处得出，自愿借到下寨房姜永乡之本足银乙又〇二卜（钱）正。"（姜元泽529）

（3）《民国三十七年（1948）龙和远收白布尾数字条》："经凭（凭）保甲父老等计布式疋，净重叁觔陆刄（钱），所收是实此拠。"（亮寨220）

按：例（1）和例（2）中的"卜"本为"分"的俗写体，改为"钱"字，实误。1935年公布的《第一批简体字表》提到废除的账簿药方中以符号代替的简体字，就有"卜"字。据唐智燕推测，"分"俗作"卜"，可能是"彡"字草书楷化的结果，即把曲笔"彡"拉直成一竖，乃简作"卜"字。[①]例（3）

---

① 唐智燕.俗字研究与民间文献整理：以《吉昌契约文书汇编》为例[J].汉语史研究集刊，2012（0）：384.

的"刃"本为"两"的俗写，改为"钱"，亦误。

《清光绪十一年（1885）沈氏同子叶林坤卖地契》："立永远杜绝找卖契：沈氏同子林坤，今因乏钱正用，情愿挽中今将祖父<u>公地一则</u>（块），二房对开分受，每房壹亩贰分五厘正……"（浙东77）

按："则"本正确，改为"块"，实误。之所以"则"被改为"块"，是因为"则"作量词，多用于文章或艺术作品，相当于"章""条"，在字书和其他文献中没有与土地相关的量词用法，故校订者根据自我的经验随意改"则"为"块"，但在江浙一带，尤其是宁波地区的契约中有不少"则"的用例，具体参见"则"字条。

《清雍正十一年（1733）吴子文卖屋红契》："……情愿凭中将朝南小平屋两间、屋前基地两间、屋后<u>菜地壹林</u>（领），出卖与叔处管业居住。"（山会诸辑存152）

按："林"在契约中多称量成片的林木，例句中用来称量菜地，本正确，"领"多量衣服、席被、山岭等，将"林"改为"领"，实误，具体参见"林"字条。

《民国十五年（1926）冯长润佃房窑文券》："立佃房窑文券人冯长润，今因需款孔急，将祖遗置到辘辘井湾坐东向西本性院窑房壹所，内东正<u>窑肆</u>，<u>冶门</u>、天亮窗，坑灶带有铁锅台面贰个，插寨拴关全，随带佛龛壹座，纱扇叁扇，大竖柜式双相连，小门贰扇，铜匙铜博古全；北<u>窑肆</u>，冶门、天亮窗、炕灶插寨拴关全。"（陕西156）

按：上述例句，整理者在迻录契约文书的过程中，对契约原件进行了标点，但因不明量词之用而造成了标点错误。迻录者在"窑肆"处点断，使契约中常见的"名数量"结构变成了不带量词的"名数"结构。该结构在量词未产生之前，是主要的数量表示法。先秦以后，凡是表数量，基本会带上量词，宋代以后基本成为计量时必用的语法成分，尤其在明清的契约文书中，"名数量"基本成为必用的唯一格式。但上例整理者，将例句标点后，只有名数，没有与之搭配的量词，这就违背了契约名数搭配必用量词的原则。其实正确的断句应是将"窑肆"与"冶"连起来，组成"窑肆冶"的数量结构。而"冶"在契约文书正好作窑洞的称量单位，《故纸》中用例较多，具体参见

"冶"字条。

第三节 研究文章中的讹误

随着契约文书语言学方面价值的凸显，越来越多的学者将研究的目光都开始转向这一领域，这一举动促进契约文书研究的深入，同时，拓宽了语言学研究的范围。当然，在所有研究文章中还存在一些问题，尤其是量词类文章中对部分量词的界定及释义都值得商榷，本节现将韦岩实《乾嘉时期〈徽州文书〉量词研究》（简称"韦文"）、黄天艺《福建民间契约文书名量词研究》（简称"黄文"）和金胜《清水江文书名量词研究》（简称"金文"）中的问题予以摘录，以期与各学者磋商，通过学者间的互相砥砺，促进我们的学术更好地向前发展。

【胆】称量契约的量词①

黄文将"胆"释为用来称量契约，表示的范围比"纸"小，"一纸三胆"表示一份契约里面夹有三张附属的用来解释说明的文字，该解释实误。根据该文的前文内容，即"立剖明议约礼房三胆众等，原有生公约，内得价归众有墓亭仔水田，但当日议约内未载明租数坐址，以致与房内若全边祖手己置之田坐址，胶腼不明，互相争执。……该田大小伍坵，约作租伍拾伍贯正，全边照数交纳，不得短少"。可推知"若全""三胆"为人名用字，"全边"指若全这一方。契约原文本该断句为"更订该约共立肆纸一式，全边存壹纸，三胆各存壹纸"，黄文却断句为"更行该约共立四纸，一式全边存一纸三胆"。故将"壹纸"与人名"三胆"相连，必造成误用。

【都图保甲】行政区划的量词

韦文将"都、图、保、甲"释作行政区划的量词，实误。"都、图、保、

---

① 黄天艺.福建民间契约文书名量词研究［D］.湘潭：湘潭大学，2016：45.

甲"是行政区划的单位，其词性应为名词。"都、保"宋元明清时作县级以下的行政区划单位，相当于乡、村一级的单位，江南地区多称"都、图"。"甲"是位于"都图"或"都、保"下的最基层的一级单位，来源于保甲制。

【至】借用为临时量词[1]

韦文将"四至"的"至"看作临时量词，用来说明田地山坦的边界，实误。"四至"本是一个名词短语，具体指地籍上每宗地四邻的名称，而非数量短语。

【营】用作军队编制单位[2]

金文将军队编制单位"营"释为量词，实误。"营"应为名词，正如《汉语大词典》所释：军队编制单位名称。古今不同，今制上属团，下辖连。[3]"营"是唐五代时从战时编制发展而来的一个编制单位，一般以五百人为一营。

【区】量词"区"在清水江文书中是用作行政编制单位[4]

金文将行政编制单位"区"释为量词，实误。"区"其应为名词，与"省、市、县"等一样，即行政编制单位，也是行政区域名称，其称量单位可用"个"。

【组保牌甲】作户籍编制单位[5]

金文释"组、保、牌、甲"为户籍编制单位，归为量词类，实误。"组、保、牌、甲"其词性应为名词。"保、甲"为旧时户籍编制单位，上文已述。"牌"为清代全面整顿保甲制后，新出的最低一级户籍编制单位，以十户为牌，十牌为甲，十甲为保。"组"是根据一定目的和要求组成的单位，而非基层户籍编制单位，无论何种单位，其词性均为名词。

---

① 韦岩实. 乾嘉时期《徽州文书》量词研究 [D]. 桂林：广西师范大学，2013：54.

② 金胜. 清水江文书名量词研究 [D]. 湘潭：湘潭大学，2017：59.

③ 汉语大词典编纂处. 汉语大词典 [M]. 上海：上海辞书出版社，2008：9867.

④ 金胜. 清水江文书名量词研究 [D]. 湘潭：湘潭大学，2017：60.

⑤ 金胜. 清水江文书名量词研究 [D]. 湘潭：湘潭大学，2017：60.

第四节 讹误量词的判定与校订方法

为了能更好地发挥契约文书的文献资料价值，促进契约文书更好地被利用，本研究根据契约文书自身的特点及校订俗言俗语常用的方法，总结出了契约文书中讹误量词的判定与校订方法，方便厘定或辨识契约过程中的误识、误认的情况。

（一）文献查证法

所谓"文献查证法"，就是利用海量的传世文献、各类字典辞书及其他的研究成果对涉及的量词进行查询、求证，从而明确其语义，该方法是一个传统而又必不可少的思路，但在考证的过程中，有时须另辟蹊径，不断扩大文献字书查阅的范围，根据方言类材料才能使问题迎刃而解。

【町】《说文解字·田部》："町，田践处曰町。"[1]《说文通训定声》："此字当依《仓颉篇》训'田区也'。"[2]本义为田界或田间小路。作量词，是古代的地积单位，《钜宋广韵·迥韵》："町，田亩。"[3]《左传·襄公二十五年·卷三十六》："町原防，牧隰皋，井衍沃。"杜预注："堤防间地不得方正如井田，别为小顷町。"孔颖达疏引贾逵曰："原防之地，九夫为町，三町而当一井也。"[4]根据古代亩制可推知"町"有两种量值：一是一夫为一百亩，九夫为一町，一町当为九百亩。另一说是一井为九百亩，三町为一井，则一町当为三百亩。契约中称量田地，用例如下：

（1）《东汉建宁四年（171）雒阳县孙成买田铅券》："建宁四年九月戊午朔廿八日乙酉，左骏厩官大奴孙成从雒阳男子张伯始卖所名有广德

---

① 许慎.说文解字［M］.北京：中华书局，2015：292.

② 朱骏声.说文通训定声［M］.北京：中华书局，2016：879.

③ 陈彭年.钜宋广韵［M］.上海：上海古籍出版社，2017：217.

④ 杜预，孔颖达.左传注疏［M］.北京：中华书局，2020：8.

亭部罗佰田一町，贾钱万五千。"（粹编46）

（2）《清光绪元年（1875）龙喜端卖杉木柴山契》："自愿将到土名德洞冲先年兄得买展化杉木山土一町，左抵和巺山、右抵喜丰万泮山、上抵领、下抵溪，四至分明。"（天柱16/128）

（3）《清咸丰元年（1851）邱光有杜卖地契》："……自情愿托中将承祖坐落八都三保石磘，土名下坞系邱家墩左庇下地业上壹坵，系寒字△号，计地二长町，计丈△△步，计税△△正。"（徽州1/6/149）

虽然各类文献字书中都释"町"为地积单位，但从以上用例的文意看，"町"似乎并非地积单位量词，不仅因为古时农民个人或家庭拥有土地量较少，契约中很少见几百亩的大宗土地交易，而且在传世文献中亦很难见到"町"作地积量词的用法。无独有偶，经搜检后发现，张鑫等人以文渊阁《四库全书》为检索材料，以出土文献为佐证材料，亦没有找到"町"作土地面积单位的实际使用的例证。他们认为在《走马楼三国吴简》和汉代买地券中"町"用作称量土地块数的个体单位量词，相当于当时的个体单位量词"区、块、处"等。[1] 其说甚是，"町"确实无土地面积单位之义，应是由田界转喻为田地的称量单位。但张鑫等人仅据传世文献和出土文献，就认为"随着量词'块''处''区'等称量土地的个体单位的强势发展，由于量词的兴替，'町'的个体单位用法失去了进一步发展的必要而迅速消亡，以致传世文献难以见到用例，而出土文献仅见于《龙岗秦简》《走马楼三国吴简》以及部分汉代买地券等之中。"[2]该论断过于轻易，因为在民间文献中，"町"仍有用例存在，如上例。

【磴】《集韵·嶝韵》："磴，飞阶谓之磴。"[2] 粤语中，"磴"可作量词，表阶梯的一级，犹"层"。契约中"磴"称量屋场、山园等。用例如下：

（1）《清光绪三十三年（1907）刘德林卖屋场地契》："情愿将到土名油祚塝屋场基半磴，上抵刘常光、下抵卖主、左抵上石路、右抵买主，正身长二磴均分。"（天柱22/265）

① 张鑫，李建平. 从出土文献看古籍中的土地单位"町"：兼论"王兴圭买地铅券"的辨伪 [J]. 农业考古，2012（4）：262–264.

② 丁度. 集韵 [M]. 上海：上海古籍出版社，2017：252.

（2）《民国二年（1913）潘富祖卖荒山地契》："情愿将到土名寶项背荒山壹<u>燈</u>，开明四抵，上抵买主老油树、下抵买主杉木、左抵领边、右抵潘姓荒山，四抵分明。"（天柱4/34）

（3）《民国十年（1921）吴恒钊卖池塘地契》："又<u>园壹燈</u>一并在内，外开四抵，上抵请泉田、下抵会楚塘、左抵恒顺屋场、右抵运富抵田，四抵分明。"（天柱8/248）

（4）《民国二十三年（1934）杨文朗租房屋基地墦土付约字》："立付约字人杨文朗，先年得买宗贵林、宋景江<u>房屋基地墦土合共陆燈</u>，租与宋贵林耕管住座。"（天柱1/130）

"燈"字大量出现在《天柱文书》中，除"燈"外，贵州地区的契约中还偶见"燈""橙""鄧""登""撜""隥""磴"等字形。用例如下：

（5）《清道光十二年（1832）潘进言卖屋场地》："立卖屋场地契人潘进言，今因家下鉠少用度，无从得处，自己情愿将到土名园头村<u>屋场壹燈</u>，开明四抵……"（天柱6/125）

（6）《清光绪二十四年（1898）潘仕善卖墦坪地契》："请（情）愿将到土名同罗坪<u>墦坪壹橙</u>，上抵古路、下佐抵佑抵本主，四抵分明，欲行出卖，无人承就。"（天柱4/5）

（7）《清光绪二十六年（1900）杨元金立卖墦冲地土阴阳字》："又左边路坎上<u>大坪小冲二鄧</u>，共乙団，上抵登岭、下抵路、左抵杨学来墦土坎及岭、右抵伍杨二姓田为界，四至分明，要钱出卖。"（天柱11/287）

（8）《民国元年（1912）刘东方卖地契》："今将自己<u>坡地两登壹段</u>，座（坐）落梁屯小寨，其地南北哳，东至买主、西至田、南至沟、北至卖主，四分明。"（龙泉驿277）

（9）《民国十二年（1923）杨昌锦立契卖田柴山墦地》："又并黄土园<u>墦地四撜</u>，上抵刘良汉田、下抵刘宜新田、左抵刘修煌墦断、右抵刘良德墦断田，四至分明。"（天柱9/59）

（10）《民国二十六年（1937）蒋泰田卖墦土契》："自己将到土名<u>屋膓（场）平墦式隥</u>，至开四至，上抵□瑞墦、下抵景辉墦、左抵仲地、右抵景辉墦，四至明，要行出卖。"（天柱6/92）

（11）《（时间不详）邹庆兰弟兄四房名下分受之业粮单》："仲家沟宅下水田一段，又连大河沟柴林粮二分，宅下团田二磴，粮五分，陈泽老爷多脉一分。"（道真505）

（12）《（时间不详）龙建魁卖油山土冲字》："……情愿将到土名故价油山乙团，土冲上团三橙阴阳出卖。"（天柱12/169）

以上除了用例最多的"磴"外，"燈""橙""邓""登""撜""隥""磴"等词在《汉语大字典》及其他传世文献中均未见量词用法。但"磴"的层级义与契约所见量房屋、田地、园坪等的意义似乎亦没有关联。然翻检《汉语方言大词典》后发现，原来"登"在西南官话中可称量房屋或方形物等，犹"栋"或"块"，如四川话中有"一登房子、一登豆腐乳"。① 根据"磴""登"音近，"磴"所在契约为西南官话区，可以断定，例句中"磴"的确字应为"登"。"磴"应为"登"的增形字，例句中的"燈""橙""邓""撜""隥""磴"均为"登"的俗替代字，其中"燈""邓""隥""磴"为音近替代字，"橙""撜"为形近替代字。

（二）契约比勘法

所谓"契约比勘法"就是将相同或不同地域、年代、类型的契约进行比较、比照，从而辨别所见量词的是非对错。

契约文书文本不仅是丰富的资源宝库，更是现实的语境呈现，随着不同地域契约文书的相继问世，此书中的个例，在彼书中不乏用例，故而使孤证不再孤。如某契约中的个例，最初会被识解者以为是契约草拟者的误用或抄录者辨识错误导致的，当其他契约文书中大量出现该个例时，这些个例才会找到它们独特而重要的位置，才不至于被湮没在材料的海洋里或尘封在历史文献的旮旯里被人忽略或遗忘。在寻找契约文书量词时，笔者就有过这样的经历。当发现《闽南宗录》有一个"埒"的用例时，笔者并未在意，仅将其归为讹误类，但后来随着搜集资料数量的日增，慢慢发现"埒"在台湾地区的契约里频现，尤其是《台湾民间文学》《万丹》中用例丰富。

【埒】《艺林伐山·水埒》："田塍曰土埒。"田塍即田埂。作量词，表行，

---

① 许宝华，宫田一郎.汉语方言大词典［M］.北京：中华书局，1999：6368.

通常计量长条状的土地，是闽台地区的特有计量单位，"一埒"即一行、一排。契约中用例如下：

（1）《清嘉庆六年（1801）萧志振招耕水田字》："立招耕字人业主萧志振，因前年有刘家退佃水田一埒，坐落镇平庄南势……"（台大租书95）

（2）《清道光三年（1823）胞弟德元买契》："立杜尽根绝契字人胞弟德元，有承父遗业兄弟阄分外，踏出中路边园壹埒以为祖宗忌祭，经里阄书声明在内，将此祀业分耕各管轮流忌祭。"（台湾民间316）

（3）《清光绪六年（1880）蔡万枝呈诉状》："现存龟潭水田二埒，计六坵；竹脚埔水田一所，计七坵，双冬隐水每年约割成百石之左……"（台债权编156）

（4）《清光绪十三年（1887）黄思等同侄缴典山园契》："仝立缴典山园契字人海丰庄黄思、黄海，侄水老、水生等有承典蔡守楼等山园叁埒，四至明白，歷受三十余年无异。"（台湾馆藏133）

契约比勘法还能校订错讹，有时通过蛛丝马迹，将同一地域前后不同件次的契约作为比勘的重要切入口，从所呈现出来的文本，寻找突破口，可以确定某些量词正确的字形和意义。如：

（1）《清乾隆十四年（1749）雷君凤同侄承地批约》："今因无地架塔，就在县城山主郑圣擢众处承出厝地壹造起架居住，歷年理约地租钱陆百文，其租限至重阳之日，钱送县交收明白，不敢负欠。"（福建民间6/3）

（2）《清嘉庆九年（1804）郑启杨卖屋基契》："立卖屋基契人郑启杨，父手有屋壹造，座址深洋大路后，其屋基兄弟四人公共。"（福建民间6/226）

（3）《清嘉庆二十年（1815）张仕长卖断粪寮契》："自甘愿即将阄分己份粪寮壹造，坐址本处地方，土名俗叫榀模下粪寮壹造，前至路、后至水沟、左至路、右至张方瑚□、上及橡瓦、下及地基，托中送卖断与张方瑚为业。"（福建民间6/233）

以上"造"本为制造之造，作量词，在粤方言中，表稻谷等农作物从播种到收获一次称为一造；在吴语中，作房屋的长度单位，指房屋前檐到后檐的总长。而上述例句既不涉及农作物的收成，又不属于吴方言，所以可以将"造"的上述两项量词意义予以排除。那么"造"应为何意？根据同卷册契约文书中的一个例证，可推知"造"应为"座"的方言俗字。用例如下：

（4）《清嘉庆十五年（1810）张鹤龄承租批》："立承租批人张鹤龄，今因无□收拾，托中向在张久恒承出寮一坐，座址下溦头后村，桎木模粪寮一坐，前来承去收拾。"（福建民间6/229）

同样是称量粪寮，例（3）中用了"造"，例（4）中用例"坐"，所谓"粪寮"，即厕所，契约中用"座"称量厕所较常见，故上例中"造"应为"座"的音近替代字。闽南语中"造"与"座"的读音相同，都读为"zuò"，"壹座"因方言发音而被讹写成了"壹造"是有可能的。

另一用例如下：

（1）《清乾隆十七年（1752）邱阿汪等卖山地契》："自情愿托中将承祖父买受山地壹去，坐落八都三保土名下场山地乙号，系新丈寒字三百号。"（徽州1/6/37）

（2）《清光绪十六年（1890）吴开纯拨水田契》："立簿水田契人吴开纯、红二兄先年得买长圳世家坪水田壹去，将开纯壹半簿与开纯、红名下耕管为业。"（天柱5/163）

（3）《清光绪三十三年（1907）杨昌银卖油树墦场契》："又并蜡桃坰路坎上园壹团，并右边山场在内，上抵荣众墦、下抵大路、右抵蒋姓、右抵众园二去，四至分明，要行出卖。"（天柱7/13）

（4）《民国三十一年（1942）刘期凉卖水田地契》："立卖水田地契人刘期凉，今因家下要钱使用，无从出，自己母子諵议，情愿分上祖业知（自）愿将到土名翁松冲水田去，水田四坵、芳（荒）田三坵，内开四抵……"（天柱4/252）

以上例句中"去"在传世文献中无量词用法，作田地的称量单位，但其本字为何？在《天柱文书》里与例（4）几乎相同的一份契约文书，为寻找确字提供了有价值的线索。例句如下：

（5）《民国三十一年（1942）刘期凉卖水田地契》："立卖水田地契人刘期凉，今因家下要钱使用，无从出，自己母子諵议，情愿分上祖业知

（自）愿将到土名翁松冲水田壹契，水田四坵，芳（荒）田三坵，内开四抵……"（天柱4/253）

例（4）和例（5）中的契约内容和措辞几乎一致，且代书人也为同一人，由此可判定它们应该是同一份契约的正本和底本。例（4）中写作为"水田去"，似乎漏写了数词"壹"，例（5）中写作"水田壹契"，将"去"字换为了"契"字。运用对比的方法，可以很轻易判断出"去"应为"契"的方言替代字。在西南官话中"去"和"契"读音相同，故混写为一字是有可能的，且在《天柱文书》中用"契"计量水田的用例很多，其他文书中也常见"契"作称量单位的用例，详见"契"字条。

契约比勘还可为辨别似量非量的词提供重要线索。如：

（1）《清乾隆十年（1745）吴立知租批山契》："今租到江名下，景字式千叁伯四拾叁伍式号，土名漆树湾山壹业，租耒作种茶柯杂木长短五禾，起造屋宇。"（徽州4/7/26）

（2）《清乾隆四十四年（1779）张江黄姚方等召山批》："今身出召与吴名下，前去开扒锄种五禾，蓄养柴薪茶柯树木。"（徽州4/7/29）

（3）《清乾隆四十四年（1779）吴元长租山批》："今身租耒锄种长短五禾，三面议定每一长年交还钱租六钱。"（徽州4/7/30）

（4）《清乾隆四十九年（1784）洪观一租山批》："立租批人洪观一，今租到方国候名下土名水坞山一业，今身租耒锄种五和茶柯科木。"（徽州4/7/39）

当看到例（1）时，肯定会第一时间判定"禾"为量词，因为它出现在"名词+形容词+数词+量词"结构中，但通过比勘其他契约，如例（2）和例（3），可发现"禾"应为名词，而非量词，"五禾"即"五谷"，因为"禾"大量出现在了以"种"为核心义的动词短语中。通过比勘，还可以判定例（4）中的"和"应为"禾"的同音替代字。

（三）常识推断法

所谓"常识推断法"就是利用契约文书常识、语言文字常识、生活经验常识对涉及的量词进行推演分析，从而推断其字形字义之所在。

契约文书作为一种交易文书，一份契约的签订意味着一份财产的收获与转移，为了保护自我利益不受侵害，为了不引起交易后的纠纷，唐代以后，契约书写标准十分明确，这和样文的流传分不开。所以契约文书都有固定的套语、格式、用词等，而了解、熟悉这些内容也可以帮助人们辨别契约文书量词的真伪。

【分$_2$/份】在字典里有众多义项，其中一个作亩积单位，相当于十分之一亩；另一个相当于量词"份"，指整体分出的一部分或组成整体的部分，该用法出现较晚。契约中多计量田地，用例如下：

（1）《高昌延寿十五年（638）周隆海买田券》："……周隆海从周〔栢石〕边，买东渠常田壹分，承壹亩半陆拾步役。"（会编98）

（2）《元至元五年（1339）徽州王进孙等标分地山文书》："……其地山十二分中王进孙同安孙共合得七分。"（会编672）

（3）《清乾隆二十一年（1756）新平李显名弟兄杜卖村田契》："今将祖遗扎拦成熟田大小田贰拾贰分，坐落夏赛坝，东至小冲止……"（云博馆4/17）

（4）《清嘉庆十二年（1807）谢大鹏同子杜卖水田文契》："愿将分受新三甲枧槽堰水田伍分，载粮壹分，其田因在先年所卖贰拾捌亩之内截丈余留之田，今仍自请中证说合，出卖与刘、张、陈等名下承买为业。"（清地史4）

上例中"分"的意义究竟是"一分田"还是"一份田"，似乎并不好判定，但如果依据契约常识，问题就变得简单许多。因为任何一份契约，至少都有一项关于田地地积或四至的描述，在无四至或地积的契约中，"分"极有可能是个地积单位。反之在有四至或地积的契约中，"分"极有可能是个普通称量单位，相当于"份"。上例中的（1）（3）有四至，（2）（4）有亩积，所以它们都是称量单位。该结论还可以通过"份"的用例得以验证。

（5）《清道光二年（1822）钟氏出当园字》："本社门首菜蘭一份，东至六下后那兰为界，西至亦系六下蘭为界，南至小路为界，北至墙围为界，四至界址分明。"（苗栗编205）

（6）《清宣统元年（1909）曾亚胜等卖断埔地契》："立卖杜断埔地契

字人曾亚胜、奎、亚才，先年承祖父遗下有埔地一份，坐落大土名三多祝围。"（广东300）

（7）《清宣统三年（1911）雷光焕卖断竹林契》："竹林一份，上至光兴、下至自己林、左至岗、右至惟佃竹林为界。四至明白。"（福建畲族/下301）

（8）《民国十八年（1929）霍丘县赵连城揽约》："立揽约人赵连城，今揽到汪雅林下龙池保南湖地一份，计种二百亩。"（粹编1914）

（9）《民国三十一年（1942）新平白世昌弟兄同侄中华等杜卖田产契》："情愿将父手遗获田壹份，坐落起租新寨，名田那黑荒，共计一百二十五坵。"（云博馆4/40）

例（5）（7）是有四至例，例（8）（9）是有亩积例，故以上例句用"份"无误。《云南省博物馆馆藏契约文书整理与汇编》中"分"与"份"混用的用例尤其多，几乎都是将"份"写作"分"。据此，我们可以很快地判断"分"究竟是表亩积的"分"，还是表一般量的"份"。

有时讹误量词的判断需要凭借基本的语言常识，如"截"和"节"。

【截】《说文通训定声》："截，字亦作截。"①《说文解字·戈部》："截，断也。"②作量词，用于截断之物，如树干、粉笔、电线等。契约中称量田地、山园，用例如下：

（1）《元至正十年（1350年）徽州胡鼎卿、郑贵夫换地文书》："对换郑世京黄荆坞口新结石垒外小丘田一截，其田价地〔？〕对面结石垒为界。"（粹编632）

（2）《清同治元年（1862）姜邦正讨菜园契》："立讨菜园姜邦正，今因讨到本房姜昌连、锺碧二人名下菜园乙截，右凭粪朋、左凭熙和。"（姜元泽440）

（3）《清光绪三年（1877）姜东佐卖栽手杉木字》："自愿将先年女儿玉鳳栽文斗姜熙年弟兄等荒山一截，地名引金返。"（贵州林业2/B0205）

---

① 朱骏声.说文通训定声［M］.北京：中华书局，2016：339.

② 许慎.说文解字［M］.北京：中华书局，2015：267.

【节】《说文解字·竹部》："节，竹约也。"①《史记·龟策列传》："竹，外有节理，中直空虚。"②作量词，用于分段的事物，如竹子、藕、鱼竿、电池等。契约中亦见用于称量田地、山园。用例如下：

（1）《清乾隆三十七年（1772）姜老通断田约》："自愿将遗祖水田乙节，坐落地名报受，请中问到姜国章名下为业。"（清水江 3/10/184）

（2）《清同治元年（1862）李清水等分家合约》："一批明长房，侄根旺分得左畔厝一屏，间数不计，外带苎园一节，内至公廳前后透直为界。"（台湾民间 349）

（3）《民国十一年（1922）龙祥锡卖油冲山土契》："自愿将到土名黄土破山一節，上抵古路，下抵田并冲，左抵德霖分界，右抵官福山，自至分明，要钱出卖。"（天柱 16/145）

刘子平认为："'截'与'节'同为物量词，皆可用于条形物，但前者指被截断之物，后者指独立成段之物，故'半截粉笔'的'截'不能写成'节'；'一节藕'的'节'，不能写成'截'。"③以上解释一语中的，"截"和"节"语义指称的重点不同，"截"的重点在于被截断，而"节"的重点在于天然的节状物。契约中称量田地、山园等的"节"应为"截"的同音替代字，因为田地、园地等皆非独立成段之物，其界址都是人为修筑的，所以应用"截"，而非"节"。

常识推断法有时也可为辨别似量非量的词提供重要线索，用例如下：

（1）《清咸丰三年（1853）刘绍甫同侄借空地文约》："情因无地安葬，凭（凭）证哀求，借得苏邦森名下所买阮姓业内林园外空地安葬父亲，坟地一包，辛山乙向。自葬之后，不得借坟添葬，培补侵占。"（龙泉驿 236）

（2）《民国二十一年（1932）龙启元等取阴地合同》："令蒙吴用行先生取得阁夏老下边阴地一穴，立辛山乙向，自愿谢师壹排，立元亨利贞四排，先生拈閹得亨字第二排。"（天柱 22/330）

---

① 许慎.说文解字［M］.北京：中华书局，2015：90.

② 司马迁.史记［M］.长沙：岳麓书社，2012：1733.

③ 刘子平.汉语量词大词典［M］.上海：上海辞书出版社，2013：109.

契约文书中，常将"一"大写为"壹"或"乙"，如果缺乏古代风水文化常识，很容易将上例中的"辛山乙向"认定为"名＋数＋量"的量词结构，其中"向"是对"辛山"的称量，可将"向"释为"面"。但如果具备古代风水常识，很容易判定"辛山乙向"是古人埋葬死人时风水之说，即阴宅的方位走向。"辛山乙向"也可简称"辛山"，具体指阴宅坐西北向东南。其用法与例（3）的"申山寅向"相同，都是对阴宅坐向的说明，其中"向"为方位，方向之义。

（3）《清道光十八年（1838）曾文中等借阴地文约》："今来凭（凭）证哀求主家苏邦贤名下契买李姓业内踩得阴地一棺，并无余地，当将母亲安葬于<u>申山寅向</u>。"（龙泉驿222）

下篇 分论

第五章

契约文书制度单位量词

《论语·尧曰》有言："谨权量、审法度、修废官，四方之政行焉。"[①]古人将度量衡制与国家政权的行废看得同等重要。契约文书作为交易的凭证，其中涉及非常丰富的制度单位量词。这类量词绝大多数自古就有，诞生于夏商周时代，但因各朝各代政权的不断交叠更替，历代度量衡单位庞杂多端。秦始皇统一中国后，统一了度量衡，为中国的度量衡制定了统一的标准，但各个朝代所造度量衡器具的标准和规格不同，加之典籍或实物的缺乏，很多度量衡的具体量值未有定论。鉴于此，本章力求在梳理契约文书所见度量衡量词的过程中，结合相关研究结论，对于部分单位给出明确的量值或范围；对于契约中所见部分量词，本身没有明确量值的，或在当时当地使用时有量值，因没有被典籍记载下来的，只能给出约莫量，实在无法考证的，量值暂缺。

第一节　长度单位量词

希腊哲学家普罗泰戈拉（Protagoras）曾说"人是万物的尺度"。认知语言学的经验主义认为，人类的概念系统是人类经验的产物，而经验是通过身体获得的。身体不仅是认知的出发点——认知的主体是具有身体的人，也是认知的一个对象——人类最先获得的是对自己身体的经验；同时还是认知的工

---

① 阮元.十三经注疏·论语［M］.北京：中华书局，1980：2535.

具——人类认识外在现实是通过身体与世界的互动方式进行的。[1]《后汉书·律历志》:"故体有长短,检以度。"[2]《史记·夏本纪》:"身为度,称以初。"[3]《说文解字·尺部》:"周制寸、尺、咫、寻、常、仞诸度量,皆以人体为法。"[4]也就是说人类诞生后,首先靠自身器官感知世界,获得对外界的认识,他们依据器官存在的位置获得了内外、上下、高低、前后等方位概念及长短、轻重、大小、距离等度量概念。《大戴礼记·主言》:"布指知寸,布手知尺,舒肘知寻。"[5]故汉语中最早的形状概念是基于人手指长短产生的长度概念,后基于一定的长度概念以十为进制产生了其他长度单位。《汉书·律历志》记载:"度者,分、寸、尺、丈、引也,所以度长短也。本起黄钟之长,以子谷秬黍中者,一黍之广,度之九十分,黄钟之长。一为一分,十分为寸,十寸为尺,十尺为丈,十丈为引,而五度审矣。"[6]契约文书中的长度单位,较常见的是产生于先秦两汉的"寸、尺、丈、步、寻、里、匹、粟、秒、忽、丝、毫、厘、分"等,本章将择传世文献不常用者而举之。

【拿】为壮语用字,意义为"手"。契约中所见作长度单位,用例如下:

> 《清光绪二十四年(1898)冯赐福卖地基约》:"……夫妻商议,将昔日所亲买得之地基,坐落衔前壁对面处,横宽二拿,前至街心,自街心至后七拿为界,凭中断卖与本坊许宝号铨处,肯出断价黄钱七千二百文,是日亲手携钱入身应用。"(广西94)

例句交易对象为地基,宽为二拿,具体量值待考。

【寻】《说文解字·寸部》:"度人之两臂为寻,八尺也。"[7]《说文通训定声》:"程氏瑶田云:'度广曰寻,度深曰仞。皆伸两臂为度,度广则身平臂直,而适得八尺;度深则身侧臂曲,而仅得七尺'。其说精核。寻、仞皆以两

---

① 张敏.认知语言学与汉语名词短语[M].北京:中国社会科学出版社,1998:39-41.

② 范晔.后汉书[M].北京:中华书局,1965:2999.

③ 司马迁.史记[M].长沙:岳麓书社,2012:21.

④ 许慎.说文解字[M].北京:中华书局,2015:173.

⑤ 孔广森.大戴礼记补注[M].北京:中华书局,2018:20.

⑥ 班固.汉书[M].北京:中华书局,2012:113.

⑦ 许慎.说文解字[M].北京:中华书局,2015:61.

臂度之，故仞亦或言八尺，寻亦或言七尺也。"①《钜宋广韵·侵韵》："六尺曰寻。"②作长度单位，指人两臂伸开后两手指尖起止的长度，先秦已见，制度不一，或六尺，或七尺，或八尺。如果按一寻为八尺计算，一米等于三尺，那么一寻应为两米六左右。契约用例如下：

（1）《清康熙四十一年（1702）蔡成玉卖地基契》："立卖契人蔡成玉，承父寨头有地基二片数间，秧埕二塴；又承曾祖连斋公寨地乙片数间。"（闽南207）

（2）《民国五年（1916）来增益典地文约》："今将自己本身地名唤后渠地一段弍塴，四至佫依旧界，土木石□相连在内，情愿出典与宋元□名下管业。"（黑维强藏米脂4580）

（3）《（年代不详）家产记录簿》："李家山地前后一段六寻，合山地上下一段五寻，榆树峁上下一段七寻，奈则梁地一段一寻，梨树半地一段一寻，大麦嘴地一段三寻，源则舍右地一切在内。"（黑维强藏米脂4488）

《方言笺疏》："自关而西，秦、晋、梁、益之间，凡物长谓之寻。"③ 在中原官话、晋语、客话、闽语等方言区，"寻"都作长度单位，指两臂向左右平伸的长度。如清雍正十三年（1735）《陕西通志》："寻，长也。"清光绪十年（1884）《山西通志》："凡物长谓之寻。"例句中地域正好处于中原官话及闽语区，可见契约中所见"寻"为长度单位无疑。例（1）和例（2）中的"塴"作地名用字，《集韵·侵韵》："塴，地名。"④ 故可推测"塴"应为"寻"的增形替代字。"寻"作长度单位，传世文献亦见，如王安石《登飞来峰》："飞来山上千寻塔，闻说鸡鸣见日升。""千寻"即几千米，形容极高或极长，诗中用来形容塔极高。

在人类认知的领域，先人及物的思维最为突出。如长度单位最初以人体为参照模板，先后产生了一系列量度单位，后扩展到日常所及之物，并以物

---

① 朱骏声.说文通训定声［M］.北京：中华书局，2016：102.

② 陈彭年.钜宋广韵［M］.上海：上海古籍出版社，2017：144.

③ 钱绎.方言笺疏［M］.上海：上海古籍出版社，2017：60.

④ 丁度.集韵［M］.上海：上海古籍出版社，2017：275.

的天然长短作为长度计量单位。如在氏族社会时期，我们的祖先就懂得用迈步来测量地积，用树干、绳索等物品测量物体的长度。契约中所见有些度量工具就来自自然界。

【竿】《玉篇·竹部》："竿，竹竿也。"① 作量词，始见于南北朝，用于竹子，相当于"棵"或"株"，如南北朝庾信《小园赋》："一寸二寸之鱼，三竿两竿之竹。"方言中，相当于"支"，如李劼人《大波》第二部第一章："约莫咂完一竿叶子烟的时候，还是蹇小湖的耳朵尖些，听见隔壁房间……"② 契约中见量竹例：

（1）《民国八年（1919）蓝朝鸿典山场契》："今因乏用，自情愿将竹牳面竹七竿，其余大小共一百七十竿托中向典于朝杨处管业。"（福建畲族/下355）

（2）《清光绪二十六年（1900）蓝同友典山林契》："今因乏用，自情愿托中将此竹林山大小共计一百竿，向典于善木处。"（福建畲族/下193）

因竹竿都是细长形的，具有一定的长度，闽语里有"竿尺"一词，指建筑地盘用来量长度的竿，故契约中所见"竿"经隐喻作了长度单位，表一竿之长，多为3米~4米。并常与"尺""寸"组合使用，用法同"丈"。举例如下：

（3）《清光绪十二年（1886）孙铁刚卖坡地契》："计开：每年出银弍百文，此地车路在西边，卖主地南头行走，许走不许为业。南科七竿八尺、北科八竿三尺、中科八竿三尺，中长卅竿零乙尺五寸。"（故纸1/197）

【杆₁】《集韵·寒韵》："杆，僵木也。"③ 指细长的木头或形状类似于细木的东西。同"竿"一样，都因有细长义，被隐喻为长度计量单位。契约中可独用，可与"尺""寸"组合使用。用例如下：

（1）《清雍正十年（1732）梁管卖河滩地契》："立卖河滩地人挂定里二甲梁管，今因使用不便，将自己祖遗应分滩地一段，系南北畞，长弍

---

① 顾野王.玉篇[M].上海：上海书店出版社，2017：231.

② 李劼人.大波[M].北京：人民文学出版社，2013：8.

③ 丁度.集韵[M].上海：上海古籍出版社，2017：143.

百八十杆，阔八杆三尺，计地十畒……"（故纸4/125）

（2）《清乾隆四十四年（1779）任国富卖地契》："立死卖文契人北马下九甲任国富，因为使用不便，别无打兑，今将自己村北永盛堡内院地一块，系东西畛，长六杆三尺，阔三杆四尺三寸。"（田藏1/25）

（3）《清同治三年（1864）丁辉麟卖地契》："其地东、南二至丁仪，北至丁元登、西至河、南北阔一十杆零一尺，四至分明，出入依旧。"（丁村选编87）

（4）《民国十一年（1922）刘甲申卖地契》："立写卖地契人刘甲申，今因使用不便将自己祖遗娘娘庙下河身滩地一段，即东阔六干二尺五，中阔六干，西阔六干，中长一百九十二干，东至道、西至河、南至丁祥垣、北至丁长寿……"（丁村选编123）

以上用例偶见"干"字，"干"应为"杆"之省形音近字，契约中作长度单位时，"竿"与"杆"同。

【桁】《玉篇·木部》："屋桁，屋横木也。"[1]即屋上桁条、檩条，通俗说就是支撑房屋的横梁。作量词，用于成行的东西。如唐韦庄《瀔陵道中作》："春桥南望水溶溶，一桁晴山倒碧峰。"又《孽海花》第六回："雯青瞥眼见厅的下首里，挂着一桁珠帘，隐隐约约都是珠围翠绕的女眷，大约著名的达小姐也在里面。"[2]契约用例如下：

（1）《清乾隆八年（1743）新会道尧卖铺连地等契》："原将经分□着自己各下源清一图，土名忠勋牌坊铺一间，一连二进七桁及进十五桁，周围墙壁，又坐落流杯里地一段，前二间共二十四桁及三间共三十七桁。"（清广东53）

（2）《清雍正十二年（1734）新会梁国圣卖铺面连地契》："愿将承祖遗落自己名下铺面连地一间，横过十二桁，坐落二司步头……"（清广东52）

（3）《清光绪三十三年（1907）东莞陈锡林断卖铺契》："立断卖铺契

---

① 顾野王.玉篇［M］.上海：上海书店出版社，2017：203.

② 曾朴.孽海花［M］.上海：上海古籍出版社，2011：36.

人陈锡林、直庇，有承祖父遗下铺一间，坐落石龙尾永寿坊十六甲，坐北向南，深三栋，阔十九桁瓦，现组与泰安箱店，门窗板楼阁二个，头房一个……"（清广东47）

例句是用桁条的多少来计量房屋的宽，桁条越多，房屋越宽。古代木制房屋，梁架数与桁条数是相应的，架梁越多，桁条越多，三架梁的房子，共3根桁条，五架梁的房子，共5根桁条，七架梁的房子，共7根桁条，以此类推，架梁越多，房子就越大，因房子的长宽都随着梁架数递增。例（3）中的"桁""与""瓦"相连，表示另一计量单位——"桁瓦"。所谓"桁瓦"即一块瓦，亦用来作房屋长度或宽度计量单位。有人在探讨广府建筑西关大屋时提到，正厅宽度接近4米，两旁房间宽度为2.3米~2.7米。一般以多少"桁瓦"（一块瓦的长度）来计算。每片瓦长23厘米，即一"桁瓦"是23厘米，正厅最宽是23"桁瓦"，一般都是21或19"桁瓦"。经向广东籍的朋友证实，该说法是可靠的。如果一桁瓦是23厘米，那么19桁瓦的房屋宽度应为437厘米，即4.37米。

【戈₂】《说文解字·戈部》："戈，平头戟也。"[1]本指殷周时代所用的一种由青铜或铁制成的兵器，装有长柄。由兵器隐喻作古代的长度单位。契约用例如下：

（1）《清光绪六年（1880）卖厝地基批明》："抽出大林洋东北今厝地基一所，直四十戈，东横四十戈，东至王陶田，西至王登宽田，北至王登宽田，南至王陶田。"（台大租书624）

（2）《清光绪十二年（1886）钦差督办事宜》："该二邑丈量田亩，向以一丈三尺五寸为一戈，与现颁之戈互相比较，每戈多加一尺之额，绅民哓哓置辩不休，请示遵办等语前来。"（台大租书56）

（3）《清光绪十八年（1892）陈阿寿等招佃分管定界字》："……按作鲁班一丈三尺为一戈，东至一丈五寸大圳下为界，西至一戈五尺坑崁为界……"（台大租书29）

"戈"的长度，各类辞书均未见载。通过例（3）（4）可知，在台湾地区，

---

① 许慎.说文解字［M］.北京：中华书局，2015：266.

其长度为一丈三尺五寸和一丈三尺不等。

【篙】《钜宋广韵·豪韵》:"篙,进船竿。"[1] 本义为撑船的竹竿或木杆。在台湾地区,是与"戈"同等的长度单位,有以一丈五尺为一篙,有以一丈四尺七寸为一戈。[2] 契约用例如下:

(1)《清乾隆三十四年(1769)刘振业给佃批字》:"认垦犁份半张,明议定丈篙一丈四尺五寸为一篙,每张犁份并屋场、菜园、禾埕、圳路在内,以六甲为准。"(台大租书79)

(2)《清乾隆四十三年(1778)给垦批》:"每段长短不一,原依横头经丈十六篙定界,每篙丈二五裁缝尺为准。"(台大租书)

(3)《清嘉庆十一年(1806)给总垦批字》:"其丈篙号式系一丈四尺五寸为一篙,周围二十五篙为一甲,照台定例。"(台大租书)

例(1)和例(3)以一丈四尺五寸为一篙,例(2)以"每篙丈二五"即一丈二尺五寸。

【畛】《说文解字·田部》:"畛,井田间陌也。"[3]《钜宋广韵·轸韵》:"畛,田间道。"[4] 本义指田间的小路或界限。因田间的小路或界限都具有长条的外形特征,故契约中"畛"转喻可作田地的长度计量单位。用例如下:

(1)《清康熙二十三年(1684)赵豸生卖地契》:"今将家西滩下地壹段,其地南北畛,计地陆畞,长壹畛,东至赵振铎、西至赵振学、南至山、北至贰畛头,四至分明。"(故纸1/1)

黑维强以契约文书为研究材料,详细考证了"畛"的量词用法,即指田地的长度或地积。并指出"畛"作长度单位的用法古已有之,并有例证,如张家山汉简《田律》:"畛制复杂,有楚地与中原之异。二种畛制皆以田之'畛道'得名,楚地以十夫之大畛之内的地积为一畛;中原以宽一步的长条亩的两头的短边小畛之内田地之长为一畛,偶以一个长条亩的地积为一畛。"他还考证到"畛"表长度的量词用法被完整地保存在现代北方,如河南、河北、

① 陈彭年.钜宋广韵 [M].上海:上海古籍出版社,2017:99.

② 刘泽民.台湾古文书常见字词集 [M].台中:台湾古文书学会,2007:56.

③ 许慎.说文解字 [M].北京:中华书局,2015:292.

④ 陈彭年.钜宋广韵 [M].上海:上海古籍出版社,2017:185.

山东、山西、陕西、内蒙古、甘肃、宁夏的很多方言里，并举例为证，如《现代汉语方言大词典》："畛，万荣，量词，用于某一块农田的长度；相当于普通农田一畛地的距离。"又"忻州，量词，用于田垄，一畛等于一百二十丈"。《汉语方言大词典》："畛，（量）田地的长度单位。"① 通过黑维强先生的梳理，可知"畛"是由"田垄"义转喻为田地的计量单位，因地域不同，而表不同的量，如沂州，一畛为120丈，折合后约为400米。

契约中多见"畛"与"长""横"搭配组合，组成并列复合词，用例如下：

（2）《清乾隆四十二年（1777）山西临汾祁存义等卖房地连三契》"计开：地畛长九千，阔八千。"（田藏24）

（3）《清光绪二十一年（1895）杜连升典地契》："立典地文契人杜连升，因为使用不便，今将自己北河道北水地一段，计地四分正，其地南北长畛，四至未开，土木相连，出入依旧。"（黑维强藏山西4812）

（4）《（时间不详）汪氏同子卖地契》："今将自己柿园地连数段四号，四至禁绝，坐落西小寨，其地四横畮，东至墙根，西至沟底，南至沟底，北至墙根，四至分明，上下全石土木相连，尽在卖数。"（故纸1/221）

例（5）中的"地四横畮"中"畮"，《改并四声篇海·田部》引《龙龛手鉴》："'畮'同'畛'。"由"畛长""长畛""横畛"等并列复合词可知"畛"有长义。

【英尺】英美制长度单位，契约中用例如下：

（1）《民国二十三年（1934）张文保卖尽断绝根底契》："……宽式拾五英呎，东西深五拾叁英呎。"（福建民间2/444）

（2）《民国二十四年（1935）金紫谢氏卖尽断绝根底契》："……英尺壹丈五尺深，英尺四丈贰尺深。"（福建民间2/450）

例（1）中的"呎"是近代新造的字，旧时将"英尺"写作"呎"，作英国及前殖民地和英联邦国家使用的长度单位。一呎为12英寸，约合中国市尺九寸一分四厘。

小结：契约中出现的长度单位共有24个，未在本节列出的长度单位量词

---

① 黑维强. 辽金以来土地契约文书中"畛"之释义考辨［J］. 中国文字研究，2017（1）：138–147.

共有15个，分别是"尺、寸、丈、里、步、匹/疋、分、厘、毫、丝、忽、微、纤、棍"，除"棍"外，其余均见于传世文献。本节列出的长度单位量词共9个，分别是"挓、寻、竿、杆₁、桁、戈₂、篙、畛、英尺"。所列长度单位中"寻、英尺"等见于传世文献，"挓、竿、杆₁、桁、戈₂、篙、畛、棍"等为契约所见，多为口语或方言常用。契约中所见长度单位量词皆因相似性特征，要么由人的身体部位转喻而来，如"寸、尺、寻、步、挓"，要么由长形之物转喻而来，如"丈、竿、杆₁、桁、戈、篙、畛、疋₁/匹₁、棍"。

第二节　地积单位量词

《中国度量衡史》记载："惟中国历代对于地亩之数，本无精密统计，又未经清丈，亦无确定计亩之单位。""地积之量以长度之二次方幂计之，地积本身则无为标准之基本量；故言地亩之大小，可以尺度之数计之。中国亩制，向以步计，步又以尺计。"[①]看来我国自古之初并无明确的地积单位，地积以长度单位为标准换算，由"步制"推算出"亩积"，古代还常以耕作时间和播种量来计量田地面积大小，故契约文书中既有较常见的地积单位量词"步、亩、顷、角"，还有一些较独特的口语或方言量词，本章将择传世文献不常用者而举之。

【晌/垧】《正字通·日部》："晌，始两切，音赏，晌午。"[②]在方言中，指半天时间，转喻作量词，指一天所耕种田地的数量。《柳边纪略》卷三："宁古塔地不计亩而计晌。晌者，尽一日所种之地也。纳约当浙江田四亩零。"[③]清及民国的东北、西北，地域不同，亩制不同，清代东北以一晌为6亩、10亩、12亩不等，辽宁省南部以6亩为一晌，辽宁省北部以10亩为一晌，吉林省、

① 吴承洛.中国度量衡史［M］.上海：上海书店，1984：75.

② 张自烈，廖文英.正字通［M］.北京：中国工人出版社，1996：466.

③ 顾永年，杨宾.梅东草堂诗集·柳边纪略·塞外草［M］.哈尔滨：黑龙江大学出版社，2014：402.

黑龙江省等地则以12亩为一晌。《癸巳存稿》卷九《旗地》："壮丁领买者，限以五晌，计三十亩。"[①] 西北一般合3亩或5亩。1994年《报刊精选》："至于新的统计数字较过去的数字增加三成的原因，国家土地管理局人员解释说，一是在19世纪50年代大规模土地调查时有的丈量工具不准确……如有的地方用大木叉（称老弓）名为一丈，实为一丈二；有的地方用垧计算面积，但大垧约为15亩，小垧约为10亩。"契约中用例如下：

（1）《元至正二十二年（1362）兴州王清甫典地白契》："今将自己寨后末谷峪祖业白地壹段，约至伍晌；河杨安白地两晌，梨树台白地两晌，寨前面白地壹晌，通白地拾晌，并无至内。"（粹编594）

（2）《清咸丰七年（1857）韩天兴等卖地白契》："立卖地契文约人韩田哭，同侄根套，因无钱使用，今将租遗圣泉奄地一段，牛耕一晌，同中情愿出卖与族侄韩永哭名下耕种为业。"（首都藏2/401）

（3）《清咸丰八年（1858）许枝卖水旱地文字》："将父自置到西郊外石崐下湾水旱滩地壹段，共计四排，约有地捌垧有余……"（陕西130）

（4）《民国三十年（1941）方守仁卖地土文字》："立卖地土文字人方守仁，因为使用不足，今将自己魏窝庄狸狐以杆[②]地上下叁段，约有四墒，情愿问卖于霍向德名下永远为业。"（天水48）

（5）《民国三十五年（1946）孔李氏当陆地文约》："立当陆地文约人孔李氏，为因无银使用，情愿将自己受忿陆地二商，齐地坐落半坡园子……"（云博馆6/356）

上例"垧"同"晌"。《暴风骤雨》第一部一："康德八年（1941），他撂下鞭子去开荒，开了五垧地。"[③] 王力认为"晌"为后起字。[④] 例（4）中的"墒"同"垧"，《清稗类钞·屯漕类·青海垦务》："该熟地临时仍不起征，亦照垦荒例，三年后升科，一历次所办蒙荒丈法成案，均以二百八十八弓为一亩，

---

① 俞正燮. 癸巳存稿 [M]. 沈阳：辽宁教育出版社，2003：264.

② 以杆，即尾巴，垅右方言。

③ 周立波. 暴风骤雨 [M]. 北京：人民文学出版社，1970：8.

④ 王力. 王力古汉语字典 [M]. 北京：中华书局，2000：433.

十亩为一塴，四十五塴为一方。"①清宣统年间《甘肃全省新通志》中记载："塴，地亩数，二亩半为一塴。"②根据上述文献记载，不同地区，"塴"代表的亩积数量不同。例（5）中的"商"应为"塴"的音近替代字。

【日】《说文解字·日部》："日，实也，太阳之精不亏。"③由"光阴、时间"义转喻为土地计量单位，表一天所能耕种田地的量。《汉语大字典》："晌也作天或日。"④作地积单位，多见于东北，如《奉天通志》卷二百五十八："本城僧惠明等告奉本道老爷准给开垦荒田，本庵开垦六日，作为常住，永为定规。今将四至开勒于石：东至藏寺田，西至土地庙田，南至大路，北至李加二军田。买到孔宗化坟田三日。□匠长住。"⑤契约中亦见用例，如：

（1）《清嘉庆三年（1798）徐文宽典地契》："将自己红册地一段，计地一日半，坐落家北，同众人说合，情愿出典与张厚名下耕种，言明典价钱九百吊整。"（金—清180）

（2）《清道光十五年（1835）桑朝选出典册地契》："立典契人桑朝选、因手内乏困，今将自己祖遗册地三段三日，央人说允，情愿出典于王景泰名下耕种为主。"（金—清69）

（3）《清光绪二十九年（1903）赵廷彦租地契》："方盘地一日，刘家沟门前地一日，地坎子地一日，包租地一日，坐落南长条子西大道上欠地贰段贰日，季家莹地贰日叁亩，内有一日抽回。"（金—清147）

上述例句基本见于东北地区的契约，清乾隆四十四年（1779）《盛京通志》："按田皆计亩，奉天计日。故自州县稽亩征赋外，他皆以日论。因地宜也，一日克五六亩，视天时之顺逆、人事之勤惰为进退云。"⑥《辽阳乡土志》："辽阳旗地按地种类分别征收田赋：旗仓米地，按旗人纳米建立的旗仓。米地九万五千十余日，一日六亩，每亩征仓斗四合四勺二抄五撮，共计每年额征

---

① 徐珂.清稗类钞［M］.北京：中华书局，2017：545.

② 三原一雄.甘肃全省新通志［M］.陕甘文化研究所，1970.

③ 许慎.说文解字［M］.北京：中华书局，2015：134.

④ 汉语字典编纂处.汉语大字典［M］.成都：四川辞书出版社，2010：1617.

⑤ 金毓黻.奉天通志［M］.沈阳：辽海出版社，2003.

⑥ 阿桂，等.盛京通志［M］.沈阳：辽海出版社，1997.

米二千五百二十石零。"①《海城县志·附注》:"日,清代满族土地计量单位。旗地以六亩为绳,又曰一日;民地以十亩为一日,俗曰一天。"②《辽海丛书》收录的《沈故》卷二:"老农语亩积为顷,地之名也。奉省则曰日,以六亩计之;曰天,以十亩计之。"③《辽阳志》:"后金天命六年(1621),努尔哈赤在辽宁地区实行'计丁授田'制,将明朝的地主田及官员田、营田计30万日(每日合6或15亩),分给辽宁女真人,同时,把其余的土地分给当地无地的穷人,每男给地6日,其中一日种棉,另外每三男给一日贡赋田。"④由上可知在东北一日为6亩、10亩或15亩不等。有时一日所耕地的数量还与天气或人的勤勉程度有关。

【天₂】由时间义转喻为量词义,作地积单位。《汉语大字典》释"天"为"方言,垧"。并举例《辽西纪事》:"家家户户全好过啦,光好地就是二百多天。"⑤《汉语量词大词典》释"天"为"东北方言,地积单位。十亩等于一天"⑥。契约用例如下:

(1)《清光绪七年(1881)李宗志等典地白契》:"今将己有祖遗置到村南黄屋地壹叚,<u>牛耕一天</u>,情愿出典与程孝才名下耕种为业。"(首都藏4/338)

(2)《清光绪二十八年(1902)宛平县李万春等卖地白契》:"今将自己置到祖遗酸枣树林地壹天半,情愿出卖与景江。"(首都藏6/492)

(3)《清光绪三十年(1904)东北盛京陈元典地契》:"立典契文约人陈元,因手乏无使用,今将祖遗王荒熟地一段,<u>计地贰天</u>五亩,坐落陈家窝堡村西台子。"(金-清89)

(4)《清宣统元年(1909)东北程贵傍青文约》:"立傍青文约人程贵,因手无地耕种,央烦来人说允,找到三道林屯民人张绍德名下地三段,

① 辽阳州志·乡土志[M].沈阳:辽宁民族出版社,2004.

② 海城市地方志编纂委员会办公室.海城县志[M].海城市地方志编纂委员会,1987.

③ 金毓绂.辽海丛书[M].沈阳:辽海出版社,2009:54.

④ 隋中岳.辽阳县志[M].沈阳:奉天第二工科职业学校,1928.

⑤ 井岩盾.辽西纪事[M].上海:新文艺出版社,1954.

⑥ 刘子平.汉语量词大词典[M].上海:上海辞书出版社,2013:212.

按牛俱亩计地三十六天。"（明清地契研究 53）

根据契约所见及本文所引例句可知，"天"应为清代活跃于北方民间的田地地积单位。其用法及亩制同"日、垧"。

【犋】牵引犁、耙等农具的畜力单位。能拉动一张犁或耙的畜力叫一犋，大牲口一头可以拉动一张，小牲口要两头或两头以上才能拉动一张。如《农政全书·农事·营治上》："假如一犋牛，总营得小亩三顷（据齐地，大亩一顷三十五亩也），每年一易，必须频种。"① 契约中"犋"并非畜力单位，而是被借用来作地积单位，计量耕地。用例如下：

（1）《清乾隆三十五年（1770）杜顺业租地约》："立租地约人杜顺业，今租到什立兔召当家的温布牛一犋，东至沟，西至沟，南至白道，北至恼〔脑〕包，四至分明。"（归化城 4/ 上 /30）

（2）《清嘉庆五年（1800）李明租地约》："立租地约人李明，今租到白旗窑子村蒙古舍力兔昭东仓名下地半犋牛耕。"（归化城 4/ 上 /146）

（3）《清嘉庆二十五年（1820）高泰过接夷地文卷》："立绝过接夷地文卷人侄子高泰，因需钱使用，将祖接自分到正城口外牛圈濠滩沙地二犋，其地东至天河一带，直到王子湾沙咀为界……"（陕西 157）

（4）《清宣统元年（1909）宋希五同男杜卖田契》："自愿将承祖遗授文字七伯九十二三号田一堨，计田税叁分，土名大坑口，凭（凭）中立契出卖与西坑宋炳南名下为业。"（徽州 3/2/242）

以上用例偶见陕西及徽州地区，多为内蒙古地区。内蒙古现还有"八犋牛村""五犋牛沟村""北三犋牛窑村"等村地名。杨选娣对"犋牛"村名的来历进行了考证，她认为："'犋牛'不是归化城土默特地区原有村名，而是山西汉族农民迁居此地后所起的村名。"② 而明朝中期至民国初年，尤其是有清以来，山西等地汉族农民迁居内蒙古这一历史事件就是著名的"走西口"，可见"犋牛"就是走西口的历史遗迹。同时，杨氏结合清代文献及山西方志，如《偏关志·田赋志》："关人以壤计田，每壤约二亩半多或三亩，每百壤曰

---

① 徐光启.农政全书［M］.上海：上海古籍出版社，2011：116.

② 杨选娣.清代归化城土默特地区的汉族移民与"犋牛"村名的产生［J］.内蒙古师范大学学报（哲学社会科学版），2004（2）：105-106.

一犋牛（牡牝相妃曰具）。"①《清世宗实录》："照边内例，定为三等起科，每犁一具，征银四两二钱。"②《理藩院则例·征赋》："（归化城）翁棍岭北色尔腾等处，民人私开地亩及拉麻扎布等名下入官地二十二具，每年征租银八十两。"③还认为"犋牛"的含义不仅指开垦土地的数量，还作土地的亩积单位。上述引文中"壤"其实就是"垧"的方言俗字，而"每百壤曰一犋牛"即一犋牛地为一百垧。"每犁一具"应指每犁耕地一具。通过以上引文及杨氏的分析可推知"犋牛"，简称"犋"，在有清一代作田地的计量单位，"一犋"等于一百垧，换算为关中地区的"亩"，则为二三百亩。契约例句中的"半俱牛地"应指一百到一百五十亩的田地。

【甲₁】在台湾地区"甲"可作土地地积的计算单位，产生于荷兰殖民者统治台湾时期，一甲相当于十一亩左右。《台海使槎录·赋饷》："内地之田论亩，二百四十弓为一亩，六尺为一弓，台郡之田论甲，每甲东西南北各二十五戈，每戈长一丈二尺五寸，计一甲约内地十一亩三分零。"④闽语地区，一甲约为十三市亩。契约中可与"分、厘、毫、丝、忽"等组合使用，表田地面积。用例如下：

（1）《清雍正十一年（1733）招佃草地契》："兹据佃人张强，备银五两前来承瞨，犁份一张，照官尺丈明配田六甲，又每张犁份议贴水圳银三两。"（台大租书62）

（2）《清道光十五年（1835）纪天美典田厝契》："仝立典田厝契人纪天美，偕侄文迈、文亨等，有承父祖遗下阄分水田犁分壹张，丈明五甲正，坐贯土名三槟榔南简庄。"（台湾馆藏218）

（3）《清道光十八年（1838）杨琛观转典业田契》："今因乏银费用，先问房亲人等，不承受外，托中引就将此田贰所，寔丈壹甲贰分贰厘捌毫捌丝，向与四块厝坑苏文、李曌观出头承典。"（大岗山504）

（4）《清光绪八年（1882）林祥记添典水田字》："立添典契字人林祥

---

① 中国方志丛书·山西省偏关志［M］. 台北：成文出版社，1968：74.

② 张政烺. 清世宗实录［M］. 北京：华文书局，1966：425.

③ 黑龙，包和平. 钦定理藩院则例［M］. 包思勤，点校. 沈阳：辽宁民族出版社，2019：132.

④ 王云五. 台海使槎录［M］. 北京：商务印书馆，1936：7.

记即林恒茂，有承祖父建置大甲水田贰段五甲，址在下大安庄，东至路为界、西至李家田为界、南至张家田为界、北至郑、李家田为界。"（台湾民间124）

"甲"见于闽台地区契约，例句中"丈"即丈量，具体指测量土地面积的意思。"丈"与"甲"连用，更突出了"甲"作地积单位的量词性质。

【平方市尺】是"平方"和"市尺"组合而成的度量衡单位。市尺，为市制长度单位。一市尺合三分之一米。"市尺"平方之后，成为地积单位。余也非根据各个朝代尺长的不同，折算出了平方市尺与亩之间的换算关系，战国尺长为22.5厘米，一市尺等于33.3厘米，一平方尺等于0.4556平方市尺，一亩等于1640.3平方市尺。两汉的尺长为24厘米，则一亩为4479平方市尺。东晋南朝，尺长为25厘米，一亩为4860平方市尺。北朝时，尺长30.1厘米，一亩为10497.6平方市尺。唐时，尺长29.6厘米，一亩为4752.6平方市尺。宋时，尺长31厘米，一亩为5189.4平方市尺。元时，尺长31厘米，一亩为7472.7平方市尺。明清时，尺长32厘米，一亩为5529.6平方市尺。[①]契约用例如下：

（1）《民国二十年（1931）徐云绝卖住房契》："本产地积平方市尺合共柒分陆厘陆毫肆丝。"（南京184）

（2）《民国二十五年（1936）杨葆生绝卖房地产契》："本产地积壹伍伍式零式平方市尺，合式分伍厘捌毫柒丝。"（南京197）

（3）《民国三十七年（1948）杨汝慎卖空基地契》："基地地积计捌亩肆分肆厘玖毫肆丝，合计伍零陆玖陆肆平方市尺，售与郑嘉元。王敬煜名下执业。"（南京207）

以上为用"平方市尺"作房屋面积的计量单位，目前仅见于民国时期的南京地区。作为旧时常用的地积单位，不见于传世文献，仅仅在BCC语料库中搜得几例，均见于科技文献，如"早稻生产都以和为当家品种，收割作业易脱粒，机构收割脱粒更为严重，一般每平方市尺有几十粒甚至到一百多粒，耕耙虽大部分被耙入泥土中。但还有相当一部分早稻谷出苗再生长"。

---

① 余也非.中国历代粮食平均亩产量考略［J］.重庆师院学报（哲学社会科学版），1980（3）：10–20.

小结： 契约中共出现的地积单位量词共12个，本节未列出有5个，即"亩、顷、步、角、嘴"，本节列出的共7个，分别是"垧/晌、日₁、天₁、犋、甲₁、平方市尺"。其中"亩、顷、步"为传世文献常用，"角、甲₁、垧/晌、日₁、天₁、犋、嘴"具有地域特色，仅在相应的地域中使用，如"角"仅见于明清时期的徽州地区，"甲₁"仅见于台湾地区，"垧、日₁、天₁、犋、嘴"仅见于西北或东北地区。

第三节　容量单位量词

最早的容量单位同长度单位一样，最初是以人的身体为计量单位，后逐渐以器皿为容量单位，如最早形成的"斛、斗、升"。它们既是产生较早的容器，也是容量单位。秦国统一度量衡之后，规定"斛、斗、升"为通行的容量单位；汉代又增加了"合、龠"两种，《汉书·律历志》记载："量者，龠、合、升、斗、斛也，所以量多少也。本起于黄钟之龠，用度数审其容，以子谷秬黍中者千有二百实其龠，以井水准其概。合龠为合，十合为升，十升为斗，十斗为斛，而五量嘉矣。"① 汉以后"斛、斗、升、合、龠"成了标准的容量单位，并被巧妙组合铸造成了"嘉量"，全器上部为斛，下部为斗，左耳为升，右耳为合、龠。后"嘉量"被奉为我国古代的标准量器。同时以重量之"石"代容量之"斛"，如郭正忠所言："大抵实际用石及作为量制单位，并与斛通用，至迟始于汉代；隋唐五代时，已极为普遍。"② 北宋到南宋末，"石"与"斛"仍常通用，元代中期以后"石""斛"分立，"石"取代了"斛"的地位，成为其上一级单位，一石分为二斛。吴承洛言："《汉志》嘉量重四均。而四均为石，嘉量之大量为斛，因以二斛为一石。于是又多出'石'之名。"③《本草纲目·序例·陶隐居名医别录合药分剂法则》："量之所起为圭，四圭为

① 班固.汉书［M］.北京：中华书局，2007：113.

② 郭正忠.三至十四世纪中国的权衡度量［M］.北京：中国社会科学出版社，1993：404.

③ 吴承洛.中国度量衡史［M］.北京：商务印书馆，1984：239.

撮，十撮为勺，十勺为合，十合为升，十升为斗，五斗曰斛，二斛曰石。"①其后的各朝各代基本以"石、斛、斗、升、合、龠"为主要的容量单位，除"石、斛"外，进制依次为十。为了更精确、细致，汉以后在容量单位"龠"之下，分出了"勺、抄、撮、圭、粟"等；清末，更在"粟"之下增加了"颗、粒、黍、稷、禾、糠、秕"等，进制依次亦为十进制。《大唐六典》明确规定度量衡分大制与小制，其中容量和衡制大制与小制的比例为1：3。由于量器是封建国家征收赋税、地主收取地租、农民粜籴粮食的主要标准，所以使用广泛，契约中出现的容量单位有"石、担、斛、斗、升、合、勺、抄、撮、圭、粟、颗、粒、黍、稷、糠、秕"等，本章将择传世文献不常用者而举之。

【勺】《玉篇·勺部》："勺，饮器也。十升为勺，亦作杓。"②由器具转喻为容量单位，为合的十分之一，最早见于三国时期的吴简，多计量粮米。在唐代敦煌文书，用于计量酒水。秦汉时，一勺约为2毫升，明清时，一勺约为10毫升。契约中多用来计量租谷税粮等。用例如下：

（1）《明万历五年（1577）欧成吾卖田契》："……年载租谷贰拾陆石玖斗，每石平秤染拾伍斤算，派粮乙石陆升贰合正，本色肆升六合伍勺。"（福建选辑1）

（2）《清嘉庆七年（1802）潘必朝借银字》："……自己请中上门问姜廷德名下借出纹银十两整，利银谷六十勺九秤，限至十月本利还足，不得有误。"（加池4/316）

（3）《民国三年（1914）张三喜卖地文约》："割事画字银五两整，随代坡粮三斗三升四合六勺六抄，外有刘姓古坟一方，内有卖主古墓一冢。"（故纸1/287）

【抄】《正字通·手部》："抄，以匕抄取粒物也。"③即用匙或手掌合拢取物。由动词转喻为量词，刘世儒认为："上古用为量制，是由动词转来；南北朝不然，它乃是由动词转为名词，再由名词转用为量词的（即'一抄子'之

---

① 李时珍.本草纲目 [M].北京：人民卫生出版社，2005：35.

② 顾野王.玉篇 [M].上海：上海书店出版社，2017：264.

③ 张自烈，廖文英.正字通 [M].北京：中国工人出版社，1996：398.

多）。所以类属上它同'匙'是一路，不同'撮'为一系。"①唐宋时的敦煌吐鲁番文书中，"抄子"仍作容量单位，为一升的千分之一。隋唐时一升为600毫升，那么一抄就为0.6毫升；宋时一升为702毫升，一抄就为0.7毫升；明清时一抄约为一毫升。契约中用例如下：

（1）《明崇祯十七年（1644）陈扬南宋卖田契》："受种子二石三斗乡，租谷二千三百斤，载官纳租民米陆斗四升九合八勺六抄。"（闽南89）

（2）《清康熙十五年（1676）王士粹寄粮合同》："士粹情愿寄存粮壹升贰合壹勺三少四欠，同中言定，每年帮粮银肆分整，一槩杂差在内。"（故纸5/415）

（3）《清同治二年（1863）邓世和等断卖田契》："……载税二亩三分八厘八毫正，该米七升六合六勺五抄四撮，出帐召人承卖。"（广东10）

例（2）的"少"为"抄"的省形替代字，例（3）的"秒"，《方言》卷二："秒，小也。"②因都含微小义，故"秒"与"抄"同。因"秒"与"秒"同，或假借为"秒"，《说文通训定声》："秒，假借为秒。"③"抄"字亦作"秒"，《隋书·律历志》引《孙子算术》："十圭为秒，十秒为撮。"④由上可知"抄"可写作"秒""秒"。

【撮】《说文解字·手部》："撮，四圭也。一曰两指撮也。"⑤《说文义证》："两指当为三指。两指为拈，三指为撮。"⑥《玉篇·手部》："撮，三指取也。"⑦本义为用三指抓取的动作，后转喻为三指所抓取的分量，即一撮。三指也相当于一个容器，由容器转喻为容量单位。一说"撮"为四圭、十圭或一百二十黍等，明清时一撮当合今之0.1毫升。契约用例如下：

（1）《明嘉靖二年（1523）郭天德推产关》："厝门口大池窟，原文贰分一厘，载民米壹升六勺伍抄肆撮。"（闽南88）

① 刘世儒.魏晋南北朝量词研究［M］.北京：中华书局，1965：237.

② 扬雄.方言［M］.郭璞，注.北京：中华书局，2016：21.

③ 朱骏声.说文通训定声［M］.北京：中华书局，2016：325.

④ 魏征.隋书［M］.马俊民、张玉兴校注.北京：中国社会科学出版社，2020：931.

⑤ 许慎.说文解字［M］.北京：中华书局，2015：253.

⑥ 桂馥.说文解字义证［M］.济南：齐鲁书社，1987：1048.

⑦ 顾野王.玉篇［M］.上海：上海书店出版社，2017：99.

（2）《清嘉庆十九年（1814）万自宏卖水约》："立永卖水田约人万自宏，今因移就，将自置断堤坡八卦团水田壹形，计丈捌分式厘四毫，载粮壹升八合壹勺式抄捌作。"（湖北天门33）

（3）《清道光三十年（1850）龙士发弟兄遗嘱分关合同》："……内有钱粮各完三斗七升三合五勺四抄三乍，墙外之园各占一半。"（亮寨227）

上述例（1）中的"拃"，例（3）中的"乍"，均为"作"的形近替代字，例（2）中的"作"为"撮"的同音替代字。传世文献中，"撮"还作非容量单位，称量成丛的毛发，被写为"左"，如《醒世姻缘传》第八十四回："那里一个好人的眼底下一边长着一左毛？"[1]

【圭】《说文解字·土部》："圭，瑞玉也，上圆下方。"[2]本为古代的一种礼用玉器，形制为上端为三角形，下端为正方形。因其上端的尖角，而使"圭"转喻成为表微量的容量单位或重量单位。表容量，有以六粟为一圭者，有以六十四黍为一圭者。《汉书·律历志上》："度长短者不失毫厘，量多少者不失圭撮，权轻重者不失黍累。"颜师古注引应劭曰："四圭曰撮，三指撮之业。"又引孟康曰："六十四黍为圭。"[3]契约中用例如下：

（1）《丙子年（856）敦煌沈都和卖舍契》："慈惠乡百姓沈都和，断作舍物，每尺两硕贰斗五升，准地皮尺数，算着舍椽物贰拾玖硕伍斗陆升九合五圭干湿谷米。"（会编223）

（2）《清乾隆四十六年（1781）罗乔林等卖田契》："二广刑上田收禾柒拾柒编，载良六升七合七勺七抄五拃四圭。"（天柱10/7）

（3）《民国十四年（1925）陆志安卖田契》："第叁拾叁坵三角形中禾玖拾三编〇乙籽，实在粮陆升五合六勺〇四乍二圭四粒。"（天柱20/70）

【粟】《说文解字·卤部》："槀（粟），嘉谷实也。"[4]段玉裁注："古者民食莫重于禾黍，故谓之嘉谷。谷者，百谷之总名……嘉谷之实曰粟，粟之皮曰

---

① 西周生.醒世姻缘传［M］.长沙：岳麓书社，2014：762.

② 许慎.说文解字［M］.北京：中华书局，2015：291.

③ 班固.汉书注［M］.颜师古，注.北京：中华书局，2007：957.

④ 许慎.说文解字［M］.北京：中华书局，2015：139.

糠，中曰米。"①后由谷物名称隐喻为长度、容量单位。契约中所见只有容量单位。用例如下：

（1）《清同治元年（1862）杨元万等断卖田契》："一批照依家册分认原载正米壹升陆合陆勺零壹拃叁圭捌粟贰粒正是实。"（福建民间6/396）

（2）《清同治十四年（1875）龙得喜田产归户册》："土名高皮厦，第三十五号三角三角形下禾六编，粮三合八勺三抄□拃二圭九粒二粟。"（天柱2/227）

《孙子算经》中容量单位最小到"粟"为止，但例（1）中"粟"之下还有一个"粒"，例（2）中的"粟"又位于"粒"之后。"粟""粒"的层级关系令人疑惑。

【粒₂】《说文解字·米部》："粒，糂也。"②段玉裁注："粒乃糂之别义，正谓米粒。"③由名词转喻为量词，最初专门计量谷粟类粮食作物，因其小而圆的形体特征，后扩展为计量所有小而圆的物体。契约中所见在"圭"之后计量粮谷。用例如下：

（1）《清同治八年（1869）正鳌除屋脚》："除与龙孝字粮乙升三合三勺三少五乍○三立。除与龙神德粮二升三合七勺六少五乍四圭。内除与龙清，计粮四合七勺五抄三乍○八立。"（天柱12/336）

（2）《清光绪二年（1876）陈万祖田土执照》："实在粮壹升四合柒勺玖少柒乍陆圭肆立。"（天柱2/85）

（3）《民国十五年（1926）龙振章收粮凭据》："在粮肆合式勺二抄四拃玖圭六粒，实在粮贰斗七升玖合八勺二抄四拃玖圭陆粒。"（天柱10/219）

例（1）和例（2）中的"立"为"粒"的简省替代字。从"粒"在"圭"后，占据了"粟"的位置。

【颗】《说文解字·页部》："颗，小头也。"④引申表示小而圆的形状。作量

① 许慎.说文解字注［M］.段玉裁，注.杭州：浙江古籍出版社，2016：317.

② 许慎.说文解字［M］.北京：中华书局，2015：144.

③ 许慎.说文解字注［M］.段玉裁，注.杭州：浙江古籍出版社，2016：331.

④ 许慎.说文解字［M］.北京：中华书局，2015：180.

词，用于粒状或圆形物体，犹"粒"或"枚"。契约中见作极微容量单位。用例如下：

　　《清同治九年（1870）由单》："今将应征本年漕粮，每亩地该正税米麦□□□合二勺六抄六撮八圭<u>四颗</u>。"（故纸3/102）

　　"颗"作量词，用同"粒"，例句中"颗"又占据着"粟"的位置，在此"粟""粒""颗"的关系存疑。

　　【黍】《说文解字·禾部》："黍，禾属而黏者也。以大暑而种，故谓之黍。"[①] 即今北方的黄米。是古时建立度量衡的依据，最早的基本长度单位"寸"、容量单位"龠"及重量单位"铢"都是在"黍"的基础上建立起来的，所以"黍"本身就是一种单位，契约中所见其作极微小的容量单位。

　　【稷】《说文解字·禾部》："稷，齐也，五谷之长。"[②] 本义为小米。

　　【糠】《类篇·米部》："糠，谷皮也。"《玉篇·米部》："糠，俗穅字。"

　　【秕】《玉篇·米部》："秕，不成谷也。俗秕字。"[③] 即瘪谷。

　　（1）《清光绪十三年（1887）居仁、由义、循礼三里均摊案》："……改征米每石以八钱五分折算，共改征米七十九石二斗一升九合四勺一抄一抆七圭六粒四<u>粟七黍五糠八秕</u>半，其余一半仍按丁征解送在案。"（天柱17/5）

　　（2）《清光绪十三年（1887）居仁、由义、循礼三里均摊案》："内余六圭三粒八<u>粟五黍二稷九糠五秕</u>，声明在册。"（天柱17/7）

　　以上"黍""稷""糠""秕"本谷物之名，分别是黄米、小米、谷皮、秕谷，例句中转喻为容量单位，表极微量。有人认为清末为了欺骗人民，在"粟"下又增加了"颗、粒、黍、稷、禾、糠、秕"等名称，并改变其进位制。一粟十颗，一颗十粒，一粒十黍，一黍十稷，一稷十禾，一禾十糠，一糠十秕。[④] 无论欺骗与否，从理论到实际操作，这些极微量单位的存在都是没有意

① 许慎.说文解字［M］.北京：中华书局，2015：143.

② 许慎.说文解字［M］.北京：中华书局，2015：141.

③ 顾野王.玉篇［M］.上海：上海书店出版社，2017：249.

④ 江洪，江山.中国古代度量衡单位名称之变化：斛、石（shí）、石（dàn）关系小考［J］.绥化师专学报，2002（2）：76-79.

义的。在清代的很多县志里很容易看到这些极微容量单位的身影，如《畿辅通志》卷三十三："米一万三千九百五十一石一斗二升六合七勺九抄九撮二粟三粒四黍七稊三糠五粃。黑豆四千二石八斗二升二合六勺八抄六撮八圭五粟四粒四黍五稊。豆四百五十二石四斗一升八合一勺九抄九撮三圭六粟三颗三粒五黍三稊四糠五粃。"①

契约中还有一类民间常用的容量单位，它们本为某种容器或人体、动物的某种动作，在使用的过程中转喻或被借用来作了容量单位，长期在民间被广泛使用，故普遍存在于契约文书中。对于民间容量单位的具体量值，虽未像标准容量单位一样，有统一的量制，但其实各个地方也是用者自明，其大概容量也是统一的，就像《中国度量衡史》所记载的那样，"我国关于容量之量器，普通以'斗'为单位，但民间实际应用，斗之大小相差很多，并且除斛、斗、升之外，更有桶、管或筒之名称。而此等桶、管及筒之大小，既无明确之标准，若干筒或若干管为一桶，或若干斗为一桶，亦漫无一定，大抵一桶或一管之容量，多在半升至四分之一升上下"②。

【箩】《广雅疏证·释器》："箩，箕也。"③《集韵·戈韵》："箩，江南谓筐底方上圆曰箩。"④《农书译注》卷十五："箩，析竹为之，上圆下方，絜米谷器，量可一斛。"⑤由竹制的盛物器转喻为容量单位。唐以前不多见，大量见于明清时期的南方契约文书，可独用，亦可与"斗"组合使用。用例如下：

（1）《明雍正四年（1726）张赤奴赔旱田皮契》："坐落土名油坑墈，即目四至老契俱载明白，计还王人张宅大苗谷壹拾伍箩肆斫正。"（福建民间3/141）

（2）《清嘉庆三年（1798）周永适当田契》："其田面断，每年八月秋收充纳晾租谷叁罗正，其租不敢欠少。"（石仓1/2/308）

（3）《清咸丰九年（1859）杨昌立典田契》："收谷伍落，要行出典，

① 李卫.畿辅通志 [M].
② 吴承诺.中国度量衡史 [M].北京：商务印书馆，1984：303.
③ 王念孙.广雅疏证 [M].北京：中华书局，2019：533.
④ 丁度.集韵 [M].上海：上海古籍出版社，2017：201.
⑤ 王祯.农书译注 [M].济南：齐鲁书社，2009：545.

自己请中招到堂侄杨宗明兄弟名下承典。"（天柱7/211）

（4）《清同治九年（1870）周上赐卖小苗田契》："逓年实收小苗早穀叁担乡，其田段内又还叶宅大苗穀壹箩叁斗半庄且赐。"（福建民间4/8）3/346

例（2）中的"罗"，例（3）中的"落"，都应为"箩"的同音替代字。通过例（1）（4）中先"箩"后"斗"的组合，可判定"箩"是容量比"斗"大的容量单位。该例证刚好印证了上文王祯所论"箩，量可一斛"的结论，一斛为十斗，一箩亦约十斗。传世文献亦见用例，如《封神演义·第十五回》："担上绳子铺在地下，马来的急，绳子套在马七寸上，把两箩面拖了五六丈远，面都泼在地下，被一阵狂风将面刮个干净。"①

【篮】《广雅疏证·释器》："篮，筐也。"②《诗·召南·采苹》："于以盛之，维筐及筥。"毛传："方曰筐，圆曰筥。"③客话中，"篮"作量词，可计量菜。在契约中由盛物器转喻为容量单位，用同"筐"。用例如下：

（1）《清乾隆三十六年（1771）蔡裕光典田契》："本宅田季载租佃叁篮，今因欠银费用，将田拨出一篮半，配产式分半，引就与宅上。"（福建民间2/36）

（2）《清道光十五年（1835）冯灯老洗贴尽断田契》："有承祖父物业民产田壹段壹坵，田面伍篮，坐贯在新门外福田铺上福乡，土名许二口垃。"（福建民间2/135）

（3）《民国二十七年（1938）高佳禄卖田及屈仔地契字》："田面受梗式拾肆蓝，年配产米肆钱捌分，并屈仔地壹口，坐在本城北门顶孝友。"（福建民间2/481）

"篮"所计量对象多为粟谷及谷种等，例（2）中计量对象为田面，"田面"既可指田地面积，也可指永佃制度下，承佃人对田地的使用权。很明显该例句为后一意思。因承佃人可转佃其所租佃之田，而收取田面租或田皮租。故该例句中"篮"所计量的对象其实是该田面所要向地主交纳的租粟。例（1）

---

① 许仲琳.封神演义［M］.上海：上海古籍出版社，2011：104.

② 王念孙.广雅疏证［M］.北京：中华书局，2019：613.

③ 毛亨，郑玄.毛诗传笺［M］.北京：中华书局，2018：20.

中"篮"所计量的"租佃",其实就是"租佃税粟"的简称。例(3)中的"蓝"为"篮"的异体字。

【桶】《说文解字·木部》:"桶,木方,受六升。"①《广雅疏证·释器》:"方斛谓之桶。"②可知"桶"是一种方形斛状量器,《吕氏春秋·仲春》:"角斗桶。"高诱注:"角,平,斗桶,量器也。"③由量器转喻作容量单位,先秦已见。契约中多独用,或与"斗""担"等组合使用,用例如下:

(1)《清光绪十四年(1887)刘樟桂讨田札》:"坐落松邑五合圩庄,小土名内坑算盘坵,安着田陆坵,计燥租谷肆担陆桶正,讨得前来耕种。"(石仓1/3/172)2/4/136

(2)《清光绪二十六年(1900)颜贵天放埂字》:"其田递年秋黄交纳大苗光谷二十九桶六斗,不敢欠少。如有欠少多少,将埂钱扣除。"(福建畲族/下198)

(3)《民国十一年(1922)印学钦借洋字》:"自借之后,当日言定每年青谷行息壹担式大桶庄,秋成之日,倄办光谷送到钱主,面扇交量,不得欠少升合。"(福建民间4/403)

例(1)(2)(3)中"桶"分别与"斗""担"组合使用,可推知"桶"大于"担",小于"斗",相当于容量单位"斛"。

【筒】《说文假借义证·竹部》:"《一切经音义》二引《三苍》郭注:'箇,竹管也。'又廿二引《三苍》云:'筒,竹管也。'是以筒为箇之通借。"④本为竹管或竹筒状物,作量词用于计量筒状物装的东西。契约用例如下:

(1)《清乾隆五十八年(1793)汪阿叶氏禀状》:"坟前有田一坵,氏祖六房承种收租完粮每年清明祭扫,交二三房共米拾筒。"(徽州1/2/221)

(2)《清光绪二十年(1894)蓝阿弟巨收银契》:"光绪十四年内有茶乙筒,纳去南格嗒伯祖帮放□烟拾两伍钱作银乙两,并无收来于今作还

---

① 许慎.说文解字[M].北京:中华书局,2015:119.

② 王念孙.广雅疏证[M].北京:中华书局,2019:612.

③ 吕氏春秋[M].高诱,注.毕之元,校.上海:上海古籍出版社,2014:25.

④ 朱珔.说文假借义证[M].合肥:黄山书社,2013:1024.

后欠艮（银）贰两捌钱。"（云博馆5/524）

（3）《民国十五年（1926）刘炇林安葬刘培宗费用》："各木头封礼一布，计去米乙同，一天吃米二同，半件酒；二天又吃米二同，半件酒。"（天柱19/62）

"筒"多作吃食的计量单位，贵州地区3筒为一升，约2市斤。例（3）中的"同"为"筒"的省形或同音替代字。传世文献常用，如《官场现形记》第十四回："吩咐已毕，其时已有四更多天，胡统领又急急地横在铺上呼了二十四筒鸦片烟，把瘾过足，又传早点心。"[1]

【瓮】《方言笺疏》："瓮，罃也……自关而东，赵魏之郊谓之瓮，或谓之罃。"[2]《说文解字义证》："罃，或作瓮，瓮谓盛酒浆米粟之瓮也。"[3]指一种腹大如肚的盛物器，多用于计量液体物，如水、酒、甜酱等，亦由盛物器转喻为容量单位。以"瓮"作量酒及其他液体的单位，先秦已见，如《隋书·志·卷三》："其饩五牢，米九十筥，酰醢各三十五瓮，酒十八壶，米禾各五十车，薪刍各百车。"[4]契约用例如下：

（1）《清乾隆四十年（1775）林非桐胎借银契》："立借契尾人科坑对门社林非桐，有承父阄分应分水田一半丘，带潭水一瓮，其水田受种子叁升。"（福建选辑565）

（2）《清道光九年（1829）廖金贵卖田契》："通到（道）猪一只，酒一翁。"（广西155）

例（2）中的"翁"与"瓮"形音相近，当为替代字。

【盅】《说文解字·皿部》："盅，器虚也。"[5]因器空虚故可注入酒水，后成为计量酒水的容器量词。据洪艺芳考证，"盅"作为容器量词的用法首出现于唐代，见敦煌变文"酒贱中半七文"。[6]契约用例如下：

---

① 李宝嘉.官场现形记［M］.北京：中华书局，2019：13.

② 钱绎.方言笺疏［M］.上海：上海古籍出版社，2017：290.

③ 桂馥.说文解字义证［M］.济南：齐鲁书社，1987：439.

④ 魏征.隋书［M］.北京：中华书局，2002：157.

⑤ 许慎.说文解字［M］.北京：中华书局，2015：99.

⑥ 洪艺芳.敦煌吐鲁番文书中之量词研究［M］.北京：文津出版社，2000：373.

（1）《明天顺七年（1463）黄氏析产华字阄书》："先备胡盘酒礼香纸接请土地安奉；次备米粽酒肴劳仆，每人<u>酒二盅</u>，粽一双，荤肴二块。"（田藏3/95）

（2）《清咸丰九年（1859）蓝故止为养父母家办后事开支据单》："茶乙元，去谷子四升，<u>酒二百钟</u>，合钱四千八百文。"（云博馆5/550）

例（2）句中的"钟"与"盅"混用，如唐高适《营州哥》："虏酒千钟不醉人，胡儿十岁能骑马。"

【管】《说文解字·竹部》："管，如篪，六孔，物开地牙，故谓之管。"①它是古代的一种竹制管状乐器。因竹管的形制，魏晋南北朝以来，基本作笔的专用量词。由量器转喻为容量单位，广泛应用于福建、台湾等地，相当于"筒"，可计量米等，约为一斗之二十分之一。契约中可与"箩""斗"组合使用。用例如下：

（1）《清康熙五十九年（1720）肖小婵卖田契》："又壹丘路上计<u>大苗造米叁箩贰斗伍管</u>，该载民产贰亩壹分柒厘。"（闽北1/114）

（2）《清嘉庆二十二年（1817）闽清县夏成哲承佃契》："又干净白红<u>早米零百壹拾贰斗伍管零合零勺</u>，照额送仓交纳完足给票，不得以粗湿杂米抵塞。"（福建选辑497）

（3）《清光绪十年（1884）江升晓卖田契》："今来俱出四至明白，递年供纳张宅<u>大苗员米壹箩叁斗叁管半庄</u>。"（福建民间4/121）

"管"在契约中可计量种子、糙米及术米（即糯米）等，多位于"箩、斗"后，"合、勺"前，占据了本属于"升"的位置，结合一管为二十分之一斗的量值，则可推算出一管约为500毫升。

【甲₂】在契约中，"甲"除作地积单位外，还见作容量单位。可独用，可与"斗""升"组合使用，用例如下：

（1）《清光绪二十二年（1896）许创先贮贴田契》："有承祖父物业民田租并佃一段一坵，载租<u>一斗五升五甲</u>，配产米柒分捌厘贰系五忽正。"（厦门122）

---

① 许慎.说文解字［M］.北京：中华书局，2015：93.

（2）《清光绪二十三年（1897）许创观卖田契》："有承祖父阄分物业民田租并佃一段一坵，载租壹斗六升伍甲，配产米八分贰厘伍忽正。"（厦门79）

（3）《清光绪三十四年（1918）黄良受找断田契》："立找断契黄良受，原父阄下有首田壹号，坐落本都，地方土名渡江塘，受种叁柒升伍甲。"（福建民间6/376）

从以上用例知，与"斗""升"组合使用时，"甲"占据了"合"的位置，如例（1）（2）（3）似乎与"合"义同。在词义方面，"甲"与"夹"通，表两个方面。《尚书·周书·多方》："乃大降罚，崇乱有夏，因甲于内乱。"孔颖达疏："'夹'声近'甲'，古人'甲'与'夹'通用，夹于二事之内而为乱行。"① 而"夹"又与"合"通，故"甲"与"合"同。其中"夹""合"相通的证据如下："夹"含有合毕义，如《水浒传》第九十三回："李逵听了这句话，跳将起来道：'……快夹了鸟嘴，不要放那鸟屁！'"② 表腋下时，音[ga]，"袷"（合二衣为袷，也作袯）为其异体字。"合"含有两物相合之义，《殷周文字释丛》："（合）字象器盖相合之形。"③ 作容量单位，音[ge]，意义为合二龠为一合。这说明"夹"与"合"在汉字的源流中是有渊源的，故可推断"甲"也许为"合"的替代字。

小结： 契约文书出现的容量单位共32个，本节未列出的有8个，分别是"石、硕、担、斛、斗、升、合、碗"，本节所列出的共19个，分别是"勺、抄、撮、圭、粟、颗、粒$_2$、黍、稷、糠、粃、箩、篮、桶、筒、瓮、盅、管、甲$_2$"。其中"石、担、斛、斗、升、合"等产生时代最早，使用历史最长、覆盖地域最广，见于传世文献，有明确量值；"勺、抄、撮、圭、粟"等表微量，使用频率次高，量值不明晰；"颗、粒$_2$、黍、稷、糠、粃"等表极微容量，使用频率最低，无具体量值；"箩、篮、桶、筒、管、碗、盅、甕，"等为民间多用，量值因使用地域不同而有区别；"甲$_2$"的来源及量值尚待考证。以上所列容量单位中，其中一半是由容器转喻而来，如"石、斛、斗、升、

---

① 十三经注疏.尚书正义［M］.孔安国，传.孔颖达，正义.上海：上海古籍出版社，2007：667.

② 施耐庵.水浒传［M］.北京：华夏出版社，2013：842.

③ 朱芳圃.殷周文字释丛［M］.北京：中华书局，1962：169.

合、勺、抄、箩、篮、桶、筒、管、盅、瓮"等。"之所以会选择容器作为量词，是因为在'容器—内容'这个认知框架内，容器比所容纳的事物要显著，因为容器是看得见的，物体在里面看不见。由此在人们的认知图景中已经逐渐形成一个比较固定的模式，容器和事物密切相关，概念容器的激活会附带激活概念事物。"①

第四节　重量单位量词

最早的衡制单位为"黍、絫、铢、两、斤、钧、石"，其中后五个为秦国统一后的标准单位。《汉书·律历志》："衡权者，铢、两、斤、钧、石也，所以称物轻重也。本起于黄钟之重，一龠容千二百黍，重十二铢，二十四铢为两，十六两为斤，三十斤为钧，四钧为石，而五权谨矣。"②汉后就以"铢、两、斤、钧、石"为标准衡制。唐代"两"以下产生了"钱、分、厘、毫、丝、忽"六个单位。宋代废"石、钧"③而用"担"，之后形成了以"担、斤、两、分、厘、毫、丝、忽"为重量单位的格局，除一担为一百斤外，"两"以下由大到小均为十进制。契约中出现的较常用的重量单位有"铢、两、斤/觔、钧、镒、秤、担、钱、分、厘、毫、丝、忽"等，本章将择传世文献不常用者而举之。

【铢】《说文解字·金部》："铢，权十分黍之重也。"④可见"铢"比"分"大。《淮南子·天文》："十二粟而当一分，十二分而当一铢，十二铢而当半两。"⑤故二十四铢为一两。先秦已见。用例如下：

---

① 周芍.名词量词组合的双向选择研究及其认知解释［D］.广州：暨南大学，2006：47.

② 班固.汉书［M］.北京：中华书局，2007：113.

③ 刘世儒认为"石"作重量单位，在魏晋南北朝已经废除，不再行用了，具体参见本文"石"字条。

④ 许慎.说文解字［M］.北京：中华书局，2015：298.

⑤ 刘安.淮南子［M］.陈广忠，译注.北京：中华书局，2016：117.

（1）《汉代李广利奉絮券》："李广利六月尽七月奉絮七斤八两十八铢，八月尽九月奉絮六斤十五两七铢，凡十四斤八两一铢。"（粹编）

（2）《清顺治八年（1651）休宁县汪国震卖田契》："今将前项共计九工半，递年交纳工租壹铢九分，共计地△步，计税△。"（粹编997）

例句（2）中"工租"为以工计租义。清制普遍为一工壹钱九分，故例（2）中的"铢"也许为"钱"的替代字。

【钧】《说文解字·金部》："钧，三十斤也。"[1] 先秦已见。用例如下：

《明隆庆三年（1569）汪金等卖地赤契》："经理道字□□号，计租二钧，计税二分，新立四至，东至溪，西至买主原买榧木豆坦脚，南至大乌石，北至路。"（徽丛编1/243）

【引】古代作购销货物的重量单位。《宋史·食货志下》："产茶州军许其民赴场输息，量限斤数，给短引，于旁近郡县便鬻之。"[2] 契约用例如下：

（1）《清光绪三年（1877）汪汝雯运纲盐执照》："今据绍所商人汪汝雯认运黟县盐一百引，除将纲捐由局兑收、另给捐单外，合发印照给执。"（田藏1/105）

（2）《清光绪三年（1877）孙怡昌运纲盐执照》："为此照给该商存执，春纲捆运五十引，秋纲捆运五十引。"（田藏1/105）

作为盐斤计量单位，有水引、陆引之分。据刘云生考证，清初水引每五十包为一引，陆引每四包为一引；雍正十二年厘定，每一水引六千五百斤，陆引五百二十斤；道光三十年后，水引化盐每银一万斤，巴盐每引八千斤。[3]

【秤】《说文解字·禾部》："秤，铨也。……其以为重十二粟为一分，十二分为一铢。"[4] 由测量物体轻重的动作转喻为测定物体轻重的器具，又转喻为所称量物体的重量单位。《钜宋广韵·证韵》："称，俗作秤。"[5]《小尔雅集释·广衡》："二锾四两谓之斤，斤十谓之衡，衡有半谓之称，称二谓之钧，

① 许慎.说文解字［M］.北京：中华书局，2015：298.

② 脱脱.宋史［M］.北京：中华书局，1985：298.

③ 刘云生.自贡盐业契约语汇辑释［M］.北京：法律出版社，2014：36.

④ 许慎.说文解字［M］.北京：中华书局，2015：142.

⑤ 陈彭年.钜宋广韵［M］.上海：上海古籍出版社，2017：346.

钧四谓之石，石四谓之鼓。"①《宋史·卷六十八·律历一》："以二千四百得十有五斤，为一秤之则。"②旧时秤因其称量物品及重量的不同而种类繁多，如清水江流域有洪平、漕平、老秤、新秤、市秤、戥子、针秤等。契约中"秤"可独用，可与"斤"等组合使用。用例如下：

（1）《元后至元三年（1337）徽州郑周卖山地契》："面议时价稻谷肆拾叁秤。其谷并契当日两相交付。"（粹编487）

（2）《明天顺七年（1463）休宁县黄氏析产华字阄书》："各该田一亩三分七厘五毫，其二坵，租一十一秤。"（田藏3/86）

（3）《清道光二年（1822）良铀同弟杜卖田租契》："……自愿托中将承父所置四保田租坐落土名新田坵，租叁咩十四斤零四两七钱。"（徽州4/2/502）

民间秤有大小之别，大秤一般百斤，小秤10斤~20斤不等。以上各例"秤"所计量的多少，依时代和地域的不同而有不同的量值，如元明清时期，徽州地区多用小秤，常为20斤。例（3）中的"咩"在《徽州文书》中多写作此，应为"秤"的民间俗字。

【背】《广雅疏证·释诂四》："背，负后也。"③由用脊背驮转喻为一个人一次背的重量。如《吕梁英雄传》："谁要上山砍一背柴，刨一点药，都要给他纳捐上税。"④在云南的某些地方，还曾作粪肥的重量单位，一背为80斤。其实由"背"构成的合成词，如"背篓""背斗"等，都曾在近现代民间作容量单位，笔者所操宁夏同心方言就有"背斗"作容量单位的用例，如"背粪的时候，大人背两三背斗"。尤其是在挑担不方便的山区，"背篓"更是百姓运输的得利工具，其作容量单位使用更频繁，如1995年4月，《人民日报》："就这样，潘龙终于从山里挖回了十几背篓野生兰草。"契约中"背"作谷物的重量单位，可独用，可与"刻"组合使用。用例如下：

（1）《清道光十三年（1833）红河卫阿应借银当契》："自借之后，每

① 迟铎.小尔雅集释［M］.北京：中华书局，2008：383-385.

② 脱脱.宋史［M］.北京：中华书局，1985：1496.

③ 王念孙.广雅疏证［M］.北京：中华书局，2019：336.

④ 马烽.吕梁英雄传［M］.北京：人民文学出版社，2018：1.

年包利谷乙十二背，系五十斛官秤，不得欠少背刻。"（云博馆5/146）

（2）《清同治二年（1863）朱文和借银当田契》："即日三面言定，每两每年实包利穀伍拾伍斛秤壹背，不得欠少。"（云博馆5/265）

（3）《清道光二十三年（1843）杨杨氏同子转当田契》："每年称利穀五十斤秤拾伍背，众上帮歇毛银叁钱，公匕复俻价银拾壹两。"（云博馆5/166）

通过以上例句可推算出一背谷的量值差异很大，以清代2斛等于一石，一斛60斤为标准，例（1）中"谷乙十二背，系五十斛官称"，一背250斤；例（2）"包利谷伍拾伍斛秤壹背"，一背为3300斤；例（3）中"利谷五十斤秤拾伍背"，一背为3.3斤。

【驮】《说文解字·马部》："驮，负物也。"[1]本义表示牲口负物的动作，后转喻为计量牲畜所负之物，再转喻为牲畜所载货物的计量单位。如《太平广记》："乃装金银罗锦二十驮。"[2]首见于唐代敦煌文书。契约用例如下：

（1）《吐蕃丑年（821）敦煌金光明寺寺户团头史太平等请便麦牒》："请便麦贰拾驮，至秋依数填纳，伏望教授和尚矜量，乞垂处分。"（粹编330）

（2）《唐大中六年（852）僧张月光博地契》："如先悔者，罚麦贰拾驮入军粮，仍决丈（杖）卅。"（敦煌5）

（3）《清光绪三十二年（1906）元升恒发货单》："绵沙捌驮，计□□□支。至日祈为照数查收脚力，言定每驮给纹银壹两陆钱□分。"（云博馆3/396）

例（3）中"驮"出现在了商人的发货单中，共4例，丁琼认为该"驮"作运价计量单位。[3]根据"驮"的计量对象为"棉纱"，与其他例的麦、粟等粮食作物是一样，用"驮"作计量单位，强调的不是价值或价格，而是它们的重量，由此可推知"驮"作运价计量单位似不妥。本处倾向于将"驮"列

---

① 许慎. 说文解字［M］. 北京：中华书局，2015：201.

② 李昉. 太平广记［M］. 北京：中华书局，2020：3998.

③ 吴晓亮，徐政芸. 云南省博物馆馆藏契约文书整理与汇编［M］. 北京：人民出版社，2013：3，391.

入重量单位，同"背"一样，"背"强调的是人背所承载的重量，"驮"强调的是牲畜背所承载的重量。在吐蕃文书中，按照吐蕃制，一蕃驮等于20蕃斗。①

【砠】《广阳杂记》卷四："砠，秤锤也，音租。"② 由秤锤义隐喻为重量单位。明清两代通行于徽州的祁门、休宁、黔县等地。一砠为20斤、25斤、30斤不等。契约中可独用，可与"斤"等组合使用。用例如下：

（1）《明建文三年（1401）朱安寿等卖田白契》："佃自每年硬上干稻壹拾贰祖。"（粹编656）

（2）《明永乐二年（1404）胡童卖田白契》："今来缺物支用，自情愿将前项四至内田尽行立契出卖与本图汪猷干名下，面议时值价籼谷壹拾贰租。"（粹编658）

（3）《清乾隆十七年（1752）孙阿王同叔典坦皮约》："今有承祖坦皮壹处，土名大圆庄基，计苴租壹砠拾觔，凭（凭）中出典与盛名下耕种交租管业。"（徽州1/2/216）

（4）《民国十三年（1924）汪丰年承种田约》："立承种字人汪丰年，今承到潘志仁兄名下田业两处，土名芭蕉坞，计正租拾叁砠。"（徽·清－民国3/475）

例（1）中的"祖"，例（2）中的"租"都是"砠"的形近替代字。《徽州文书》中多用"砠"来计量要交纳的租谷，主要指籼稻。

【运】汉语中地的南运距离称为"运"，西南官话中"运"有度量义。《昭通方言疏证·释人·赈》："昭人言长短轻重，音由赈，转为运，如运布，即量布长短也，运米，即量米轻重也。"③ 契约文书中可计量禾谷的重量，可独用，或与"箩""斗"组合使用，用例如下：

（1）《清乾隆五十一年（1786）罗通泰断卖田约》："立断卖田约人罗通泰，今将邓豆力木冲田壹坵，计谷四运，凭中出断与刘早名下承卖为业。"（天柱10/9）

---

① 姜伯勤.突地考［J］.敦煌学辑刊，1984（1）：15.

② 刘献廷.广阳杂记［M］.北京：中华书局，1957：196.

③ 姜亮夫.姜亮夫全集.昭通方言疏证［M］.昆明：云南人民出版社，2002：262.

（2）《清道光二十一年（1841）游润色转典田契》："……土名慌田小地名长垄六股之中城顺面垒壹股，此时未分不便，计载田坵一股，收<u>谷三十種</u>要行转典。"（天柱7/195）

（3）《清光绪二十九年（1903）蒋昌贵卖田契》："……情愿将到土名冲㪍水田式坵，收<u>谷陆種</u>，载税式分五厘，至开四至，上抵景堂、下抵景堂、左抵圳、右抵坟山为界，四至分明。"（天柱6/81）

（4）《民国二十三年（1934）蒋世舜除帖字》："立除帖字人蒋世舜，今因除到蒋泰添得买土名黄路脚水田右边乙涧，收<u>谷二㪣</u>，税粮二分正。"（天柱9/258）

（5）《民国二十五年（1936）刘修炳典田字》："……自愿将到土名大圳上水田壹截，收<u>谷伍㪣零壹箩</u>，要行出典，先尽亲房无钱承典。"（天柱8/259）

（6）《民国三十年（1941）吴德泉卖田字》："又并岩吼坎上第三坵田壹坵，<u>共谷三运零陆斗</u>，载税三分陆厘……"（天柱9/19）

上例中的"**㪣**""**㪣**""**種**""**㪣**"等都为"運"的俗写替代字。根据例（4）和例（6）可知"运"比"斗"和"箩"都大。张明也得出相同的结论，即"一箩是一运的一半，大约为五十市斤。一运等于一挑。一运等于两箩。"[1] 我们认为"运"的本字也许是"庾"，它们不仅音近，意义也相合。《周礼·考工记·陶人》："庾实二谷。"郑玄注："谷受斗二升……《小尔雅集释》：㪷二升，二㪷为豆，豆四升，四豆曰区，四区曰釜，二釜有半谓之庾。"[2]《左传·昭公二十六年·卷五十二》："粟五千庾。"杜预注："庾，十六斗。"[3]

【屯】《广雅疏证·释诂三》："屯，聚也。"[4] 唐白居易《秦中吟·重赋》："缯帛如山积，丝絮似云屯。"因为丝絮、棉花总以屯聚状态存在，所以"屯"后成为绵的计量单位。如《隋书·列传》第三十七："齐文宣帝表其门闾，赐

① 张明，安尊华，杨春华.论清水江流域土地契约文书中的特殊字词［J］.贵州大学学报（社会科学版），2017，35（1）：24.

② 周礼注疏［M］.郑玄，注.贾公秀，疏.上海：上海古籍出版社，2010：1638.

③ 杜预注、孔颖达疏.左传注疏［M］.北京：中华书局，2020：2.

④ 王念孙.广雅疏证［M］.北京：中华书局，2019：233.

帛三十匹，绵十屯，粟五十石。"① 首出于唐代，敦煌吐鲁番文献中用例颇多，唐宋时六两为一屯。《广西少数民族地区碑文、契约资料集》中用"屯"计量禾苗，可独用，可与"秤""斤"等组合使用。用例如下：

（1）《清道光九年（1829）廖金贵卖田契》："坐落土名邦马田、外槽田一共二处，作禾苗六屯正。"（广西154）

（2）《清咸丰十一年（1861）贲胜绿断卖水田契》："自己情愿将祖父分上之田出卖。坐落土名盘田大小三丘，计秬禾把四屯。"（广西164）

（3）《（年代不详）补田约》："……作价二两钱，价禾一拾五屯八秤五斤，收清无异。今又托中翻悔，补中银又补价禾三屯。即日凭中约价，两交清白。"（广西192）

由例（1）和例（3）可知，"屯"是比"秤""斤"大的计重量的单位。在广西龙胜等地，一担为100斤，一屯为150斤。有时以田地收获的禾苗量为田地地积单位，一般3屯为一亩。②

【刻】作量词，指计时单位。契约中称量粮谷，可独用，可与重量单位"背"组合使用。用例如下：

（1）《清乾隆六十年（1795）红河哈杂当田契》："自卖之后，占垠分谷，上纳歇银官戳陆钱，粮谷叁刻，先生谷贰刻半。"（云博馆5/114）

（2）《清嘉庆十七年（1812）红河乐播黑当田契》："每年秋收之日占垦分谷二比均分，钱粮歇（款）银二钱京戳，先生把事谷二刻，杂派等项不干任姓之事。"（云博馆5/128）

（3）《清光绪三年（1877）李仰朗借银当田契》："自借之后，每两每年行利穀九刻，共九背，系银主之兜。"（云博馆5/267）

由例句可知"刻"仅见于云南红河地区，该地区以哈尼族、彝族居多，也许"刻"就是一个少数民族语词。

---

① 魏征.隋书［M］.北京：中华书局，1973：1667.

② 黄世杰.壮族民间传统土地面积计算方法浅析［J］.广西民族学院学报（自然科学版），1997（1）：79.

【启】《道真契约文书汇编》释"启"为民间计量单位，相当于"件""项"。①用例如下：

（1）《（时间不详）邹氏长房庆兰分受之业粮单》："下水田壹叚式处，大河沟水田壹全幅，钱壹伯五十千文，粮式分六厘贰启。"（道真487）

（2）《（时间不详）邹氏长房庆兰分受之业粮单》："得卖之业，地名大塆水田式坵，粮六分六厘正推在李天贵手承上式启。"（道真488）

（3）《（时间不详）邹庆兰弟兄四房名下分受之业粮单》："至癸卯年，邹庆元将此业卖与陈泽老爷，将壹钱贰分粮，契约瞒昧未能现，王姓收粮少一钱，多叁启。"（道真505）

通过例句中"启"与"分、厘、钱"组合使用，可知"道真"中的释义有些牵强。从搭配情况可推知"启"应为重量单位，而非个体量词"件、项"。"钱""分""厘"是个多义的计量单位，可作长度、地积、重量、货币等的单位。作重量单位，它们之间的进制依次是"一钱为十分，一分为十厘"，"厘"之下还可分为"毫、丝、忽"等，进制为"一厘为十毫，一毫为十丝，一丝为十忽"。由例（1）中"粮式分六厘贰启"可以看出，"启"占据了"毫"的位置，之所以可以确定是"毫"，还在于"毫"下的"丝、忽"作为微量单位，很少单独使用，而例（3）中"多叁启"，其中"启"可作单位使用，由此可以判定"启"应为"毫"的俗借字或替代字。

小结： 契约文书中出现的容量单位共28个，本节未列出的有17个，分别是"钱、两、觔/斤、担、分、厘、毫、丝、忽、微、纤、沙、尘、埃、渺、漠"，本节列出的有11个，分别是"铢、钧、引、秤、背、驮、砠、运、屯、刻、启"。其中"铢、钱、两、斤、钧、引"等，除"引"外，其余在先秦两汉时就已产生，多见于传世文献；"分、厘、毫、丝、忽、微"即可作长度单位，亦可作重量单位；"纤、沙、尘、埃、渺、漠"为极微小的重量单位，传世文献不太常用；"背、驮、屯"等，由名词转喻为重量单位，多用于民间；"秤、砠、运"等，由动词转喻为重量单位，亦多用于民间；"刻、启"来源尚不明晰，对"启"的本字虽进行了考证，但仍需充足的证据证明。

---

① 汪文学.道真契约文书汇编［M］.北京：中央编译出版社，2015：489.

第五节　货币单位量词

各朝各代使用的货币不同，其货币计量单位也因时代而异，如最早期的商周，多用贝壳充当货币，贝币就用"朋、串"计；秦始皇统一货币后，规定黄金为上币，用重量单位"镒"计，铜钱为下币，用"枚"计；唐武德四年（621）废用重量作货币单位的五铢钱，铸通宝铜钱，自此钱币名称同钱币重量完全分离。元朝始行至元通行宝钞，明朝时规定银币为正式货币，清朝时元宝、碎银、银元为法定货币。民国的北洋政府时期（1933年）"废两改元"统一了货币单位，自此纹银退出流通领域，之后民间小额交易基本都以铜圆、银圆计价为主。中华人民共和国成立后，铸造币逐渐被淘汰，发行了第一套人民币，使用至今。作为古代社会流通时间最长的铜钱、白银和黄金，其计量单位还因材质不同而不同，黄金、白银要看重量与成色等。总之，作为拥有5000年文明的古老国度，货币名称及计量单位名目繁多，种类多样，本部分内容仅就契约文献中出现的货币单位进行盘点梳理，以求一斑窥全豹，了解货币单位的历史印迹。契约中出现的货币单位较常用的有"枚、文、串、吊、贯、锭"等，本章将择传世文献不常用者而举之。

【金】《说文解字·金部》："金，五色金也。"[①]指5种颜色的金属，包括金、银、铜、铁、锡。因黄金稀有珍贵，故成为较早的货币。《史记·平准书》："虞夏之币，金为三品，或黄，或白，或赤。"[②]又"黄金为上、白金为中；赤金为下"[④]。其中白金指白银，赤金指赤铜。后"金"由货币名称转喻为货币计量单位。一金的量值，因时而异。《史记·平准书》："米至石万钱，马一匹则百金。"裴骃集解引瓒曰："秦以一镒为一金，汉以一斤为一金。"[③]《篇海类

---

①　许慎.说文解字［M］.北京：中华书局，2015：295.

②　司马迁.史记［M］.长沙：岳麓书社，2012：453，442.

③　赵望秦，霍松林.宋本史记注译［M］.西安：三秦出版社，1970：1359.

编·珍宝类·金部》："黄金一两曰一金。"也就是说秦时以一镒，即20两为一斤，汉时16两为一金，明时以一两为一金。用例如下：

（1）《西汉惠帝（前194—188）时太中大夫陆贾养老家约》："有五男，廼出所使越得橐中装，卖千金，分其子，子二百金，令为生产。陆生常安车驷马，从歌舞鼓琴瑟侍者十人，宝剑直百金。"（会编23）

（2）《（年代不详）客井约》："初立佃约时，主、客议明，客出押山银钱或数十金，或百金。"（自贡考释1/52）

【索】《说文解字·宋部》："索，草有茎叶，可作绳索。"[1]由于草绳是长条状，与贝币用绳子串联起来的形状相似，故"索"可转喻为贝币的计量单位。一索贮为80枚，100索贮值银一两。《涌幢小品·卷三十·西南夷》："贝之为索，犹钱之为缗也。"[2]唐代敦煌文献中"索"还可计量成串的珠子。契约用例如下：

（1）《明嘉靖二十七年（1548）董一言收付契》："其房價照數收足了當，恐後無憑，立此收付存照□者，實收道海巴二千一百陸拾索整。"（云博馆6/291）

（2）《明万历五年（1577）安宁州张瑚借银约》："借到本州民赵名下松纹银壹两伍钱，每月共行利伍索。"又"实计借纹银壹两伍钱，每月共巴伍索，将号票壹张作当。"（粹编936）

例句中的"巴"即"贮"，是明末清初以前云南通行的一种贝币，亦秤海，俗呼作"贩""贮子""贮儿"。《新兴州志·赋役·市肆》："明嘉靖、隆庆间，两经鼓铸，彝俗格不能行。天启六年，因科臣潘士闻建言巡抚闵洪学力行之，钱法始通。""（见闵洪学奏疏）明末每银一两敌贝三五百索，顺治四年至七百索而废。"[3]又"云南开化最迟，明初仍多用贝，其名曰贮，一枚曰庄，四庄曰手，二十手曰索，二十索曰袋，五袋（即一百索）值银一两，已八千枚矣"。《本草纲目》："古者货贝而宝龟，用为交易，以二为朋。今贝独云南用之，呼

① 许慎.说文解字［M］.北京：中华书局，2015：123.

② 朱国祯.涌幢小品［M］.王根林，点校.上海：上海古籍出版社，2012：597.

③ 任中宜，徐正思.新兴州志［M］.梁耀武，点校.昆明：云南人民出版社，1999年.

为海贮。以一为庄，四庄为手，四手为苗，五苗为索。"①

【冊】《说文解字·十部》："冊，三十并也。"②《钜宋广韵·合韵》："冊，今作卅。"③作贝币的计量单位，一卅为80枚。同贝币计算单位"索"。明谢肇淛《滇略·俗略》："海内贸易，皆用银钱，而滇中独用贝。贝又用小者，产于闽、广。近则老挝等海中，不远数千里而捆致之，俗名曰贮。其用一枚为一粒，四粒为一丁，四手为一缗，亦谓之苗，五缗为一冊。冊即索也，一索仅值银六厘耳……冊《钦定四库全书·滇略·卷四》：'三十并也。'则古以六十枚为一冊，今以八十，后转为索。"④ 用例如下：

（1）《明嘉靖二十七年（1548）董一言绝卖房契》："其银恐有杂色，不及银水每两估时价海□（巴）玖拾卉，共该□贰千壹百陆拾卉整。"（云博馆6/290）

（2）《明万历十年（1582）安宁州孙惟忠借海贮文约》："立情愿立约借到本戴老爷名下海贮贰百冊，每月行利巴捌冊，限至次年二月终一并交还。"（粹编937）

例（1）中"卉"同"冊"，"卉"为古代云南贝币单位。

【枚】《说文解字·木部》："枚，榦也，可为杖。"⑤其本义为树干，因树干本为树之一部分，后取其部分义，转喻为个体量词单位。最初用于计量树干或树，但据张显成考证先秦汉语中用例罕见，故其产生时代可推至汉代早期，汉代中后期即可自由应用于各类有生或无生之物，其中包括钱币。契约中所见"枚"主要用来计量铜钱和其他钱币。可独用，可与"封"组合使用。用例如下：

（1）《民国十年（1921）杨秀森卖田契》："当日凭（凭）中议定价钱贰拾肆仟零捌枚整，其钱付与卖主，其田交与买主耕管为业。"（天柱18/355）

① 李时珍.本草纲目［M］.北京：人民卫生出版社，2005：2052.

② 许慎.说文解字［M］.北京：中华书局，2015：45.

③ 陈彭年.钜宋广韵［M］.上海：上海古籍出版社，2017：432.

④ 纪昀，等.钦定四库全书［M］.北京：线装书局，2021.

⑤ 许慎.说文解字［M］.北京：中华书局，2015：114.

（2）《民国十六年（1927）龙木贵卖阴阳山场林木地土字》："当日凭（凭）中三面议定卖价元钱式仟伍佰捌拾枚整，其钱亲手领足，不欠分文。"（天柱20/73）

（3）《民国二十二年（1933）冯吴氏当旱地文契》："现出当价洋贰枚正。三面言明，每年找补粮钱陆个，如而后有钞之日，照当价取回，不得短少分文。"（陕西70）

以上用例"枚"基本用于计量铜钱，一个为一枚。例（1）中的"钱"，例（2）中的"元钱""铜仙"都指的是铜圆。例（3）中的"洋"指的是银圆，也称洋钱。

【贯】由穿钱用的绳子转喻为古钱币的计量单位，作为量词由"贯穿"义转变而来。至迟汉代已出现，一枚铜币为一文，一千文铜币为一贯，与"串""吊"同。除铜币外，还可作纸币的计量单位，如南宋时发行的会子及元代发行的中统元宝交钞等。契约用例如下：

（1）《西汉建元三年（前138）宏光□□买地砖券》："……东极龟坎，西极玄坛，南极岗头，北极淤□，值钱三千贯，当日付毕。"（会编59）

（2）《南宋嘉定八年（1215）吴拱卖山地契》："系拱分，并买弟扞等分，共计一半，计价钱官会陆贯省。"（会编532）

（3）《元至正二十七年（1367）徽州吴凤郎卖山地红契》："如悔者，甘罚宝钞叁贯公用。"（会编585）

（4）《明永乐八年（1410）祁门县谢达先卖山地白契》："面议时价宝钞四伯式拾贯，其钞并契当日两相交付，其山地并地内大小杉苗一听买人自行永远管业。"（粹编663）

例（2）中的"官会"就指官府发行的纸币会子，如《二刻拍案惊奇》卷三六："不知宋时尽行官钞，又叫得'纸币'，又叫得'官会子'，一贯止是一张纸，就有十万贯，止是十万张纸，甚是轻便。"[①]该例就是普通百姓对纸币优点的描述。

在福建及温州等地契约中"贯"还作地租的称量单位。用例如下：

---

① 凌濛初．二刻拍案惊奇［M］．北京：中华书局，2009：411-412．

（5）《明万历三十年（1602）张岳七卖山场契》："今收过契内山价银拾两，又穀叁百贯正，此照。"（福建民间5/2）

（6）《清宣统三年（1911）吴积忠归尽断田契》："其田界至，合载原租谷壹拾贯正。"（福建民间5/385）

因古代地租有钱与粮两种形式，上例中佃农向地主上交的地租应为谷作物，由例（6）"眼租谷伍拾贯"中的"眼"字可见一斑，《字汇·日部》："眼，晒眼。"①"眼"表晒或把东西放在通风或阴凉的地方使其干燥。"眼租谷伍拾贯"就是上交晒干的租谷伍拾贯，由此可见，此处"贯"非货币单位，而作租谷的重量单位。

【千】《说文解字·十部》："千，十百也。"②《汉语大字典》释"千"为数词，③《汉语大词典》释为量词，指千钱，"千"为"千钱"的简省。④"千"作量词时，其前一般出现数词，该用法传世文献亦常用，如李白《行路难》："金樽清酒斗十千，玉盘珍羞直万钱。"又《太平广记》卷二百九十七："告文本，以三千钱为画一座像于寺西壁。"⑤一般一千钱为一贯。契约用例如下：

（1）《清乾隆五十年（1785）陈信卖地契》："言定时值卖价钱式拾捌千整。其钱地即日两交不欠。"（故纸1/18）

（2）《清嘉庆十七年（1812）陈友松绝卖园地契》："今因亲友说合，找卖价津钞三十五千整，所找钞文以为迁坟费用。为其无人照应，故迁于老地。"（天津契案4）

（3）《清光绪二十八年（1902）方冬月卖田契》："今因欠钱别置，托中就与高界岩大和尚泰山公自己上，卖出钱柒拾贰仟钱，即日收明。"（厦门84）

例（3）中的"仟"同"千"，是其大写。"千钱"即"千"的全称。

【锭】《十驾斋养新录》卷十九："古人称金银曰铤，今用锭字。……元时

① 梅膺祚.字汇 字汇补［M］.上海：上海辞书出版社，1991：200.

② 许慎.说文解字［M］.北京：中华书局，2015：45.

③ 汉语文学典编辑委员会.汉语大字典：九卷本［M］.成都：四川辞书出版社，2010：68.

④ 汉语大词典编纂处.汉语大词典［M］.上海：上海辞书出版社，2008：830.

⑤ 李昉.太平广记［M］.北京：中华书局，2020：2362.

行钞法，以一贯为定，后移其名于银，又加金旁。"① 可见表金银货币的名称"锭"的本字应为"铤"，《说文解字·金部》："铤，铜铁朴也。"②《六书故·地理一》："铤，五金锻为条朴者，金曰铤，木曰梃，竹曰筳，皆取其长。"③ 由上可知，"铤"由铜铁矿石的总名转指为熔炼成条块等固定形状的金银，随着金银逐渐进入流通领域，成为重要货币，"铤"逐渐成为金银等货币的专用计量单位。由于元代发行了纸币，专用"定"计量，后"定"计量范围扩大，也计量金银，于是又给"定"加了金字偏旁，"锭"产生后就取代了"铤"的位置。历代以五两或十两铸为一锭。契约用例如下：

（1）《元至元二年（1265）阿老丁买山地契》："皇帝圣旨里泉州路晋江县据阿老丁用价钱中统钞六十锭，买到麻合抹花园山地，除已验价，收税外合行出给者。"（金—清2）

（2）《元泰定三年（1326）谢智甫等析户合同文书》："今来商议得：金户支费已有定额，其弓手户支费不定，情愿众出备中统钞壹拾伍定，贴承当弓手户者。"（会编668）

（3）《清同治八年（1869）结鲁卖田契》："管食实受田价文艮捌拾叁双整，系割壹戥面有锡制子乙锭，重五双兑秤。"（云博馆5/32）

契约中"锭"多见计量中统钞。中统钞一贯为一两，五十两为一锭。例（2）中的"定"同"锭"，是其本字。例（3）的"锡制子"应为锡制成的锭状物。

【封】《字汇·寸部》："封，缄也。"④ 由封缄义引申为封装物的称量单位，多用于书信、碎银子等，如《红楼梦》第二回："至次日，早有雨村遣人送了两封银子、四正锦缎答谢甄家娘子。"⑤ 又《醒世姻缘传》第六十四回："素姐开了箱，将他婆婆留下的银子，取了一封出来。"⑥ 明清时期，白银逐渐成为流通货币，但银锭数额较大，民间流通时都会用钳子将大额银子剪开称重或使用，

① 钱大昕. 十驾斋养新录［M］. 上海：上海书店出版社，2011：374.

② 许慎. 说文解字［M］. 北京：中华书局，2015：296.

③ 戴侗. 六书故［M］. 北京：中华书局，2012：294.

④ 梅膺祚. 字汇 字汇补［M］. 上海：上海辞书出版社，1991：119.

⑤ 曹雪芹，高鹗. 红楼梦［M］. 西安：三秦出版社，2002：10.

⑥ 西周生. 醒世姻缘传［M］. 长沙：岳麓书社出版社，2014：577–578.

因铰开后的银块较零碎，故都会被封装起来使用。一般一封银两约为五十两。清水江流域一封为铜圆三十六枚或二十五枚。[①] 契约中常独用，或与"枚"等组合使用。用例如下：

（1）《民国六年（1917）陆志发等卖田契》："要钱出卖，先问房族无钱承买。自己请中上门问到攸洞杨承元承买，当日凭中言定<u>价钱式拾四封</u>四百八十文整。"（天柱2/31）

（2）《民国九年（1920）龙世弼断卖花园边田字》："当日三面异（议）定价<u>铜元四十三封</u>八十枚整，亲手领足应用。"（亮寨132）

（3）《民国十一年（1922）陆志安借钱字》："自己登门到克列村潘宏彬名下承借钱<u>铜元壹拾伍封</u>正，其钱亲手领足应用。"（天柱20/64）

以上用例中"封"可计铜圆，"封"相当于整钱的计量单位，例句中的"文""枚""过"计量的是零钱。其中"过"为"个"的方言用字。

【头₂】作量词，称量范围广泛，多称量与人、动物、植物等。契约中称量钱币，用例如下：

（1）《明永乐九年（1411）祁门县僧禧怡云卖山地红契》："凭中面议<u>价钞柒伯伍拾头</u>文正。其钞契当日一并两相交付，后再不立领。"（会编732）

（2）《明永乐十一年（1413）休宁县吴希仁对换田地白契》："如先言悔者，甘罚<u>宝钞五百头</u>与不悔人用，仍依此文为始。"（会编1017）

（3）《明宣德元年（1426）李久龄卖基地赤契》："面议时<u>价钞玖伯头</u>，其钞并契当日两相交付。"（徽·宋元明1/106）

《汉语大字典》将"头"看作表约数的词，[②] 其实"头"是货币单位"贯"的俗称，传世文献亦常用，如《儿女英雄传》第三回："向来知道他常放个三头五百的账。"[③] 除此之外，契约中还用"头"称量租谷。用例如下：

（4）《清嘉庆十一年（1806）吴开卫卖水田契》："其田合载粮银三分

---

① 张明，安尊华，杨春华. 论清水江流域土地契约文书中的特殊字词［J］. 贵州大学学报（社会科学版），2017，35（1）：29.

② 汉语大字典编辑委员会. 汉语大字典：九卷本［M］. 成都：四川辞书出版社，2010：569.

③ 文康. 儿女英雄传［M］. 北京：中华书局，2013：27.

八厘八毫正，合租谷壹百贰拾头正。"（福建民间5/61）

（5）《清道光二十七年（1847）张定鉴课田批》："其田面约冬成之日，四六均分，其扣除租谷壹拾头正，准为钱息。"（福建民间5/164）

（6）《清光绪三十一年（1905）龚成永贴田契》："次日随缴依父票据乙纸，合钱壹拾陆仟伍百文，逓年加租叁拾叁头，准作钱息，不得再照。"（福建民间5/351）

例句中"头"的称量对象为租谷，由此推断"头"在此处应作重量或容量单位，同"贯"，但其意义来源待考。

【仙】作量词，是清至民国时对货币"分"的俗称，一百仙为一元。契约用例如下：

（1）《清宣统元年（1909）新会李溪主祖改换断卖新契纸》："该原契产价银九十元令（零）九毛七仙三文，该换契金，计银九毛壹仙。"（清广东81）

（2）《民国十二年（1923）陈世亮买田契》："卖价：壹拾两两伍钱肆分，应纳税额：玖角肆仙玖星。"（天柱22/158）

（3）《民国二十四年（1935）蓝止波出借镍洋抵水田契》："其镍洋自借之后，二比两相交明，每元行息五仙，案月照算本利。"（云博馆5/526）

南方民间口语中多称"分"为"仙"，故"仙"仅见于南方的部分契约。据张传玺考释"仙"还是旧时对美分，即百分之一美元，英文CENT音译名生脱的简称。

【瓣】作量词，用于花瓣、叶片或种子、果实、球茎分开的小块儿，如蒜一瓣。由部分、小块义引申还可指"角"之下的银币单位。契约用例如下：

（1）《清光绪三年（1877）林庄放转典田契》："三面言议，佛银拾伍大员零叁角陆办，平重玖两贰钱乙分陆厘正。"（闽南164）

（2）《清光绪十四年（1888）征收口粮册》："实收银二十两零四钱一分，一四折番银二十八元五角七瓣四尖。"（台大租书440）

（3）《清光绪二十九年（1903）调书》："用过田地四百五十五丈二尺八寸，每四方一丈，给地价银六角，共应银二百七十三元一角六瓣八

尖。"（台大租书318）

例（1）中的"办"（辨）、例（3）中的"辨"均为"瓣"的形近或音近替代字。在币制单位的进制中，从大到小，依次是元、角、分、厘、毫，"角"之下应为"分"，而"瓣"正好处于"分"的位置，据此，可以推知"瓣"应为"分"的俗称。

【尖】在闽语中，作量词，相当于"分"，如一尖钱。契约用例如下：

（1）《清光绪七年（1881）魏连旺同侄杜卖田屋契字》："经丈官庄田新旧共三甲，配泉水大坡圳水通流灌溉，递年纳官租银一两八钱二分，又纳留养局银四员六角二辨（瓣）一尖正。"（台大租书953）

（2）《清光绪二十八年（1902）雷坤照立票字》："凭（凭）票支伏番壹员正，利息壹角捌尖文，此照。"（福建民间6/88）

（3）《清光绪三十二年（1906）叶玉灯等分田契》："其余松公亲礼，并写凭据笔资零用，共去小洋叁拾柒角贰尖，每担苗谷应派小洋叁角壹尖。"（福建选辑734）

"尖"在例（1）中居于"瓣"后，在例（2）和（3）中居于"角"后，占据"分"的位置。"尖"作"分"，来源于"仙"，"仙"在南方诸多方言中作"分"的俗称，例句中的"尖"应为"仙"的音近替代字。

【点】《说文解字·黑部》："点，小黑也。"[1]本义为细小的黑色瘢痕。因含有微小义，后逐渐虚化，成为表小或少义的量词，如一点儿。契约用例如下：

（1）《清嘉庆二十年（1815）阮真老卖民佃田契》："嘉庆式拾年拾壹月，将此佃田载卖出佛银拾壹大员乙角八点，每季定约加纳干硬粟四拾乙斤。"（福建民间2/81）

（2）《清光绪六年（1880）黄阿牛等退典尽根田契字》："大小坵共十一坵，年纳配官庄六钱六分，又配局银七角七点，自带坡水通流灌溉。"（台大租书952）

（3）《清光绪十年（1884）黄藏兴给垦字》："明丈□分，应纳大租粟五斗六升一合正，该垦底银五角六点一厘正。"又"明丈□分，应纳大租

---

① 许慎.说文解字[M].北京：中华书局，2015：210.

粟一斗九升二合正，该垦底银一角九点二厘正。"（台大租书128）

以上几例"点"都居于"角"后，例（3）中的"点"还位居"厘"前，由此可判定，"点"即"分"。同"尖"一样，"点"也应为"仙"的音近替代字。

【占₂】在闽语中可作辅币的单位，表"分"，如一角五占。契约用例如下：

（1）《清光绪二十八年（1902）灼宏等卖田契》："文梅自前年间有深欠堂胞弟文桂移借银捌大元，二条合共银玖元陆角陆占。"（厦门83）

（2）《清光绪三十一年（1905）胡宪清当榛林字》："今因无银应用，将榛林送当与吴宅德考亲边，当出柒钱重番银叁元柒角伍占正。"（福建民间5/348）

（3）《清光绪三十一年（1905）张加旺贴田契》："今因弟故，丧下乏用，再向景桓叔边贴出柒钱重番银壹元伍占正。"（福建民间5/349）

除例（3）中的"占"居于"元"之后，其余三例中"占"都位于"角"之后，也可以据此判定"占"即"分"。"占"表示"分"，应来源于"点"，"占"应为"点"的省形替代字或亦为"仙"的音近替代字。

【末】契约中所见用于货币单位中。用例如下：

（1）《清乾隆五十三年（1788）屯政》："合共应给银八千四百七十员除外，剩余屯租银一百五十九员一角二辨（瓣）一尖二末。"（台大租书1086）

（2）《清光绪二十一年（1895）黄赞智同侄杜卖田契字》："年纳南甲官庄大租粟三石九斗四升三合二勺正，又纳留养局租银五角五辨（瓣）九尖八末正。"（台大租书982）

两例中"末"都位于"尖"后，而"尖"表"分"，那么"末"应该就是"厘"或"毫"字，因还未有足够的证据能证明这一结论，故暂列于此待考。

小结：契约文书中出现的货币单位共27个，本节未列出的有11个，分别是"圆/元、角、块₁、文、串、吊、毛、星、割、缗"，本节列出的共15个，分别是"金、索、帀、枚、贯、千、锭、封、头₂、仙、瓣、尖、点、占₂、末"。其中"金、索、卉、枚、文、吊、串、贯、锭、圆/元、角"等，为传世文献所见，历代用于不同类型货币的计量单位，如"索、卉"计量贝币，"金、锭、圆/元、角"计量金银，"枚、文、吊、串、贯、缗"计量铜币。"千、封"等是非典型的货币计量单位，"千"由"千钱"省略而来，"封"由计量封装物的部分量词而来。"头₂、仙、瓣、尖、点、占₂、末"等，是对货币单位"分"的俗称或别称，"星"是对"钱"的别称，"毛、割"是对"角"的俗称，"块₁"是对"圆/元"的俗称。

第六节　成色比率类量词

契约作为民间交易的凭证，包括诸多借贷返还的字据，而金属货币交易中，实际流通的银两名目众多，成色不一，交易时一般都会折算为统一的计量单位，故契约交易常涉及兑换、成色等问题。由于金较昂贵，民间交易中很少用金，所以成色问题主要指银的成色。所谓银的成色，也即纯度，标准有三种，一是足银，含银量不小于99.9%；另一种是纹银，含银量不小于92.5%；再一种是镀银，含银量极低。民间契约中作为货币使用的都是前两种银，成色因银含量的不同而有别。契约文书中涉及成色比率类量词，数量不多，下面逐一说明。

【兑】《字汇·儿部》："兑，直也。"[①] "兑"的本义即直达、通达，引申为兑换。因通达而使通达的两端在同一平面内，故"兑"可引申作折算比率的单位。一般为确定银锭币值或折换银圆与银锭之间的比率。契约用例如下：

（1）《清乾隆五年（1740）佟厚孀杜卖地基文契》："三面言定，照时估值，杜卖价九七足色牙法<u>九五兑</u>银式拾两整。"（南京30）

（2）《清光绪十九年（1893）杨神兴卖断根粮质归乙田契》："仝中三面言议，出得时价银贰佰叁拾捌元<u>七兑</u>正，期（其）艮即日仝中秤收归用完讫。"（许舒藏23）

（3）《民国八年（1919）余撞卖断根粮质归乙田契》："仝中三面言议，出得时价<u>七兑</u>银陆拾元正，该银就立契之日，仝中秤收归用完讫。"（许

---

① 梅膺祚.字汇 字汇补［M］.上海：上海辞书出版社，1991：46.

舒藏69）

清代一直是银钱并用的局面，但却银贵钱贱，随着白银外流的增多，银贵钱贱的现象日益突出，所以在交易，尤其是交纳赋税时，钱被拒绝使用的情况下，往往需要将铜钱折色兑换为银两，因此"兑"成为一个兑换计量的标准。如例（2）中的"七兑"，表示一个银圆可兑换成七钱银两，例（3）中的"七二兑"，就是一个银圆可折算成七钱二分银两。

【成】作量词，十分之一称一成。契约中常用"成"表分成比例。用例如下：

（1）《清光绪六年（1880）屈德禄等伙营碓房合同》："同众言明生意作为十成，屈名下应得东股生意九成，姜名下应得东股生意一成。"（粹编1777）

（2）《清光绪十八年（1892）晓谕书》："迨全台清丈，奉宪议定章程，大租户实收六成，留四成贴小租户完粮。"（台大租书960）

（3）《民国二十年（1931）卿楷南等承推盐井合约》："俟归清之日，再由大昌债权归收七赋，三十班旧债权归三赋。"（自贡选辑散1/70）

例（3）中的"成"为"赋"的类推简化字，"赋"同"成"。如《川剧选集·芙奴传》："你我二八赋分账。"[1]

除分成比例外，"成"在契约中多表金银的质量或成色。用例如下：

（1）《清乾隆三年（1738）杨崇林等卖房屋地基契》："原价吹系九睬，乙共贰拾陆两整。"（吉昌229）

（2）《清道光十二年（1832）黄氏断卖屋契》："订明屋价银八十五大元，洋面七二成员，所有签书折席洗业利是俱包价内。"（清广东105）

（3）《清光绪二十五年（1899）龙士良断卖田契》："凭中议定断价八承钱四千二百八十文整，亲手收足，并无下欠分文。"（九南184）

（4）《清宣统元年（1909）田云廷当秋田文契》："原日三面议定当价九逞银色伍两五钱整。当主当席亲手领明应用，并无货物准折，亦非托（拖）欠分厘。"（吉昌285）

---

[1]　重庆市戏曲工作委员会．川剧选集［M］．重庆：重庆人民出版社，1961：253．

（5）《民国四年（1915）贤臣断卖杉木山土字》："当日凭中议定断价<u>九层</u>钱壹拾伍仟一百八十文整，亲手收用。"（清水江3/3/233）

例句中的"睬""逞"或"层"都是"成"同音或音近替代字。"七二成员"指七二成色的银圆，也称"银洋"，是明万历年间，由欧洲流入中国。光绪年间，政府部门开始铸银圆，以每个银圆库重6钱二分为多，后成为清及民国的主要流通货币，1935年被纸币取代。

【折】《说文解字·艸部》："折，断也。"[①]本义为折断。作量词，用于折扣，表示按成数减少。如《儒林外史》第五十回："等他官司赢了来，得了缺，叫他一五一十算了来还你，就是九折三分钱也不妨。"[②]契约用例如下：

（1）《清乾隆四十四年（1779）凌义绝卖房文契》："实收契内银俱足。钱柒折足底串。"（清上海4）

（2）《清道光五年（1825）张焕廷同弟叹粪坑基地契》："凭中得收叹契银七折，钱贰千文正，当立契日一并收足，并无再生枝节，永斩割藤。"（清上海23）

例句中的"钱七折"或"银七折"即表示打了折扣的银钱成色为七，即70%。契约中还见"折"用于土地。如：

【俸】《钜宋广韵·用韵》："俸，俸秩。"[③]指旧时官吏的薪水。契约中由本义转喻为计量股份，包括钱股和人股。用例如下：

（1）《清道光二十四年（1844）合伙领本文约》："永顺号本元丝银七千二百两作为银股三俸，随空<u>人力</u>一俸；闰统基本元丝银七千二百两作为<u>银股</u>三俸。"（晋商老账12）

（2）《清同治十二年（1873）孔宪仁等立合同》："按每二千两作为股<u>银一俸</u>，统共计银股十七俸。"又"银股十七俸，入银叁万肆千两，<u>顶身</u>股六俸，花明略。"（晋商老账15）

（3）《清宣统元年（1909）李法孔典场面碌碡文约》："今将自己置到之业圪塔踢踢（场）面礓碡<u>叁俸</u>之壹，情愿出典与堂叔孝书亮名下作为

---

① 许慎.说文解字[M].北京：中华书局，2015：254.

② 吴敬梓.儒林外史[M].石家庄：花山文艺出版社，2015：492.

③ 陈彭年.钜宋广韵[M].上海：上海古籍出版社，2017：237.

死使用。"（故纸5/444）

（4）《民国九年（1920）李跃南质地文券》："立指地质银文券人李跃南，今因欠福顺店银归还无款，将自置到石灰教梁西头地一俸，东至本姓二门地为界，西至牌子为界，南至旧牌为界，北至新牌为界；……出质于本城商号福顺店名下，质银五百两。"（陕西162）

例（2）中的"银股"，指以白银入股，"顶身股"，指以人入股，根据本人的职责、岗位、资历、才干等折合为股份。例（3）中的"场面碌碡"、例（4）中的"地"也用"俸"称量，源于它们是作为抵押物进行质押的，其性质相当于股份。例句中的"俸"用同"股"。

【股₂】《说文解字·肉部》："股，髀也。"[①] 本义为大腿。引申指事物的一部分。契约中"股"来自分支义，相当于"份"；有时也指资金或财产中的一份，称量对象多为抽象的分成比例。用例如下：

（1）《明嘉靖四十一年（1562）郑志等卖山契》："其山以十股为率，郑志、郑容该得三股，叹保六保该得三股。"（安师大藏1/43）

（2）《清嘉庆七年（1802）张明耀卖社字》："文手遗有前坊社壹股，今因缺钱使用，自情愿托中言议，将其前坊社立出卖与吴宅春观亲边管业。"（福建杂抄122）

（3）《民国五年（1916）文富堂卖地契》："今凡按三七出分，同中人胡什柱、刘秉传摊小千，陈递摊小千，往后或使水或修井均以三七作股为例。"（河北近代189）

小结：本节所列成色比率类单位量词共5个，分别是兑、成、折、俸、股₂。其中"兑"为兑换比率的计量单位；"成"为金银成色的计量单位；"折"为折扣的计量单位；"俸、股₂"为股份的计量单位。

---

① 许慎.说文解字［M］.北京：中华书局，2015：82.

第六章

契约文书自然单位量词

除度量衡单位外，契约中还涌现出了极其丰富的非度量衡单位，本章将这类词称为自然单位量词。自然单位量词比度量衡单位提供的细节更多，往往通过"量"的不同意义、内涵揭示称量对象不同的大小、形状、宽窄、位置、性质等。本章将按照计量对象的特点，分为田地、房舍、坟墓、山园及综合五类。

第一节　田地类

"普天之下，莫非王土"，中国社会最初的土地都归统治者所有，由统治者一人进行分配，或分封、或赏赐。从最早出土的铜器铭文记载可知，周代逐渐出现了土地交易的萌芽。商鞅变法以后，土地交易得以进一步发展；秦始皇一统中国后，"使黔首自实田"，正式开启了民间土地自由交易的大门。土地作为百姓的生存之本，流转频繁，因此，留存下来的土地买卖、典当、租佃类契约数量浩繁，而各朝各代各地并非都对田地做过实地测量，致使很多田地没有精确的亩积单位，如"万历二十五年，始行归化，其田原未清丈，并无亩数，只凭田形之大小，听各寨长口报秋粮，并非经官按亩按户科编之，数多寡原数不均"①。所以，民间在进行土地交易时往往用目测、脚踏、手指等方式，对田地的大小、形状及四至做出具体的规约。契约中数量庞大的土地

---

① 张新民.天柱文书［M］.南京：江苏人民出版社，2014：17，4.

计量单位中相当一部分为这类规约后的非制度单位，其中不乏方言词、口语词及一些较独特、鲜为量词的词。下面举例说明。

【圤】同"墣"，《说文解字·土部》："墣，块也。从土，菐声。圤，墣或从卜。"①《说文解字·土部》："凷，墣也。塊，凷或从鬼。"②《集韵·队韵》："凷，《说文解字》：'墣也。'或作塊、蒯。"③ 由上可知"圤"同"墣"，"墣"即"凷"，"凷"即"块"，故"圤"相当于"块"。契约中用例如下：

（1）《清乾隆四十七年（1782）毕国宁镒同子绝卖地契》："当日议定与买主接连地三圤，价艮（银）一拾四两整，一手现交，领明无欠。"（南部31）

（2）《清咸丰八年（1858）曾凤尧佃空地基约》："蒙古孀妇金氏，同子金贵、金宝、金玉名下祖遗营房路西坐北空地基壹圤，东西宽七丈、南北长七丈，东至地主坟、西至车路、南至路、北至刘老二，四至分明。"（内蒙古35）

（3）《成吉思汗七三四年（1940）白福租空地基约》："今祖（租）到蒙古达木气本市管坊道马道巷座西向东空地基壹圤，计地基尺寸，南边东西宽九丈……"（内蒙古210）

使用"圤"的例句多为内蒙古土默特与山西地区，也许"圤"该词是因人口迁徙而从山西带入内蒙古的词。"壹圤"即一块。

【畈】《字汇·田部》："畈，田畈，平畴也。"④ "平畴"即平坦的田野，成片的土地。作量词，用于大片田地，相当于"片"。明范寅《越谚》："村村有大树，畈畈有荒田。"契约用例如下：

（1）《清道光十二年（1832）友林同弟永卖田契》："又青山脚田畈，又羊家山，计田壹畈，其田四址散烂，知明不具。"（宁波7）

（2）《清道光二十一年（1841）宗显等永卖田契》："宗显等今因乏用，

---

① 许慎.说文解字［M］.北京：中华书局，2015：288.

② 许慎.说文解字［M］.北京：中华书局，2015：288.

③ 丁度.集韵［M］.上海：上海古籍出版社，2017：532.

④ 梅膺祚.字汇 字汇补［M］.上海：上海辞书出版社，1991：73.

情愿将更田壹处，土坐长塆，计田壹畈，粮计三亩零。"（宁波50）

【丁】契约常见称量水田，用例如下：

（1）《清咸丰三年（1853）郭明言缴卖水田契》："孟缴人郭明言有自己明赎得迁善南社番妇阿妈清水田壹丁，坐落土名贯在下湳。"（台湾馆藏185）

（2）《清咸丰七年（1857）李仕广招耕水田字》："立缴招耕字人李仕广有自己购得迁善南社番字厘支理水田壹丁。"（杨云萍271）

（3）《清同治五年（1866）王来益退耕番田契》："立缴退畔番田契字人王来益有承兄来传承迁北社番阿银、传来番水田陆丁，坐落土名营盘前。"（台湾馆藏190）

用"丁"量水田，仅见于台湾地区平埔族契约。平埔族是居住在台湾平野地区的"原住民族"，汉人称该族群为"番人"，成年的男性番人称为"番丁"，番人所耕种田地称为"番田"。契约中称量水田的"丁"也许与表人丁的番丁有关，还需较充足的证据。

【庄】"庄田"泛指田地，汉代已复合为词。根据同义关联的认知原则，即量词义与名词义同，则可组合搭配，故"庄田"中可用"庄"来称量"田"。契约用例如下：

（1）《清乾隆二十七年（1762）刘明奇杜卖田地契》："今因人力不敷，父子商议，将自己名下田地一庄，坐落华阳县赖家店三甲七支，原载条粮六钱四分五厘。（龙泉驿5）

（2）《清光绪十七年（1891）吕安盛杜卖田土房屋等文契》："情因要银使用，愿将祖置分受已名下产业一庄，座（坐）落华邑下三甲七十六支地名呙家冲侧近。"（清地史84）

（3）《民国二十四年（1935）吴祖铣等卖田山契》："自愿将到所□吴杨氏金名洞头大坡田乙庄大小连，计谷一百式拾运，并庙脚两址圳头田在内，共载粮拾亩。"（天柱7/48）

以上例句中"庄"可称量水田、粮田、蚌田、坡田等各种田地类型。例（3）因产业中包括田土，故用"庄"称量"产业"。契约中亦偶见用"庄"称量山园的用例，如：

【苗】《说文解字·艸部》："苗，艸生于田者。"①《正字通·艸部》："苗，凡草始生皆曰苗。"②本义指幼苗。作量词，用于植物，见后文。契约中还作田地的称量单位。称量田地的意义应来源于禾苗义。因水稻的栽种是先育苗，再种植。即先利用一块土地培育种子，再将由种子生长出的幼苗施种到水田中，让其生长。契约中"苗"由禾苗义转喻为稻田的称量单位，根据禾苗的数量指代田地的大小，属于以播种数量称量田地面积的类型。用例如下：

（1）《清嘉庆十二年（1807）王殿选尽断田契》："立尽断契人王殿选，原父手将下坪豊村，土名上坪头田壹号，合田捌拾苗正。"（福建民间5/66）

（2）《清嘉庆十三年（1808）吴舜仟借银字》："立借字人吴舜仟，今因水田坐落茗坑半领捌拾排田，计田壹百苗正。"（福建民间5/70）

（3）《清光绪十二年（1886）王昌森贴水田契》："原田肆拾苗正，此田咸丰年间己手出典吴姓瑞愧管业，于光绪年间，吴边将田缴与李宣惠管业。"（福建民间5/258）

以上例句都是以"苗"代指田地面积，具体表义为"种多少棵禾苗的田"。

【种】《钜宋广韵·用韵》："种，种埴也。"③作量词，表事物的种类、类别，或用于抽象事物，意义相当于"个"。契约中用来称量田地。用例如下：

（1）《清顺治八年（1651）陆金信送卖田契》："祖上置得有田壹号，土名坐落比洋大圻，计田贰种，内抽出壹种，便壹种张是陈雪户内分。"（福建民间6/215）

（2）《清乾隆五十一年（1786）张春诚卖民田契》："祖上置有民田肆号，坐址下村土名后园岭尾受田壹种正，上至陆文攀田、下至张盛亨、左至路、右至山为界。"（福建民间6/217）

（3）《清同治六年（1867）李万银当地白契》："章京李万银箭上保什户 满喜、老个之、杜冷，小河埂东头河东地半段，耕种五种，五年为满，地价东钱式拾吊。"（粹编1681）

例句中"种"并非种类义，应由耕种义引申为田地的称量单位。由例（2）

① 许慎.说文解字［M］.北京：中华书局，2015：17.
② 顾野王.玉篇［M］.上海：上海书店出版社，2017：912.
③ 陈彭年.钜宋广韵［M］.上海：上海古籍出版社，2017：237.

中的"受田壹种正"可推知"种"应是指以播种量代指田地面积，但"一种"的量待考。

【堰】晋语中，用于计量土地，相当于"块"，例如，"他种咾两堰麦子"。契约中称量田地，用例如下：

（1）《清道光三年（1823）孙弘亮立山地占契》："今将自己本身山地壹段二沿，座（坐）落在大觉寺藏下坎，东至孙姓、南至大道、西至常住、北至郭姓，四至分明。"（大觉寺藏95）

（2）《清嘉庆十八年（1813）韩自议卖地白契》："今将自己分到本院墙东地式堨，今全中人情愿出卖与胞弟韩自讓名下永远耕种为业，上下土木相连。"（首都藏1/332）

（3）《清道光八年（1828）安玉凤典地白契》："立典地文约人安玉鳳，近因乏手，今将祖遗村东三尖大小三堨，情愿典与本村住人李殿英名下耕种摘收。"（首都藏1/501）

例句中"沿"应为"堰"的同音替代字。"堨"为"堰"改换声旁的俗写体，"堨"与"堰"的关系，张涌泉校订后认为《五台山赞》："北台东脚有落驮堨，美付盘回屈鞠连。"句中"落驮堨"即"骆驼堰"，"堨"为"堨"的俗写，"堨"又为"堰"的声旁变换俗字。^①故以上"沿""堨"都为"堰"字。

小结：本节所列田地类量词共7个，分别是"圤、畈、丁、庄、苗、种、堰"。其中"畈"自身有量词用法，意义相当于"片"；"堰"在方言中作量词使用；"圤"为方言用法，与"块"同；"丁""庄""苗""种"等自身虽有量词用法，但并非契约中所用之义，除"种"外，其余3个根据本节所引例句，经意义推衍后衍生出了新的量词用法。

第二节　房屋类

房屋作为人类生活起居的重要场所，从最初的遮风挡雨、保温御寒、储

---

① 张涌泉. 汉语俗字研究［M］. 北京：商务印书馆，2010：203.

存物资的建筑物，到后来成为财富、权利和地位的象征，是私有财产不可分割的一部分，因此，买卖、典当、分关、遗嘱类契约文书中，房屋成为必不可少的交易和分配对象。同传世文献一样，对于房屋的计量，契约文书中多用"间、所、座"，或"栋、幢"等。除上述外，契约中还有些充满地域特色的称量单位。本小节的房屋类涵盖了房舍、院子及地基。现举例说明。

【重】《钜宋广韵·钟韵》："重，复也、叠也。"① 作量词表"层、道"，用于门、墙等。契约中主要用来计量房屋。用例如下：

（1）《明万历十八年（1590）祁门县程浙等卖屋基红契》："同居兄程浙同弟程渠，今有买受基屋一重，坐落善和村中石鳞堂。"（粹编782）

（2）《清康熙十四年（1675）丁君尚卖铺房契》："……南至大河、北至山、东至汪先之屋、西至孙□墙脚，在上瓦屋四重，草屋两重。"（徽丛编1/488）

（3）《清宣统三年（1911）蒋政创卖屋契》："又土屋乙重，榰作三间，扇板片再（在）内，请中招到族内蒋昌生、昌金兄弟二人承买为业。"（天柱6/18）

古人常曰"重屋曰楼"，其中"重屋"最初指重檐的大屋，是古代皇帝用以朝会诸侯、发布政令、祭天祀祖的地方；后指代高楼。所以说"重屋"最大的特点就是大而高。依据以特征代整体的原则，可用"重"来称量高而大的房屋，一般一重即一层。用"重"量屋基本见于徽州地区的文书。

【层】《说文解字·尸部》："层，重屋也。"② 段玉裁注："《考工记》'四阿重屋'注曰：'重屋，複笮也，后人因之作楼。'《说文解字·木部》曰：'楼，重屋也。'引申为凡重叠之称。"③ 作量词表示重叠、积累的东西。契约多用于称量楼屋，楼是房屋累积而成的，故用"层"。用例如下：

（1）《明万历三十九年（1611）凌懋爵等卖屋赤契》："原承祖遗有土库厅屋一所，计二层，屋后批屋一间，并巷路，原拆楼屋地基，系养字七百零陆号。"（徽丛编1/477）

① 陈彭年. 钜宋广韵［M］. 上海：上海古籍出版社，2017：11.

② 许慎. 说文解字［M］. 北京：中华书局，2015：172.

③ 许慎. 说文解字注［M］. 段玉裁，注. 杭州：浙江古籍出版社，2016：401.

（2）《清光绪二十一年（1895）潘洪福杜卖房屋契》："……计地壹毛正，土名住东楼下<u>土库壹层</u>，自愿凭中立契出卖与本族名下为业。"（徽州3/2/334）

（3）《民国二十四年（1935）振兴盐场租房屋字》："立租字人振兴盐厂，今租到熊兴祥号名下前面<u>房屋一层</u>，房一间，凭中言定，每月租金洋六元。"（湖北天门786）

"层"与"重"在称量房屋方面用法基本相同，多称量楼房，就语体而言，"层"较"重"更口语化一<u>些</u>，在现代汉语中多用于计量楼房的层数。

【堂】《玉篇·土部》："堂，土为屋基也。"[①] 其本义为人工筑成的方形屋基。后引申为殿堂或旧式住宅的正房或正厅。作量词主要用于成套的家具、餐具等，如《明清徽州社会经济资料丛编》："……后进老锅灶一堂，凭中议定每年交纳租金足典钱十四千文整。"[②] 契约中转喻作房屋的称量单位，犹"座"。用例如下：

（1）《明万历四十五年（1617）歙县郑阿鲍等典地契》："自情愿浼托亲、里将新丈草字号，土名<u>库屋一堂</u>，并门前上下空地二块，土名坐落上元内……"（徽丛编1/396）

（2）《清宣统二年（1910）雷石连卖屋基字》："坐落松邑念壹都石仓源蔡宅庄，小土名<u>屋基壹堂</u>，长坑塆安着，托中立字，出卖与张元信亲边入受。"（石仓3/6/325）

（3）《民国十七年（1928）阙水旺找断截房屋契》："自愿问到兄边日前交易卖与<u>房屋半堂</u>，坐落松邑廿一都石仓源后宅庄茶铺地方安着，界至对象，前有正契载明。"（石仓3/5/130）

例句中"堂"可量房屋，亦可量"地基"。例（3）中"屋半堂"即半座，或一半。"堂"在《清至民国婺源县村落契约文书辑录》《徽州文书》中用例丰富。

【溜】在吴语中可计量院子。《新方言·释宫》："今谓一院为一溜，江南

① 顾野王.玉篇［M］.上海：上海书店出版社，2017：16.

② 安徽省博物馆.明清徽州社会经济资料丛编［M］.北京：中国社会科学出版社，1988：1，545.

浙江或曰一透。"① 应钟《甬言稽诂·释地》："透为'渡'之音转。'渡',俗称桥数。一透桥即一座桥。"② 契约中用"透"称量房屋,亦相当于"座"。用例如下:

（1）《清乾隆四十四年（1779）景式等卖店契》："立卖契侄景式同弟拨如,原祖遗置有店屋乙透,分阄父分下,坐落本乡园中官路下。"（福建选辑747）

（2）《清嘉庆八年（1803）开创等典店契》："立典契堂侄开创同弟开业,原父已置有店乙座,坐落住屋龙边,其店叁透,外左边有余地基乙透。"（福建选辑750）

（3）《清咸丰四年（1854）苏居福典厝契》："即将此屋内抽出龙边贰透四樫,并前后两庑,并大厅前后壹半,托中送典于裴处生来兄弟为业。"（福建选辑694）

通过例（3）中"贰透四樫"可知"透"应是比"樫"大的称量单位,相当于"座",应该无疑。

【通】《说文解字·辵部》："通,达也。"③ 引申有完整义,首尾完整即一通。作量词最早见于两汉简帛,作书信文书的单位。契约所见多称量房屋。用例如下:

（1）《清光绪二十五年（1899）张季堂同侄等摘分尝业合同文约》："叔侄商量均愿将启澜公尝内得胜场铺面一通六间,右边三间作为春字号张香芹相连,己柱足为界,后堂与曾姓相连为界……"（龙泉驿362）

（2）《民国二十四年（1935）李正璜同子杜卖林园树竹等文契》："正瓦房一通,横过至左墓角滴水与刘姓基址直出为界。"（龙泉驿117）

（3）《民国二十六年（1937）刘三盛同侄杜卖山场树竹等文契》："草瓦房屋一通,门扇窗格、领桷挑檩,猪圈曹石、底版粪池,各项一切俱全。"（龙泉驿123）

根据例（1）中"铺面一通六间"可知,"通"是比"间"大的单位。契

---

① 章太炎.章太炎全集［M］.上海:上海人民出版社,2014:107.

② 周志锋.《甬言稽诂》校注及研究［M］.杭州:浙江大学出版社,2023:33.

③ 许慎.说文解字［M］.北京:中华书局,2015:34.

约中"通"还写作"空"，用例如下：

（4）《清同治三年（1864）朱培基同侄等卖水田房屋基趾定约》："左右串架草房贰向共六间，左右磨角草房二空共四间，草圆仓一眼，水井一口，粪池二口。"（龙泉驿199）

（5）《民国三十三年（1944）锦球等分割家产合同》："右侧边寝室壹间，牛栏壹间，右侧边猪栏、马栏，共叁空连楼，左边四间。"（广西罗城86）

上例中"空"作量词，在吴语中相当于"丛"，在西南官话中相当于"间""个"。例句中因读音与"通"相近，而被误用。

【堵】《说文解字·土部》："堵，垣也。五版为一堵。"① 王筠《说文解字句读》："垣曰堵，犹竹曰箇、木曰枚。"② 古代墙壁的面积单位。契约中多计量房屋。用例如下：

（1）《清咸丰元年（1851）懋官典厝契》："原祖遗有厝壹座，坐址西门里北边，坐东向西，四扇三间，内抽出左边正房乙堵，中堵乙堵，斗廊乙堵，共三堵。"（福建选辑693）

（2）《清光绪二十二年（1896）金铨卖厝契》："铨系左边前书院贰堵，上至椽桁砖瓦，下至地基磉石，墙门窗户扇一切俱全。"（福建选辑712）

（3）《清宣统三年（1911）雷坤卖断楼契》："今因无银乏用，即将此楼壹堵，托中引到卖断于堂兄坤照处永远为业。"（福建民间6/103）

根据例句可知"堵"基本见于闽语区契约，尤以《明清福建经济契约文书选辑》中用例多。

【栋】《说文解字·木部》："栋，极也。"③《说文解字句读》："栋为正中一木之名，今谓之脊檩者是。"④ 本义为房屋大梁。作量词，称量房屋，犹"座"。契约用例如下：

（1）《清嘉庆十四年（1809）雷发贤租房屋契》："立租字雷发贤，今

---

① 许慎.说文解字［M］.北京：中华书局，2015：288.

② 王筠.说文解字句读［M］.北京：中华书局，2016：548.

③ 许慎.说文解字［M］.北京：中华书局，2015：115.

④ 王筠.说文解字句读［M］.北京：中华书局，2016：207.

在堂弟雷发光边租得房屋一栋，与堂叔雷兴发各一半，大厅中墨为界，计作四间。"（福建畲族／上303）

（2）《清道光四年（1824）陈榆山卖楼房铺屋基地契》："愿将自置正街楼房铺面四栋，请凭亲中刘其峯等说合，□□□笔永卖与熊葵园名下为业。"（湖北天门727）

（3）《清同治十一年（1872）金忠房分家阄书》："楼屋一栋，坐落下杉溪中村陈宅门下，内四拼三植，并穀架基拾二领。"（福建民间4/46）

由例句可知，由"栋"称量的多为大型建筑，以铺面、楼屋居多。该类房屋较一般的房屋大，内可分不同的间数，如例（1）中"房屋一栋，共四间"，所以"栋"延续到现代汉语，多称量楼房。

【幢】作量词，用于房屋或其他矗立物。契约中称量房屋。用例如下：

（1）《清光绪四年（1878）行素堂卖房文契》："计开：其房坐落二十五保六图三铺福佑桥西首，坐北朝南楼平房壹所，其楼房五幢，平屋大小拾壹间。"（清上海180）

（2）《民国二十年（1931）黄文淦出典屋契》："俗名汪家对河祥玠堂右边天井三间，两厢屋壹幢，厨屋壹幢。"（徽州4/5/39）

（3）《民国二十五年（1936）金移枝立分关书之七》："河西松木培正屋壹幢，塘晒昶地壹块，竹塝里连竹并茶荈壹号。"（徽州1/10/583）

"幢"与"栋"同，多用于大型建筑，如楼房等。"一幢"即一座。

【柱】《说文解字·木部》："柱，楹也。"[1]段玉裁注："柱之言主也，屋之主也。"[2]"柱"为支撑屋子的主要构件，一般垂直放置，用来承托房子的重量，同"楹"。在木构架屋中，主要构件"柱、梁、枋、檩（桁）"中"柱"是至关重要的构件之一。鄂温克族称房屋住宅为"柱"。契约用"柱"作房屋计量单位。用例如下：

（1）《清咸丰十年（1860）吴兆海出换房契》："立换契人吴兆海，今因自情愿将土名方家山元祖遗远圈楼屋东边前堂房壹柱。"（徽州

---

① 许慎.说文解字［M］.北京：中华书局，2015：115.

② 许慎.说文解字注［M］.段玉裁，注.杭州：浙江古籍出版社，2016：253.

4/7/237）

（2）《清光绪十二年（1886）游门胡氏二娥等卖房屋契》："情愿将到房屋一重三间五柱，其有装成板片行条盖桶木皮一概在内，独除家先板辟五张。"（天柱9/208）

（3）《清咸丰四年（1854）苏居福典厝契》："立典契苏居福，原自己手架起有厝屋壹座，坐落碗窑地方，土名菜园屋，厝屋壹座伍扇柒柱，上至椽桁瓦桶，下至地基磉石……"（福建选辑694）

（4）《民国八年（1919）王门李氏卖房屋字》："今因要钱用度，无所出处，自愿将到房屋五柱叁间，枋板船（橡）皮领条连瓦一概出卖。"（清水江3/2/30）

"一柱"即一间。例（2）中"房屋一重三间五柱"，表示有五柱的三开间，其中一间应该比其他房间大；例（3）中"厝屋一座伍扇柒柱"，表示有七柱的五开间，其中一间也是较大的。

【植】《墨子·备城门》："城上百步一楼，楼四植，植皆为同舄。"郑玄注："四植，尤言四楹也。"苏云："四植即四柱。"[①]契约中称量"房屋""地基"，用例如下：

（1）《清道光二十九年（1849）陈汝荣当厝屋契》："已分闉内有厝屋壹座，坐址岭里地处土名俗叫下厝仔仔四扇三植，四至墙为界，上连椽瓦，上连地基座，受歷无异。"（福建民间6/242）

（2）《清咸丰六年（1856）张氏典房产契》："立典楼屋契蓝门张氏，同男昌基，承父手阄分已分有楼屋一座三扇二植，已手前经中送当世发为业。"（福建畬族上426）

（3）《民国二十年（1931）林周显卖屋字》："坐落松邑廿一都石仓源夫人庙庄，小土名周岭脚，安着民屋三值，上连瓦角、下并地基……"（石仓2/8/151）

例（3）中的"值"应为"植"的音近替代字。对比"植"与"柱"出现的位置和语境，发现"植"应为"柱"音近义通的异体字或方言俗写字。

---

① 孙诒让.墨子间诂［M］.孙启治，点校.北京：中华书局，2017：504.

【檩】《集韵·寝韵》："檩，屋上横木。"①本义为架在房梁上托住椽子的横木。宋李诫《营造法式·大木作制度二·栋》："栋，其名有九……八曰檩。"②"檩"与"桁"都是放置于梁上的横木，大式称"桁"，小式称"檩"，契约中用"桁"来计房屋长度，用"檩"来计房屋大小。"柱"与"檩"都是用来承重的，"柱"为竖直放置，"檩"为横直放置，虽放置方式不同，但作用相似。契约中转喻为房屋计量单位，因"檩"是沿建筑面阔方向放置的水平构件，故以"檩"条数的多少计量房屋大小。

【椽】《说文解字·木部》："椽，榱也。"③《营造法式·大木作制度二·椽》："椽，其名有四：一曰桷，二曰椽，三曰榱，四曰橑。"④本义为安在檩子上承接屋面和瓦片的木条。作量词，指房屋的间数。杜甫《秋日夔府咏怀奉寄郑监李宾客一百韵》："甘子阴凉叶，茅斋八九椽。"契约中作房屋计量单位，用例如下：

（1）《清乾隆四十年（1775）张门段氏卖房屋文字》："将自分到房屋一所，内里院六檩五椽，砖包瓦房五间，南北二门二合，仰尘二间，里外交趾门护亮窗俱全。"（陕西139）

（2）《清嘉庆十六年（1811）邓源赁房约》："计正房伍间叁檩弍椽，柁一条。"（归化城4/上/191）

（3）《清道光四年（1824）王登喜赁住房院约》："内计正土房四间半四檩三椽，柁子壹条，仰尘门窗俱全，弍门壹合。"（归化城4/上/261）

【枢】契约中计量房屋，用例如下：

（1）《清光绪三十三年（1907）盛京陈国冻兑房地契》："立兑契文约人，系关里民人陈国冻，今因外置田姓草房叁间叁檩叁枢，门窗户闭俱全……"（金—清110）

（2）《清光绪三十四年（1908）盛京赫吉兴等典地契》："……将自己祖遗红册地玖段拾日，草正房叁间五吊五枢，门窗俱全，又耳房一间五

---

① 丁度.集韵［M］.上海：上海古籍出版社，2017：443.
② 李诫.营造法式［M］.方木鱼，译.重庆：重庆出版社，2018：123.
③ 许慎.说文解字［M］.北京：中华书局，2015：116.
④ 李诫.营造法式［M］.方木鱼，译.重庆：重庆出版社，2018：126.

檩三枢。"（金—清100）

例句中的"枢"，契约中也写作"楸"，如：

（3）《清光绪三十三年（1907）盛京高纪典房园地契》："今将自己坐落在连山关街北路东处，五檩五楸东厢草房捌间，五檩五楸西厢草房七间，外有叁檩叁楸仓屋五间。"（金—清97）

契约中的"枢""楸"都不是本字，由"檩"与"枢""楸"和"椽"都可连用，可推知"枢""楸"也许为"椽"的讹字。

【架₁】作量词，指房屋两柱之间的距离，即两檩的水平距离，或每条椽的长度间距，称为一架或一椽、一步架。因檩木的位置及间距都有一定的规定，故檩木架数决定步架的多少。古代建筑屋面的形式是根据面宽、步架和举架的尺寸决定的。也就是说，表面阔的开间，与表纵深的步架一起，可表建筑的面积，一般称为几间几架。计量房屋纵深的"架"魏晋南北朝才萌芽，如《大业杂记》："左藏有库屋三重，重二十五间，间一十七架。"刘世儒认为该例句中"架"用来量屋的意义相当实在，但至迟唐代已正式成为计量单位，[①]如《新唐书·车服志》："三品，堂五间九架，门三间五架。"[②] 契约用例如下：

（1）《元代典买房屋契式》："厶甲厶都姓厶右厶有梯己承分房屋一所，总计几间几架，坐落厶都，土名厶处。"（会编589）

（2）《清乾隆六十年（1795）晋全章同子绝卖佃房契》："计迎街朝西门面一进七架梁房壹间，前板雨搭全，天井一方；二进七架梁房壹间，以后檐墙为止。"（南京70）

（3）《清道光十八年（1838）柴邦友卖屋找契》："情愿挽中将前卖伯继先处冈字号民屋壹间，计屋四架，兹仍挽中找得时值价银陆两五钱正，其银当日一顿收足。"（浙东99）

（4）《民国十六年（1927）柴干高允汇卖屋契》："准将父遗披屋叁架，坐落土名后郡头，东至受主屋、南至墙外滴水、西至受主屋、北至亦是受主柱心为界。"（浙东151）

---

① 刘世儒. 魏晋南北朝量词研究［M］. 北京：中华书局，1965：205.

② 欧阳修. 新唐书［M］. 北京：中华书局，1975：532.

例（1）中"几间几架"是典型的用"间、架"表示房屋面积的方式。后"间架"成词，作房屋的计量单位。如司空图《泽州灵泉院记》："凡制经楼斋堂若干间架，又塑罗汉洁峻之相，以渐化服。"例（2）及例（3）都是用进深及开间来表示房屋面积，如果知道具体数字，所乘之积便是房屋具体面积。例（1）用"架"计量房屋纵深，每个步架的距离为四尺九寸五分。如此，则"两步架房"的纵深应为九尺九寸，接近四米。但这仅是一种概数，未经文献验证。

【扇】《昭通方言疏证·释宫室》："昭语呼门、壁、磨皆曰扇，如一扇门、壁二扇、磨一扇，空厝上下两扇。"①契约中用"扇"计量房屋。这与古代房屋的构造有关。古代的房屋的框架是由多扇屋架组成的，所谓"屋架"，就是指由柱、梁、枋等合隼拼装好的结构，也称为"排山（扇）"。屋架经过扇架（或称为起屋栟、立架）的过程，完成基本结构的搭建，而"扇"就是对屋架的计量，一座房屋一般由多个"扇"组成。用例如下：

（1）《清乾隆三十二年（1767）綦荣同侄出卖屋契》："自情愿立出卖屋契人綦荣，仝侄喜松，今承祖电分有垄坊平屋壹扇三橺，因侄喜松应用……"（婺源5/2184）

（2）《清道光十九年（1839）何先进等卖店契》："立卖断根契何先进、后进、进生、戌生，原父手置有店壹座，坐落众厅前店壹座叁扇……"（福建选辑755）

（3）《清光绪五年（1879）雷洪后卖断房产契》："立卖断契雷洪后，原己手置有瓦屋一透，坐落四十六七都半路里地方，土名罡前境瓦屋一透二扇。"（福建畲族/下36）

孙博文说："'扇'作为最古老的形式，仅分布在地理位置最边缘的福建和四川。"②契约中所见基本为福建地区。

【披】契约中计量房屋。用例如下：

（1）《清康熙六十一年（1722）何裕至典房屋契》："现今新焕，前叁

① 姜亮夫.姜亮夫全集.昭通方言疏证［M］.昆明：云南人民出版社，2002：372.

② 孙博文.山（扇）/排山（扇）/扇架/栟/扶栟：江南工匠竖屋架的术语、仪式及《鲁班营造正式》中一段话的解疑［J］.建筑师，2012（3）：60.

柱，两廊过水中捌柱，榭屋壹披伍堵，后贰间叁柱，前后天井门窗户扇板栿俱全。"（康熙选辑275）

（2）《清乾隆五十八年（1793）歙县许质先等卖屋赤契》："土名运里住基，于上朝南楼屋叁间，斜角灶屋一披，四面墙垣，门窗户扇一应俱全。"（徽丛编1/499）

（3）《民国十二年（1923）陈金大租房契》："今租到陆府坐北朝南市房一所，坐落吴境八都十二图始字圩内，计共陆间式披，随房装折一应俱全。"（清民公私文书121）

例句中"披"的本字应为"坒"。①《新方言·释言》："今人谓一层为一撞，本重字也。凡土相次比谓之一坒。……今人谓土相次比、物相次比，皆曰：一坒一坒。或言事有先后第次，则曰：一批一批。范寅说，本坒字也。"②"披"应为"坒"或"比"的音近替代字。契约中的"披"，其义相当于"排"。旧时以房子的进深来计算面积，如以"进"计量，指进深，表纵向的排列，以"披"计量，指长度，表横向的排列。

【黡】契约中计量房屋，用例如下：

（1）《清嘉庆二十年（1815）黄大贤卖屋契》："坐四十都徐里新庄前正楼屋佐首边壹间壹黡，坐北朝南，上连椽瓦，下连基地，四回门壁、明堂、地道、出入行路，凭中立契出卖与斯元儒房为业。"（山会诸辑存155）

（2）《清咸丰五年（1855）斯田玉房找屋契》："情愿浼（挽）中将父遗承分坐本都菜园内小楼屋贰间一黡，上连椽瓦、下连基地，四围门壁、火墙、胡梯、出入行路一并在内，并中立契。"（山会诸辑存156）

（3）《清咸丰八年（1858）斯立清找屋绝契》："今因三年先兄所卖上市豆街里第二台门里，坐北朝南左首正屋壹间壹黡，今并原中，找得四神豆马会契外价钱拾千文。"（山会诸辑存156）

例句中"黡"本字应为"黁"，属同音形近替代字。《方言笺疏·卷二》：

---

① 许慎.说文解字［M］.北京：中华书局，2015：289.

② 章太言.章太炎全集［M］.上海：上海人民出版社，2014：41.

"幢，隥也。关东关西皆曰幢。"① 故"隥"在吴语等方言作房屋计量单位，犹"幢"。

【院】作量词首见于敦煌文书，传世文献亦有用例。如《旧唐书·李愬传》："唯愬六迁大镇，所处先人旧宅一院而已。"② 契约中用例如下：

（1）《唐乾符二年（875）陈都知卖空地契》："△坊东壁上空地一院，东西三丈玖尺，南北伍拾柒尺，干符二年乙未岁六月七日慈惠乡陈都知，为不穗便，将前件空地出卖与莫高乡百姓安平子。"（敦煌7）

（2）《北宋太平兴国九年（948）敦煌马保定卖舍契》："〔前缺〕政教坊巷东壁上舍壹院，内西房壹口，东西并基贰仗（丈）伍尺，南北并基壹丈贰尺三寸。"（粹编434）

（3）《清咸丰六年（1856）张翠谟杜卖水田房屋等文契》："愿将先年所买白姓水田壹段，约计叁拾余亩零，旱土肆亩零，大草房屋壹院柒向，共计贰拾间。"（龙泉驿59）

（4）《清光绪二十四年（1898）郭荣山家族分关契文》："河州城南门内正街铺面地基及后院房屋地基各半处，老庄当中庄窠一进三院、门前场院一处……"（河州357）

通过以上用例可知，"院"不仅可计量实体房屋，还可计量用于建造房屋的宅基或空房地等。因"院"是个表集体的量词，故其计量只是一个宏观的描述，没有具体的容纳概念。

【宅】《正字通·宀部》："宅，今谓屋为宅。"③ 契约中由房舍转喻为房屋的计量单位。用例如下：

（1）《明嘉靖三十七年（1558）祁门县李应时等分宅地合同》："原祖遗本村与故叔祖世美共业新旧土库房屋二宅，并近宅前后余地，本家兄弟向未阄分。"（粹编976）

（2）《清乾隆二十一年（1756）彭廷英等卖房屋文约》："各因家计贫艰，与现在外未归之堂兄彭廷瑞、彭廷甫早已议妥，将祖置四门公中房

---

① 钱绎.方言笺疏［M］.上海：上海古籍出版社，2017：145.

② 刘昫.旧唐书［M］.北京：中华书局，1975.

③ 张自烈，廖文英.正字通［M］.北京：中国工人出版社，1996：264.

屋壹宅两院，内西院此安架砖包瓦房伍间，门窗俱全……"（陕西138）

（3）《清光绪二十二年（1896）宋保福卖房屋契》："北院上房三间、东房一间、西房一间；西小院茅房一间、柴房一间、便地二；场房院一宅、东房三间。"（历代契证74）

吴语中"宅"可计量房屋，相当于个体量词"幢"，"一宅"即"一幢"。例（2）中"宅"与"院"连用，例（3）中用"宅"量"院"，两例中"宅"亦犹"座"，可以用"座"计量院子。

契约中除称量房屋外，还称量果木地。如：

（1）《清道光五年（1825）陈三刊等立阄书契字》："又槟榔菁仔子共三宅，着年缚税银玖两贰钱，付母亲收用。"（大岗山170）

（2）《民国九年（1920）陈副魁卖龙眼树契字》："陈副魁有水父祖遗下龙眼树壹宅玖欉，坐在本乡土名西城边。"（福建民间2/391）

（3）《民国二十四年（1935）陈炳即清旺立补投税契》："有承祖父遗下龙眼壹宅，内中龙眼叁欉及地基壹宅，坐在本城开元镇第三堡孝悌铺孝悌□边破营街崎脚。"（福建民间2/448）

例（1）中的"槟榔菁仔子"中"菁仔"指"槟榔"，是槟榔的俗称。以上例句用"宅"称量的应是种植槟榔和龙眼的工地，也就是说"宅"所搭配的名词应为省略了的"地"字，而不是槟榔菁仔子或龙眼。从例（3）"内中龙眼三欉及地基壹宅"可以看出"宅"真正的指称对象为地基。因"房"作量词，可用于植物的果实，相当于"个""串"，而"房"与"宅"意义相近，故有可能将"房"的量词意义转嫁于"宅"。

【房】闽语中，可作量词，相当于"套"，如一房家俬。契约中转喻可作房屋计量单位。用例如下：

（1）《清道光十年（1830）曹启惇卖楼屋基地契》："立自情愿断骨出卖楼屋契人曹启惇，承祖阄分有贰层楼屋半房，坐落东边。"（婺源9/4002）

（2）《清道光二十三年（1843）曹启荣卖楼屋契》："立自情愿断骨出卖楼屋契人曹启荣，所有己置贰层楼屋半房，坐落土名西边，系经理乃字五千一百四十三号。"（婺源9/4006）

（3）《清同治三年（1864）林蜜弟兄阄书字》："一长房蜜，拈得仁字，该得大厝贰房，厝壹间，伸手厝壹座，田尾墓前顶平园壹段，四至石矼为界。"（大岗山461）

以上用例提供的信息较少，由例（1）（2）可推知"房"的意义，相当于"套"或"间"，意义皆通，但例（3）的用例有些令人费解，前半句为"大厝贰房"，后半句为"伸手厝壹座"，但中间"厝壹间"却没有修饰语，没有修饰语的"厝"应属于某种概念，而加修饰语的"大厝""伸手厝"为属概念，它们之间存在包含的关系，所以说该例句行文的顺序令人费解。在此，我们认为也许此处是厘定者断句出现了问题，如果断为"大厝、贰房厝壹间，伸手厝壹座"似乎更合情理。故列于此存疑。

【广／厂】《说文解字·广部》："广，因广为屋，象对刺高屋之形。"[①]徐灏注笺："因厂为屋，犹言傍岩架屋。此上古初有宫室之为也。"[②]本义为不能住人的房屋。契约中转喻作无壁的谷仓或库房的称量单位。用例如下：

（1）《明万历十五年（1578）歙县鲍篦卖地白契》："中堂土库楼房上下二广，计地柒步，篦名下合得一半，该房一广，计地叁步半，四围壁柱。"（粹编779）

（2）《明万历九年（1581）胡权同侄卖塘契》："十二都胡权同侄胡祖凹，今将承祖买受塘一广，在于九保徐家坑。"（安师大藏1/245）

（3）《清光绪三年（1877）吴正荣等分阄书之二》："厨房壹所、未装修三间屋西边半堂、新屋楼上仓两广、东边新屋外基地西边柏枝树一业，左边合茔毗连。"（徽州3/2/264）

（4）《清光绪二十八年（1902）汪锦如退田批》："自情愿将父遗受小买田壹业，计税壹亩八分，土名灵塘上大小四坵，塘两广一并凭中出退与程名下为业。"（徽州3/1/194）

例（2）（4）中的"塘"即塘地。

"广"有时又写作"厂"。《蜀方言疏证补》："屋无壁曰厂。"[③]指没有墙壁

---

① 许慎.说文解字［M］.北京：中华书局，2015：190.

② 徐灏.说文解字注笺十八［EB/OL］.道客巴巴，2021-11-16.

③ 纪国泰.蜀方言疏证补［M］.成都：巴蜀书社，2007：191.

的简易房屋。契约中亦称量仓库等，用例如下：

（1）《清咸丰十一年（1861）戴永佳出兑屋契》："今将买受土名泗州前土库楼屋壹重，该身买受前重东边房二厂、廊二半并楼上二半在内与大门口路通行出入，日后不得做造。"（徽州4/5/65）

（2）《清光绪十三年（1887）王兆秋议阄书簿约之九》："一存正屋前面东边正房壹厂，楼上正仓壹厂，存众婚配轮流住歇。"（徽州4/3/337）

【冶】《玉篇·水部》："冶，修治也。"[①]后引申为设置治所，又引申出道教的庙宇等。契约中可由治所义转喻为住宅的称量单位。用例如下：

（1）《清光绪二十八年（1902）郭小立杜卖窑契》："今将自己祖业愿卖到本院东中窑壹冶，门窗俱全，天水道路出入通行。"（故纸2/48）

（2）《民国十二年（1923）白二保卖窑契》："买主姓名：杨兹荣，不动产种类：窑，座（坐）落：山坡，地积：贰冶，四至：东至、南至、西至、北至……"（故纸2/85）

（3）《民国十七年（1928）郭筱逢推窑文字》："立推手文字人郭筱逢，因父母迁葬，以别所流场窑壹冶，今同本家推与胞弟郭筱轩名下永远管业。"（故纸1/350）

小结： 房屋类量词共计25个，除"头₁"外，本节所列24个，分别是"重、层、堂、透、通、堵、栋、幢、柱、植、檩、椽、柩/楸、架、扇、披、籔、院、宅、房、广/厂、冶"。其中"重₁、层、透、通、堵、幢、广/厂、冶"从相关意义转喻而来；"堂、院、宅、房"本为房院类名称，根据整体转喻部分原则，由名词转喻为量词；"栋、柱、植、檩、椽、架、扇"本为房屋的部分构件，根据部分转喻整体的原则，由房屋构件名称转喻为计量单位；"披、籔"为方言中常用计量单位；"柩/楸"本为一种容器，也应是转喻为房屋计量单位，但对它们转喻的过程和理据还有待考证。以上所有房屋类计量单位中，只有"层、栋、幢、椽、院"和"披、籔"两类共7个见于传世文献或方言字典，其余在各类字书或传世文献中均不见用例。

---

① 顾野王.玉篇［M］.上海：上海书店出版社，2017：301.

第三节　坟墓类

生老病死乃人类亘古不变的规律，中国作为礼仪之邦，对待死亡更是重视有加，"五礼"之中，丧葬之事就占一礼。丧葬制度中埋葬制度居首位。在事死如事生的孝道观念指引下，即便是一贫如洗、家徒四壁，活人都难以维持生计时，也要竭尽全力为逝者择一处风水宝地，让亡者入土为安。有需求就有买卖，所以契约文书中有很多关于坟墓交易的计量。这些契券不仅展现了古人鲜活的丧葬图景，也呈现出多种多样的坟墓计量或称量单位。通过量词的使用，可推知坟墓的规格，即是否封土，是否有墓地，或坟墓的性质，钜宋是为已死之人准备，还是将死之人准备等。契约中对坟冢的称谓有荫堆、吉穴等，对葬地的称谓有坟地、墓地、德地、福地、土窨、生基、厝地、风水等。下面具体来看。

【丘】《钜宋广韵·尤韵》："丘，《说文》作北。"[①]《玉篇·北部》："北，虚也，聚也，冢也。"[②]《方言笺疏》卷十三："冢，自关而东谓之丘，小者谓之塿，大者谓之丘。"[③]"丘"有坟墓义，亦可作坟墓的称量单位，传世文献亦有用例。如《吴三桂演义》第十五回："三桂都不计是那处坟墓的尸骸，惟有令人迭埋一堆，运至十数里外，以土掩之，遂成乱冢一丘，不复辨为谁家坟墓。"[④]契约用例如下：

（1）《东汉建宁元年（168）五凤里番延寿买地砖莂》："九人从山公买山一丘于五凤里，葬父马卫将，直钱六十万，即日交毕。"（会编63）

（2）《三国吴凤凰三年（274）孟赀买冢地锡券》："吴故夷道督、奋威将军诸暨都乡侯会稽孟赀息男壹为赀买男子周寿所有丹杨无湖马头山

---

① 陈彭年.钜宋广韵［M］.上海：上海古籍出版社，2017：137.

② 顾野王.玉篇［M］.上海：上海书店出版社，2017：27.

③ 钱绎.方言笺疏［M］.上海：上海古籍出版社，2017：797.

④ 不题撰人.吴三桂演义［M］.北京：华夏出版社，2017：96.

<u>冢地一丘</u>，东出大道，西极山，南北。"（粹编 109）

（3）《南朝梁天监十八年（519）潭中县覃华买地石券》："今买宅在本郡骑唐里，纵广五亩地，立<u>冢一丘</u>自葬。雇钱万万九千九百九十九文。"（会编 127）

从用例可知，"丘"作坟墓的单位多见于唐宋以前。随着"丘"指代坵田的意义逐渐强化，它指代坟墓的意义越来越淡化，以致在契约中明清时期未见"丘"量坟墓的用例，而是多作成块田地的称量单位。

【冢 / 塚】《说文解字·勹部》："冢，高坟也。"① 段玉裁注：《土部》曰：'坟者，墓也。' 墓之高者曰冢。"② "塚"为"冢"的增形俗体，《玉篇·土部》："塚，墓也。正作冢。"③ 契约中"冢"转喻称量有坟堆的墓，强调的是坟包。用例如下：

（1）《清乾隆五十年（1785）刘氏等杜卖田地等文约》："碾子左手有<u>坟壹冢</u>，并无余地。又有邹姓坟壹座，在薛姓坟界内。"（龙泉驿 11）

（2）《清同治三年（1864）黄廷万父子捆卖田土房屋林园契》："上段田内有<u>陈姓祖坟六冢</u>，<u>古坟四冢</u>，俱系有坟无地，所有坟上芭茅、刺草，尽归买主砍伐。"（清地史 24）

（3）《民国十六年（1927）舒烈兴散息杜后字》："父卖子将起心不良，越界□卖<u>壹冢</u>与覃文斌，又被潘氏强葬夫<u>阴地二冢</u>，舒姓无奈，只得请凭（凭）乡保劝解。"（天柱 1/163）

用"冢"称量的坟墓，都是有坟无墓类的，通过以上例句便窥得一二。如例（1）的"有坟一塚，并无余地"，例（2）的"古坟四冢，俱系有坟无地"等。有些例句对此情况默认，所以不再具体说明。

【包】《说文解字·勹部》："包，象人裹妊。"④ 本义为胎衣。汉代即可作容器量词，用于计量一包容纳的量。因坟与包都含有 "+ 凸起""+ 包含" 的共同义素，故契约中"包"可作称量坟墓的量词。共同的核心意义使"坟包"后

---

① 许慎.说文解字［M］.北京：中华书局，2015：185.

② 许慎.说文解字注［M］.段玉裁，注.杭州：浙江古籍出版社，2016：433.

③ 顾野王.玉篇［M］.上海：上海书店出版社，2017：24.

④ 许慎.说文解字［M］.北京：中华书局，2015：185.

来合成为并列关系的词，在现代汉语中多用。"包"称量坟墓的用例如下：

（1）《明万历二十八年（1600）姚南阶卖山契》："今将青山一岰，坐落地名肖家冲，其山界上至山后山颈为界，下至赵坟为界，左右俱在洞沟为界。"（徽丛编1/362）

（2）《清嘉庆十七年（1812）曾陈氏杜卖田地瓦房屋基址契》："又有林姓借葬坟二包；又有黄姓借葬坟一包；俱系有坟无地，其余土堆不得冒认侵占。"（龙泉驿35）

（3）《清光绪二十二年（1896）陈寿金杜卖山地等契》："卖主祖坟四包，有包无土，有起有复，老坟埃连，除窨堂壹处，横直穿心三丈；邱姓坟一包，董姓坟一包，吴姓坟三包，各坟有包无土。"（龙泉驿95）

例（1）中的"岰"与"包"同，《正字通·山部》："岰，泛云山名。或曰吴地有包山。本作包。""青山一岰"中的"青山"特指坟山。通过以上用例可知，用"包"作坟墓的称量单位，多强调的是有坟堆无墓地的坟墓类型，如例（2）"俱系有坟无地"，例（3）"各坟有包无土"等。

【首】作量词，在古代是绶、组计数的单位，或用于诗、文、歌曲、旗帜的计量。在契约中计量坟墓，应是取义于"首"与坟包同有的"+圆形""+高耸"的特点。用例如下：

（1）《清康熙二十三年（1684）谢鸣鼎等同立给批》："立给批人谢鸣鼎等，祖山内土名山洞岭，柯斌等原有祖坟贰首，坐西向东。"（闽南76）

（2）《清雍正元年（1723）本衙立给批》："即日薄收盒仪贰两正，其穴许前去安葬瓦棺壹首，只许堆土，不得高筑广大，侵伤他坟及移穴安葬、转御他人等情。"（闽南36）

（3）《清道光三年（1823）苏成垂等同立合约字》："缘郭奥等有纨裤（绔）子弟旺公墓一首，坐贯本乡土名虎并隔，历年祭扫无异。"（闽南58）

用"首"作坟墓称量单位，目前仅见于福建地区的契约中。

【堆】《钜宋广韵·灰韵》："堆，聚也。"[①]本义即土堆、沙堆。作为量词，

---

① 陈彭年.钜宋广韵［M］.上海：上海古籍出版社，2017：56.

用于计算成堆的东西。而坟包其实就是个土堆，同样具有"+聚集""+高耸"的外在特点，故契约中可用"堆"称量坟墓。用例如下：

（1）《清乾隆五十年（1785）粘九舍等洗贴尽卖契并推关》："配产米伍分乡，界内原旧坟堆拾壹首，本宅原空穴贰堆。"（闽南34）

（2）《清嘉庆十二年（1807）吴茂珍等卖阴地契》："内除贰排老祖壹堆，长六尺、宽四尺，在我兄弟祭扫，不得进塋，其阴地周围上下，任玉光兄弟进塋，不得异言。"（天柱3/234）

（3）《民国二十七年（1938）天柱县司法处庭谕》："查杨姓族人施纱帽山范围内阴土一堆，以作刘姓祭扫之塋，并由杨姓栽界以杜混〔鱼〕，准由刘姓笠碑为证。"（天柱9/74）

【塋】《说文解字·土部》："塋，墓也。"[1]《广阳杂记·卷五》："《方言》：凡葬无坟者谓之墓，有坟者谓之塋。"[2] 所以"塋"在契约中有坟塋义转喻作坟墓称量单位，强调亦是有坟堆的坟墓。用例如下：

（1）《清雍正元年（1723）任廷弼继绝明白合同》："因大坪地内有坟壹营，年深日久，雨水浸平，段世经现购地畝，恐廷弼有言词，仝中讲明。"（故纸5/420）

（2）《清嘉庆二十三年（1818）丁折桂等卖地契》："中西巷坟一塋，四面俱至；一段大坪，东西畛。"（丁氏家族107）

（3）《清道光十九年（1839）高宗武卖坡地契》："地坪内高宗武坟一塋，东西阔十杆，南北长一十二杆，此记。"（丁村选编87）

例（1）中的"营"应为"塋"的同音形近替代字。

【穴】《说文解字·穴部》："穴，土室也。"[3]《玉篇·穴部》："穴，冢圹也。"[4] 本义为土洞，人兽均可居住，包括死后的人。作量词，用于洞穴，犹"孔"。契约中用"穴"称量坟墓，强调的是地下的墓穴。用例如下：

（1）《北宋熙宁八年（1075）庐陵县江注买地石券》："今更为祖庆岗

---

① 许慎.说文解字［M］.北京：中华书局，2015：291.

② 刘献廷.广阳杂记［M］.北京：中华书局，1957：236.

③ 许慎.说文解字［M］.北京：中华书局，2015：149.

④ 顾野王.玉篇［M］.上海：上海书店出版社，2017：188.

阴地壹宂（穴），永为祖主。"（会编611）

（2）《元延祐六年（1319）徽州汪润翁卖山地契》："于空闲山地内取风水一穴，计尚山一亩，立契出卖与十五都郑廷芳名下迁造风水寿基为主。"（粹编473）

（3）《清嘉庆十二年（1807）张宗仁杜卖田地契》："又有卖主张姓坟陆穴……又母生基一穴……其余诸坟俱各一棺之地。"（龙泉驿21）

（4）《清道光十五年（1835）阿汪氏等凑便字》："自情愿托房中将忠芳公坟傍（旁）左边遗立碑记程公之墓空圹一穴，分得本身各得四股之一，共是弍棺。"（徽州1/7/374）

（5）《民国十一年（1922）景云卖土窖契》："情因有土窖壹穴，在于本乡田心洋纳颈坵田面上田坎内，土窖一穴先年已将禾田出卖与光喜管业。"（厦门167）

例证中"土窖""生基""空圹"均指空坟墓，即还未埋葬人，通常是为活人提前预备的坟墓。"穴"是契约中称量坟墓时使用最频繁、最普通的一个词，各地契约均见。传世文献亦多见，如《北东园笔录续编·卷一·连平颜氏》："距城二十里，土名鸿坑，有人送坟一穴，百岁翁用钱数千买得之，因葬其祖。"[1]

【圹】《说文解字·土部》："圹，堑穴也。"[2] 段玉裁注："谓堑地为穴也，墓穴也。"[3] "圹"更强调地下洞穴义。契约中由洞穴、墓穴义转喻为坟墓的称量单位。用例如下：

（1）《清道光二十年（1840）赵仪存等卖墓地契》："今因谊亲迁此居住，缺少山场，凭中商议将此吉乙穴送与谊叔吴长瑞处埋葬母亲弟柩贰圹。"（福建选辑743）

（2）《民国二十九年（1940）潘庆东立分单》："一竹老山业，坐笋山田后坎壹片外棱。一竹山老业，坐后般山七圹，坟头壹片。"（温州112）

---

[1] 参见（清）梁恭辰《北东园笔录续编》。

[2] 许慎. 说文解字［M］. 北京：中华书局，2015：290.

[3] 许慎. 说文解字注［M］. 段玉裁，注. 杭州：浙江古籍出版社，2016：691.

（3）《民国三十五年（1946）周嘉仁卖尽坟山契》："自卖尽之后，其山悉听归黄边开墓与造坟暮（墓）式圹享用，周边内外人等并无异言之理，亦（一）并所由（有）权登〔记〕。"（温州142）

例（1）因要埋葬母亲和弟弟两个人的灵柩，故需要"两圹"。由此可推知"圹"具体应为坟坑义，一个人的坟坑即为"一圹"。例（2）"山七圹"中"山"为坟山，是内含七个坟坑的坟山。

【棺】《说文解字·木部》："棺，关也，所以掩尸。"①本义就是装尸体的器具，即棺材。契约中由棺材义转喻为坟墓的称量单位，强调的是墓穴可放置的棺材数。用例如下：

（1）《清道光三十年（1850）姜德茂父子卖山场杉木并地契》："自卖之后，内除阴地贰棺在外，余者俱卖，任凭买主修理管业。"（姜启贵333）

（2）《清光绪三十二年（1906）龙清贤卖阴地字》："其钱卖主领足入主，其阴地交与买主，丧地壹棺自卖之后，不得异言。恐口无凭（凭），立有卖阴地存照。"（天柱22/133）

（3）《民国三十六年（1947）胡柏盛讨阴地文约》："立字讨阴地文约人胡柏盛，为妻陈氏身故，无处安葬，今来讨到谢松柏名下业内，讨得阴地壹棺。比日凭证言明，自备礼乙堂。其坟有包无土，有起无复，并无丈尺，亦无银钱买卖。"（龙泉驿264）

用"棺"称量的墓地一般都属于例（3）所描述的"有包无土，有起无复，并无丈尺"，也就是除了放置棺材的位置，没有余地。"棺"还可称量厝地。如：

（4）《清乾隆三年（1738）休宁县余宪章典地契》："孙转将厝地一大棺典与吴宅安厝，原价捌两，今身俱以赎回。"（会编1503）

（5）《清乾隆四十三年（1778）汪我尚等典厝屋契》："自情愿将承祖分受己业场字号，内地厝基壹棺，于上砖瓦木料俱全，土名前塝下……"

---

① 许慎.说文解字［M］.北京：中华书局，2015：121.

（徽丛编1/527）

（6）《清乾隆五十八年（1793）许理全典厝屋契》："将父分受厝屋二
<u>棺</u>，土名遥街塝，自情愿凭中立契出典与本都本图族名下为业。"（徽丛
编1/528）

上例中"厝"本义为旧居，在福建、台湾等地表可住人的宅屋，或可建
造房屋的宅地，但通过称量单位"棺"可知这些厝类房地是用于埋葬死人，
作墓地使用的。用"棺"称量厝屋可以看出古人事死如事生的行事观念和丧
葬原则。传世文献亦见用例，如《北东园笔录初编·卷四·贞女明冤》："惧
罪，计无所出，有点者曰：'吾见僻处厝一棺，已被挖，可偷其尸代之。'遂往
发焉。"[①]

小结：本节共列称量坟墓类量词共10个，包括丘、冢／塚、包、首、堆、
茔、穴、圹、棺。其中"丘、堆、穴"本身可作量词，称量坟墓；而"冢／塚、
包、首、茔、圹、棺"是由其名词义转喻为量词义，作坟墓或坟地的称量单
位。坟墓类量词中"丘、冢、包、首、堆、茔、坟"等，多称量有坟堆之坟
墓，更强调坟墓的外在特征；而"墓、穴、圹、棺"等，多称量无坟堆之墓，
或虽有坟堆，但关注的焦点在于墓地底下的墓穴、棺材等情况。

第四节　山园类

自古以来，南北地理特征上就有差异，北方多平原，南方多山岭，为了
生存，适应南方丘陵遍布、复杂多样的地理环境，南方先民多是见缝插针式
地进行开垦种植，所以南方的很多作物都产自山岭丘壑。同时由于南方雨水
充沛，菜园果园杉木等经济作物种植量大，于是契约中就有了诸多山林经营
交易的契约，及其称量单位。尤其是清水江流域契约中有大量苗侗人民关于
山林、果园、木材等方面的交易记录。现举例如下：

---

① 参见（清）梁恭辰《北东园笔录初编》。

【劈】 契约中作山的称量单位。用例如下：

（1）《清光绪二十五年（1899）林全茂退杉木工本字》："其杉木山场共叁窝式岚式劈，上至山顶，下至坑，右至大岚分水，左至银管垄口大岚分水为界。"（石仓1/3/244）

（2）《民国三年（1914）阙吉书同弟卖茶山字》："小土名下坑子山壹劈，上至阙姓山，下至坑，左至石墩直上，右至小窝合水为界，今俱四至分明。"（石仓2/4/107）

（3）《民国九年（1920）阙林氏卖茶山字》："小土名下坑子，安着山壹劈，上至阙姓山、下至坑、左至石墩直上、右至小窝合水为界。"（石仓2/4/123）

例（1）中的"岚"，据储小旵考释，石仓本地人读作［gān］，当为"岗"的方言记音字，义为山脊。① 根据读音相近原则，"劈"字也许为"片"的方言音近字，暂且存疑。

【仑】《说文解字·山部》："崙，崑崙也。"② "昆仑"为"崑崙"的后起字简化字。本为山名，契约中转喻为山的称量单位，偶见称量坟墓及埔园。用例如下：

（1）《明天顺三年（1459）陈士敬等卖产山契》："立卖契人陈士敬、士敏有尚祖产山一仑，坐贯晋江三十八都院前乡，土名万安山。。"（闽南30）

（2）《清咸丰七年（1857）原廷畴愿约字》："立愿约字原廷畴，窃畴世居东门外上埔地方，有祖遗山地一仑，于乾隆六十年间经畴父手卖断与何府造坟。"（福建杂抄3/108）

（3）《清光绪四年（1878）张邑主告示》："有乾隆嘉庆年间契买东关外上埔山地方坟地一崙，直不计丈，上至顶尖，下至路墈，左右横阔共二十一丈零。"（福建杂抄3/108）

（4）《民国十年（1921）谢卯川卖风水地契》："立杜尽卖绝根风水契

---

① 储小旵.《石仓契约》字词考校八则［J］.浙江大学学报（人文社会科学版），2013，43（2）：139–146.

② 许慎.说文解字［M］.北京：中华书局，2015：189.

字人谢卯川，有承祖父世管风水壹仓。"（厦门 165）

例句中，除"仑""嵓"外，还见"岺"字。"嵓"类推简化为"岺"字，"岺"又进一步简化为"仑"字。用"仑"量山，契约中只见于闽台地区。

【源】《钜宋广韵·元韵》："源，水原曰源。"①水源为水流起头的地方，山源为山的深处。《与山巨源绝交书》中的主人公山涛，著名的竹林七贤之一，其字为"巨源"。唐贺知章《望人家桃李花》："山源夜雨度仙家，朝发东园桃李花。"因"山"与"源"可组合作主谓短语，故契约中"源"转喻为山的称量单位。用例如下：

（1）《明成化十二年（1476）胡铭卖山赤契》："立卖契人十二都胡铭，今将承祖并买受山一源，坐落十四都三保，经理五百廿八号，仓头坑胡子华山十五亩。"（徽丛编1/332）

（2）《明崇祯九年（1636）王兴祥同嫂买山契》："今自愿托中将承祖并买受山壹源，坐落本都四保，土名江坑源烟坞塝皮坞二处，合坞山一源。"（徽州4/1/112）

（3）《清康熙四十三年（1704）金卖山地赤契》："自情愿将承父受买受得三保土名里坞山地壹源，先年将下边山地卖与士常名下，讫仍存上边山地。"（徽州1/10/85）

"源"多量山，全见于徽州地区的契约文书，《安徽师范大学馆藏徽州文书》中用例颇多。

【合源】本指山的深处。契约中称量山。用例如下：

（1）《明嘉靖二十年（1541）倪廷贤卖田赤契》："同侄世济、世润共买授得十五都郑永、郑晟、良初、郑本等荒熟田山一合源，坐落十六都下十保。"（徽丛编1/63）

（2）《明万历年金廷选等立合同文约》："承祖置买本都三保下坑四母坞山壹合源，安葬祖父坟墓数穴，并续置里边申坞堑坞□郎坑，外边上下塘坞、寒天坞四水归流，山场不间。"（徽州1/10/419）

（3）《清早中期金应祖卖山契抄白》："立卖契人金应祖，今将承祖手

---

① 陈彭年.钜宋广韵［M］.上海：上海古籍出版社，2017：67.

　　买受三保土名四母塝祖坟山一合源，先年已收保祖古圹一所，合到士荣弟侄葬祖讫。"（徽州1/10/564）

　　"合源"同"山源"表义一样，故转化途径也是一样的，都由与山相关的意义转喻为山的称量单位。

　　【派】作量词，用于景色、气象、声音、语言等。契约中称量山、园，相当于"片"。因"派"与"片"读音相近，由此推知"派"也许为"片"的方言用字。"派"在其他文献亦见量山的用例，如《大藏经·物赐佛日常光国师空谷和尚语录》卷上："而月林护国下。列数员旁出。窃以东山一派。高超诸方。"又《南昌·玉交枝·失题》："溪山一派，接松径寒云绿苔"[1]。契约用例如下：

　　（1）《明万历四十一年（1613）郑振辉等承佃合同》："炉户郑振辉，佃得和睦里□陈仁丰祖之山场一派，坐址樟木垵、桐头林、龙潭盂、赤狗坑、赤岭头等处。"（闽南217）

　　（2）《清康熙五十四年（1715）侯官县罗君泰卖山契》："立卖山契人罗君泰，祖置有税山乙派，坐落二都云中里地方，土名白墓等处。"（福建选辑315）

　　（3）《清嘉庆元年（1796）雷而康卖山契》："立卖山契雷而康，祖父手置有山场一派，坐在永邑二十四都湖濑头地方，土名浦江、垅头等处。"（福建畲族/上200）

　　（4）《清道光二十三年（1843）习起卖山契》："立卖契侄习起，父手阄下有税山一派，坐落永邑二十四都湖濑头地方，土名牡丹岩等处。"（福建畲族/上203）

　　例（3）（4）中"派"为"派"的形近替代字，"派"同"派"，读音和意义都相同。《龙龛手鉴·水部》："派，普卖切。"[2]《昭明文选·郭璞〈江赋〉》上卷："源二分于岷嵊，流九派乎浔阳。"李善注："水别流为派。"[3]唐孟郊《越中山水》："莫穷合沓步，孰尽派别游。"派，一本作"派"。

①　乔吉.乔吉集［M］.太原：山西人民出版社，1988：305.

②　释行均.龙龛手鉴［M］.北京：中华书局，1991：177.

③　萧统.昭明文选［M］.李善，注.北京：京华出版社，2000：336.

【坦】契约中作量词用例如下：

（1）《清乾隆十三年（1748）张四生分关文书》："又有老币佃皮一坦，内有壹爻三爻点阄，其税良门户差□三天共当。"（婺源4/1416）

（2）《清宣统元年（1909）根姜断骨出卖茶丛契》："自情愿立断骨出卖茶丛契人余门洪氏根姜承身股下录身股下承买茶丛式坦，坐落土名塘圲圳头塽里，计茶丛式坦。"（婺源）

（3）《民国十七年（1928）洪培庆同侄分关阄书》："韭菜坞口上边茶丛壹坦。"（婺源9/4391）

"坦"仅见于《清至民国婺源县村落契约文书辑录》，多用来称量茶丛，现浙江有茶坦村。

【塽】《汉语大字典》里没有"塽"，有"壍"，意义为山沟、山坳，或指山沟里的小块平地。[1] "塽"应为"壍"的类推简化字。契约用例如下：

（1）《清同治二年（1863）吴祀林断骨出卖茶丛契》："立自情愿断骨出卖茶丛契人吴祀林，今因应用，情愿托中将承祖遗下有该股茶丛壹塽，坐落土名罗眼埕。"（婺源）

（2）《清光绪二十九年（1903）胡达洲转当茶蒋契》："土名共大冲茶蒋大小三弯，新立四至，东至培、西至培、南至田、北至降，四至之内仅数出当与胡金生名下为业。"（徽州4/5/46）

（3）《民国三十二年（1943）胡玉凤卖地土字》："自愿将到土名过弄盘路坎上龙家冲地土乙塽，上下左右俱抵卖主山，四至分明。"（天柱20/321）

"塽"在清水江流域指田土上面的山坡，契约中应是由山塽义转喻而成量词的。例句中"塽"还被写作"弯"等形体。"弯"在吴语里作名词，表小山谷，应与"塽"同。例（3）中的"地土"即山地。

【塍】《集韵·蒸韵》："塍，或作塂。"[2]《说文解字·土部》："塍，稻中畦也。"[3] 本义为田间的土埂。后转喻为田地的计量单位。传世文献中即有用

---

① 汉语大字典编纂处.汉语大字典［M］.成都：四川辞书出版社，2010：540.

② 丁度.集韵［M］.上海：上海古籍出版社，2017：249.

③ 许慎.说文解字［M］.北京：中华书局，2015：288.

例，如元马祖常《小圃记》："余环堵中，治方一畛地，横纵为小畦者二十一塍。""塍"同"埒"，《玉篇·土部》："塍，埒也、畔也。"① 柳宗元《柳州复大云寺记》："田若干塍。"柳宗元自注："塍，稻畦埒也。"②《广雅疏证·释宫》："塍，埒，隄也。"③《文选·左思〈蜀都赋〉》："至乎临谷为塞，因山为障，峻蚆塍埒长城，豀险吞若巨防。"李善注："史迁述《蒙恬传》曰：'据河为塞，大曰隄，小曰塍。'"④ 可见"塍""埒""隄"同义，闽语中"埒"可作量词，表成行的东西。契约中"墶"计量茶丛。用例如下：

（1）《清咸丰十年（1860）江俞氏关书》："开贵股：碣头里茶半墶；曲尺坵田皮乙号，计租拾六秤半，其田存众在日使用；鱼塘半间存众。"（婺源）

（2）《清光绪二年（1876）詹高保断骨出卖田租等契》："自情愿立断骨出卖田租、佃皮、会次契人詹高保承祖遗有阄分该股早租式秤、佃皮陆秤、茶丛式墶、会次叁全户。"（婺源3/722）

除"墶"外，契约中还用"乘""堘"。用例如下：

（3）《高昌延昌二十六年（586）某人夏菜园券》："初〔年〕……种菜壹乘。"（会编137）

（4）《民国十九年（1930）杨昭常全领卖田价钱》："禾田式坵，收谷十七运，牛背堘田二坵，收谷七堘，游家田左边乙涧，收谷十运。"（天柱7/119）

例（4）中的"堘"，《广雅疏证·释宫》："塍，埒，隄也。"王念孙《广雅疏证》："塍字或作堘。"⑤《说文通训定声》："塍，字亦作堘。"⑥ 例（3）中的"乘"，《字汇·丿部》："乘，田制。四丘曰乘。"⑦"乘"作为地积单位春秋战国时已产生，但一直以来用例较少。通过以上对"墶""塍""乘""堘"意义的

① 顾野王.玉篇［M］.上海：上海书店出版社，2017：17.
② 柳宗元.柳河东集［M］.上海：上海古籍出版社，2008：466.
③ 钱大昭.广雅疏义［M］.北京：中华书局，2016：56.
④ 萧统.昭明文选［M］.李善，注.北京：京华出版社，2000：127.
⑤ 王念孙.广雅疏证［M］.北京：中华书局，2019：516.
⑥ 朱骏声.说文通训定声［M］.北京：中华书局，2016：71.
⑦ 梅膺祚.字汇 字汇补［M］.上海：上海辞书出版社，1991：27.

比对，可推知例（1）和例（2）的"塍"是由田埂义隐喻为表成行的量词义，契约中称量山上种植的茶丛；例（3）中的"乘"虽为"塍"的省形字，但与"塍""堘"非一个义类，"乘"田制单位，例（4）中的"堘"根据计量对象，及《天柱文书》中的量词系统，可知应为"秤"的音近替代字。

【岔】契约中用"岔"来称量墦地或山上所种树木。用例如下：

（1）《清道光二十五年（1845）杨通俊山地册》："买土名岑孔坡背墦土一截两岔，上抵玉隆，下抵□根，左抵玉安，右抵交土、学锦，四至为界。"（天柱19/254）

（2）《清光绪二十二年（1896）周万寿与子分关书》："又土名青山脚上截四垆、下截三垆、寨脚对门台下壹垆、桐木塝水田五垆、油树三岔，溪油树一块。"（天柱4/223）

（3）《民国九年（1920）唐正山卖墦冲地契》："今因家下鈌（缺）少用度无从得处，自己母子謪议，情愿分上之业，土名松止稚左边墦冲两岔，开明四抵。"（天柱4/158）

《广雅疏证·释邱》："墦，冢也。"[1]但在贵州等地的契约中则指种植旱地作物的坡地，还可称为"墦土、墦冲、墦坡、墦坪、墦场、地土"等。坡地同梯田一样，都是在丘陵山坡地上种植作物，而该类地的特点是幅面窄，多呈条状，像树的枝杈，故可用分岔的"岔"称量，意义相当于"条"或"段"。

【冲】《玉篇·氵部》："冲，俗冲字。"[2]《说文解字·水部》："冲，涌摇也。"[3]本义为动摇貌。方言中指山间的平地，是丘陵地带特有的一种地貌，如小山冲、韶山冲，就是以地貌特征命名的地名。契约中"冲"称量山的意义应是由"山冲"义转喻为来，因"山冲"为山间平地，故"冲"的量词意义相当于"块"或"片"，并常与"膊""岭""凸""义""岔""团""塝"等组合使用。用例如下：

（1）《明嘉靖三十五年（1556）吴王保卖石榴石山冲荒地契》："土名石榴山冲旷野荒地一冲，请中问到亮寨司九南寨民人龙稳传名下承买为

---

① 王念孙.广雅疏证［M］.北京：中华书局，2019：707.

② 顾野王.玉篇［M］.上海：上海书店出版社，2017：315.

③ 许慎.说文解字［M］.北京：中华书局，2015：229.

业。"（九南99）

（2）《清道光七年（1827）龙福照卖墒土契》："自愿将到土名大格，墒土乙冲，上依龙照景平方为界、左依领两界、右依山领为界、下依龙秀生界。"（天柱13/21）

（3）《民国丁巳年（1917）伍华榜父子卖杉木地土字》："自愿将到土名定菜杉木地土壹冲，上抵路、下抵伍姓田坎、左抵宗佑杉山为界、右抵买主，四至分明。"（天柱2/30）

契约中所见"冲"全部作山场、山坡的称量单位。在清水江流域，"田"一般指水田，多用于种植水稻；"地"一般指山地，多用于种植旱地作物，其中包括杉木地、柴山地、墒地、菜园地、坟地、油山地、桐树地、荒山地等。"地"与"土"同，《黔东南苗族侗族自治州志·民族志》将耕地分为田、土、园，土又根据开垦的坡度大小分为生土（在30°以上坡度山上开垦而成）和熟土（在30°以下山上坡度开垦而成）。[①]在清水江流域苗侗民族地区的契约中"地"可单独置于数量词前，亦可与"土"连用组成"地土"，作数量词前的名词，契约中也常出现"沙土"，均指山地。

《天柱文书》中"冲"可与很多词组合使用。举例如下：

（1）《清乾隆三十六年（1771）王地文卖山场地土字》："自愿将坐落地名大他大山场壹团，共六冲五岭，上抵路岭，下抵磨细甲田为界，左抵岭为界。"（清水江2/8/4）

（2）《清道光二十九年（1849）龙正廷等卖地土册》："土名岑孔脚坡，地土一冲四岔，上抵冲头、下抵荒坪、左抵必文、右抵岭，四至为界。"（天柱19/254）

（3）《清道光二十四年（1844）龙交鱼等卖山地册》："各买土名栗木山墒土一冲两团，上抵正敏招旺、下抵凸泰、左抵玉美、右抵见三，四至为界。"（天柱19/245）

（4）《清宣统三年（1911）龙桥保卖地土字》："自愿将到土名岑油地土乙冲两榜，上抵坎、下抵求保、左抵买主、右抵□喜山为界，四至分

---

① 黔东南苗族侗族自治州地方志编纂委员会.黔东南苗族侗族自治州志·民族志［M］.贵阳：贵州人民出版社，2000：46.

明。"（天柱10/154）

（5）《民国二十二年（1933）龙则汉等分关字》："名则开列于左：坪基山三冲三凸，上抵高鲁山、下抵杨姓山并湛泉山、左抵土坎、右抵路并及彦柱山为界。"（天柱19/295）

（6）《民国十一年（1922）刘恩文等土坪阴阳两卖字》："自愿将到土名登兜土一坪两冲乙岔，上抵领、下抵买主田、左右抵榜，四至分明。"（天柱18/248）

贵州地区自古就属高原地貌，地势西高东低，地形较破碎，所以依据其地形地貌特征而产生了一些独具地方特色的量词，为更细致地称量山冲地带交易物的特征，便多用"冲"与"岭""岔""团""牓""凸""坪""冲"等量词连用，以表达更详细的地貌特征。

【膊】作量词，用于条状物，犹"挺"。如《营造法式·壕寨制度·城》："每膊橡长三尺，用草葽一条，木橛一枚。"①契约中称量山坡地，意义犹"条"。很少单独使用，都是与"冲"组合使用。用例如下：

（1）《清道光二十九年（1849）龙正敏等卖山地册》："买土名栗木山墦土一冲两膊，上抵岭、下抵买主、左抵岭、右抵交土，四至为界。"（天柱19/245）

（2）《清光绪十二年（1886）龙必德卖地土字》："自愿将到土名圭鸟冲头乙冲两膊，上抵右路，下抵必登、贵，右抵炳光山，左抵必登山，四至分明。"（天柱10/295）

（3）《清光绪三十一年（1905）龙添喜卖地土字》："自愿将到土名登毛冲地土一冲两膊，上抵启瑞油山坎、下抵买主田、左抵杨启云油山、右抵杨光藩地土，四至分明。"（天柱10/133）

【岭】《钜宋广韵·静韵》："岭，山坂也。"②清同治甲子年（1864）《广东通志》："称山之有林木者为山，无者为岭。"③"山岭"指连绵的高山，契约中"岭"由"山岭"转喻为山的称量单位。用例如下：

---

① 李诚.营造法式［M］.重庆：重庆出版社，2018：49.

② 陈彭年.钜宋广韵［M］.上海：上海古籍出版社，2017：216.

③ 阮元，陈昌齐.广东通志［EB/OL］.道客巴巴，2021-04-25.

（1）《清嘉庆六年（1801）姜贵凤卖杉木契》："所用杉山一领，地名冉嫁山，左右评（凭）冲，下评（凭）河，上凭盘交长之嫩木……"（姜启贵35）

（2）《清光绪二十三年（1897）王儒立卖风水地契》："立卖尽风水契字人王儒，有承祖父遗下山壹岭，址在白鹿洞小石泉山脚郎倒抛狮山前花园上。"（厦门80）

（3）《民国十一年（1922）刘恩文等土坪阴阳两卖字》："中领前先阴有祖坟乙领不卖，要钱出卖，自己謪门问到长冲胥志高名下承买。"（天柱18/248）

（4）《民国三十年（1941）龙姓家族林木地产析分合同》："今将分开以柳利坟墓叁岭，破直至三台坡顶上为界，一边付与龙贡万后裔……"（天柱18/281）

上例中除称量山之外，还称量山上所种植物及坟墓。所谓坟墓，其实指的就是坟山。因古代墓地设置讲究"上风下水""依山面水""居高临时"等，故诸多坟地皆选在山林里，尤其是高山之巅。正因为此，山势起伏的河南洛阳邙山才会被众多人挑选为死后的安身之所，作为风水宝地，邙山之上布满了大大小小，数以万计的古墓群，就像唐代诗人王建在诗中所描述的那样："北邙山头少闲士，尽是洛阳人旧墓，旧墓人家归葬多，堆着黄金无买处。"例（1）（3）中的"领"为"岭"的古字，《六书正讹·梗韵》："领，山之高者曰领，取其象形也。别作岭。"《十七史商榷》卷二十八《史记多俗字汉书多古字》："《史记·货殖列传》：'领南、沙北固往往出盐。'古无岭字，只作领。"①

【培】《方言》卷十三："冢，秦晋之间谓之坟，或谓之培。……自关而东谓之丘，小者谓之塿，大者谓之丘。"郭璞注："培塿，亦堆高之貌。"②本为小土丘。契约中称量山。用例如下：

（1）《元后至元五年（1339）徽州王进孙等标分地山文书》："其坞头

---

① 王鸣盛.十七史商榷［M］.王曙辉，点校.上海：上海古籍出版社，2016：307.

② 扬雄.方言［M］.郭璞，注.北京：中华书局，2016：173.

地一段，东北山二培，东止垄分水直、上至大降随垄、下至坳垄、南至坞口长坦末结石。"（粹编629）

（2）《清乾隆十六年（1751）金宗锡立典茶山约》："自情愿将茶山乙处，土名社厘坑计山乙培，计山税逓年硬交钱粮铜正，出典与仝弟金宗榜名下为业。"（徽州1/4/9）

（3）《清同治十年（1871）尘元谱承租茶葬地约》："又乙号，土名烟坞山湾弍培，至中陇，直上至尖。"（徽州2/1/146）

以上"培"应为"排"的方言替代字。据储小旵考证，在徽州地区的契约中，多将"排"读写为"培"。将"培"释为"排"意义上亦通。

【墇】契约中称量山。用例如下：

（1）《清乾隆六年（1741）揭仁先卖山契》："今因无银使用，情将祖手遗下茶山乙墇，土名坐落磨刀坑大窠坳下及短垅口。"（福建选辑317）

（2）《清乾隆十一年（1746）陈又韩等卖墓地契》："今因无银使用，情将祖遗坟山乙墇，士名坐落靛山丘，今将四至开明于后。"（福建选辑737）

（3）《民国二年（1913）韩禄寿断卖山场杉木地土字》："自愿将到先年得买八阳寨杨姓亚桿山场乙障，共有小地名不计其数。"（清水江2/5/215）

上例中"墇"或"障"的本字应为"章"，《尔雅注疏·释山》："上正，章。"郭璞注："山上平。"邢昺疏："正犹平也，言山形上平者名章。"[1] 例句中"墇"所称量者，例（1）为茶山，例（2）为坟山，因为山上种植了茶树、修建了坟墓，所以山才会显得平，而非尖的、陡的。通过"章"之本义和"墇"所称量对象，可推知"墇"为"章"的增形替代字。

【料】《说文解字·斗部》："料，量也。"[2] 段玉裁注："量者，称轻重也。称其轻重曰量，称其多少曰料，其义一也。"[3] 作量词指物的分剂，以一定数量的物品为一计算单位，称为一料；用于中医配制丸药，一料为规定剂量的全

① 十三经注疏·尔雅注疏［M］.郭璞，注.邢昺，疏.北京：北京大学出版社，1999：210.
② 许慎.说文解字［M］.北京：中华书局，2015：301.
③ 许慎.说文解字注［M］.段玉裁，注.杭州：浙江古籍出版社，2016：388.

份；作容量单位，一料等于一石；旧时计算木料的单位。吴语中有一种量米的斗，称之为"料"，容量约为二斗五升。契约中作山、园的称量单位。用例如下：

（1）《清道光二十一年（1841）新有卖竹山契》："情愿将自己有竹山一料，坐落本处东三里，土名后般山头安着，上至田、下至叔边山、左至田、右叔祖自山为界。"（温州17）

（2）《清咸丰八年（1858）林成衡卖坟山契》："情愿将自己有坟山壹料，坐落本都东二里，土名太上垟岩虎前榈垟嶼安着，内横身叁丈式尺，上至吴山横界、下至田为界。"（温州151）

（3）《民国三十三年（1944）潘庆星卖蕃茹园契》："立卖尽契黄岭头潘庆星，今将自己有蕃茹园壹料，坐落本都里土名荒园山头拍碎岩安着，四至扦石为界不具。"（温州140）

"料"的上述量词释义都与例证意义不合，其确字应为"溜"，不仅两字字音相近，同时《温州历史文献集刊——清代民国温州地区契约文书选辑》中有用例，只不过写作"溜"的同音替代字"劏"，具体参见"溜"字条，"溜"表成行成排的东西，意义也与例证相合。由此推知"料"为"溜"的方言替代字或音近替代字。

【埠】指宋代熙宁实行方田法时立于田角的界标。《文献通考·田赋考四》："（熙宁五年）凡田方之角，立土为埠，植其野之所宜木以封表之。"[1] 契约中用"埠"称量山。用例如下：

（1）《清乾隆四十年（1775）永侣卖山地契》："坐落油麻园半埠安着，其山东至横路下业主山、南至塆、西至永韶兄山栗树横过，北至业主山，俱出四至分明。"（温州238）

（2）《清嘉庆二十四年（1819）曾氏置产簿》："买得韦世昌、世盛全族众等山场二埠，坐落北隅林水洋赤豆埠及纱帽翼埠安着，其山二埠，八至俱至买主田为界。"（温州257）

（3）《民国二十七年（1938）成佃等卖截山场契》："立卖截契族侄成

---

① 马端临.文献通考［M］.北京：中华书局，1986：58.

佃、成秩、孙作雨，原我等有上祖师孔公与子龙、锦曾公合置有<u>山场数</u><u>埒</u>，坐落本乡东奥。"（温州230）

上例中"埒"的确字应为"峰"，应是"山峰"义转喻为山的称量单位。"峰"作量词，用于山石或山，传世文献有用例，如《淞隐漫录》："见灵山一峰，峭拔干霄汉，气色葱蔚，下为神物之所居。"①《宋史·地理志·卷三十八》："山之南则寿山两峰并峙，有雁池、嗺嗺亭，北直绛霄楼。山之西有药寮，有西庄，有巢云亭，有白龙沂、濯龙峡，蟠秀、练光、跨云亭，罗汉岩。"②

【沟】《说文解字·水部》："沟，水渎，广四尺，深四尺。"③本义为田间水道。为解决田地的灌溉排水问题，我国很早就有沟洫之制，就是在田间开挖水道。契约中"沟"由田间水道转喻为菜园的称量单位。因为菜园最需要及时浇灌及泄水，沟道在菜园中最常见，故可用"沟"来量菜园。用例如下：

（1）《清光绪六年（1880）林国观洗贴断根树契》："内种龙眼树原本九株，番石榴二株，并小厝后再改造一连三间，水井壹口，厕池二所，<u>菜园六沟</u>，内园龙眼树壹株，并番石榴二株。"又"至菜园后再添开<u>十沟</u>安在，计有一大沟……"（福建民间2/250）

（2）《清光绪十八年（1892）黄满良等卖尽园契》："立卖尽园契字人东关外东禅乡黄满良、登科，有承祖父应分<u>产园壹坵叁沟</u>，坐在史厝山脚。"（福建民间2/293）

（3）《民国二十七年（1938）杨添顺卖尽洗贴断根山场契》："有承祖母建筑物业菜园壹坵，在相书第后，内拨出<u>二沟</u>，在相书处……"（福建民间2/482）

由例（1）"至菜园后再添开十沟安在，计有一大沟"中"添开十沟"可推知称量菜园的沟就是开挖而来的水道，由水道义转喻为菜园称量单位，意义相当于"条"。

---

① 王韬.淞隐漫录［M］.北京：人民文学出版社，1999.

② 脱脱.宋史［M］.北京：中华书局，1985：2101.

③ 许慎.说文解字［M］.北京：中华书局，2015：232.

【壕】《玉篇·土部》："壕，城壕也。"[①]本义为护城河，引申为壕沟、沟道。"壕沟"典型的特征是由凸起的土方和低洼的沟道组成，相似的特征，使"壕"在契约文书中由壕沟义转喻为山地的称量单位，用例如下：

（1）《清道光三年（1823）龙朝俸父子卖地土契》："自愿将到土名瞪贾坡地土乙壕，岑塘路坎下右抵岩为界，左抵崩中为界，通共二处地土要银出卖。"（清水江3/2/198）

（2）《清道光五年（1825）》："自愿将到土名杨在山地壹壕，右左上下抵有栽岩壕边为界，四至分明，要银出卖。"（清水江3/2/200）

（3）《民国二十二年（1934）王康清卖嫩杉地土契》："自愿将到坐落地名要长路下杉木一豪，八股均分。"（清水江2/9/209）

上例中的"壕""豪"应为"壕"的音近替代字。

【级】作量词，表层级、等级，从汉代使用至今。还作宝塔、台阶、楼梯的称量单位，一般一层为一级。契约中"级"既不表等级，也不表层级。用例如下：

（1）《清道光三十年（1850）金启福卖茶柯山契》："自情愿将承祖阄分浔名下土名黄栢林茶柯山大小三级，系经理平字不等号，计山税式分正。"（徽州1/4/87）

（2）《清同治十一年（1872）起岺卖茶园契》："立卖契堂弟起岺，原有茶园壹级，坐落本处西边桐园尾墙外安着，其园东至弟边屋墙、南至起遇牛欄，西至圣沾侄园、北至屋后墙，横过天族叔地头为界，具立四至分明。"（温州221）

（3）《清光绪二十三年（1897）金保溢立推单》："立推单人金保溢，缘原所卖土名争树，计荒地壹片大小两级，系经理平字不等号，计地税伍分正。"（徽州1/4/277）

根据以上例句文意，可推知契约中称量山、园的"级"意义应相当于"块"或"片"，意义来源待考。

小结：本节所列山园类量词共19个，分别是"劈、仑、源、合源、派、

---

① 顾野王.玉篇［M］.上海：上海书店出版社，2017：23.

坦、塆、塆、岔、冲、膊、岭、培、墇、料、垰、沟、壕、级"。其中"派、膊"等自身可作量词；"仑、源、合源、坦、塆、塆、冲、岭、培"等是由其相关名词意义转喻为量词意义；"墇、料、垰、岔、沟、壕"等根据在文中的表义，本节对其本字或量词意义做了推理性推断，但仍需补充确凿的证据；"劈、级"等其表义仍待考证。

第五节　综合类

根据计量或称量的内容，本章将契约文书量词分为五类，其中综合类就是该类量词称量对象涵盖广泛，包括了其他四类的内容，故单独列为一类。下面将具体说明。

【畦】《说文解字·田部》："畦，田五十亩曰畦。"[①]《史记·货殖列传》："若千亩巵茜，千畦姜韭，此其人皆与千户侯等。"司马贞索隐引刘熙《孟子注》："今俗以二十五亩为小畦，五十亩为大畦。"[②]作地积单位，两汉首见。如《宋书·周朗传》："春田三顷，秋园五畦，若此无灾，山装可具。"[③]"畦"亦作不表地积的自然单位量词，《玉篇·田部》："畦，韦昭云：犹陇也。"[④]《楚辞·招魂》："倚沼畦瀛兮，遥望博。"王逸注："畦，犹区也。"[⑤]意义由田园中分成的小区转喻为田地的称量单位，相当于"块"或"段"。如《汉书·循吏传·龚遂》："（龚遂）乃躬率以俭约，劝民务农桑，令口种一树榆，百本薤，五十本葱，一畦韭，家二母彘，五鸡。"[⑥]又《邓友梅选集》："以这片白地作背景，前边或堆一座假山，种几棵修竹，养两树碧桃；或砌一座花坛，栽两棵

---

① 许慎.说文解字［M］.北京：中华书局，2015：292.

② 司马迁.史记三家注［M］.裴骃，集解.司马贞，索隐.张守节，正义.扬州：江苏广陵书社出版，2014：1341.

③ 沈约.宋书［M］.北京：中华书局，2018年.

④ 顾野王.玉篇［M］.上海：上海书店出版社，2017：25.

⑤ 刘向.楚辞［M］.王逸，注.上海：上海古籍出版社，2015：274.

⑥ 班固.汉书［M］.北京：中华书局，2007：890.

卧松，种一畦兰草。"契约用例如下：

（1）《唐大中六年（852）僧张月光博地契》："又<u>园地叁畦</u>，共<u>肆亩</u>，东至张达子道……"（敦煌4）

（2）《北宋太平兴国七年（928）敦煌吕住盈兄弟卖地契》："〔前缺〕清城北宋渠中（上）界有<u>地壹畦</u>，北头壹囗，共<u>计肆亩</u>。"（粹编433）

（3）《清嘉庆十九年（1814）乔智同祖母卖韭菜园地文卷》："……今因需钱使用，将已置到城隍庙滩<u>韭菜园地五十四畦</u>，<u>空地四十六畦</u>，柳树四株。"（陕西128）

（4）《清咸丰七年（1857）王万镒卖园地文约》："……将祖置到坐落府庙西侧所户部园地壹段，共<u>计叁佰伍拾肆畦</u>……"又"同中言明，公估时价贰拾玖千文整，户礼画字一切在内。"（陕西131）

（5）《清光绪元年（1875）唐万仁当地契》："今将自己祖遗长速巴上边<u>沙地三其（畦）</u>，央请中人说合，两家情愿，出当与唐成玉名下耕种，得到当价小钱四十串文整。"（河州304）

例（1）（2），根据"畦"前后已出现的"亩"，可以确定"畦"非亩积单位，而是自然单位量词。例（3）（4）（5），根据交易的亩数与价格对应关系，可断定"畦"亦不是亩积单位。因一畦为二十五亩或五十亩，例（5）若合为亩数，则为七十五亩或一百五十亩，但典当的价格却为"小钱四十串文"，"小钱"即铜钱。比勘同时代同地区典地契，如"立典地土文字人马二喜，因为使用不便，今将自置沟沿田地一块，下籽三斗，其地四至不开，央请中人说合，两家情愿，除的（出）典于马老二名下为业。得到典价小钱三拾三串文"[1]。该例典当的是一块播种三斗的田地，典当的价钱拾小钱三拾三串文。一是一块田，典价三拾三串文，一是三畦田，典价四十串文，两地典价相差无几，故其大小亦应相当，由此例可推知，故可断定例（5）中的"畦"不可能是亩积单位。

【垅／垄】《集韵·腫韵》："垅，田埒。"[2]由坟垄义引申出田垄、田埂义，

---

① 甘肃省临夏州档案馆.清河州契文汇编［M］.兰州：甘肃人民出版社，1993：132.

② 丁度.集韵［M］.上海：上海古籍出版社，2017：305.

又有田垄义转喻为田地的称量单位。《汉语量词大词典》释"垄"为地积单位，但未列出具体的量值，并以唐元稹《论当州朝邑等三县代纳夏阳韩城两县率钱状·当州麻税》："右当州从前税麻地七十五顷六十七亩四垄，每年计麻一万一千八百七十四两，充州司诸色公用。"为例。[1] 但经多方搜索和查阅，除上述一例，再未发现"垄"作地积单位的典型用例，更多都是如下例这般作自然单位量词，表成行的庄稼或田地。如唐白居易《秋居书怀》："不种一株桑，不锄一垄谷。"又《醒世姻缘传》第七十九回："你要叫他耕一垄地，布一升的种，打一打场，或是拽拽空车，他就半步也不肯挪动。"[2] 又《暴风骤雨》第一部十四："咱家祖祖辈辈没有一垄地，这下可好，有二垧地了。"[3] 再如契约中的用例：

（1）《清咸丰五年（1855）永茂等卖菜园契》："立卖契永茂全弟炳高、绍兰，今因自己菜园叁垄园头安着，坐落上园屋坎下。"（温州38）

（2）《清咸丰十年（1860）阙翰佑卖田契》："又路下田壹坵，又圆窑子下上节水田半垅，大小共田拾壹坵……"（石仓2/5/38）

（3）《清光绪二年（1876）潘张福卖竹山契》："立卖契潘张福，今因缺钱应用，自情愿将自己有竹山壹垄，土名坐落季坑安着，上田、下至坑、左至兄山、右至自卖主山为界，四至分明。"（温州125）

根据用例可推知以上都是"垄"作自然单位，而非亩积单位的量词用例。中原官话及赣语方言中，"垅"作量词，相当于"畦"。例句用例为吴语区，根据文意及"垄"的词义，可推知"垄"作田地自然单位量词时，意义相当于"条"或"溜"。

【区】《玉篇·匸部》："区，域也。"[4] 作量词，汉代已见，用于建筑物，相当于"间""所""座""栋"等，因所量之物不同而有别。汉简中多用来称量宅舍，南北朝以后可扩展至称量空地等物。《匡谬正俗·卷三·禹宇丘区》："唐颜师古云：'晋宫阙名所载某舍若干区者，列如丘字。则知区、丘音不别

---

① 刘子平.汉语量词大词典［M］.上海：上海辞书出版社，2013：139.

② 西周生.醒世姻缘传［M］.长沙：岳麓书社，2014：711.

③ 周立波.暴风骤雨［M］.北京：人民文学出版社，1970：151.

④ 顾野王.玉篇［M］.上海：上海书店出版社，2017：452.

矣。'"又"古语丘、区二字音不别,今读则异"。又"今江淮田野之人犹谓区为丘"①。《清律·户律·田宅·欺瞒田粮》附注:"方园一区为一坵。"②《赣西北方言词考释》:"今谓田一区为一丘。"③可见"区"与"丘"古音相同,常混用,契约中多称量坟地、宅舍、地基等。用例如下:

（1）《东汉建安三年（198）崔坊买地铅券》:"时洋钱于皇天后土处,买到龙子冈阴地一区,始移分葬,永为阴宅。"（会编65）

（2）《高昌延寿八年（631）孙阿父师买舍券》:"〔买〕东北坊中城里舍壹坭,即交与舍价银钱叁佰文。"（会编94）

（3）《南宋绍熙元年（1190）庐陵县胡氏夫人买地石券》:"谨以货泉极九九之数,币帛备五方之色,就后土阴官鬻地一区,东止青龙、西抵白虎、南极朱雀、北距玄武。"（粹编539）544

（4）《南宋绍定二年（1229）进贤县舒氏买地砖券》:"今先妣卜葬于住宅之西,以无筭币缯,就后土富媪,买宅壹区为之安葬之地。"（粹编553）

（5）《清道光十五年（1835）张□□卖地基契》:"立卖地基文契人张□□因使用不便,今有本身地基一区,坐落街南,东、南二至伙墙,西至买主,北至卖主伙墙。"（故纸1/7）

（6）《民国九年（1920）曲江陈星壮承批锑山约》:"立写承批约人利华公司商人陈星壮,兹批到曹三先生上祖遗落锑山一区,坐落曲江县属后坪村。"（清广东198）

例（2）中"坭"为"堰"的类推简化字,《玉篇·土部》:"堰,墓也。"④同"区"。《隋书·李德林传》:"德林乃奏取逆人高阿那肱卫国县市店八十堰为王谦宅替。"⑤"区"在传世文献中亦常用,如《徐霞客游记·游武彝山日记》:

① 颜师古.匡谬正俗［M］.上海:商务印书馆,1937:26.

② 沈之奇.大清律辑注［M］.李效锋,李俊,点校.北京:法律出版社,2000:221.

③ 余心乐.赣西北方言词考释［J］.江西师范大学学报（哲学社会科学版）,1964（2）:68.

④ 顾野王.玉篇［M］.上海:上海书店出版社,2017:23.

⑤ 魏征.隋书［M］.北京:中华书局,1973:1207.

"有地一区，四山环绕，中有平畴曲涧，围以苍松翠竹。"①

【坎】《说文解字·土部》："坎，陷也。"②本义指地面低陷的地方，即坑。闽语中，作店铺的计量单位，通常一个铺面或店地为一坎，相当于"座"或"间"。契约中多称量店房，可独用，可与"进""落""直"搭配使用。用例如下：

（1）《清乾隆二十四年（1759）永春县艺方典店房契》："立典契叔艺方，有自己分下店房壹坎壹直，计贰间，门窗户扇俱全，并楼板，坐东一保北边落。"（福建选辑745）

（2）《清咸丰六年（1856）张港绝卖店地契》："立杜绝尽卖契字人万丹街张港和黄兴合伙有承父全买郭壹、郭拱店地一坎二落，坐东向西。"（万丹117）

（3）《清道光元年（1821）林酉叁等退田园厝地契》："缘廿八大股，向得朴仔篱等社通土出垦大茅埔上中下叁嵌，埔地杞伯兄弟分下承有十二股。"（台湾馆藏298）

（4）《民国十年（1921）陈再干换屋地字》："今有屋地园角式坎，东抵本主为界、南抵墙为界、西抵祖坟为界、北抵坎为界，四界分明。"（天柱2/113）

由例句可见，"坎"在闽语契约中除量店房外，也见在西南官话区量山园例，意义亦同"间"。例（3）"嵌"，本为地名用字，在此处应为"坎"的增形字或音近替代字。

【垦】《方言》卷十二："垦，力也。"郭璞注："耕垦用力。"③本义为翻耕土地。契约用例如下：

（1）《清光绪三十三年（1907）兴顺屋基拨换契》："先年得买龙兴怀坐屋壹间，与兴顺得岑以坎园基三垦，二比自愿拨换龙兴顺名下管业。拨主不得异言。"（九南403）

（2）《民国十四年（1925）龙兴桃立拨换字》："立拨换字人龙兴桃，

---

① 徐弘祖.徐霞客游记［M］.上海：上海古籍出版社，2016：59.

② 许慎.说文解字［M］.北京：中华书局，2015：289.

③ 扬雄.方言［M］.郭璞，注.北京：中华书局，2016：137.

今将祖父遗下之业，地名洞头虾蟆形<u>顶头一垦</u>，深贰丈，宽肆丈整。"
（九南415）

上例中"垦"字没有量词用法，根据契约比勘法，可找到一丝线索。《贵州清水江流域明清土司契约文书·九南篇》中"垦"多被读为"坎"，如"其坡自断之后，任凭买主开坎畜禁管业。"又"……四至分明，恁凭银主开坎修理蓄近管业，卖主不得异言"。再"其山自卖之后，恁凭买主开坎管业，卖主不得仪言"。但也并非全是"坎"例，偶尔也见"垦"例，如"其田自卖之后，恁从买主下田耕种开垦，子孙世代照约管业，不许房族内外人等兄弟相干"[①]。通过以上"垦"用为"坎"例，可推知例句"园基三垦""顶头一垦"中的"垦"实为"坎"的音近替代字。同为贵州地区的《天柱文书》也有"坎"的用例，参见"坎"字条。

【稜】《玉篇·禾部》："稜，俗棱字。"[②]《集韵·登韵》："棱，或作楞，俗作稜。"[③]"楞"作量词，表少量，如《二刻拍案惊奇》卷二十八："老圃慌了手脚，忙把锄头开一（稜）地来，把尸首埋好，上面将泥铺平。"[④]《正字通·禾部》："稜，农家指田远近多少曰几稜。"[⑤]本指唐宋时估计田亩的单位。唐陆龟蒙《奉酬袭美苦雨见寄》："我本曾无一稜田，平生啸傲空渔船。"1918年《新昌县志》："俗谓田一垄曰一稜。"[⑥]契约中偶见，用例如下：

（1）《清光绪二十七年（1901）张温典当场及水窖契》："今将自己祖业场一稜，水窖一稜，水流旧道以旧往来，今情愿出当与张俭、让，永为当约。"（太行山72）

（2）《民国十一年（1922）张温当厕坑契》："立当契人张温，因为不便，今将自己祖业厕坑一稜，四至不齐，水流旧道，依旧往来。"（太行山74）

———————

① 高聪，谭洪沛.贵州清水江流域明清土司契约文书·九南篇［M］.北京：民族出版社，2013：9.

② 顾野王.玉篇［M］.上海：上海书店出版社，2017：246.

③ 丁度.集韵［M］.上海：上海古籍出版社，2017：253.

④ 凌濛初.二刻拍案惊奇［M］.北京：中华书局，2009：320.

⑤ 张自烈，廖文英.正字通［M］.北京：中国工人出版社，1996：775.

⑥ 许宝华，宫田一郎.汉语方言大词典［M］.北京：中华书局，1999：5888.

契约中仅见于太行山地区，称量"场""水窖""厕坑"，与"稜"作田间土陇或田亩的计量单位意义并不相符，暂列于此，待考。

【号】契约中用"号"作计量单位，与古代编制鱼鳞图册有关。《明史·食货志一》："太祖命国子生武淳等，分行州县，随粮定区。区设粮长四人，量度田亩方圆，次以字号，悉书主名及田之丈尺，编类为册，状如鱼鳞，号曰鱼鳞图册。"①《明夷待访录·田制三》："鱼鳞册字号，一号以一亩准之，不得赘以奇零。如数亩而同一区者，不妨数号；一亩而分数区者，不妨一号。"②由上可知鱼鳞图册中将土地编排为不同字号，契约中就是用这些土地序号来作称量单位。用例如下：

（1）《明永乐元年（1404）祁门县胡童卖田白契》："十二都十保住人胡童承父户下田壹号，系本都十保体字叁佰捌拾玖号田，取捌分柒厘陆毫。"（会编719）

（2）《清康熙四十九年（1710）吴君谦卖墓地契》："立卖山契人吴君谦等，承祖置有民田壹号，坐产侯官县卅三都，土名旱口，内有田后吉地壹号。"（福建选辑735）

（3）《民国二十六年（1937）王振干杜卖水田契》："将自己面分得祖遗坐落李毛营水田515、506、514号，坐落桃花村之水田205、14、30、23、24等，共计捌号。"（云博馆2/42）

例（3）就是对土地予以编号的明证。

【项】作量词，多用于分项目的事物。契约中多称量田地。用例如下：

（1）《清乾隆二十三年（1758）叶永梧等立卖田契》："立卖契人叶永梧全弟永栢、永松、永楠、侄通瑜，今因管业不便，自愿将民田一项……"（石仓1/1/35）

（2）《清乾隆三十七年（1772）郑文尚典菓子契》："其山内深水壑桥头山两项，其空地听兄补插等树，赎之日，外约工钱式仟文，乙起照典契取回。"（福建民间6/408）

① 张廷玉.明史［M］.北京：中华书局，1974：1881.
② 黄宗羲.明夷待访录［M］.李伟，译注.北京：岳麓书社，2016：134.

（3）《民国四年（1915）鄂多台地产补契》："查由前清雍正年间赏给和惠和硕公主祭<u>田地一项</u>，坐落京兆尹属下蓟县城南十五里裴家屯等处，<u>共地二十九顷七十七亩〇七厘六毫</u>。"（粹编1809）

传世文献亦有用"项"量土地的用例，如《儿女英雄传》第三十三回："这项地原是我家祖上从龙进关的时候占的一块老圈地，当日大得很呢！"[1]

【墩】《集韵·魂韵》："墩，平地有堆者。"[2]本义为土堆。作量词，用于丛生的或几棵合在一起的植物，犹"蔸"或"窝"。方言中，可量楼或方块形码起来的东西，犹"座"或"块"等。契约用例如下：

（1）《清光绪十八年（1892）林氏养娘卖风水契》："其银即日全中交收足讫，其风水父银主剪作安葬成坟<u>一穴一墩</u>。"（厦门76）

（2）《民国九年（1920）宁兰芳等立分单契》："家后<u>地北边二墩五亩</u>，庙东地东头地一段五分，粪场地中间。"（故纸2/210）

（3）《民国二十二年（1933）宁兰亭等分地文约》："前买宁连生名下祖遗地两段，<u>四墩捌亩</u>，东西畛，坐落本村西南。又一段，<u>三墩四亩半</u>，东西畛。"（故纸2/233）

上例中用"墩"作称量单位，量坟墓、田地。在方言中"墩"可与"坟"复合为"坟墩"一词。古代还有土墩墓葬形式，就是不挖墓穴，只在平地上堆起坟堆用以埋葬，所以用"墩"量坟墓，意义相当于"堆"或"座"。契约中有用"堆"量地的用例，举例如下：

（4）《清嘉庆二十二年（1817）袁万春卖地契》："己祖业狮子坪<u>平地一段三堆</u>，东指袁广、西指袁□、北指袁从地为界，四指分明，立契出卖于袁金□。"（故纸5/295）

（5）《清同治十年（1871）翟凤杰典坡地字》："今将自己祖业坐落领上地一段，<u>计地拾陆堆</u>，东至北阴、西至凤灵、南至迸、北至北阴，四至开明。"（黑维强藏山西4776）

（6）《清光绪二十八年（1902）田呈文出卖川地文约》："今将自己父

---

① 文康.儿女英雄传［M］.北京：中华书局，2013：410.

② 丁度.集韵［M］.上海：上海古籍出版社，2017：141.

亲所遗分耒叟合公柳巷里小园则川地壹坳零壹堆，当上宽叁步有零、下宽叁步。"（黑维强藏绥德4685）

由于"堆""墩"读音相近，称量对象相同，所出契约地域相同，故有理由怀疑上例的"堆"应为"墩"的音近替代字。例句如以"堆"字释，则与文义扞格不通，如果将"堆"换为"墩"后，则文从字顺，意义相当于"块"。因"墩"可表方块状的粗而厚重的木头，由此引申出"块"义。

【厢/箱】同"廂"，古籍中多作"廂"，今"厢"字通行。《说文解字·广部》："廂，廊也。"[1]《史记·周昌传》："既罢，吕后侧耳于东厢听。"司马贞索引曰："正寝之东西室，皆号曰箱，言似箱箧之形。"[2]本义指古代正屋两边房屋及正堂两侧夹室之前的小堂。作量词，用于厢房。在西南官话中作量词，义同"畦"，如"种了两厢白菜"。用同"箱"，表箱装物。如《儒林外史》第十六回："又把豆子磨了一厢豆腐，也都卖了钱。"[3]"箱"作量词，还用于城池，犹"座"。如北魏郦道元《水经注·河水》卷三："又于河西造大城，一箱崩，不就，乃改卜阴山河曲而祷焉。"[4]契约中多计量菜园、房屋、田地等。用例如下：

（1）《清乾隆元年（1736）新保卖住房契》："外有儿不至房边粪窝壹小厢，以老闹左手门枋为界，以作老闹画字钱。"（岷江33）

（2）《清同治九年（1780）阙炎庆换荒地字》："小土名岗头，安着其荒地两厢，内至阙边自己为界、外至阙姓荒地、左至自己荒地、右至阙姓荒坪为界。"（石仓3/3/58）

（3）《清道光二十五年（1845）林门许氏典菜园契》："立典契人林门许氏，有承祖父阄分应□有本祖厝面前埕菜园贰箱。"（闽南143）

（4）《民国十七年（1928）龙景洋断卖下头湾园基契》："坐落地名下头湾园基壹相，左凭景训为界，右、上、下凭买主为界，四至分明，要

① 许慎.说文解字［M］.北京：中华书局，2015：191.

② 司马迁.史记三家注［M］.裴骃，集解.司马贞，索隐.张守节，正义.扬州：江苏广陵书社出版，2014：1088.

③ 吴敬梓.儒林外史［M］.杭州：浙江文艺出版社，2017：159.

④ 郦道元.水经注［M］.北京：中华书局，2016：78.

行出买（卖）。"（九南 425）

例句所见"相""厢""箱"并用，其中契约"箱"同"厢"，"相"为"厢"的同音替代字，意义相当于"畦"。

【处】《钜宋广韵·御韵》："处，处所也。"①作量词，表处所。汉代已见，据张显成考证："两汉简帛文献中'处'作为量词多量'田亩'，称量其他对象的用例较为罕见，而魏晋以后就很常见了。尤其是在吴简中使用频率很高。"②契约文书中目前所见最早用例为西汉，称量对象广泛，表示天然或人为之物存在于某一空间。用例如下：

（1）《西汉建元五年（前136）高都里朱凌先令券书》："五年四月十日，妪以稻田一处，桑田二处，分予弱君。波（陂）田一处，分予仙君，于至十二月。"（会编 27）

（2）《清嘉靖三十九年（1560）桂积保卖田契》："六都桂积保，今有承祖水田二处，俱坐落东都三保，土名江下坑一处力漆坞口。"（安师大藏 5/1859）

（3）《清嘉庆六年（1801）廖弟林招赘抚业产契》："今弟有田五处，山场一处，房一座，屋场二处，禾仓一个，全业一并归与廖弟老用于耕种管业。"（广西 152）

契约中"处"是个通用性极强的量词，在各地文契中均可见。《温州历史文献集刊》《清代宁波契约文书辑校》中频见。

【塘】《广雅疏证·释地》："塘，池也。"③古时圆的叫池，方的叫塘。后"池塘"复合为并列词，契约中"塘"由"池塘"的名词义转喻为量词义。用例如下：

（1）《清道光二十五（1845）吴胡氏分关文书》："其池鱼乙塘，作洋拾员，系观林承养，补进禄洋五员，草鱼四尾，卖夏茶银叁两，补贴进禄产男女三朝之费。"（婺源 4/1687）

（2）《清咸丰九年（1859）龙克礼等卖鱼塘字》："……今因要钱办度，

---

① 陈彭年.钜宋广韵［M］.上海：上海古籍出版社，2017：260.

② 张显成，李建平.简帛量词研究［M］.北京：中华书局，2017：111.

③ 王念孙.广雅疏证［M］.北京：中华书局，2019：694.

自愿将到演大村脚路□□鱼塘一塘，拾贰股均分。"（天柱16/5）

（3）《民国二十七年（1938）李兴杜卖塘水民田契》："三面言定范田之水系小龙塘贰塘水泡放，实银实契仝全交清，从中并无逼迫等情，授受清白。"（云博馆1/122）

（4）《民国三十九年（1950）罗自儒用卖树地契》："愿将两寨蓄养公山壹塘，坐落中条路大岭，干名唤大脑子。"（云博馆3/382）

以上用例所见，"塘"除量池塘外，还见量山、地的用例。

【爿】《甲骨文编》："《说文》有片无爿，《六书故》云：'唐本有《爿部》……'古文一字可以反正互写，片、爿当是一字。"[1] 始见于明代，可称量商店、店铺，或整体的一部分。如《初刻拍案惊奇》卷八："家道不贫不富，门前开了小小一爿杂货店铺，往来交易，陈大朗和小勇两人管理。"[2] 方言中，"爿"在闽语、吴语、晋语中常用，可量门、桥、砖、叶子等，相当于"扇、座、堵、块、片"等。契约中可称量田地、山园等，相当于"片"或"块"。用例如下：

（1）《清道光十六年（1836）毛玉佩卖田契》："兄玉佩，同弟荣值等，今因乏用，情愿将祖父遗下分授民田壹处，土坐老台门，屋基壹爿，粮计壹亩四分零。"（宁波23）131

（2）《清道光三十年（1850）张沈氏戳卖田官契》："仝男泰义，自己户内淡字号中田大小连两爿，浼中情愿出戳与本县宗祠处名下为业。"（粹编1659）

（3）《清咸丰九年（1859）山阴县高宗华等经营族产合同议单》："立合同议单房长高宗华、宗富等，缘有山邑祖遗不字号柴山壹爿，坐落前梅茅蓬山。"（粹编1759）

【不】与"不"形近，《汉语方言大词典》：不，音盹，穗方言，用于建筑物，相当于"座"；或用于层叠堆放的东西，相当于"摞"。[3] 用例如下：

（1）《清代曾氏置产簿》："一田，坐落第二调灰上面直入七坵，计田

① 孙海波.甲骨文编［M］.香港：艺文印书馆，1963.

② 凌濛初.初刻拍案惊奇［M］.北京：华夏出版社，1994：92.

③ 许宝华，宫田一郎.汉语方言大词典［M］.北京：中华书局，1999：608.

五分正，及长隔地底段一不，又田面荒地一块，分于三房。"（温州250）

（2）《清光绪十四年（1888）潘钦东记分书》："壹则房屋坐正间后，正柱前出外一尺。又右边正间后，正柱前外一尺。又下坦老屋坐东头二间前一不，后大金界。"（温州110）

（3）《清宣统三年（1911）唯宗找尽菜园契》："立找尽契侄唯宗，今有菜园壹不，坐落本都里土名下排坦安着，四至明知不具。"（温州134）根据文意可推知，"不"的意义犹"座"或"块"。

【坑】《玉篇·土部》："坑，堑也；丘虚也；壑也。"[1]本义沟壑，引申可指地上洼陷处或坑穴。凡是低于平面，凹下去的地方都可称之为坑，坑有大小和深浅之分。小坑，如脸上痘痘恢复后，留下的深于表皮的印记（口语中常称为小坑坑）；大坑，如自然形成的巨大的深不见底的天坑等。契约中"坑"由坑穴或洼陷处转喻作量词，称量坑穴。用例如下：

（1）《清宣德九年（1434）杨大猷卖风水地赤契》："土名行坑沙滩湾，山上面风水一坑，未曾开葬。"（徽丛编1/238）

（2）《清道光三十年（1850）凌玉超断卖耕田契》："名坐落燕古小地名塘四田一大段，连人鬼吊坑田一坑，又连过陂头坑田一坑，又连过楠木桥田一大坑。"（清广东175）

（3）《清咸丰六年（1856）潘填美杜卖田地契》："又全号计山税壹厘正，土名全茅山壹坑，式股之一股，东至逐福界、南至峯、西至春宝界、北至松凌界。"（徽州3/2/318）

例（1）中的"风水"即墓穴。"坑"因其低洼的语义特征，还可称量例（2）中的坑田，坑田即挖坑而成的田地，主要为蓄养水分，防止干旱和水土流失。例（3）中的"坑"还可称量山。对山来说，人们常用连绵起伏来形容其高低起伏的样子，其有高耸之处，必有低洼之处，用"坑"称量山必定是相对主峰来说是低洼之山。

【埕】《通雅·器用·古器》："罃，大甊。今俗曰坛，曰埕。"[2]本义为酒

---

① 顾野王.玉篇［M］.上海：上海书店出版社，2017：20.

② 方以智.通雅［M］.北京：中国书店，1990：394.

瓮。作量词，计量酒水等，古代称酒一坛为"一埕"。"埕"还指沿海一带晒盐的田。《天下郡国利病书·福建备录·盐法考》："土人以力画盐地为埕，漉海水注之，经烈日晒即成盐。"[1] 契约中所见"埕"计量酒水，还称量田地等。用例如下：

（1）《清嘉庆十三年（1808）哈亭碑契》："至于戊辰年，次室黄氏孺人再给与（予）本村大钱七十贯、沙牢一只、酒二呈、糯米三斗，并田二十箩，坐落三坡处……"（广西262）

（2）《清光绪十一年（1885）赵良财断山岭地契》："如有一家先行反悔生端，公罚牛头三只、白米三坦（担）、烧（烧）酒十呈入乡众用。"（广东354）

以上为计量酒水例。例句中"呈"为"埕"的省形替代字。

（3）《明成化十年（1474）陈贵等送田字》："计开田段：洪山十二埕，租十二硕，门口垅租十六硕，院前十硕。"（闽南81）

（4）《清乾隆四十三年（1778）侯添会推关缴卖佃田契》："大丘下二丘，及丰田一埕，及钟山垵内田，丘数不等，受子二升五合，载租佃粟伍拾斤，配民米五合。"（闽南108）

（5）《清道光二十六年（1848）林家契约抄件》："石控仔草埔头旧田捌埕，并新田，上至集诸公田、下至锦旋公田、外至山沟，内执（至）叔厕池下圳上。"（厦门300）

以上为称量田地例。例（3）中"洪山十二埕"，表面看是对"山"的称量，实际"洪山"为坐落名，该句是对坐落于洪山的民田的称量，具体应为"洪山民田十二埕"。根据"埕""塍"读音相近，可推知"埕"即"塍"的同音借字。"田塍"即田畦，表示分隔田地界限的土垄。

【介/界₂】《经典释文》："介，字又作个，音工佐反。"[2]《经义述闻》："'介'字隶书作'亣'，省丿则为'个'矣。介，音古拜反，又音古贺反，犹大之音唐佐反，奈之音奴箇反，皆转音也。后人于古拜反则作'介'，于古

① 顾炎武. 天下郡国利病书［M］. 上海：上海古籍出版社，1970：3083.

② 陆德明. 经典释文［M］. 上海：上海古籍出版社，1985：201.

贺反则作'个'，而不知'个'即'介'字隶书之省，非两字也。"①《集韵·箇韵》："箇，或作个、介。通作個。"②由上可知"界""介""箇"即"个"。契约用例如下：

（1）《明嘉靖三十七年（1558）休宁县朱天济卖屋赤契》："于上是父做造楼屋叁间、厨房壹间、<u>墙门壹介</u>、本身合得壹半。"（徽丛编1/472）

（2）《清康熙五十六年（1717）朱圣昭当地契》："原旧有<u>空罗穴一介</u>，今将原空穴并取上下左右面前余地共计叁拾步，出当与四都十图十甲汪△名下为业。"（262）

（3）《清雍正六年（1728）汪阿郑卖地契》："内加在<u>字壹介</u>，再批。"（雍正辑录1/234）

（4）《清道光二十九年（1849）亚留卖靛青塘契》："立卖契叔亚留，今因缺钱应用，情愿将自己有<u>靛清塘一介</u>，坐落本村打铁撩（寮）安着……"（温州124）

（5）《民国五年（1916）林崇胎借龙银字》："今因乏银使用，自情愿将此本分竹林一分、畲二丘、眠床一顶、<u>到柜一介</u>，共亲送就与云山社汤祥地边出首。"（闽南137）

（6）《光绪三十年（1904）盘得城等卖断水田契》："……土名坐落东坑水田一处，大小共五十八坵，<u>牛栏一界</u>，要行出卖。"（广东361）

一般字典认为"介""界"作量词，多用于人，含藐小、卑贱义，但由以上用例可知，"介""界"作"个"用，为通用量词，称量对象广泛。

【**脚**】《说文解字·肉部》："脚，胫也。"③本义为小腿，后由小腿义延伸至脚板的专指。作量词，代指羊、狗的腿，犹"只""条"；在闽语中，用于人或鞋、桶、表、箱、猪等，相当于"个""只"；吴语中，用于生意，相当于"件"；客话中，用于有柄的东西，相当于"把"。契约用例如下：

（1）《清雍正十一年（1733）云斐卖山杉树林契》："立卖契人弟云斐，今因缺银应用，自情愿将自己山壹片，坐落大塘山脚占主岩杉树山安着，

① 王引之. 经义述闻［M］. 南京：江苏古籍出版社，1985：747.
② 丁度. 集韵［M］. 上海：上海古籍出版社，2017：589.
③ 许慎. 说文解字［M］. 北京：中华书局，2015：82.

斐坐一脚，共三脚。"（温州113）

（2）《清嘉庆十五年（1810）云绪卖水田契》："立卖契弟云绪，今因缺钱应用，情愿将自己有水田一段，坐落本都东一里土名嶬田壹脚，租六斗式升半。"（温州13）

（3）《民国十四年（1925）高永禄杜田契》："为因家中急银使用，无处出办，夫妻商议，情愿将自己面下分得诺涂缺一脚，坐落中坝。"（云博馆6/18）

（4）《民国二十九年（1940）高玉和抵借旧滇票文契》："立为因急银使用，无处借贷，父子商议，情愿将自己租遗开挖得之粮田二脚，其田坐落中坝。"（云博馆6/80）

（5）《民国三十四年（1945）黄定庆同侄卖尽水淋契》："坐落本都里土名新坑外头安着，四至知明不具，两人仝成水碓，计开花数拾脚，内坐壹脚。"（温州141）

以上例句中"脚"多称量田地，其意义根据文意推断，应为"股"或"份"，表整体中的一部分。例（3）中的"诺涂缺"为田地的名称，"脚"所称量的实为"田"。除田地外，契约中"脚"还称量各类会。例如：

（6）《清道光十二年（1832）山阴县张雨苍卖始祖会契》："又素房一脚，每年二月十九、十二月廿三两期，每期领胙肉式斤，大首壹双。"（会编1338）

（7）《清光绪二十二年（1896）应友阑推聚新会契》："立推会契应友阑，今因乏用，情愿将父遗下聚新会一个，计会捌脚，内得壹脚，内半脚。"（浙东146）

（8）《民国三十八年（1949）吴会贞同叔分关散息虑后合同》："人字号吴恒丰分得石家坪圳头右边下分，并柴山下分桥形檬树塅壹个，梓桐会壹脚。"（天柱5/190）

【基】《说文解字·土部》："基，墙始也。"[①]《钜宋广韵·之韵》："基，址

---

① 许慎.说文解字［M］.北京：中华书局，2015：288.

也。"①本义为墙脚或基址。契约中的量词意义应是由"地基"或"基地"义转喻而来。用例如下：

（1）《明万历四十一年（1613）汪文诚卖屋赤契》："又首字七百十叁号，今丈鳞字□□号，基田一分肆厘，其基田地前后高低式基，造屋式重。"（徽丛编1/478）

（2）《清光绪二十四年（1898）东莞邹卓断卖荔枝数》："立断卖荔枝数人邹卓，有承祖父遗下西湖乡土名怪园荔枝一基，其二十八株。"（清广东44）

（3）《清宣统三年（1911）韩荫堂卖地白契》："立卖地契人韩荫堂，因乏手无钱，将自己置园垱里梧桐皮式丛，坦式基。"（婺源14/6835）

【棚】《说文解字·木部》："棚，栈也。"②段玉裁注引《通俗文》曰："板阁曰栈，连阁曰棚……今人谓架上以蔽下者，皆曰棚。"③本义为楼阁。契约用例如下：

（1）《清同治三年（1864）为咨领事案奉》："每名各月支银二两四钱，账房两棚，每棚各月支九三平银四钱五分。"（清民公私文书69）

（2）《清同治三年（1864）为协镇咨开奉》："每名日支口粮银八分，共银七十二两，灯油二棚，每棚九三平银四钱五分，共银一两三钱五分。"（清民公私文书78）

例（1）中的"账房"指旧时有钱人家里管理钱财货物出入的处所。而"棚"即屋也，根据同义关联的转喻原则，"棚"可称量账房。但例（2）中的"灯油"用"棚"的理据待考。

【匝】《古今韵会举要·合韵》："帀，通作匝。"④古"匝"即"帀"，《说文解字·巾部》："帀，周也。从反之而帀也。"⑤本义为环绕一周。至迟汉代就已作动量词，如曹操的《短歌行》："月明星稀，乌鹊南飞，绕树三匝，何枝可

---

① 陈彭年.钜宋广韵［M］.上海：上海古籍出版社，2017：29.

② 许慎.说文解字［M］.北京：中华书局，2015：118.

③ 许慎.说文解字注［M］.段玉裁，注.杭州：浙江古籍出版社，2016：262.

④ 黄公绍，熊忠.古今韵会举要［M］.北京：中华书局，2000：483.

⑤ 许慎.说文解字［M］.北京：中华书局，2015：123.

依。"但在契约中"匝"却作了名量词,称量对象多为山或场院。用例如下:

（1）《清乾隆八年（1743）范月祥卖山契》:"立卖断契人范月祥,承祖遗下置杉山竹山杂木山一匝,坐落冲村,土名岩下。"（福建选辑319）

（2）《清嘉庆十年（1805）吕大盛找断屋契》:"立找断契人吕大盛,因前卖有铺屋壹栋,傍边坪仔壹匝,后边东厨灭棚。"（福建民间3/226）

（3）《清光绪二十二年（1896）叶其菁出批山契》:"诚恐耕工不足,难以开尽,即将前山窠口右手仓外,抽出火路外大路坑往白坑过峡仔一匝,即目后至仑顶,前至大路坑往白坑路,左至年牛栏窠口破仑火路其菁己留山,右至破仑为界。"（福建选辑522）

（4）《民国甲寅年（1914）葛昌橦租山字》:"今因鈇少山场耕作栽种茶木,托系即庆岭边村陈有尊等边租出众等荒山一匝,坐落土名茅坪头山郎……"（福建民间4/368）

例（2）中"坪仔"在闽语中指场院,例（3）中的"仔"即坪仔。根据"匝"的本义及称量对象,可推知"匝"在例句中相当于"圈",强调所量对象的完整性。

【宗】《说文解字·宀部》:"宗,尊祖庙也。"[1]作量词表种类和数量,契约中可用于量成片或成块的土地。该用法在传世文献亦有用例,如《儒林外史》第三十二回:"我圩里那一宗田,你替我卖给那人罢了。"[2]契约用例如下:

（1）《明弘治十五年（1502）程元鼎卖田白契》:"共田租叁宗,计壹拾壹秤。"（徽丛编2/45）

（2）《清康熙四十五年（1706）金灏卖田契》:"立卖契人金灏,今因急用,自情愿将承父阄分田乙宗,系李字三千一百八十四号,土名湖瓶桥……"（徽·清—民国6/328）

（3）《清同治四年（1865）曾英等典地契》:"立典契字人台邑崇德东里蛇穴仔庄曾英、西华、樣,同有承祖父自置开狠（垦）厝地壹宗……"（大岗山422）

---

① 许慎.说文解字[M].北京:中华书局,2015:148.

② 吴敬梓.儒林外史[M].石家庄:花山文艺出版社,2015:314.

（4）《清光绪十六年（1890）朱友顺同弟侄等杜卖山赤契》："……今因钱银无措，自愿将先人遗下<u>山业壹宗</u>，系原莫字查计玖百式拾九号，计山税捌厘。"（徽州文书3/3/413）

（5）《民国十年（1921）钟国本承耕契》："今因要田耕种，自情愿托中向在本都七保村林石泉处承出<u>佃田一宗</u>，坐址本都石桥头村地方。"（福建畲族／下368）

契约中"宗"多称量各类田、地、园、山等，《徽州文书》用例较多。

【单】《说文解字·吅部》："单，大也。"[1]《甲骨文字集释》："窃疑古谓之单，后世谓之干，单、干盖古今字也。"[2]作量词，用于交易、买卖，犹"笔""桩""件"，清代出现。随着经济的发展，在现代汉语中使用日益频繁，如"一单生意"。契约中"单"的称量对象为交易的下属范围，也就是交易的具体物品，包括基地、菜园及山等。用例如下：

（1）《清乾隆三年（1738）凌明伦卖山赤契》："立卖契人凌明伦，今有本都八保土名大塘坞口四伯六十乙号，本身阆分<u>山乙单</u>。"（徽·清—民国1/283）

（2）《清道光九年（1829）陈升钱等分单》："立分单人陈升钱等原承祖手买得十保土名达万里宗侄名下<u>基地上下式单</u>，の至应照买契……"（徽州1/9/427）

（3）《民国八年（1920）姜□□立限期还银字》："兹因本年十一月廿五日买到苗孔胡建斌、<u>功木一单</u>，记（计）数三百三十株，共价银式百一十四两。"（清水江1/9/319）

"单"在契约中多见于徽州地区，偶见于贵州地区的文书中。

【坪】《说文解字·土部》："坪，地平也。"[3]即平坦的场地，泛指山区和丘陵地区局部的平地。作量词，用例如《东方·第三部·第七章》第三部第五章："解放以前，我们一家一坪土地也没有，是给日本人看坟地的，生活苦得

---

① 许慎.说文解字［M］.北京：中华书局，2015：29.

② 李孝定.甲骨文字集释［M］.台北：中央研究院历史语言研究所，1970：429.

③ 许慎.说文解字［M］.北京：中华书局，2015：288.

不用提了。"①在闽语中，作量词，意义相当于"半边"，如一坪宅。契约中用例如下：

（1）《清乾隆四十一年（1776）唠悦典卖山坪契》："立卖契人新港社番大里富柑仔连、大里观唠悦，先父应分山所一坪，土名坐在牛椆埔后壁。（大岗山93）

（2）《清道光二十五年（1845）叶口德卖晾晒坪基》："自情愿将祖手遗下坪基一坪，坐落松邑廿一都蔡宅庄包处坑左片弟二坪安着。"（石仓3/8/205）

（3）《清同治八年（1869）丁毛氏同弟典地契》："又鞍子坡路北坡地一坪，计数七亩，央中说合，情愿出典于丁先登名下耕种。"（丁村选编90）

（4）《清光绪三年（1877）吕华龙卖粮田契》："立卖契人吕华龙，承祖遗下有皮骨粮田贰塅、坐落半坪，土名冯源横垒路。"（福建民间4/91）

（5）《民国庚午年（1930）王岩党卖地土字》："自愿将到坐落地名盘我屋边地土式坪，上坪老坎山为界、下坪依大路闺坎为界、左依秀教地土栽岩为界、右依卖主地土分为界，四至分明。"（清水江2/10/112）

例句中"坪"称量各类地，称量园地、屋地或田地时，意义相当于"片"或"块"；量屋宅时，意义相当于"半边"。

【局】《尔雅注疏·释言》："局，分也。"郭璞注："谓分部。"②"分部"即"部分"。契约中"局"的量词意义应来源于部分义，相当于"份"。用例如下：

（1）《明万历五年（1577）休宁县丁祥等卖山地红契》："拾壹都丁祥同坊市黄金奇共置得十二都何子求山田场地乙局，坐落土名十二都董家坞。"又"本家今将置得何子求土名董家坞山场田地风水山杉木乙局，四水归内，尽业卖与十都程宠为业。"（粹编762）

（2）《清顺治十七年（1660）程达等保祖合同》："立严禁保祖合同人程达、程昌、程士高等，原七大房有祖坟壹局，坐落土名金斗坑口山。"

---

① 魏巍.东方［M］.北京：人民文学出版社，2019：384.

② 十三经注疏·尔雅注疏［M］.郭璞，注.邢昺，疏.北京：北京大学出版社，1999：74.

（徽·清—民国1/53）

（3）《民国二十九年（1940）邱荣华承字》："立承字人开邑邱荣华李姓物化□□□□山场正屋茶丛棋子肥株棕披梧桐树李陆林壹半、水碓又<u>正屋壹局</u>、江家店菜园地到面潢桶叁只、<u>茅屋壹局</u>、茶园棋子树壹枝……"（婺源）

（4）《民国三十二年（1943）白坞江冬顺出寄杉木契》："立出寄杉苗契人白坞江冬顺，源承父有<u>杉苗式局</u>，坐落土名豆坞塝上块。"（婺源）

"局"基本见于《徽州文书》和《清至民国婺源县村落契约文书辑录》契约，可量山、房屋、基地、坟茔、茶丛、杉苗、竹园等各类事物。

【坉/㠉】《钜宋广韵·魂韵》："坉，以草裹土筑城及填水也。"[1]《集韵·魂韵》："坉，草土填水曰坉。"又"坉，田垄"[2]。可见"坉"既指用草裹土筑城或填水，又可指田垄。"坉"同"㠉"，明清时由草裹土筑城的动作转喻已筑造好的建筑，即寨子。是明清时代黔中地区具有地域特色的防御设施的孑遗。《读史方舆纪要·江西三·广信府》："又有五㠉堡，在（永丰县）平洋山西南。旧者为守御处。"[3]"坉"或"㠉"在契约中又转喻作房屋、地基、园场、园地的称量单位。用例如下：

（1）《清咸丰七年（1857）张荣吉等断卖田垱荒坪契外批》："又幸遇姜作开指云：先伊业我与伊共，卖主指到下二个，余山脚乙㠉，我与伊不占等语。"（贵州林业3/D0030）

（2）《清光绪元年（1875）杨仲明领典钱字》："……先年得典地名江东冲头塘屋背恐门口<u>长园壹㠉</u>，典价壹并领清，并不下欠分文。"（天柱13/165）

（3）《清光绪十五年（1889）刘玉见卖屋地契》："自愿将到土名冲豪村屋地三顿，刘孝保、玉见、金富三人，共屋地二股均分，玉见、金富叔侄二人乙股出卖。"（天柱12/292）

（4）《清光绪二十四年（1898）龙象干卖园基字》："立卖园基字人龙

---

①　陈彭年.钜宋广韵［M］.上海：上海古籍出版社，2017：72.

②　丁度.集韵［M］.上海：上海古籍出版社，2017：142.

③　顾祖禹.读史方舆纪要［M］.贺次君，施和金，点校.北京：中华书局，2019.

象干，今将对门溪坎上园基式坌，上下左右围有圈坎，请中问到金桥名下承买。"（天柱22/119）

（5）《民国二十五年（1936）胥志高兄弟卖荒土字》："又长冲下坝大冲荒土二顿，上抵凸、下抵龙光宗田、左右抵坡，四至分明，要钱出卖。"（天柱18/235）

用"坉"或"坌"作称量单位，仅见于贵州地区契约。例句中"屯"与"坉"应同，但在黔中，尤其是安顺地区（今安顺市），它们确实是读音及意义完全不同的两个字。"屯"指屯堡，是屯田戍边的历史产物，"坉"音"tùn"，指营盘，是清朝咸丰、同治年间，民众为躲避战乱因地制宜建制的堡垒，因修建于地势险要的山林中，故可称为"山坉"。① 上例（2）中的"坌"应为"坉"的俗写形式，例（5）中的"顿"应为"坉"的音近替代字。

【边₂】《玉篇·辵部》："边，畔也。"② 作量词，表示一半或一部分。契约中转喻作房屋地基等称量单位，表整体中的一部分，相当于"半"。用例如下：

（1）《清康熙二十四年（1685）程伯瑜卖土库屋契》："立卖契程伯瑜，今赎得族众土库屋一边，在〔坐〕落土名王家同。"（康熙选辑220）

（2）《清嘉庆二十三年（1818）黄世奇典畲地契约》："兄弟商议，愿将本分畲地一边，土名厅告宽庄，谷一斗伍朴地，坐落科板，先通族内，无人承当。"（广西46）

（3）《清同治元年（1862）龙士达卖荒坡竹山约》："自愿将祖业坐落地名南竹山一边，上凭士才山为界、下凭叺国山为界、右凭士顺山为界、左凭士绅山为界，四至分名，要行出卖。"（九南56）

（4）《清光绪十三年（1887）王兆秋立议阄书簿约之六》："土名小见塘坞中弯茶荈壹边，并里培山在内。"（徽州4/3/335）

（5）《民国二十四年（1935）唐敦新租房屋字》："立租字人唐敦新，今租到熊兴祥寶号名下房屋半边，当付押租洋壹元正。"（湖北天门786）

---

① 翁泽坤.试论贵州屯、囤、口［J］.贵州工业大学学报（社会科学版），2008，10（6）：221-224.

② 顾野王.玉篇［M］.上海：上海书店出版社，2017：169.

【犁】"犁"，今通"犁"。《钜宋广韵·齐韵》："犁，耕田器，亦耕也。"①《广雅疏证·释地》："犁，耕也。"②"犁"作为中国几千年以来的耕地工具，其形制构造虽几经变革，但基本作用仍以翻土、松土为主。作量词，表示雨量相当于一犁入土的深度。契约中应由犁地的动作转喻为所犁地的称量单位。用例如下：

（1）《清道光二十年（1840）项阶平等杜断典田约》："自情愿将承父典首田壹处，土名枫树下，计客租陆砠正，外下首地壹犁，今日凭（凭）中出典与胡名下为业。"（徽州1/1/84）

（2）《清咸丰四年（1854）方光茂典菜园地约》："立典约人方光茂，今因正用，自情愿将续置土名渔塘边菜园地壹犁，出典与江庆华兄名下为业。"（徽州1/4/196）

（3）《清中后期豆坦等地四至说明草底》："老初堂基落豆坦六犁并上级茶窠并租典在内，计豆租叁十砠并租典。"（徽州1/3/238）

所见用例均为《徽州文书》。

【排／棑】《说文解字·手部》："排，挤也。"③《广雅疏证·释诂三》："排，推也。"④本义为排挤。《字汇字补汇·手部》："排，列也。"⑤段玉裁注："排，今义列也。"⑥作量词，表示成排或成行之物。契约中称量山场及屋地。用例如下：

（1）《清道光三十年（1850）刘文院等山场杉木分关字》："其有山场四排，分落文院、文邦、文孝四号，此地杉木四大股均分，各管各业。"（天柱10/45）

（2）《清光绪二十三年（1897）刘东洲卖屋基契》："自愿将到土名高山屋基式棑，共十二间，又园地乙团，东至坎、南至刘秀波、刘卜然、

---

① 陈彭年.钜宋广韵［M］.上海：上海古籍出版社，2017：48.
② 王念孙.广雅疏证［M］.北京：中华书局，2019：704.
③ 许慎.说文解字［M］.北京：中华书局，2015：252.
④ 王念孙.广雅疏证［M］.北京：中华书局，2019：226.
⑤ 梅膺祚.字汇 字汇补［M］.上海：上海辞书出版社，1991：178.
⑥ 许慎.说文解字注［M］.段玉裁，注.杭州：浙江古籍出版社，2016：596.

西至大路、北至刘士南屋基,四至分明出卖。"(天柱20/55)

(3)《民国六年(1917)吴会昌卖屋场地基契》:"立卖屋场地基契人吴会昌,今因家下要钱用度无从得处,情愿将到土名中心坪地基一排出卖,无人承受。"(天柱3/261)

(4)《民国二十一年(1932)尚莲峰借钱文约》:"立出写借钱文约人尚莲峰,今因指芹河湾石峁房侧梁二湾正身水旱稻地二排。"(陕西161)

由例句可可知,《天柱文书》中将"排"均写作"棑",《玉篇·木部》:"棑,船后棑木也;筏也。"①《偏类碑别字·手部·排字》引《唐司户桓锐墓志》中"棑"为"排"的异体字,②故契约中"棑"与"排"同。根据张明的研究结论,《天柱文书》中的量房屋及地基的"排"应指进深的交底连成的柱子。木房立柱,若三间房子则有四扇,叫四排。③也就是说"一排"相当于一柱。

【坞】契约中称量田和山。用例如下:

(1)《明嘉靖卅二年(1553)程济等卖田契》:"六都程济、程澜,今有买受叔金名下本都四保,土名羊鹅坑程家坞荒田一坞,计五坞,其田四至……"(安师大藏5/1793)

(2)《明崇祯十一年(1583)本家山界记》:"……当买时以子华山指坐外青龙一坞,以清友山指坐内青龙一坞,当坟心峯为界。"(安师大藏1/243)

(3)《明崇祯元年(1628)程旻佃山约》:"立佃约人程旻,今佃到山主景德诚如云二大分,八保土名石井坞山一坞。"(徽州2/2/307)

例证中有"坞山"一词,"坞"称量山也许由坞山义转喻而来,但"坞"称量田义,待考。

【坡】《说文解字·土部》:"坡,阪也。"④又《说文解字·阜部》:"阪,坡

① 顾野王.玉篇[M].上海:上海书店出版社,2017:204.

② 罗振玉.偏类碑替代字[M].东京:雄山阁出版社,1975.

③ 张明,安尊华,杨春华.论清水江流域土地契约文书中的特殊字词[J].贵州大学学报(社会科学版),2017,35(1):26.

④ 许慎.说文解字[M].北京:中华书局,2015:288.

者曰阪。"① 本指斜坡。作量词，在穗方言中，用于植物，相当于"棵""株"。契约中由山坡义转喻为山坡或地的称量单位。用例如下：

（1）《民国六年（1917）李正童佃茨草文约》："立字佃乱焚柴薪茨草文约人李正童，今来佃到李正荣、李见山、李玉山名下草山壹坡。"（龙泉驿277）

（2）《民国十四年（1925）曹希彬卖地公契》："立卖死契地字人曹希彬，今因手中不便，情愿将自己主业黑窊地壹坡，计地叁拾瓩，内有随脚……"（故纸4/211）

【连】《说文解字·辵部》："连，负车也。"② 段玉裁注："连即古文辇也。"③ 因拉车是将人与车接续起来的过程，故"连"有连接、连续、连同、连带等义，作量词，也称量相连或相同之物。契约中，"连"多称量房屋。用例如下：

（1）《清雍正二年（1724）陈文韩卖池契》："光邑二都朱溪陈文韩，今因无银使用，情将父手□置鱼池壹□，畲地肆连，地名坐落陈家门前，四支（至）有界，开具于后……"（福建选辑829）

（2）《清乾隆四十七年（1788）宁德县择卖园契》："立卖断契堂兄择，原己阄下有园坪乙连，坐落本村，土名外厝河。"（福建选辑473）

（3）《清光绪三十一年（1905）王得才等团地契文》："王得才又照应庄窠早（草）房三见（间），场院树科（棵）一连。"（河州315）

（4）《民国十一年（1922）吴门蒋氏爱春卖田山场等项契》："自愿将到土名悬冲水田一连，共十六坵零乙涧。收谷三十攈，载税二亩正。"（天柱8/25）

（5）《民国三十四年（1945）陈联金分关文约》："陈联达拈得天字号，所分山顶上排业寨上段一股，所分老烧房房屋一连，屋前有猪圈粪池，房屋一连两间。"（龙泉驿394）

"连"称量房屋的用例在古代文献亦常用，如《宛署杂记·太字·养济院》

① 许慎.说文解字［M］.北京：中华书局，2015：306.
② 许慎.说文解字［M］.北京：中华书局，2015：35.
③ 许慎.说文解字注［M］.段玉裁，注.杭州：浙江古籍出版社，2016：73.

卷十一："宛平养济院在城内河漕西坊，有公府一所，群房十二连。"①

【数】《集韵·遇韵》："数，枚也。"②《汉书·律历志上》："数者，一、十、百、千、万也。"③本为数目义。传世文献中不见"数"的量词用法，契约所见称量土地。举例如下：

（1）《清咸丰元年（1851）郭雨林卖粪池死契》："今将自己祖业<u>粪池乙数</u>、坑厕乙个、<u>坑厕地基乙数</u>，照上地出粮，土木石相连。"（故纸1/103）

（2）《清咸丰四年（1854）郭夏刘出卖土场死契》："今将自己祖业西边场北头<u>土场一数</u>，照上地丈粮出粮，上代土木相连，水流出入行道以故往来，今立出卖于郭雷鸣名下。"（故纸1/111）

（3）《清咸丰七年（1857）郭长在等卖基地死契》："今将自己祖业<u>南场基地一数</u>，出上地粮五分、中地粮二分五厘，照地起粮。"（故纸1/114）

例句中的"数"作量词，仅见于《故纸拾遗》，意义来源待考证。

【则】《说文解字·刀部》："则，等画物也。"④本义为按等级区划物体。作量词，用于自成段落的文字或分项列条的文字，犹"条""篇"等。契约中多用来称量田或山，用例如下：

（1）《清同治九年（1780）乐容虎租田契》："立租契乐容虎，今因缺田布种，情愿租到潘明忠名下<u>田贰则</u>，土名半河塘；又一则土名湖田漕，共田七亩四分正。"（浙东55）

（2）《清道光六年（1826）钱四禄卖地契》："立卖绝契钱四禄，今因缺欠官粮无办，情愿央中将自己户下<u>桑地一则</u>，计有贰分有零，坐落澄字圩……"（浙江一瞥20）

（3）《清道光二十九年（1849）恭寅卖田契》："恭寅今因乏用，将父手合买民田壹处，<u>田边民山壹则</u>，土坐富足岭脚人家里坭塘，山量（粮）

① 沈榜.宛署杂记［M］.北京：北京古籍出版社，1980：87.

② 丁度.集韵［M］.上海：上海古籍出版社，2017：479.

③ 班固.汉书［M］.北京：中华书局，2007：110.

④ 许慎.说文解字［M］.北京：中华书局，2015：85.

计田五亩零。"（宁波101）

（4）《清宣统元年（1909）施楚顺仝母等卖地找绝契》："今将前卖下挑地一则，首因前价不足，仍挽原中将叶姓太阳会处找得英洋念贰元正……"（浙东83）

例句中"则"仅见于江浙地区的契约中，其量词意义亦同"条"。

【形】《古今韵会举要》卷九："形，体也。"① 因其形状、形体义，契约中转喻为田地、称量单位。南方多山地丘陵，且形状五花八门，有马蹄形、虎形、狮形、麒麟形、琵琶形、莲花形、尖形等，所以书写者根据就近取材原则，以"形"称量交易对象。"形"还被写作"型""刑"等形体，三字可通用。契约中量田地、山地、坟地等，用例如下：

（1）《清乾隆五十八年（1793）林照玉改水沟造新坎清白虑约》："情因缘前得买龚六保土名蓝拏寨脚之田三形，因我将田并作管坵田边以作水沟山坡水打石头尽流在刘岛之田。"（天柱10/12）

（2）《清道光三年（1823）杨氏宕音卖田契》："自愿将到土名上花冲头田三刑，收禾廿五边，又冲坑田一坵，收十六边，要银出卖。"（天柱18/140）

（3）《清光绪十三年（1887）杨昌齐断卖阴地字》："先年得买藕洞龙彦田颢（头）的阴地壹形，巽山干向二大服（股），均杨姓彭姓二人壹服（股），昌文斗乙服（股）出卖。"（清水江2/5/38）

（4）《民国二年（1913）蓝玉春当水田契》："将有祖父遗自己面分水田壹小型，大小坵数不等，坐落田名骂以请，钱粮四至载后，请凭（凭）中证立约实出当与叔父蓝巴答名下为业。"（云博馆5/378）

【堀/窟】《说文解字·土部》："堀，突也。"② 段玉裁注："突为犬从穴中暂出，因谓穴中可居曰突，亦曰堀，俗字作窟。"③ 可见"堀"与"窟"实为一字，只是正俗的区别。闽语中，"窟"用于豆或菜，犹"粒""棵"，用于井或池，犹"口""个"。契约中"堀"可称量甘蔗种子或甘蔗地，"窟"可称量甘蔗地

---

① 黄公绍，熊忠．古今韵会举要［M］．北京：中华书局，2000：182.

② 许慎．说文解字［M］．北京：中华书局，2015：288.

③ 许慎．说文解字注［M］．段玉裁，注．杭州：浙江古籍出版社，2016：685.

或圹地、池地等。用例如下：

（1）《清乾隆六十年（1795）萧桃等典园契》："有承父私置洲园乙丘，<u>受蔗种叁百堀</u>，坐落本社前，土名丘坪。"（福建选辑414）

（2）《民国三十一年（1942）方大利胎借契》："承自祖已上物业有园底面一段，大乙丘，受拓（蔗）<u>地壹仟乙百堀</u>，坐址在中洲仔，土名洲仔尾，四至现在改换……"（闽南243）

（3）《民国十四年（1925）林门黄氏卖窖契》："立卖尽断洗找字人本乡林门黄□娘，有承祖父应分土扛窖一屈，土名坐在□边。"（厦门174）

（4）《民国三十六年（1947）何妈生立卖圹地契》："有承祖遗下民<u>圹地贰窟</u>，地名坐在潭墘，东至自己□，西至文炳□，南北至自己地，四至明白。"（厦门237）

（5）《民国三十六年（1947）魏林氏灯婶立文券》："立文券人魏林氏灯婶，缘氏与魏蟠龙两人有共有旧书房仔一座，及接连<u>池地一窟</u>，址在本县廿五都，土名新路头，俗呼凤池妈官边，即今地籍编载五字第号。"
（闽南82）

上例中的"蔗种三百堀"，相当于三百粒，因能称量甘蔗种子，转喻而可称量甘蔗地，如例（1）（2）。因能称量水池，转喻而可称量例池地，如例（5）。圹地、土窖与水池有相似的形状特征，都是中间下陷，四周高起，故亦用"堀"或"窟"称量。例（3）中的"屈"应为"堀"或"窟"的省形字。

小结：本节所列综合类量词共43个，分别是"畦、垅/垄、区、坎、垦、稜、号、项、墩、厢/箱、处、塘、爿、不、坑、埕、介/界₂、脚、基、棚、匝、宗、单、坪、局、坉/堡、边₂、犁、排/棑、坞、坡、连、数、则、网、形、堀/窟。"其中"区、坎、号、项、厢/箱、处、爿、介/界₂、宗、单、坪、排/棑、连、堀/窟"等，自身具有量词义，且与文意相合；"畦、垅/垄、塘、不、坑、埕、基、坉/堡、边、犁、坞、坡、形"等，由相关意义转喻为量词；"墩、脚、棚、匝、局、则"等，则是根据文意推衍出量词义；"数、则、垦、网"来源需进一步考证。所有词中，"坎、墩、厢/箱、爿、不、坉/堡、堀/窟"等是典型的方言量词。

结　语

契约文书自被发掘以来，逐渐成为历史学、经济学、社会学、文献学、民俗学、人类学、法学等众多学科重要的研究对象和弥足珍贵的第一手资料。近年来，因其数量宏富，地域性、口语性特点突出，研究空间广阔，亦备受语言文字研究者的青睐，诸多学者学人从语音、词汇、语法、俗字等方面入手，展开了全面研究，取得了丰硕成果。本研究以量词为主要研究对象，通过多视角、全方位，全面展示了契约文书的量词系统，其中既包括制度单位量词，也包括自然单位量词，既包括传世文献常见量词，也包括独具地域特色及口语特色的方言量词，既包括固有量词，也包括临时量词，或转喻、隐喻而成的量词。通过对契约文书量词的搜集整理、疏解分析，展示了特定民间历史文献的风貌和语言面貌。挖掘契约文书中独有的量词，阐释它们的产生、发展、演变或消退的原因，是量词历史研究中不可或缺的部分；不仅使量词史的研究更加充实完善，为编订汉语量词大词典、建立量词数据库提供丰富的资料和民间语料，通过对个别量词历时演变的分析考察，为量词史的研究提供了丰富的案例，促进了汉语量词史的研究。本研究将契约文书与传世文献结合起来研究，不仅相互印证，还补充了文献记载的不足，并纠正了不少讹误。作为同时性的俗文献材料，契约文书中的量词成为研究口语量词最宝贵的资料，所以梳理契约文书中的量词，促进了汉语口语量词的进一步研究；作为有明确年月日的活语言材料，为研究汉语方言提供了宝藏式的资料，大大拓宽了方言量词材料的范围。

虽然本研究的研究工作已暂告一个段落，但其实还有很多工作没有完成或需要继续关注，一是台湾地区的契约数量庞杂，由于资料渠道及时间、精力、篇幅的问题没有涉猎太多，日后估计将会把台湾作为一个专题做进一步的研究。二是随着大量契约文书的不断被发掘、整理、出版，还会有相当数量的量词等待我们去发现和研究，尤其是现在还没有出版单册契约的新疆、西藏、青海、辽宁、黑龙江、宁夏等，这些地区的契约文书一旦出版，其数量和研究空间将不可小觑。三是即便是已有单册发行的地区，也还有很多散佚的契约没有被辑录、刊布、出版，如洛阳民俗博物馆里的契约，这部分契约数量也不会在少数。由于知识储备不足，理论高度不够，本研究在量词的解释和相关的理论分析等方面还存在诸多需要改进和完善的地方，所以，路漫漫其修远兮，吾将上下而求索，本研究仅是笔者研究之路的一个开始，后续还有很多工作需要跟进。

契约文书作为具有重要研究价值的资料性文献汇编，引起了越来越多国内外研究者的眷注，搜集、整理、出版各省市档案馆、图书馆、博物馆、高等院校、科研单位及个人收藏的契约文书也渐成风气，但本研究在研究契约文书量词的过程中，最真切的体会就是原版的缺失导致很多量词无法被定性，因无图可以用来比较，所以很多讹误亦得不到纠正。图版的缺失使文字、书法、纸质等方面的研究价值消失殆尽，大大折损了契约文书固有的学术价值，故在此，我们呼吁契约文书辑录者在今后整理、出版契约资料时，能将原文图版一并附录，就收藏、文献学及语言文字学来讲，这样的出版物价值才更高。

参考文献

一、著作

[1] 安徽省博物馆.明清徽州社会经济资料丛编：第一集 [M].北京：中国社会科学出版社，1988.

[2] 安尊华，潘志成.清水江文书整理与研究丛书·土地契约文书校释 [M].贵阳：贵州民族出版社，2016.

[3] 许舒博士所藏商业及土地契约文书：乾泰隆文书 [M].东京：东京大学东洋文化研究所附属东洋学文献中心，1995.

[4] 曹树基，蒋勤，阙龙兴.石仓契约：第一辑 [M].杭州：浙江大学出版社，2011.

[5] 陈金全，梁聪.贵州文斗寨苗族契约法律文书汇编：姜启贵等家藏契约文书 [M].北京：人民出版社，2015.

[6] 陈金全、杜万华.贵州文斗寨苗族契约法律文书汇编：姜元泽家藏契约文书 [M].北京：人民出版社，2008.

[7] 陈娟英，张仲淳.厦门典藏契约文书 [M].福州：福建美术出版社，2006.

[8] 陈彭年.钜宋广韵 [M].上海：上海古籍出版社，1983.

[9] 陈秋坤，蔡承维.大岗山地区古契约文书汇编 [M].台北：中央研究院台湾史研究所，2006.

[10] 陈秋坤.万丹李家古文书 [M].南投：国史馆台湾文献馆，2011.

[11] 陈支平.福建民间文书 [M].南宁：广西师范大学出版社，2007.

[12] 陈支平.台湾文献汇刊·台湾民间契约文书 [M].北京：九州出版社，厦门：厦门大学出版社，2004.

［13］陈支平.台湾文献汇刊·菽庄收藏契约文书［M］.北京：九州出版社，厦门：厦门大学出版社，2004.

［14］储敩生.华夏土地证集粹［M］.哈尔滨：黑龙江人民出版社，2007.

［15］戴建兵.河北近代土地契约研究［M］.北京：中国农业出版社，2010.

［16］戴圣.礼记［M］.北京：中华书局，2017.

［17］丁度.集韵［M］.上海：上海古籍出版社，2017.

［18］杜国忠.清代至民国时期归化城土默特土地契约［M］.呼和浩特：内蒙古大学出版社，2012.

［19］许慎.说文解字注［M］.段玉裁，注.杭州：浙江古籍出版社，1998.

［20］二十五史［M］.上海：上海古籍出版社，1986.

［21］福建省少数民族古籍丛书编委会.福建省少数民族古籍丛书·畲族卷·文书契约［M］.福州：海风出版社，2012.

［22］福建师范大学历史系.明清福建经济契约文书选辑［M］.北京：人民出版社，1997.

［23］甘肃临夏州档案馆.清河州契文汇编［M］.兰州：甘肃人民出版社，1993.

［24］高聪，谭洪沛.贵州清水江流域明清土司契约文书·九南篇［M］.北京：民族出版社，2013.

［25］高聪，谭洪沛.贵州清水江流域明清土司契约文书·亮寨篇［M］.北京：民族出版社，2014.

［26］顾野王.大广益会玉篇［M］.北京：中华书局，1987.

［27］广西壮族自治区编辑组.广西少数民族地区碑文、契约资料集［M］.南宁：广西民族出版社，1987.

［28］尔雅［M］.郭璞，注.王世伟，校点.上海：上海古籍出版社，2014.

［29］扬雄.方言［M］.郭璞，注.北京：中华书局，2016.

[30] 国立中央图书馆台湾分馆．国立中央图书馆台湾分馆藏台中地区古文书选辑 [M]．新北：国立中央图书馆台湾分馆，2010.

[31] 汉语大词典编纂处．康熙字典 [M]．上海：上海辞书出版社，2014.

[32] 郝懿行．尔雅义疏 [M]．上海：上海古籍出版社，2017.

[33] 胡开全．成都龙泉驿百年契约文书 [M]．成都：巴蜀书社，2012.

[34] 黄公绍，熊忠．古今韵会举要 [M]．北京：中华书局，2000.

[35] 黄志繁，邵鸿，彭志军．清至民国婺源县村落契约文书辑录 [M]．北京：商务印书馆，2014.

[36] 姬脉利，张蕴芬．北京西山大觉寺藏清代契约文书整理及研究 [M]．北京：北京燕山出版社，2014.

[37] 康香阁．太行山文书精萃 [M]．北京：文物出版社，2017.

[38] 李锦彰．晋商老账 [M]．北京：中华书局，2011.

[39] 李琳琦．安徽师范大学馆藏千年徽州契约文书集萃 [M]．安徽：安徽师范大学出版社，2014.

[40] 梁思成．营造法式注释 [M]．北京：中国建筑工业出版社，1983.

[41] 刘伯山．徽州文书 [M]．南宁：广西师范大学出版社，2005.

[42] 刘海岩．清代以来天津土地契证档案选编 [M]．天津：天津古籍出版社，2006.

[43] 刘秋根，张冰水．保定房契档案汇编·清代民国编 [M]．石家庄：河北人民出版社，2012.

[44] 刘熙．释名 [M]．北京：中华书局，2016.

[45] 刘小萌．北京商业契书集（清代—民国）[M]．北京：国家图书馆出版社，2011.

[46] 刘宗一．北京房地产契证图集 [M]．北京：中国奥林匹克出版社，1996.

[47] 罗志欢，李龙潜．清代广东土地契约文书汇编 [M]．济南：齐鲁书社，2014.

[48] 汉语大词典编纂处．汉语大词典 [M]．上海：上海辞书出版社，

2008.

[49] 马端临 . 文献通考 [M] . 北京：中华书局，1986.

[50] 梅膺祚 . 字汇·字汇补 [M] . 上海：上海辞书出版社，1991.

[51] 钮树玉 . 说文新附考（全2册）[M] . 北京：商务印书馆，1939.

[52] 十通·续通典 [M] . 杭州：浙江古籍出版社，2000.

[53] 东洋文库明代史研究室 . 中国土地契约文书集（金—清）[M] . 东京：东洋文库，1975.

[54] 沙知 . 敦煌契约文书辑校 [M] . 南京：江苏古籍出版社，1995.

[55] 上海市档案馆编 . 清代上海房地契档案汇编 [M] . 上海：上海古籍出版社，1999.

[56] 释行均 . 龙龛手鉴 [M] . 北京：中华书局，1991.

[57] 首都博物馆 . 首都博物馆藏清代契约文书 [M] . 北京：国家图书馆出版社，2015.

[58] 四川省档案馆 . 清代巴县档案汇编·乾隆卷 [M] . 北京：档案出版社，1991.

[59] 宋美云 . 天津商民房地契约与调判案例选编（1686—1949）[M] . 天津：天津古籍出版社，2006.

[60] 苏州工业园区房地产交易管理中心 . 清代至民国时期房地产契约选编 [M] . 苏州：苏州工业园区房地产交易管理中心，2010.

[61] 孙兆霞 . 吉昌契约文书汇编 [M] . 北京：社会科学文献出版社，2010.

[62] 谭棣华，冼剑民 . 广东土地契约文书 [M] . 广州：暨南大学出版社，2000.

[63] 唐立，杨有赓，武内房司 . 贵州苗族林业契约文书汇编 [M] . 东京：东京外国语大学，2001.

[64] 陶富海 . 丁氏家族与丁村 [M] . 太原：山西人民出版社，2012.

[65] 田涛，宋格文，郑秦 . 田藏契约文书粹编 [M] . 北京：中华书局，2001.

[66] 铁木尔 . 内蒙古土默特金氏蒙古家族契约文书汇集 [M] . 北京：中

央民族大学出版社，2011.

［67］童广俊，张玉.沧州民间契约文书辑录［M］.北京：团结出版社，
2014.

［68］汪文学.道真契约文书汇编［M］.北京：中央编译出版社，2015.

［69］汪智学.南京房地产契证图文集［M］.南京：南京出版社，2008.

［70］王本元，王素芬.陕西省清至民国文契史料［M］.西安：三秦出版
社，1991.

［71］王筠.说文解字句读［M］.北京：中华书局，2016.

［72］王筠.说文句读［M］.上海：上海古籍书店，1983.

［73］王念孙.广雅疏证［M］.北京：中华书局，2004.

［74］王田，杨正文.岷江上游半坡寨文书汇编［M］.北京：民族出版社，
2015.

［75］王万盈.清代宁波契约文书辑校［M］.天津：天津古籍出版社，
2008.

［76］中国社会科学院历史研究所.徽州千年契约文书（清—民国）［M］.
石家庄：花山文艺出版社，1994.

［77］中国社会科学院历史研究所.徽州千年契约文书·宋元明［M］.石
家庄：花山文艺出版社，1994.

［78］王支援，尚幼荣，王强，等.故纸拾遗：卷二［M］.西安：三秦出
版社，2007.

［79］王支援，梁淑群，田国杰.故纸拾遗：卷三［M］.西安：三秦出版
社，2006.

［80］王宗勋.加池四合院文书考释：卷四［M］.贵阳：贵州民族出版社，
2015.

［81］温州市图书馆《温州历史文献集刊》编辑部.温州历史文献集刊
（第四辑）·清代民国温州地区契约文书辑选［M］.南京：南京大学出版社，
2015.

［82］自贡盐业契约档案选辑［M］.北京：中国社会科学出版社，1985.

［83］吴晓亮，徐政芸.云南省博物馆馆藏契约文书整理与汇编［M］.北

京：人民出版社，2013.

［84］熊敬笃.清代地契档案史料：嘉庆至宣统［M］.成都：四川省新都县档案局，新都县档案馆，1986.

［85］许慎.说文解字［M］.北京：中华书局，2015.

［86］杨国桢.明清土地契约文书研究［M］.北京：中国人民大学出版社，2009.

［87］臧美华.五百年房地契证图集［M］.北京：北京出版社，2012.

［88］张传玺.中国历代契约粹编（3册）［M］.北京：北京大学出版社，2014.

［89］张传玺.中国历代契约会编考释［M］.北京：北京大学出版社，1995.

［90］张德义，郝毅生.中国历代土地契证［M］.石家庄：河北大学出版社，2009.

［91］张建民.湖北天门熊氏契约文书［M］.武汉：湖北人民出版社，2014.

［92］张介人.清代浙东契约文书辑选［M］.杭州：浙江大学出版社，2011.

［93］张满山.长兴契约图鉴［M］.北京：中国档案出版社，2008.

［94］张素玢.苗栗鲤鱼潭巴宰族史暨古文书汇编［M］.台北：台北苗栗县文化局，2007.

［95］张小林.清代北京城区房契研究［M］.北京：中国社会科学出版社，2000.

［96］张新民.天柱文书：第一辑［M］.南京：江苏人民出版社，2014.

［97］张炎宪，曾品沧.杨云萍藏台湾古文书［M］.台北：国史馆，2003.

［98］张应强，王宗勋.清水江文书：第一辑［M］.南宁：广西师范大学出版社，2007.

［99］张自烈，廖文英.正字通［M］.北京：中国工人出版社，1996.

［100］章炳麟.新方言［M］.上海：上海古籍出版社，1928.

［101］周宪文，杨亮功，吴幅员.台湾文献史料丛刊·第7辑·清代台湾大租书调查［M］.台湾大通书局，2009.

［102］周宪文，杨亮功，吴幅员.台湾文献史料丛刊·台湾南部碑文集成［M］.台湾大通书局，2009.

［103］周宪文，杨亮功，吴幅员.台湾文献史料丛刊·台湾私法债权编［M］.台湾大通书局，1987.

［104］朱俊声.说文通训定声［M］.北京：中华书局，1984.

二、期刊

［1］傅衣凌，陈支平.明清福建社会经济史料杂抄（续十）［J］.中国社会经济史研究，1988（3）.

［2］张学君，冉光荣.清代富荣盐场经营契约辑录（续）［J］.中国历史博物馆馆刊，1983（0）.

［3］自贡盐业契约档案选辑（一）［J］.盐业史研究，1991（1）.

［4］霍志军.天水地区发现10件清代至民国时期家族契约档案［J］.天水师范学院学报，2016，36（1）.

［5］沈炳尧.清代山阴、会稽、诸暨县房地产契约文书辑存［J］.中国经济史研究，1998（3）.

［6］史吉祥.清代吉林土地买卖文书选编［J］.清史研究，1993（4）.

［7］张正明，陶富海.清代丁村土地文书选编［J］.中国社会经济史研究，1989（4）.

［8］朱文通.沧州土地文书辑存（五）［J］.中国社会经济史研究，1988（4）.

［9］彭久松.自贡盐业契约考释［J］.盐业史研究，1988（1）.

［10］杨国桢.清代闽北土地文书选编（一）［J］.中国社会经济史研究，1982（1）.

［11］杨国桢.清代浙江田契细约一瞥［J］.中国社会经济史研究，1983（3）.

［12］杨晏平，张志清.清乾隆年间契约文书辑录（一）［J］.文献，1993

（4）.

［13］杨晏平，张志清.清雍正年间契约文书辑录（一）［J］.文献，1993（2）.

［14］杨晏平，张志清，伍跃.清康熙年间契约文书辑录（二）［J］.文献，1992（3）.

［15］寒冬虹，杨靖.国家图书馆藏部分明清土地契约略说［J］.文献，2004（1）.

［16］伍跃，杨宴平.北图藏顺治年间契约文书十七件［J］.文献，1992（1）.

三、论文

［1］李增增.《南部档案》中的契约文书研究［D］.南充：西华师范大学，2015.

［2］陈杰敏.晚清民国时期广西罗城土地契约研究［D］.南京：广西民族大学，2017.